Constantin Bărbulescu (n. 1969) a absolvit în 1994 Facultatea de Istorie și Filozofie a Universității „Babeș-Bolyai" din Cluj-Napoca, la specializarea istorie-etnologie. A lucrat ca muzeograf la Muzeul Etnografic al Transilvaniei, participând în paralel la mai multe cercetări etnografice pe teren și pregătindu-și doctoratul în istorie, pe care l-a obținut în 2003. Din același an predă la Facultatea de Istorie și Filozofie de la Universitatea „Babeș-Bolyai", unde, în prezent, este conferențiar în cadrul Departamentului de istorie modernă, arhivistică și etnologie. În 2011 a obținut încă două titluri de doctor, unul în sociologie (la SNSPA), iar celălalt în antropologie și etnologie (la Universitatea din Perugia).
Multipla sa formație se reflectă în articolele și studiile care au apărut în diverse publicații științifice, precum *Caiete de antropologie istorică*, *Revista de etnografie și folclor*, *Transylvanian Review*, *Anuarul Institutului de Istorie „George Barițiu" din Cluj-Napoca*. Este autor, coautor sau editor a 11 volume, dintre care cele pe care le consideră mai importante sunt: *Imaginarul corpului uman. Între cultura țărănească și cultura savantă (secolele XIX–XX)*, Editura Paideia, București, 2005; *Modernizarea lumii rurale din România în a doua jumătate a secolului al XIX-lea și la începutul secolului al XX-lea. Contribuții*, Editura Accent, Cluj-Napoca, 2005 (cu Vlad Popovici); *Corvin. O biografie rurală*, Editura Accent, Cluj-Napoca, 2006 (cu Elena Bărbulescu); *Documente privind politica sanitară în România (1965–1989)*, Editura Mega, Cluj-Napoca, 2010; *Țărani, boli și vindecători în perioada comunistă. Mărturii orale*, vol. II, Editura Mega, Cluj-Napoca, 2011; *Medicine, Hygiene and Society from the Eighteenth to Twentieth Centuries,* Editura Mega, Cluj-Napoca, 2011 (în colaborare cu Alin Ciupală).

CONSTANTIN BĂRBULESCU

ROMÂNIA MEDICILOR

Medici, țărani și igienă rurală
în România de la 1860 la 1910

HUMANITAS
BUCUREȘTI

Seria „Societate & civilizație“ este coordonată de
Constanța Vintilă-Ghițulescu

Coperta: Ioana Nedelcu
Tehnoredactor: Manuela Măxineanu
Corector: Cristina Jelescu
DTP: Iuliana Constantinescu, Dan Dulgheru

Tipărit la Accent Print – Suceava

Descrierea CIP a Bibliotecii Naționale a României
Bărbulescu, Constantin
România medicilor: medici, țărani și igienă rurală în România de la 1860 la 1910 / Constantin Bărbulescu. – București: Humanitas, 2015
Bibliogr.
ISBN 978-973-50-4762-7
614(498)"1860/1910"

EDITURA HUMANITAS
Piața Presei Libere 1, 013701 București, România
tel. 021/408 83 50, fax 021/408 83 51
www.humanitas.ro

Comenzi online: www.libhumanitas.ro
Comenzi prin e-mail: vanzari@libhumanitas.ro
Comenzi telefonice: 0372 743 382; 0723 684 194

Soţiei mele, Ena

Cuprins

Cultură medicc

Introducere

Eu cred că orice carte ar trebui să înceapă cu o poveste – povestea ei. Ce poate fi mai relevant pentru cititor decât răspunsul la simpla întrebare: cum a luat naștere această carte? Iar când vorbești despre carte vorbești de fapt despre un om – autorul – și despre ideile lui, în fapt despre viața lui, care de obicei, în literatura zisă științifică, nu iese decât arareori la iveală. În această introducere am decis să încalc acest tabu. Voi încerca mai întâi să explic cum am ajuns să abordez subiectul acestei cărți. Trebuie să ne întoarcem cu ceva timp în urmă, pe la mijlocul anilor 1990, când am decis ce anume voi studia la doctorat: imaginarul corpului uman, versiunea țărănească. Îmi imaginam această lucrare ca pe una pur etnologică; speram să merg prin câteva dintre satele patriei și, înarmat cu un chestionar, să culeg material despre reprezentările corporale țărănești, care să stea la baza textului științific ce urma să fie teza de doctorat. Cum domeniul la care voiam să mă înscriu la doctorat era istoria, era inevitabil ca la examenul de admitere cineva din comisie, gelos pe propria disciplină, să mă întrebe ce are a face genul acesta de cercetare cu domeniul în care îmi voi lua doctoratul. Încălcam, cu acest subiect și cu această abordare, un alt tabu. Asta s-a și întâmplat și a trebuit să imaginez, alături de subiectul mult dorit al imaginarului corporal, și o componentă istorică a cercetării; a trebuit, așadar, să răspund la o întrebare la fel de simplă ca și cea care stătea la baza cercetării etnologice: cum a încercat statul modern să ofere populației rurale o viziune corporală modernă și științifică; mai precis, cum a eșuat în această încercare, pentru că eu bănuiam deja că imaginarul corporal țărănesc pe care îl descopeream pe teren la sfârșitul secolului al XX-lea este foarte diferit de reprezentările corporale moderne. Și, în felul acesta, deturnat parcă de la preocupările mele principale, a trebuit ca în anii următori să mă afund în literatura medicală a secolului al XIX-lea și în relația sa cu lumea țărănească. În urma strădaniilor din acei ani, au rezultat o teză de doctorat și două cărți: una dedicată imaginarului corporal țărănesc și cealaltă tratând modernizarea igienică și sanitară a lumii rurale. Pentru că subiectul, parcă unit cu de-a sila în teză, la final și-a luat revanșa. Cercetările mele au fost publicate în două volume separate. Revanșă doar parțială, din cauză că nu am mai reușit niciodată să rup complet cercetările de teren de istorie, cel puțin pe acest subiect.

Pe firul acestui parcurs intelectual s-a întâmplat însă ceva, ceva care are legătură cu volumul de față: istoria secolului al XIX-lea, fascinantă cum e, m-a acaparat; de atunci nu am mai reușit niciodată se renunț la ea. Chiar dacă relația noastră a avut momente de slăbiciune și de uzură, plăcerea și curiozitatea intelectuală m-au îndreptat mereu către această istorie. Volumul acesta este, evident, rezultatul relației noastre. Unul reușit, îndrăznesc să sper. După doctorat, a urmat o perioadă de mai mulți ani în care, pe lângă alte preocupări intelectuale, dar legate tot de lumea țărănească, la al cărei studiu se pare că sunt incapabil să renunț, am revenit din când în când la mai vechea pasiune a istoriei sociale medicale a secolului al XIX-lea. Astfel, de-a lungul timpului, s-au strâns prin diverse publicații câteva texte, toate dragi mie prin potențialul pe care îl ghiceam în fiecare dintre ele.

Iar acum vă invit să aruncați o privire asupra sumarului. Câteva dintre textele care alcătuiesc volumul de față au fost elaborate ca studii independente, dar aici le-am reluat, în general cu modificări, iar uneori le-am rescris. Însă aproape toate textele din partea a doua a volumului, care constituie și nucleul său, sunt scrise pentru această carte. Încercând să-mi imaginez cartea de față, care în fapt se prezenta ca un puzzle, am devenit conștient, nu fără încântare, e drept, că textele independente scrise de-a lungul timpului se potrivesc perfect într-un tot unitar. Cu alte cuvinte, am descoperit că, inconștient, tot ceea ce scrisesem despre medicii și țăranii din secolul al XIX-lea are coerență ideatică și deci se poate transforma într-un nou text unitar, de o mult mai mare amploare. Acest nou text este volumul pe care îl aveți în față. El este în cele din urmă rezultatul familiarizării mele cu literatura medicală și igienistă a secolului al XIX-lea timp de mai bine de un deceniu, al întrebărilor pe care le-am pus acestor surse și al răspunsurilor pe care le-am imaginat.

Acum știți aproape totul.

În continuare aș dori să vă prezint, sumar, pentru a nu vă răpi plăcerea lecturii de după aceste pagini introductive, subiectul cărții de față. Dacă ar trebui să sintetizez într-o singură frază obiectul volumului pe care îl aveți în mână, aș putea spune că este o cercetare de imagologie socială. Altfel spus, obiectul central al cercetării este imaginea pe care o construiește în a doua jumătate a secolului al XIX-lea o parte a elitei, corpul profesional medical, despre țăranul și lumea rurală în principal, dar și despre realitatea socială globală a României moderne în care trăiește acest țăran, în particular. România văzută prin ochii medicilor. Probabil vă veți întreba de ce este atât de important și de relevant să privim trecutul prin ochii unei anumite categorii profesionale, fie ea și a elitei. A privi trecutul din toate perspectivele posibile ar trebui să fie visul oricărui istoric. Este o întâmplare, cred, fericită, că am ajuns să privesc secolul al XIX-lea prin ochii medicilor. Visul meu era ca alături de această imagine să am și perspectiva țărănească... N-a fost să fie. Dar a scrie istoria secolului al XIX-lea privind cu ochii medicilor oferă mari avantaje: în primul rând suntem jos, alături de oamenii comuni ai orașelor în principal (căci medicina este o profesie eminamente urbană), dar care încep să ridice tot mai des praful de pe ulițele satelor. Medicul, în ultimele decenii ale secolului al XIX-lea, devine un personaj cunoscut într-o mai mare măsură și în lumea satelor; este obligat să devină, pentru că medicul de plasă, conform legislației sanitare, trebuie să viziteze de două ori pe lună satele din circumscripția sa, medicul primar de județ trebuie să facă măcar o dată pe an un tur al tuturor comunelor din județul său, iar între 1885 și 1893 până și membrii Consiliului Sanitar Superior fac inspecții sanitare într-o circumscripție alcătuită, pentru fiecare, din patru județe. Toate aceste personaje, aflate pe diverse trepte ale ierarhiei sanitare a României, însoțite de vătășei, de primari, de subprefecți sau chiar de prefecți, străbat satele și orașele României, inspectează, controlează, verifică starea sanitară a populației și a instituțiilor de asistență și... raportează despre dezastrul pe care îl constată, în speranța luării unor „măsuri de îmbunătățire". Să nu mai vorbim despre mult răspânditele epidemii rurale, care solicită fără întrerupere și până la epuizare prezența și eforturile medicilor de plasă și de județ. Vedem deci că, încetul cu încetul, mai toate eșaloanele sistemului sanitar intră în contact cu lumea rurală, pe măsură ce rolul acesteia crește în ideologia națională a epocii. Cu toții se angeajază în marea luptă împotriva morbidității și a mortalității.

În secolul al XIX-lea, medicii sunt o categorie profesională aparte, cu un prestigiu social în rapidă ascensiune, pentru simplul motiv că ei devin *specialiștii vieții*, iar ultimele două secole de modernitate, crede Claude Lévi-Strauss într-un text celebru, sunt sinonime cu încercarea de a proteja și a prelungi viața[1]. Pe de altă parte, este cât se poate de adevărat că, de

1. Claude Lévi-Strauss, „Rasă și istorie", în *Rasismul în fața științei*, Editura Politică, București, 1982, p. 29.

la înființarea statului național, cea mai populară dintre profesiile liberale nu este medicina, ci avocatura. Aproape că se poate afirma, exagerând, fără îndoială, că statul român modern este o creație a oamenilor legii. Dar la fel de bine el este o creație a medicilor, a inginerilor și a oamenilor de litere care, cu toții, străbătând un foarte lung secol al XIX-lea, au transformat țările române din principate vasale ale Imperiului Otoman în Regatul României.

Înainte de a merge mai departe, să aruncăm o privire sumară asupra acestui corp profesional. Medicii nu sunt numeroși în Principate, însă constituie un grup îndeajuns de important ca Alexandru-Florin Platon să îi includă cu parte întregă între grupurile profesionale (alături de alți intelectuali: profesorii, avocații și funcționarii) care alcătuiesc burghezia pe cale să se nască în țările noastre în prima jumătate a secolului al XIX-lea[1]. În 1862, doctorul Carol Davila încearcă să facă ordine în Serviciul Sanitar al Principatelor Unite, cum vom vedea mai pe larg în unul dintre capitolele cărții de față, ceea ce presupune și o strictă reglementare și înregistrare a medicilor care practică în Principate. Prin strădaniile lui, știm astăzi, că la 1 februarie 1862 în „statul României“ aveau drept de liberă practică 99 de doctori în medicină, ceea ce nu reprezintă mult. Dintre aceștia, mai mult de o treime (34) își făcuseră studiile în Austria; dacă îi adăugăm pe cei formați în universitățile germane (22), putem conchide că majoritatea medicilor din Principate erau formați în spațiul cultural german. Franța e doar pe locul al patrulea, cu 14 medici după Italia, care are 18[2]. La mijlocul secolului, majoritatea profesioniștilor din domeniul medical erau străini; pe români aproape că îi puteai număra pe

1. Alexandru-Florin Platon, *Geneza burgheziei în Principatele Române (a doua jumătate a secolului al XVIII-lea – prima jumătate a secolului al XIX-lea). Preliminariile unei istorii*, Editura Universității „Alexandru Ioan Cuza“, Iași, 1997, pp. 309–311.

2. *Monitorul. Jurnal Oficial*, 3 februarie 1862, nr. 25, p. 103.

degete. Situația era identică și pentru celelalte profesii liberale. În deceniul șapte al secolului al XIX-lea, numărul medicilor crește rapid, ajungând la 366 (doctori plus licențiați în medicină) în 1866[1] (Obregia, 1907, pp. XLI–XLIV)[2]. Iar peste mai bine de trei decenii, la 1 octombrie 1898, practicau „arta lor“ în Regatul României nu mai puțin de 966 de doctori în medicină, cărora li se adaugă și 34 de licențiați în medicină. Fapt important, dintre aceștia mai bine de două treimi (679 doctori în medicină și 25 licențiați în medicină) sunt români (Felix, 1899, p. 340). În 1898, corpul medical este deja românizat, ceea ce va avea o influență covârșitoare asupra discursului medical pe care îl descriem în partea a doua a cărții de față. Și, cu toate că numărul lor nu impresionează, medicii sunt parte activă la crearea României moderne.

A privi România prin ochii medicilor înseamnă și a o vedea de sus, de pe piscurile elitei, cum le place să se considere, măcar unora dintre ei. Adică din punctul de vedere al celei mai exigente variante a ideologiei modernizatoare a statului. Și de aici tonul hipercritic al acestei viziuni. Căci medicii sunt cu adevărat nemulțumiți de România contemporană lor; nu le plac nici orașele înecate în noroaie, nici cimitirele neîngrădite și neîngrijite, nici piețele sufocate de deșeurile vegetale și animale, fără a mai vorbi de sate, care sunt imaginea perfectă a unui infern igienic: locuințe umede și mici, rău construite, populate de niște ființe palide, slăbite de boală, subnutriție și suferință fizică. România medicilor este modernă doar în aspirații.

---

1. Calculul este realizat completând lista lui Carol Davila cu admiterile la practică până în 1866.

2. Pentru a nu încărca paginile cu note de subsol în mod nejustificat, am adoptat un sistem dublu de citare: în text, în paranteze rotunde, am citat de obicei sursele datând din secolul al XIX-lea. Toate lucrările publicate după 1945 le-am citat în notele de subsol. Dacă în nota de subsol există și text, și o referință bibliografică, am optat pentru păstrarea referinței în formatul notei de subsol.

Partea întâi a volumului este într-o anumită măsură introductivă și ne conduce în lumea surselor. Analiza se oprește asupra a două categorii de surse, dintre cele mai utilizate pe parcursul lucrării, dar care nu sunt însă exclusive: literatura rapoartelor medicale și memorialistica medicilor. Alături de acestea, o multitudine de scrieri medicale publicate în reviste de specialitate sau în broșuri și în volume individuale alcătuiesc pixelii acestei imagini cu rezoluție mare. Literatura medico-socială din a doua jumătate a secolului al XIX-lea este de o bogăție fulminantă[1] și oferă cercetătorului interesat articulațiile unui discurs medical despre propria societate, care, în ciuda volumului imens al acestei literaturi, se dovedește destul de standardizat și în cele din urmă destul de limitat tematic. Ei bine, partea a doua, care constituie nucleul volumului de față, este tocmai o prezentare și o analiză a temelor discursului medical. Pe rând, în capitole separate, am analizat fiecare dintre temele discursului medical despre țăran și despre lumea rurală, trecând însă, când am considerat oportun, și de partea cealaltă a baricadei, în lumea orașelor. Vă veți întreba, poate, de ce acordăm prioritate lumii rurale, de ce nu încercăm să privim România în ansamblul său, ca un întreg. Bună întrebare, recunosc! În primul rând, cred că explicația ar trebui căutată tot în istoria mea personală, intelectuală bineînțeles, adică în formația mea dublă de istoric și de etnolog, care mă împinge irezistibil către lumea rurală. Din acest punct de vedere, sunt doar un etnolog, un ruralist care nu a reușit să treacă în etapa antropologică a cercetărilor contemporane, așa cum definea Vintilă Mihăilescu evoluția disciplinei în ultimii douăzeci de ani[2]. Din fericire pentru

1. Pentru a avea o idee despre bogăția acestei literaturi se pot consulta, de pildă, lucrarea doctorului Gh. Crăiniceanu, *Literatura medicală românească. Biografii și bibliografie*, Institutul de Arte Grafice „Progresul“, București, 1907 și lucrarea lui V. Gomoiu, *Istoria presei medicale în România*, Tipografia Furnica, București, 1936.

2. Vintilă Mihăilescu (coord.), *Etnografii urbane. Cotidianul văzut de aproape*, Editura Polirom, Iași, 2009, pp. 7–29.

mine, și poate și pentru dumneavoastră, interesul meu pentru țăran s-a întâlnit cu interesul lor pentru același țăran, căci elita sfârșitului de secol XIX are o adevărată obsesie pentru „chestia rurală“, în toate formele sale. Și apoi, în secolul al XIX-lea, țăranul este un personaj istoric de prim rang, eu cred că mult mai important decât ne-a făcut să credem istoriografia celei de-a doua jumătăți a secolului al XX-lea, la care putem să adăugăm și ultimele două decenii. În istoriografia românească nu există o direcție de cercetare serioasă și instituționalizată de istorie rurală. Țăranul apare în luminile istoriei și ale istoriografiei în principal în două momente: când primește pământ și când se revoltă. Influența marxistă a acestei viziuni este evidentă. Dar țăranul și lumea rurală în îndelungatul secol al XIX-lea înseamnă mult mai mult, și sper ca volumul de față să dovedească acest lucru. Și poate acest fragment de istorie socială rurală, chiar dacă e o simplă reflexie în ochii medicilor, îi va îndemna și pe alți cercetători să se angajeze în acest șantier științific.

În sfârșit, partea a treia a lucrării trece dincolo de imagologie și privește raporturile dintre cele două Românii – cea urbană (a elitei) și cea rurală – în interacțiune. Cele două capitole reprezintă două studii de caz ale acestei interacțiuni între cultura modernă dominantă și cea țărănească, dominată. De asemenea, focalizarea este total diferită. În primul capitol, cel dedicat legislației sanitare, urmărim cum cultura medicală dominantă încearcă să se impună la nivelul întregului corp social; în al doilea capitol părăsim scara macro, coborâm în intimitatea realității sociale și arătăm cum cultura dominată reacționează la presiunile la care este supusă. Fizionomia României moderne și ritmurile modernizării sunt țesute în epocă, ca și astăzi, tocmai de această împletire de arhaic și modern, de rural și urban.

În final, așadar, subiectul nostru nu este doar de imagologie socială, ci poate fi la fel de bine legat și de modernizarea lumii rurale.

Iar acum se cade să spunem câteva cuvinte și despre metode. Cum partea principală a cercetării de față o constituie discursul medical despre lumea rurală, ceea ce am încercat să realizăm a fost o descriere, dar și o analiză a acestui discurs. În primul rând, așa cum am mai spus, imaginea despre țăran și lumea rurală împrăștiată prin paginile, acum prăfuite, ale revistelor și ale volumelor medicale, s-a dovedit mai standardizată decât am fi putut bănui la o primă privire. Altfel spus, prima operație pe care am aplicat-o acestui corpus, pentru a-l face mai inteligibil și deci bun de studiat, a fost fragmentarea pe teme. Bineînțeles că acest proces de „feliere" tematică implică și o doză de arbitrar, dar nu cred că ne-am îndepărtat foarte mult de schema ideatică a medicilor epocii. Dacă ești atent la text, el va face cu siguranță legătura între tastele computerului tău și gândurile autorului textului. Uneori lucrurile devin puțin mai complicate decât atât, așa cum o să descoperiți, alături de mine, când vom ajunge la supertema degenerării rasei. Dar să nu anticipăm. A urmat apoi descrierea fiecărei teme, într-un capitol separat al părții a doua. Și cum se cade pentru un istoric, această descriere a fost una cronologică: am pornit de la mărturiile de început de secol XIX și ne-am oprit de obicei înaintea Primului Război Mondial. Când am considerat că este nevoie, am trecut și în perioada interbelică. La final, aproape pentru fiecare temă, am încheiat în contemporaneitate, pentru că discursul medical despre țăran și lumea rurală este inepuizabil și ar putea fi urmărit pe parcursul întregii istorii moderne și contemporane a României.

Partea a treia nu seamănă cu partea a doua, iar acolo strategia, inclusiv metodologică, a trebuit schimbată. Miza primului capitol era de a dovedi cât și cum din legislația sanitară a epocii se transformă în realitate socială, iar aceasta nu se putea face decât prin punerea față în față a două categorii de corpusuri: legislația, pe de o parte, și, pe de alta, rapoartele sanitare care de obicei conțin aprecieri despre aplicarea legislației în teren. În sfârșit, capitolul al doilea ne prilejuiește ieșirea din universul livresc și intrarea în arhivă, deoarece – nu-i așa? – o carte bună de istorie trebuie să utilizeze și material de arhivă, vor spune împătimiții arhivelor. Bineînțeles că eu am reținerile mele: am văzut prea multe cărți proaste de istorie scrise pe baza materialului de arhivă. Dar este drept că, dacă știi ce și cum să vezi, ceea ce unii nu reușesc, arhiva te aduce parcă mai aproape de oamenii trecutului. Și, în felul acesta, în capitolul al doilea din partea a treia, am coborât alături de doi vindecători populari de la 1860 – unul ce vindecă turbarea cu două decenii înaintea lui Pasteur și altul care vindecă nebunia – care sunt tulburați în practica lor de anchetele Serviciului Sanitar. Am coborât alături de ei pentru a le surprinde povestea, dar mai ales pentru a surprinde prin intermediul ei raporturile ce se țes la mijlocul secolului al XIX-lea între cultura medicală dominantă și cultura țărănească dominată.

Când scriam această carte, mi-ar fi plăcut să pot citi studii istorice de sinteză despre medicii și medicina românească din secolul al XIX-lea. O asemenea sinteză există, e lucrarea doamnei Trăușan-Matu[1], dar aceasta se oprește la 1869, dată ce însă este foarte aproape de limita temporală de unde pornesc eu. O analiză a corpului medical, așa cum realizează Andrei Florin Sora una pentru corpul prefectoral[2], ar fi fost bine-venită. Dar așa ceva nu există, din păcate, în istoriografia română. Aceasta nu însemnă că despre medicii și medicina românească din secolul al XIX-lea nu s-a scris. Dimpotrivă. Nu ne propunem aici să facem o analiză a istori-

---

1. Lidia Trăușan-Matu, *De la leac la rețetă. Medicalizarea societății românești în veacul al XIX-lea (1831–1869)*, Editura Universității din București, București, 2011.

2. Andrei Florin Sora, *Servir l'État Roumain. Le corps préfectoral, 1866–1940*, Editura Universității din București, București, 2011.

ografiei medicinei românești[1], ci doar să punctăm sumar câteva lucrări și evoluții recente. Un lucru este cert: dacă nu avem o istorie socială a medicinei românești în secolul al XIX-lea, ea este pe cale să se constituie. În mediile academice de la București și de la Cluj, în principal, s-au constituit echipe de cercetare care abordează sistematic sau măcar tangențial asemenea subiecte. Iar în ultimii ani publicațiile pe aceste subiecte nu sunt rare. Pe când scriam aceste rânduri, a ajuns la mine ultima lucrare a Ligiei Livadă-Cadeschi, consacrată unui subiect atât de apropiat din punct de vedere tematic de al meu: *Discursul medico-social al igieniștilor români*[2]. Și cam tot atunci am citit cartea Constanței Vintilă-Ghițulescu *Evgheniți, ciocoi, mojici*[3], dedicată primului secol al modernității românești și care are o consistentă parte consacrată modernizării lumii rurale din care dimensiunea medicală și igienistă nu lipsește. Anul 2013 a fost fructuos pentru domeniul nostru de cercetare! Dar ar merita amintită și o lucrare mai veche[4], ce adună un fascicul de studii tematice pe acest subiect și care are avantajul că pune laolaltă câteva dintre contribuțiile cercetătorilor bucureșteni și ale colegilor de la Cluj; într-un fel, unește cele două școli de cercetare, dacă putem vorbi de așa ceva. În sfârșit, odată cu cercetările

---

1. Pentru acest subiect se poate consulta cu mare folos studiul de sinteză al lui Vlad Popovici, „Istoriografia medicală românească (1813–2008)", în *Hermeneutica Bibliothecaria – Antologie Philobiblon*, vol. V, Editura Argonaut, Cluj-Napoca, pp. 463–480.

2. Ligia-Mihaela Livadă-Cadeschi, *Discursul medico-social al igieniștilor români. Abordarea specificităților locale din perspectiva experiențelor occidentale europene, secolele XIX-XX*, Editura Muzeului Național al Literaturii Române, București, 2013.

3. Constanța Vintilă-Ghițulescu, *Evgheniți, ciocoi, mojici: despre „obrazele" primei modernități românești (1750–1860)*, Editura Humanitas, București, 2013.

4. Constantin Bărbulescu, Alin Ciupală (ed.), *Medicine, Hygiene and Society from the Eighteenth to the Twentieth Centuries*, Editura Mega, Cluj-Napoca, 2011.

originale, se intensifică și activitatea de publicare a surselor. Aici ar trebui amintite lucrarea lui Octavian Buda despre discursurile inaugurale medicale din vremea lui Carol I[1], precum și lucrările unui colectiv de autori dedicate legislației sanitare[2] și rapoartelor sanitare[3]. Și toate volumele amintite mai sus apar într-un interval de doar cinci ani. Cu certitudine, se întâmplă ceva! Iar volumul de față vine să se alăture aceluiași curent pe care îl vedem și îl dorim, pe an ce trece, tot mai puternic.

---

1. Octavian Buda (coord.), *Despre regenerarea și... degenerarea unei națiuni. Discursurile inaugurale medicale în vremea lui Carol I, 1872–1912*, Editura Tritonic, București, 2009.

2. Alina Ioana Șuta, Oana Mihaela Tămaș, Alin Ciupală, Constantin Bărbulescu, Vlad Popovici, *Legislația sanitară în România modernă (1874–1910)*, Presa Universitară Clujeană, Cluj-Napoca, 2009.

3. Cristina Gudin, Oana Mihaela Tămaș, Mihaela Mehedinți, Alin Ciupală, Constantin Bărbulescu, Vlad Popovici, *Rapoarte sanitare în România modernă (1864–1906)*, Editura Mega, Cluj-Napoca, 2010.

Mulțumiri

Cartea aceasta, în forma pe care o vedeți astăzi, datorează mult câtorva oameni care m-au însoțit, m-au sfătuit și m-au ajutat pe drumul constituirii ei. În lipsa lor, volumul ar fi arătat altfel. Tuturor acestor oameni care au fost alături de mine în tot acest timp țin să le mulțumesc acum. Contribuția poate cea mai mare la apariția acestui volum o are Constanța Vintilă-Ghițulescu, care a fost unul dintre cei mai atenți lectori ai manuscrisului și care i-a deschis porțile colecției pe care o coordonează. Alfel spus: a investit încredere și muncă în acest volum și implicit în mine. Țin să îi mulțumesc în mod special pentru aceasta. Al doilea lector al manuscrisului a fost colegul Alin Ciupală, de a cărui prietenie și încurajare constantă mă bucur de când ne-am cunoscut. Și, în sfârșit, al treilea lector, dar nu cel din urmă, căruia vreau de asemenea să îi mulțumesc pentru sfaturi, încredere și simpatie, este colegul Sorin Mitu.

Nu pot încheia seria mulțumirilor fără a trece pe la Biblioteca Centrală Universitară „Lucian Blaga“ din Cluj-Napoca, unde am efectuat majoritatea activității de documentare. Acolo, câteva persoane mi-au făcut viața mai ușoară, la propriu. Printre ele trebuie să le amintesc pe doamnele Alina Ioana Bogătean, Agnota Pop, Eliza Man și Mariana Falup. Cu bunăvoința și amabilitatea lor, m-au ajutat enorm pe parcursul documentării. Le mulțumesc încă o dată.

Iar în final țin să mulțumesc, ca de fiecare dată, soției și inspiratoarei mele, Ena. Fără încurajările ei, acest volum nu ar fi prins niciodată formă.

PARTEA ÎNTÂI

România văzută prin ochii medicilor

1
„Domnule Ministru, înaintez acest raport..."

De-a lungul secolului al XIX-lea și la începutul celui următor, medicii sunt personaje care nu tac. De la înălțimea pregătirii lor profesionale, considerându-se ei înșiși o elită chiar în interiorul elitei românești, vor lua cuvântul pentru a descrie România așa cum o văd în interacțiunile profesionale de zi cu zi, sau cum și-o amintesc la bătrânețe. Creionează în rapoarte și memorii – ca să-l parafrazez pe Sorin Mitu[1] – România lor, o Românie plină de mizerie și de suferință, la sate sau în orașe, de boală și de moarte; o țară pe alocuri hidoasă pe care nu o iubesc în starea în care se află și pe care, în consecință, încearcă să o schimbe. Oricum, imaginea pe care ne-o oferă este una preponderent întunecată, ca o fotografie în negativ. Motivele unei astfel de construcții le vom decela pe parcursul lucrării de față.

În această primă parte ne-am oprit asupra a două categorii de surse istorice emanate de lumea medicală, ambele neglijate în prezent de cercetarea istorică: rapoartele sanitare și memorialistica medicilor. Surse extrem de bogate în informații despre lumea trecută, aș spune esențiale pentru istoricul secolului al XIX-lea românesc. Evident, pentru istoricul care privește epoca de jos, de la nivelul caldarâmului pe care pășesc subiecții mai marii sau mai micii istorii. Dar să nu anticipăm...

---

1. Sorin Mitu, *Transilvania mea. Istorii, mentalități, identități*, Editura Polirom, Iași, 2006.

Acum și aici ne vor interesa în primul rând rapoartele sanitare; vom avea în vedere apariția, tipologia și evoluția rapoartelor, rolul lor în reconstituirea istoriei lumii rurale, dar și urbane din a doua jumătate a secolului al XIX-lea și de la începutul secolului următor.

Înainte de toate, cred că ar trebui să definim conceptul cu care operăm: rapoartele sanitare sunt o categorie de acte administrative, cu un specific atât la nivelul emitentului, cât și la cel al receptorului. În ceea ce privește emitentul, rapoartele sunt redactate strict de către medici și se adresează de cele mai multe ori nivelului superior al ierarhiei medicale. În ceea ce privește conținutul, rapoartele descriu starea igienică și sanitară a circumscripției administrate de medicul ce redactează documentul. Cu alte cuvinte, rapoartele, în ansamblu, se constituie într-un discurs descriptiv, și mai puțin, iar uneori deloc, normativ, și au avantajul de a descrie România văzută prin ochii medicilor. Alteori, rapoartele le descriu membrilor ierarhiei superioare acțiunile întreprinse de autor pentru înfăptuirea unei misiuni punctuale; așa sunt, de pildă, frumoasele rapoarte ale membrilor Institutului de Bacteriologie, trimiși în misiune în diverse localități pentru a studia și a combate bolile epidemice; sau rapoartele somităților medicale românești care iau parte în calitate oficială (și în consecință raportează Ministrului de Interne despre participarea lor și a delegațiilor României) la multitudinea de congrese medicale care se țin peste tot în Europa în ultimele decenii ale secolului al XIX-lea.

Analiza noastră se va baza în principal pe rapoartele edite, iar cercetarea noastră nu are, evident, pretenții de exhaustivitate: nu ne-am propus să depistăm și să utilizăm totalitatea acestor rapoarte – ar fi fost o situație ideală, care de cele mai multe ori nu devine și reală –, ci pe baza rapoartelor care ne sunt cunoscute încercăm să tipologizăm această sursă a istoricului și să demonstrăm utilitatea ei pentru cunoașterea secolului al XIX-lea românesc.

Primele rapoarte sanitare

Primele rapoarte sanitare apar înaintea adoptării legislației sanitare moderne (1874) din simplul motiv că un sistem sanitar, chiar și rudimentar și care nu acoperă toate provinciile, exista înainte de 1874. Unele dintre primele rapoarte sanitare, chiar dacă nu au întotdeauna un asemenea titlu, le regăsim publicate în oficiosul Serviciului Sanitar – *Monitorul Sanitar* – între 1863 și 1866 (Coridaly, 1863, pp. 182–183, 186; Niculescu, 1864, pp. 381–384; Michelstaedter, 1866, pp. 35–37, 44–45; Kopețki, 1865, pp. 99–101; Hintz, 1865, p. 115). Întrebarea este: se aseamănă aceste rapoarte cu cele de după 1874? Respectă ele canoanele genului? Sau au un alt model? O primă caracteristică a acestor rapoarte este dimensiunea lor redusă, ceea ce le diferențiază de rapoartele de mai târziu. Se vede, la o primă lectură, că sunt redactate la repezeală, pentru a răspunde unei circulare a ierarhiei superioare. Pe de altă parte, în ciuda dimensiunii modeste, aceste prime rapoarte au o structură tematică densă, care se suprapune peste cea a rapoartelor de după 1874. Vom regăsi aici informații despre starea igienică a locuitorilor, despre principalele boli ale populației, precum și date demografice (constante și după 1874), dar și descrieri geografice ale unității administrate. Această din urmă caracteristică le apropie de topografiile medicale din prima jumătate a secolului al XIX-lea, care sunt fără îndoială un model urmat de medicii noștri.

În ceea ce privește conținutul rapoartelor, există o caracteristică generală ce le diferențiază profund de cele de mai târziu: conțin numeroase aprecieri pozitive la adresa igienei țăranului. Astfel, doctorul I. Niculescu remarca „starea igienică a locuitorilor“, care „în general este bună“ (Niculescu, 1864, p. 382). Și, lucru de neconceput mai târziu, doctorul Coridaly îl consideră pe țăranul din districtul Ismail... harnic: „Țăranul este laborios și nu se retrage înaintea unei munci cât de aspre. [...] Femeile țăranilor petrec o viață atât de muncitoare ca și bărbații“ (Coridaly, 1863, p. 183). Greu de explicat această poziție față de stereotipul care asociază țăranul cu lenea și despre care știm că este mult mai vechi decât mijlocul secolului al XIX-lea[1]. Se regăsesc oare aici ecourile polarizării opiniei publice din preajma reformei agrare a lui Al.I. Cuza în imaginile antagoniste ale țăranului bun și ale marelui proprietar rău?[2] Cercetările viitoare ar putea confirma dacă imaginea preponderent negativă asupra lumii rurale oferită de literatura rapoartelor se accentuează pe măsură ce înaintăm spre sfârșitul secolului al XIX-lea. Dar nu toți medicii sunt la fel de mulțumiți ca doctorul I. Niculescu sau Coridaly de starea igienică a comunelor din circumscripția lor: doctorul Robert Hintz, medicul primar al districtului Vlașca, cu care o să ne mai întâlnim pe parcursul lucrării de față, descrie și el comunele pe care le administrează ca fiind în stare „în genere bună, case (de suprafață – n.n.) puține, mai multe bordeie grăsioase, necurățenie, cât pentru locuitori, asemenea și pentru vite“ (Hintz, 1865, p. 115), așadar, în ciuda afirmației cu care se deschide textul, situația sanitară nu pare strălucită. Cum nu pare strălucită nici starea sanitară și igienică a evreilor din județul Roman descriși în 1864 de doctorul Niculescu: „cea mai mare parte din locuitorii evrei nu cunosc altă stare de sănătate decât pătimind de anemie, de hipertrofia ficatului sau a splinei, sau fiind afectați de scorbut, caracterizat prin stomatite scorbutice. Am văzut în târgul Băcești două familii, locuind una și aceeași cameră; aceste familii și mai toate celelalte de evrei numără câte 3-6 copii;

---

1. Vezi pentru acest stereotip cercetarea lui Vlad Popovici, „Autopsia unei imagini: «lenea țăranului român» între stereotip etnic și social“, în C. Bărbulescu, Vlad Popovici, *Modernizarea lumii rurale din România în a doua jumătate a secolului al XIX-lea și la începutul secolului al XX-lea. Contribuții*, Editura Accent, Cluj-Napoca, 2005, pp. 105–170.

2. Sugestia îi aparține lui Alin Ciupală.

nu-și poate imagina cineva în ce stare de stricăciune se află aerul și ce odoare găsește în una din acele camere“ (Niculescu, 1864, p. 383). Imagini ale mizeriei organice și ale habitatului care ne trimit către descrierile de mai târziu ale medicilor despre populația rurală... românească. Se pare că în timpul domniei lui Cuza perspectiva medicilor despre țăran și lumea rurală este puțin mai senină decât în lungile decenii de domnie ale lui Carol I. Ne aflăm acum, la mijlocul anilor ’60, chiar la sfârșitul perioadei de prosperitate țărănească despre care medicii de la sfârșitul secolului al XIX-lea și de la începutul celui următor vorbesc cu nostalgie. Eu întotdeauna am considerat, fără să pot verifica în vreun fel, că această imagine este marcată de într-un paseism potențat de „relele“ contemporane. Sau poate în acest caz este vorba doar de un decalaj, mai mare la 1900 decât la 1865, între așteptările unui tot mai modern și mai instruit corp medical și realitățile unei lumi rurale rămase parcă într-un alt secol. Greu de spus!

Am optat pentru o analiză a literaturii rapoartelor care combină criteriul tipologic cu cel al conținutului din motive legate de structura propriului discurs. Cu alte cuvinte, ni s-a părut mai bine structurată o analiză de conținut aplicată fiecărei categorii de rapoarte.

Și, cum întregul sistem sanitar este organizat ierarhic, practic nu există medic care să nu fi scris asemenea rapoarte, pe care le întâlnim din abundență în presa medicală a vremii, în *Monitorul Oficial*, sub formă de broșuri și chiar volume, sau care pur și simplu umplu dosarele Administrației Sanitare, păstrate la Arhivele Naționale. Istoricul de astăzi este copleșit de o imensă masă de asemenea documente. Să le prezentăm pe rând și să vedem în ce măsură ne pot oferi o imagine, și ce fel de imagine, despre România ultimelor decenii ale secolului al XIX-lea.

Rapoartele medicilor de plasă

O primă categorie de rapoarte sanitare derivă din însăși structura ierarhiei a ceea ce legile sanitare numesc „organele sanitare“[1]. La baza sistemului sanitar se află medicul de plasă care, conform legii din 1874, „trimite medicului primar raporturi periodice și tabele statistice asupra stărei sănătăței publice și asupra serviciului de poliție sanitară“ (Pârvulescu, 1883, p. 81). Din păcate, tocmai rapoartele medicilor de plasă – „medicii țăranului“, cum îi numește Iacob Felix, personaje care trăiesc în stricta apropiere a țăranului – sunt cel mai dificil de depistat. În afara celor câteva publicate (Bianu, 1882, pp. 333–338, 365–369; Ionescu-Trifan, 1894, pp. 553–560; Hârsu, 1899, pp. 213–216, 249–252, 278–283, 315–317; Pitișteanu, 1900, pp. 204–210; Antonescu, 1909, pp. 381–385), până acum nu am putut identifica nici unul în Fondul Direcției Generale a Serviciului Sanitar ce se păstrează la Arhivele Naționale din București, iar un sondaj la Arhivele Județene Olt[2] și un altul la Arhivele Județene Suceava[3] au dat de asemenea rezultate negative. Or, poate că suntem în căutarea unei iluzii, pentru că legislația, în acest caz, este imprecisă: rapoartele trebuie să fie „periodice“, ceea ce înseamnă orice... sau nimic. Aceasta și deoarece condiția medicului de plasă este una ingrată și deci nedorită de tinerii medici; dar să îl lăsăm mai bine pe doctorul Felix să ne prezinte situația: „Tinerii cari au dus o viață relativ confortabilă în timpul studiilor și al stagiului militar se sperie de traiul primitiv, de lipsa absolută de tot confortul la cari sunt expuși

1. Pentru un istoric al legislației sanitare de după 1874 a se vedea I. Felix, *Istoria igienei în România în secolul al XIX-lea și starea ei la începutul secolului al XX-lea*, partea I, Institutul de Arte Grafice Carol Göbl, București, 1901, pp. 54–64.

2. Sondaj realizat de dl Nicolae Dumitrana.

3. Sondaj realizat de dl Vlad Popovici.

în cele mai multe comune rurale, unde se găsește foarte anevoie o casă cu chirie, unde mai ales acei dintre medicii de plasă cari nu sunt stabiliți la reședința subprefecturii și a judecătoriei de pace sunt obicinuit lipsiți de orice societate potrivită cu gradul lor de cultură, unde numărul mare de comune cari constituie circumscripția medicală le impune o muncă prea grea, astfel că nu le rămâne timp pentru studii. [...] Mare parte a medicilor de plasă nu aduce populațiunii servicii reale; pentru ei acest serviciu este un rău trecător, de cari doresc să scape cât de curând; de aceea nici nu-și cumpără trăsură, umblă cu cai de chirie și fac cât se poate de puține excursiuni. Idealul nostru de medic de plasă este reprezintat prin câțiva medici cari au îmbătrânit în acest serviciu, cari au petrecut toată viața printre țărani, cari cunosc gândurile și suferințele lor, cari compătimesc cu ei și se bucură de deplina lor încredere“ (Felix, 1897, pp. 28–31). Poate cercetări viitoare în Arhivele Județene vor duce la depistarea rapoartelor acelor puțini medici „îmbătrâniți în acest serviciu“. E posibil ca doctorul M. Hârsu să fie unul dintre ei, pentru că raportul său este unul dintre cele mai extinse și dovedește o bună cunoaștere a oamenilor și a locurilor.

Acum ne punem întrebarea: care este valoarea acestor rapoarte pentru istoric? Ce putem afla din ele? Doctorul Hârsu se dovedește un excelent etnograf, descriind ocupațiile locuitorilor, îmbrăcămintea sau locuința: „Casele sunt clădite din bârne și acoperite ori cu lătunoi (margini), ori cu șindrilă (draniță). Ele au de obicei o cameră mare, o tindă (sală) și o cămară; casele cu două camere sunt foarte rare. Casele se lipesc cu lut și se văruiesc cu var or cu *mal* (un fel de pământ alb strălucitor și luciu), or cu *humă* (un fel de pământ sur ca cenușa). Casele de obicei se îngrijesc numai la zile mari; la Paște, hram etc. Ferestrele sunt totdeauna mici, deseori aproape microscopice; numai ici-colea întâlnești câte o casă mai mare, cu ferestre mari și luminoase“ (Hârsu, 1899, pp. 215–216).

Descrierile de acest fel împânzesc de fapt rapoartele medicilor și oferă un material valoros prin vechimea lui etnografului de astăzi, dar și istoricului lumii rurale românești. De altfel, chiar medicii care scriu la sfârșitul secolului al XIX-lea sintezele privitoare la igiena țăranului român – Gheorghe Crăiniceanu (Crăiniceanu, 1895) și Nicolae Manolescu (Manolescu, 1895) – vor utiliza din plin rapoartele sanitare drept sursă primară. Uneori, în aceste rapoarte ies la lumină reprezentări țărănești unice despre corp și boală. Una dintre ele este prezentată tot de dr. M. Hârsu, care știe că: „ În gura poporului sifilisul poartă numele de *frențe*, *bube rele*, *cel perit* și *boale lumești*. Poporul crede că «orice om are cel perit; omul se naște cu el. E de ajuns să-l zădărești cu mâncări iuți, prea sărate, cu acrituri etc. Și el iese. Ardeiul roș, mic și iute, e pricina cea mai mare a iscării sale; crapul vechi sărat încă îl stârnește»" (Hârsu, 1899, p. 281). În această circumscripție de munte, vaccinarea și revaccinarea antivariolică sunt dificil de realizat și de verificat, din cauza habitatului risipit și a unor practici ale populației rurale, care, mărturisește medicul nostru, anulează efectul vaccinării: „mulți dintre cei revaccinați își șterg brațul îndată ce vaccinatorul le întoarce spatele; la cei mici, la vaccinați, aceasta se face de mame, mătușe etc., spre a scăpa de indispoziția copiilor inoculați" (Hârsu, 1899, p. 251). Este doar o nouă mărturisire despre neîncrederea țăranilor în medic și în medicina modernă.

Să îl lăsăm pe doctorul Hârsu deoparte și să ne întoarcem la doctorul Vasile Bianu, care, în 1882, era medic al plasei Bistrița de Sus din județul Bacău. Și el se confruntă cu lipsa de încredere a populației rurale în vaccinarea antivariolică, iar țăranii plasei sale „uzează de toate mijloacele posibile pentru a-și sustrage progenitura de la hultuire" (Bianu, 1882, p. 337). În plus, autoritățile comunale, care ar trebui să îl sprijine în realizarea vaccinării, își sustrag cei dintâi copiii de la acest act medical, așa cum face primarul din comuna Luizi Călugăra, care „în timpul hultuirii, pe de o parte dădea ordine să se aducă toți copiii la Primărie, iar pe de alta își expedia nevasta și copiii în cu totul altă direcție, spre calea iepurelui!“ (Bianu, 1882, p. 338), stârnind consternarea și tristețea medicului nostru. Doctorul Bianu ne vorbește și despre imposibila izolare a pacienților suferinzi de boli epidemice în același mediu țărănesc, unde locuința cu o singură cameră este supraaglomerată: „unde am pune bolnavul, unde pe cei sănătoși?“ (Bianu, 1882, p. 337). Iată o dilemă în fața căreia medicul nu are alternativă. Nici încercarea de a izola casa infectată de celelalte case nu poate funcționa, pentru că țăranii nu își restrâng libertatea de mișcare de dragul vorbelor unui domn, chiar dacă el este medic de plasă. În comuna Flipeni, într-o duminică, doctorul Bianu reușește, totuși „cu multă greutate“, să trimită „acasă împreună cu vătășelul o mumă cu copilul său în brațe ce suferea de variolă în perioada de descuamație, din cârciuma plină de oameni cu copiii lor!“ (Bianu, 1882, p. 337). Nu trebuie să ne închipuim că teama de vaccinare care bântuie mediile țărănești și corolarul ei – încercarea de a se sustrage de la acest act medical – constituie o atitudine care apare din senin la mijlocul secolului al XIX-lea. Ea este tot atât de veche ca și metoda profilactică în sine. Statul și autoritățile ecleziastice fac încă din prima jumătate a secolului al XIX-lea eforturi în vederea acceptării vaccinării de către populație[1].

În concluzie, puținele rapoarte ale medicilor de plasă sunt o excelentă sursă pentru cunoașterea lumii rurale din România în a doua jumătate a secolului al XIX-lea.

1. Constanța Vintilă-Ghițulescu, *Evgheniți, ciocoi, mojici. Despre obrazele primei modernități românești (1750–1860)*, Editura Humanitas, București, 2013, p. 322.

Rapoartele medicilor primari de județ

Dacă rapoartele medicilor de plasă sunt atât de rare, rapoartele superiorilor lor, medicii primari de județ, sunt abundente. Iar acesta se datorează modificării legii sanitare în 1885 care va impune publicarea rapoartelor în *Monitorul Oficial*[1]. Prin urmare, între 1885 și 1893, *Monitorul Oficial* găzduiește seria completă a rapoartelor medicilor de județ[2]. Iar după 1893 rapoartele medicale vor fi publicate în același loc, dar nu în variantă integrală, ci în extras[3]. Acesta este de fapt actul de naștere al masivei literaturi edite a rapoartelor sanitare.

Spre deosebire de rapoartele medicilor de plasă, rapoartele medicilor de județ sunt anuale și sunt adresate Consiliului Sanitar Superior.

Structura acestor rapoarte este în mare parte dictată de atribuțiile medicului primar de județ. Cu alte cuvinte, rapoartele sanitare, în general, se află într-o relație directă de filiație, atât în ceea ce privește apariția, cât și în ceea ce privește conținutul, cu legislația sanitară[4]. Sunt de neconceput în lipsa legislației. Și una dintre consecințele apariției legislației sanitare în România este tocmai acest imens efort de cunoaștere a stării igienice și sanitare a populației României.

---

1. Vezi art. 35 din legea sanitară din 1885, în Alina Ioana Șuta, Oana Mihaela Tămaș, Alin Ciupală, Constantin Bărbulescu, Vlad Popovici, *Legislația sanitară în România modernă (1874–1910)*, Presa Universitară Clujeană, Cluj-Napoca, 2009, p. 78.

2. Pentru intervalul 1886–1890 vezi lista completă a rapoartelor medicale publicate în *Monitorul Oficial* la Adriana-Ioana Colceriu, *Imaginea lumii rurale în rapoartele medicale din România (1860–1914)*, disertație de masterat, Universitatea „Babeș-Bolyai“, Facultatea de Istorie și Filozofie, Programul de masterat în socio-antropologie istorică, Cluj-Napoca, 2006, pp. 67–83.

3. Vezi art. 48 din *Legea sanitară*, în *Buletinul Direcțiunei Generale a Serviciului Sanitar*, anul V, 1893, no. 12, p. 190.

4. În acest context legislația sanitară se referă atât la legea sanitară propriu-zisă, cât și la anexele acesteia – regulamentele sanitare.

Rapoartele medicilor primari de județ au o structură bine definită, tratând un număr limitat de teme. Astfel, vom întâlni:

– date de natură statistică;

– date despre personalul sanitar;

– date despre starea igienică a populației rurale, cu accent pe igiena vestimentației, a habitatului și a alimentației;

– date despre starea igienică a „localurilor publice“: închisori, școli, hanuri etc.;

– lucrările Consiliului de igienă;

– îmbunătățirile de adus serviciului sanitar de județ.

În ceea ce privește conținutul acestor rapoarte vom exemplifica prin unul singur, cel al medicului primar al județului Vâlcea – Gh. Sabin – pe anul 1887; acest raport este într-un fel exemplar, deoarece doctorul nostru își înțesează scrierea cu observații, narațiuni și remarci personale, care îi măresc valoarea. Astfel, ne descrie, cu o sinceritate care pe mine, unul, mă dezarmează, problemele funcționării sistemului sanitar de județ, dar și pe cele ale sistemului sanitar rural la 1887. Și nu sunt puține. Se pare că în sistemul sanitar nimic nu funcționa cum trebuie. Astfel, există o criză acută de medici, mai ales de medici de plasă: din cele cinci plase ale județului doar două au medici, de unde rezultă că trei plase compuse din 106 comune sunt lipsite total de asistență medicală (Sabin, 1888, p. 2878). Nici vaccinarea nu se realiza mai bine, locuitorii fugind pe timpul iernii de vaccinare, „temându-se ca frigul să nu le facă rău“ (Sabin, 1888, p. 2878), iar colaborarea dintre medic și autoritățile locale, impusă de lege, în unele părți este inexistentă. Cazul comunei Orlești este elocvent: „De multe ori primarul, deși în comună nu voia să mă însoțească pe la casele unde erau bolnavi, nu voia să facă liste de bolnavi din comună, nici să-mi arate unde se găsește fiecare. [...] Dacă, umblând din casă în casă, sfătuiam pe locuitori să țină curățenie, să păzească copiii de răceală, să le dea medicamentele ce le lăsam conform cu instrucțiile ce le dam, primarul se ducea pe urma mea și făcea spirit în comptul sfaturilor ce le dam locuitorilor, încât, de multe ori, mi s-a întâmplat ca nici locuitorii să nu mă mai asculte. Dacă lăsam medicamente primarului cu instrucțiile necesare pentru a le da bolnavilor, el, spre a-și râde mai mult de mine, încăleca pe balconul primăriei, punea pe vătășei în drum la răspântii și pe cine vedea că trece îl oprea, îl ducea la primărie și aici îi dedea sau o ceașcă de unt de rețină sau un praf de chină, sau un ceai de jaborande, până ce le isprăvea, cu toate protestările celor ce le lua, spunând că așa e ordinul Dlui medic primar“ (Sabin, 1888, p. 2881). Probleme are doctorul și cu unii țărani din Fișcălia, care, de data aceasta, din proprie inițiativă, „mă tratau într-un mod puțin cuviincios“ (Sabin, 1888, p. 2881). De lipsa de colaborare a autorităților locale din comunele rurale sau urbane vorbesc mai toți medicii, e un fenomen generalizat, dar despre lipsa de respect pe care țăranul o arată unui medic, mărturiile sunt mult mai puțin numeroase. Poate, în acest sens, doctorul Gh. Sabin este o excepție, căci el nu ezită să intre în conflict frontal cu lumea țărănească pe care o administrează din punct de vedere sanitar. Astfel, în cazuri de epidemii soldate cu morți, mărturisește candid că nu de puține ori a împrăștiat „lumea de la asemenea pomeni“ (Sabin, 1888, p. 2883), măsură corectă din punct de vedere sanitar, dar care, din punctul de vedere al credințelor țărănești, nu face decât să compromită destinul post-mortem al defuncților. Pentru țăran nimic nu poate fi mai ofensator ca un asemenea comportament. Nu este de mirare că doctorul Gh. Sabin devine un personaj indezirabil în satele în care se dedă la asemenea isprăvi.

Totuși, asemenea mărturii nu pot să nu ne facă să ne gândim că statutul social și statutul simbolic de care se bucură medicul și medicina astăzi nu vin de la sine și în a doua jumătate a secolului al XIX-lea, mai ales în lumea țărănească. Întrebarea este: de ce ar trebui oare țăranul de la 1880 să aibă încredere în medic și actul medical? Pentru că, practic, nici la 1880 țărănimea, în marea ei majoritate, nu beneficiază încă în nici un fel de asistența sanitară modernă. Primii medici de plasă apar în 1862, iar primele spitale rurale în 1881. Iar societatea țărănească și-a rezolvat problemele de sănătate de secole în modul ei propriu, ceea ce încearcă, într-un alt mod și după alte principii, sistemul sanitar rural. Cu ce ar fi mai bune medicamentele decât ceaiurile și descântecele vindecătorilor țărani? Cu ce este mai bun medicul decât vrăjitorul local? Acestea sunt sigur întrebări pe care țăranii și le-au pus când, o dată la câteva luni, a început să treacă prin satul lor, pe cal sau în șaretă, un domn căruia i se zice „doctor“ și care pretinde că poate vindeca toate bolile. Fără îndoială, pentru a căpăta încrederea țăranului, este nevoie de mult mai mult, și aceasta se va întâmpla mult mai târziu.

Să revenim la doctorul Sabin, care, în raportul său, ne prezintă, cum am văzut, toate racilele sistemului sanitar: fuga de vaccinare, lipsa de personal medical și de sanitar mediu, lipsa de colaborare cu medicul a autorităților locale, reticența țăranilor. Ne gândim poate că în mediul urban lucrurile stau mai bine. Toate speranțele ne sunt spulberate de descrierea spitalului din Râmnic, unde „atât iarna, cât și vara zeci de bolnavi zac pe jos, prin bucătărie și dependințele spitalului, tratându-se și mâncând din sumele prevăzute pentru bolnavii din paturi“ (Sabin, 1888, p. 2878). Din nou, asemenea descrieri se întâlnesc frecvent în rapoartele sanitare.

În concluzie, imaginea pe care ne-o oferă raportul doctorului Gh. Sabin despre starea serviciului sanitar al județului Vâlcea în 1887 este extrem de negativă. Nu ne îndoim că situația nu era departe de spusele medicului nostru, însă, înseriind rapoartele sanitare, remarcăm că ele creează o imagine dezastruoasă despre starea igienică și sanitară a României rurale, dar și urbane. Ele contribuie din plin la ceea ce numeam imaginea negativă a țăranului și a lumii rurale. Nu regăsim aici nimic idealizat, totul este mizerie frustă. De ce oare aspectele pozitive își găsesc loc atât de greu în literatura medicală? Greu de dat un răspuns pe deplin satisfăcător. Totuși, cred că rapoartele sanitare, ca sursă a istoricului, ascund o capcană, care se manifestă prin această imagine negativă extremă, pe care am considerat-o dintotdeauna deformată și puternic ideologizată. Rapoartele în sine, ca acte administrative, pun în evidență mai ales lipsurile și nereușitele sistemului, reticențele personajelor, pentru că *acestea trebuie schimbate*. Reușitele nu sunt atât de evidente.

Rapoartele Consiliului Sanitar Superior

Spre deosebire de rapoartele medicilor de plasă și de județ, care sunt documente locale, parțiale și care dau imagini de ansamblu doar înseriate, rapoartele redactate de Consiliul Sanitar Superior sunt prin excelență sursele unor imagini de ansamblu. Ne aflăm în vârful ierarhiei sanitare și de fapt această categorie de rapoarte este redactată invariabil de directorul general al Serviciului Sanitar. Chiar dacă legislația sanitară cere încă din 1874 redactarea anuală a acestei categorii de rapoarte, acest lucru nu se întâmplă. Primele rapoarte generale tipărite sunt redactate de doctorul D. Sergiu, pentru anii 1886 și 1887 (Felix, 1893, p. V). Seria lor va fi completată începând cu 1892 de frumoasele rapoarte ale doctorului Iacob Felix[1]. Următorul raport tipărit va fi cel al doctorului Al. Obregia, care acoperă perioada 1899–1904 (Obregia, 1907), iar doctorul I. Bordea abia după Primul Război Mondial va publica raportul general pe anii 1905–1922 (Bordea, 1924).

Avantajul rapoartelor de acest fel sunt datele sintetice, imaginile generalizatoare la nivelul întregului Regat, însă

1. Doctorul Iacob Felix redactează și publică rapoartele generale pentru perioada 1892–1897.

punctul lor slab este tocmai lipsa datelor directe, a observațiilor făcute la fața locului, a detaliului care nuanțează o realitate multiformă.

Acestă categorie de rapoarte, cu un conținut la fel de standardizat ca și cele precedente, ne oferă, cum spuneam, imagini-tip asupra „salubrității satelor", de exemplu. Iată una dintre ele, în redactarea doctorului Iacob Felix: „Țăranul în general nu-și curăță curtea, nu adună băligarul într-un colț al curții spre a-l întrebuința pentru îngrășarea pământului, cu un cuvânt multe din satele noastre se mai află într-o stare barbară" (Felix, 1893, p. 91). Cât despre salubritatea orașelor, același medic remarca în 1895 o stare de lucruri cu care autorul însuși se lovește zilnic în anul de grație 2013. Și anume: „În toate orașele, fără excepțiune, se neglijează suburbiile excentrice, rămân nepavate stradele mărginașe, de vreme ce centrul este îngrijit adeseori cu un lux oarecare. Lipsesc veniturile necesare pentru a scoate suburbiile mărginașe din starea barbară în care zac, din cauză că și bugetele se fac cu un lux oarecare, că se creează necontenit funcțiuni noi și nu rămâne nimic pentru material, pentru plata lucrărilor publice" (Felix, 1897, p. 178). Astfel, Iașiul construiește un „stabiliment de băi elegant", care nu va putea funcționa din cauza lipsei de apă; iar în Craiova, oraș insalubru din cauza lipsei de apă, de canalizare, de pavaj, se introduce iluminatul electric! (Felix, 1897, p. 179) Recunoaștem, fără îndoială, o constantă a modului de administrare a orașelor și a județelor României.

Rapoartele inspecțiilor sanitare

Anul 1885 a fost un an bun pentru sursele de care ne ocupăm acum: nu numai că modificarea Legii Sanitare va duce la obligativitatea publicării, cum am văzut, a rapoartele medicilor primari de județe în *Monitorul Oficial*, dar acum, prin modificarea articolului 22[1] din Legea Sanitară, membrii Consiliului Sanitar Superior sunt obligați să efectueze inspecții sanitare anuale, ale căror rapoarte vor fi de asemenea publicate în *Monitorul Oficial*[2]. Fiecărui medic i se repartizează patru județe, care vor fi inspectate în timpul verii. Caracteristica acestor rapoarte este dată mai ales de emitenți, care sunt cele mai importante personalități medicale ale epocii. Vedem acum perindându-se prin satele și orașele țării – însoțiți de prefect și de medicul primar al județului – toată floarea medicală a sfârșitului de secol XIX românesc: dr. Iacob Felix și dr. D. Sergiu, dr. Nicolae Măldărescu și dr. Nicolae Kalederu, dr. Grigore Romniceanu și dr. Iul. Theodori... Iar rezultatele sunt pe măsură: rapoarte consistente, care conțin o avalanșă de informații despre funcționarea sistemului sanitar și despre salubritatea satelor și a orașelor.

Astfel, îl vedem pe dr. Sergiu, directorul Serviciului Sanitar al Regatului României, inspectând în vara lui 1886 comuna Batogu din județul Brăila, pe care o găsește cu un aspect general „sărac, casele sătenilor în general sunt de o construcțiune proastă și foarte nesănătoase, stradele neregu-

---

1. „Art. 22. Membrii Consiliului Sanitar Superior inspectă tot serviciul sanitar civil, precum și stabilimentele publice și private sanitare, și propune ministrului măsurile necesare pentru îndepărtarea neajunsurilor constatate în circumscripțiunile respective.

Fiecare membru al Consiliului Sanitar Superior va inspecta o dată pe an toată circumscripția sa, în tot ce privește serviciul sanitar; membrul care nu va face inspecția și nu prezintă raportul său după o lună de la expirarea anului se va considera ca demisionat.

Raportul asupra inspecțiunei se va publica în *Monitorul Oficial*.

Un regulament special va determina circumscripțiunile sanitare și modul facerei inspecțiunilor" (*Monitorul Oficial*, 3 aprilie, 1885, p. 35).

2. O nouă modificare a Legii Sanitare în 1893 va duce la dispariția acestor inspecții și deci a rapoartelor aferente. Vezi „Lege Sanitară", în *Buletinul Direcțiunei Generale a Serviciului Sanitar*, anul V, 1893, nr. 12, pp. 177–218.

late sunt fără nici o îngrijire, asemenea și curțile sătenilor“ (Sergiu, 1887, p. 1306). Însă nu toate comunele rurale din județul Brăila îi displac doctorului Sergiu, fiindcă el va păși și în comune cu un aspect „curat și frumos“, cu străzi „regulate și bine îngrijite“ și cu locuințe „bune și sănătoase“ (Sergiu, 1887, p. 1306). În descrierea medicului nostru nu putem să nu observăm analiza de tip binar. Atenția sa se oprește asupra aspectului general al comunelor (bun/rău), stării străzilor (regulate/neregulate, curate/murdare), asupra locuințelor (bune/rele) și a curților (curate/murdare). De aici și aspectul stereotip al descrierilor comunelor rurale.

Dacă orașul Brăila este apreciat grosso modo pozitiv, Călărașiul este aspru criticat. Salubritatea publică aici, „ca în mai toate orașele noastre, lasă mult de dorit“ (Sergiu, 1887, p. 1307): străzi nepavate și nenivelate, vara acoperite de praf și toamna impracticabile, mijloace rudimentare de curățire a străzilor astfel încât doar „2 strade mai centrale sunt curate“, restul fiind lăsate fără nici un fel de îngrijire, obiceiurile insalubre ale locuitorilor de a arunca în stradă toate „gunoaiele și murdăriile de prin curți“ (Sergiu, 1887, p. 1307). În concluzie: dezastru igienic și sanitar! Și descrierea continuă pe același ton, comună de comună, oraș de oraș.

Cu toate că algoritmul general al temelor rapoartelor este respectat de toți medicii, de la caz la caz apar diferențe semnificative. De pildă, dacă doctorul Sergiu, având în vedere salubritatea rurală, descrie, stereotip, cum am văzut deja, între douăsprezece și douăzeci și două de comune din fiecare județ inspectat, doctorul Iacob Felix dă numai o privire de ansamblu asupra stării sanitare și igienice a populației rurale (Felix, 1887, pp. 965–966). Subiectivitatea personajului care scrie iese la iveală parcă mai bine în acest tip de rapoarte: dacă, din nou, doctorul Sergiu apreciază cvasipozitiv activitatea medicilor de plasă, doctorul Felix aproape că ar desființa această instituție căreia îi descrie defectele și capcanele. Nu ne putem abține să nu îi dăm cuvântul: „Serviciul medicilor de plasă mai lasă mult de dorit; pe alocurea el a degenerat într-o simplă formalitate stearpă. Medicul se prezintă la primărie, întreabă pe primar dacă sunt bolnavi în comună, primarul în indiferența lui răspunde obișnuit că toți locuitorii sunt sănătoși. Medicul scrie un prescript-verbal prin care constată prezința sa în comună și pleacă fără a vizita diferitele cătune care compun comuna" (Felix, 1887, p. 964).

Nu este membru al Consiliului Sanitar Superior care să nu se oripileze în fața diferitelor aspecte ale igienei publice pe care le întâlnește în timpul inspecțiilor: doctorul Iul. Teodori, în 1887, constată la spitalul „județo-comunal din Huși" – care nu putea fi decât impropriu, fiind „construit pentru locuință particulară" – că latrinele sunt „vicios construite, vechi, neîngrijite și îmbibate cu materii în descompozițiune, din care cauză răspândesc într-un mare grad mefitismul; ele sunt comune pentru bolnavii de ambele sexe. Nu se constată la aceste latrine utilizarea de dezinfectante [...]. Comunicațiunea latrinelor fiind directă cu coridorul comun al spitalului în care se deschid toate sălile bolnavilor, atmosfera localului în genere este viciată prin odoarea mefitică ce emană de la latrine și se comunică coridorului de câte ori se deschide ușa" (Teodori, 1888, pp. 1805–1806). Altfel spus, mirosul de excremente îmbibă „atmosfera" spitalului din Huși.

Doctorul A. Fotino descrie starea igienică a orașului-port Brăila pe un ton ușor ironic, dar în tușe profund negative; privirea lui este necruțătoare, vede tot și nu iartă nimic: „Presupunând orașul Brăila, fără bulevardele sale spațioase și fără stradele sale drepte și largi, sub raportul igienei publice și în mare parte chiar și a celei private, Brăila ar semăna cu un adevărat oraș extraordinar. Nici chiar Strada Regală, cea mai principală din oraș, nu este curată decât pe o mică porțiune. Pretutindeni pe unde sunt prăvălii, trotuarele sunt transformate în niște bazare orientale, pe unde sunt expuse fel de fel de mărfuri, din care cauză circulațiunea devine dificilă și curățenia cu desăvârșire înlăturată. Prin stradele mai periferice ale orașului, lumea vara se îneacă în praf și, în timpuri ploioase, precum și iarna pe dezgheț, în noroi. Pretutindeni pe strade se aruncă fel de fel de necurățenii, cu deosebire în drepturile hanurilor și locandelor. Piețele publice nu se țin în stare de curățenie și cu deosebire piața zisă a poporului prezintă o tristă icoană a solicitudinii ce se are pentru sănătatea acestui popor. Pescăriile sunt un adevărat pericol pentru igiena generală a orașului și mă mir cum autoritatea comunală a putut să permită de a se face depozite de pește aproape în centrul orașului“ (Fotino, 1892, p. 337). Fără nici o îndoială, doctorul Fotino este profund dezamăgit de starea igienică a orașului Brăila, așa cum se prezenta ea în vara lui 1891.

În rapoartele acestor înalte personaje medicale, sentințele cad necruțătoare; mizeria orașelor și a satelor României sfârșitului de secol XIX iese parcă și mai mult în evidență.

Rapoartele serviciului sanitar al Capitalei

Prin rapoartele anuale ale serviciului sanitar al orașului București, intrăm pe deplin în domeniul urban. Din fericire pentru noi, vreme îndelungată „medicul șef al Comunei“ a fost doctorul Iacob Felix, care, între 1868 și 1891, publică aproape an de an rapoarte consistente.

Dar, am mai spus-o, modernizarea igienică și sanitară este un fenomen de durată, nici astăzi încheiat. În acest domeniu, progresele, greu de evaluat la nivelul deceniului, devin mult mai vizibile în durata demiseculară. Iar dacă în România urbană se înregistrează progrese ale igienei și ale salubrității publice, acestea se întâlnesc – conform modelului modernizării urbane la noi – mai ales la centru, adică în București. Dar Bucureștiul anului 1906 nu este același cu cel al anului 1869. În primul rând avem o creștere demografică de 100 %. Dr. Felix evalua populația Capitalei în ultimul an al deceniului șapte la 150 000 de persoane (Felix, 1870, p. 19), pe când doctorul Gh. Orleanu, în 1906, credea că Bucureștiul are 292 395 de locuitori (Orleanu, 1907, p. 147). Pentru a evidenția progresul, trebuie să luăm în discuție serviciul igienei stradale. Dacă în 1869 dr. Felix, când trece în revistă dificultățile serviciului public de curățire a străzilor, remarca faptul că locuitorii depun „oriunde-i place“ materiile adunate din curățirea caselor și a curților, că măturătorii la rândul lor descarcă materiile adunate „oriunde le convine mai bine“ (Felix, 1870, p. 24), ei bine, 47 de ani mai târziu, Bucureștiul are deja două incineratoare de gunoi menajer! (Orleanu, 1907, p. 126) Progresul e imens, dar nu e total: dacă centrul orașului e salubrizat în 1891, periferiile rămân insalubre (Felix, 1892, p. 12); și tot în 1891 se introducea experimental, pentru 20 de imobile, sistemul actual de eliminare a excrețiilor umane și ale apei menajere din clădiri, sistemul *au tout-à-l'égout*. Și a funcționat.

Rapoartele medicilor spitalelor rurale

În 1881 serviciul sanitar rural se îmbogățește cu o nouă instituție: spitalul rural. Acum, țăranul bolnav poate apela fie la serviciile medicului de plasă, fie la cele ale medicului unui spital rural, dacă e vreunul în apropiere. În ultimele două decenii ale secolului al XIX-lea va exista un program ambițios de construcție a spitalelor rurale, ajungându-se ca la sfârșitul secolului să existe câte un spital rural în fiecare județ.

Și medicii spitalelor rurale au obligația de a redacta rapoarte anuale, o parte din ele fiind publicate în revistele medicale ale epocii. Aceste rapoarte pun accentul pe „mișcarea bolnavilor în spital“ și pe aspectele clinice ale principalelor maladii tratate. Cu alte cuvinte, din punctul de vedere al istoricului, ele par a prezenta un interes mai scăzut. Cu toate acestea, lectura lor se dovedește aproape totdeauna utilă, și vom demonstra utilitatea acestei lecturi prin analiza a două rapoarte ale spitalului rural din Horezu, realizate de doi medici care vor face o carieră frumoasă în serviciul sanitar al Regatului: dr. Vasile Bianu și dr. I.V. Ștefănescu.

În raportul doctorului Bianu, din perspectiva istoricului secolului al XIX-lea, interesantă este descrierea localului spitalului. Vedem, prin ochii doctorului Bianu, neajunsurile acestui spital, care, fiind printre primele înființate, nu a beneficiat de o clădire proprie, ci a fost găzduit într-o mănăstire. De aici multe inconveniente: ușile latrinelor sunt față în față cu ușile de la saloanele bolnavilor, ceea ce, vara, nu permite ventilația naturală; iar băile... lipsesc cu desăvârșire: „Nu putem numi *băi* o odăiță mică în care nu încape o putină și un pat. Ei bine, spitalul nostru nu are decât o mică cameră întunecoasă, podită cu scânduri, fără sobă și numai cu o singură putină de lemn, și aceasta pentru serviciul unui spital de 56 paturi“ (Bianu, 1889, p. 278). Iar fiecare bolnav, când este internat, trebuie să facă o baie și o deparazitare!

Dacă doctorul Bianu ne dă o imagine aproape fotografică a unui spital rural din 1888, doctorul I.V. Ștefănescu, cu doi ani înainte, în același spital rural din Horezu, avusese revelația alterității maxime! Întregul său raport se construiește pe vectorii alterității. Fără nici o îndoială, doctorul Ștefănescu se găsește în plină sălbăticie. Toate remarcile sale privitoare la habitat sunt convergente: agricultura se face „într-un mod primitiv“, drumurile sunt „în stare rudimentară. Comerciul de asemenea“ (Ștefănescu, 1887, p. 362). Cât despre „locuitorii băștinași“, dr. Ștefănescu îi descrie într-o imagine care folosește tușe întunecate: vorbesc o limbă „aspră și săracă“, gestica afirmației și a negației nu e cea curentă, ci tocmai pe dos – aplecarea capului în față semnifică negația, iar scuturarea capului în plan orizontal semnifică afirmația (Ștefănescu, 1887, pp. 363–364). Într-un cuvânt, țăranii pe care îi tratează în spitalul rural nu sunt prea diferiți de fuegieni, „pe care antropologii îi pun pe cea din urmă treaptă a scării omenești" (Ștefănescu, 1887, p. 378). În mod evident, pentru doctorul Ștefănescu, țăranii sunt niște ființe stranii, primitive, barbare; atât de diferiți de el însuși și, prin extensie, de „clasa cultă", printr-o seamă de caracteristici care, prin contrast, sunt revelatorul Civilizației: „aberațiunea facultăților afective ca: lipsa de rușine, relațiile amoroase cu totul bestiale [...], viciile ca: beția, lenea, hoția, minciuna și la femei în special luxul" (Ștefănescu, 1887, p. 379). Între doctorul Ștefănescu și pacienții săi rurali nu există nici un fel de empatie: medicul nu-i înțelege și-i disprețuiește profund – dovadă că vectorii expresivi ai descrierii sale sunt derizoriul și ironia. Bănuim că și reciproca era la fel de adevărată.

Cert este că viziunea doctorului Ștefănescu despre țăran și lumea rurală nu era singulară în epocă, mulți alții gândeau la fel. Până și astăzi, în cultura comună, țăranul și lumea rurală nu sunt tocmai atribute care caracterizează modernitatea. Să nu uităm că apelativul „țăran" are și azi conotații în general negative.

Rapoartele medicilor de regiment

O categorie specială de rapoarte sanitare sunt cele ale medicilor de regiment; o mică parte din ele au fost publicate în singura revistă a serviciului sanitar al armatei, *Revista Sanitară Militară*.

Și aici ne punem întrebarea care a străbătut ca un fir roșu cercetarea de față: ce găsește util istoricul în această categorie de rapoarte? Ce poate afla din ele? Răspunsul vine din analiza celor 13 documente disponibile: date despre salubritatea cazărmilor și despre respectarea regulamentelor militare, bineînțeles a celor igienice și sanitare. Căci marea majoritate a recruților erau tineri țărani care trebuiau obișnuiți cu habitudinile și preceptele sanitare și igienice, totuși moderne, ale vieții de cazarmă.

În general, discursul rapoartelor medicale este unul negativ: surprind lipsurile și abaterile de la norme, și mai puțin plusurile și respectarea normelor. Nu fac excepție nici rapoartele medicilor de regiment. De exemplu, aflăm că în anul de grație 1897, în cazarma nouă a Regimentului 34 Constanța există latrine în pavilioanele trupei, cu alte cuvinte, toalete de interior. Suntem pe drumul cel bun, vom spune. Dar să nu ne grăbim: „ele stau încuiate și cu planton, încât excepțional noaptea sau pentru vreun bolnav se deschid“ (Crăiniceanu, 1899, pp. 361–362). Din ce cauză, nu știm. Știm însă de ce nu sunt folosite latrinele de interior („încuiate atât ziua, cât și noaptea“) în cazarma Regimentului 1 Mehedinți: au haznalele pline de apa care se infiltrează din terenul mlăștinos pe care e construită cazarma (Carp, 1902, pp. 381–382).

În ceea ce privește igiena corporală a soldaților, regulamentele militare prevăd o baie săptămânală. Or, aflăm din rapoartele medicilor de regiment, acest lucru nu era posibil în toate cazărmile de la sfârșitul secolului al XIX-lea în România. Baia săptămânală a trupei era de fapt o mare problemă: la Ploiești, întreaga garnizoană „trimite oamenii la o baie veche, fiindcă cea municipală refuză de a primi soldați; s-a intervenit pe cale ierarhică de a se aproba ca regimentele să trimită oamenii la baia spitalului militar [...] din București“ (Crăiniceanu, 1905, p. 48). Există doar o mică problemă: în epocă, toată garnizoana București trimitea soldații la baia Spitalului Militar!

*

Există câteva direcții de cercetare istorică pentru care valoarea rapoartelor sanitare este importantă. Aș aminti, în primul rând, modernizarea lumii rurale, domeniu puțin abordat în istoriografia românească. Cum rapoartele medicale în ansamblul lor vorbesc mult despre țăran și despre lumea rurală, acestea sunt chiar o sursă indispensabilă pentru anumite aspecte de viață țărănească[1]. Ele pot întregi imaginea pe care o construim cu ajutorul altor tipuri de surse despre lumea rurală prin faptul că oferă informații directe asupra țăranului dat fiind faptul că autorii rapoartelor sunt personaje ce intră în contact direct cu el. Să nu ne închipuim însă că privirea și contactul sunt inocente, că *medicii văd și descriu realitatea*! Discursul medical este ideologizat. Descrierile medicilor noștri sunt modelate de cultura în care s-au format, de stereotipurile și de prejudecățile despre țărani ale elitei românești de la sfârșitul secolului al XIX-lea. Elita românească în ansamblul său a construit și a utilizat de-a lungul secolului al XIX-lea o dublă imagine despre țăran și despre lumea rurală, o imagine a autohtonului cu un evident rol național identitar[2] și o imagine a sălbaticului din propria societate care trebuie civilizat. În varianta autohtonului, țăranul este „talpa țării", este baza corpului național, în cele din urmă *țăranul suntem noi*. Discursul medical despre țăran și lumea rurală, așa cum apare el în rapoartele sanitare, izvorăște însă din paradigma țăranului sălbatic.

Rapoartele sanitare surprind exemplar și disjuncția dintre legislația sanitară și implementarea ei. Legislatorul este mai degrabă interesat să ofere un discurs normativ coerent și modern și numai în subsidiar are în vedere dacă și în ce măsură legea poate fi aplicată. Mai ales pentru reglementările ce au în vedere populația rurală, acest lucru este evident[3].

---

1. De pildă, alimentația țărănească în a doua jumătate a secolului al XIX-lea nu este încă un obiect de studiu al etnografiei. Dovadă că bibliografiile etnografice citează la capitolul „alimentație" tot lucrări medicale. Vezi A. Fochi (redactor), *Bibliografia generală a etnografiei și folclorului românesc*, vol. I (1800–1891), București, 1968, pp. 105–106; Iordan Datcu (ed.), *Bibliografia generală a etnografiei și folclorului românesc*, vol. II (1892–1904), București, 2002, pp. 86–90.

2. Vezi Vintilă Mihăilescu, *Antropologie. Cinci introduceri*, Polirom, Iași, 2007, pp. 18–19.

3. Vezi, de pildă, în C. Bărbulescu, V. Popvici, *op. cit.*, pp. 56–60, modul în care este implementat „Regulamentul pentru alinierea satelor și pentru construcția locuințelor țărănești".

Una dintre cele mai importante calități ale rapoartelor sanitare este că descriu în amănunțime și la toate nivelurile ierarhice modul de organizare și de funcționare, dar și deficiențele sistemului sanitar al țării. Îl vedem astfel pe medicul de plasă în veșnicele sale vizite sanitare prin comunele rurale; îl vedem pe doctorul Sabin, medicul primar al județului Vâlcea, cum intră în conflict deschis cu primarul din Orlești, conflict din care iese în dezavantaj până în 1887, când refuză să mai inspecteze această comună; îi vedem pe membrii Consiliului Sanitar Superior mergând în inspecțiile sanitare de vară prin comunele rurale, însoțiți de medicul primar de județ și de prefect. În sfârșit, vedem un întreg corp profesional care începe să inspecteze, să studieze și în cele din urmă să modernizeze imensa masă țărănească, evident în scopul declarat al ideologiei naționale populaționiste a epocii: scăderea morbidității și a mortalității populației rurale. Altfel spus, creșterea demografică a populației rurale și implicit a populației României.

Rapoartele sanitare surprind preponderent aspectele negative ale igienei publice, cu scopul declarat al „îndreptării“ lor. Nu spunem că starea igienică a localităților României era mai bună decât o găsim descrisă în rapoarte, ci afirmăm că această categorie de documente trebuie privită critic și pusă în contextul redactării și al receptării ei. Pe măsură ce sunt elaborate tot mai sus în ierarhia medicală, rapoartele par tot mai critice, imaginea pe care o creează este tot mai negativă din simplul motiv că distanța dintre așteptările celui care scrie și realitatea pe care o descoperă în teren crește direct proporțional. Un medic de plasă nu este la fel de critic față de igiena publică ca un membru al Consiliului Sanitar Superior aflat în timpul inspecției anuale de vară; diferența de perspectivă este perfect sesizabilă.

În plus, rapoartele sanitare oferă o imagine statică a igienei publice, sunt un instantaneu al acesteia la nivelul circumscripției sanitare analizate și de aceea perspectiva istorică se capătă doar înseriind astfel de surse. De pildă, dacă privim an după an rapoartele la nivelui județului, putem avea impresia, ca și cei care scriu, că de fapt nu se schimbă nimic, că igiena publică nu face nici un progres: aceiași țărani refractari, aceleași autorități comunale dezinteresate, aceeași mizerie peste tot și în toate. Mișcarea personalului sanitar, destul de pronunțată, face ca aceeași persoană să nu aibă suficient timp să surprindă progresele igienei publice a circumscripției; noul medic va lua de la capăt raportările negative, neavând un reper în trecutul mai apropiat sau mai îndepărtat. Realitatea văzută de ochii unui tânăr absolvent poate fi adeseori mult mai negativă decât cea văzută de un medic îmbătrânit în serviciul acelei circumscripții. Cu toate acestea, realitatea este aceeași.

Medicii înșiși percep capcanele literaturii rapoartelor așa-zise științifice. În 1910, doctorul Radu Chernbach de la spitalul comunal din Huși pur și simplu discreditează această întreagă literatură prin intermediul căreia „s-a născut în țară ideea că țăranii noștri sunt toți pelagroși, granuloși, ofticoși, sifilitici etc., care mai de care medic primar de județ scotea statistici oficiale că la dânsul în județ sunt cei mai mulți bolnavi de pelagră, de oftică, de sifilis, de conjunctivită granuloasă. Pare că ar fi fost o întrecere de laudă între medici care dintre ei are cei mai mulți bolnavi, infirmi, degenerați și publicul privea la acest sport macabru zâmbind cu dispreț la medicii autori a toată acea proză silită care umplea chiar pagini din *Monitorul Oficial*. Reminiscențe și moșteniri atavice ale acelei literaturi medicale dezastruoase se mai întâmplă și azi, rar, dar totuși statisticele oficiale ale acelor medici improvizați autori științifici, sunt de o falșitate dezesperantă. Fiecare gastrită, stricare de stomah este palustră, fiecare herpes labial febril este palustru, fiecare eritem solar este pelagros, fiecare conjunctivită iritativă este granuloasă. Astfel se înregistrau cu miile cazuri de pelagră, paludism, conjunctivită granuloasă. Astăzi, în unele părți există o goană după sifilitici. Orice ulcer genital este sifilitic, orice periostită sau osteită e sifilitică, orice leziune cardiacă e sifilitică etc. Iar tratamentul obligator la modă este injecția intramusculară cu mercur" (Chernbach, 1910, pp. 621–622). De pe înălțimile științei medicale de la 1910, doctorul Chernbach își permite să își critice colegii care în urmă cu trei decenii identificau peste tot bolile „la modă". Dar el uită că între 1880 și 1910 în medicină are loc o adevărată revoluție. În ceea ce îl privește pe istoricul de astăzi, puțin contează dacă doctorul Radu Chernbach are dreptate sau nu; mult mai important este faptul că după 1880 spectrul pelagrei, agitat de către corpul medical, se răspândește tot mai amenințător asupra populației rurale. Pelagra devine, cum se va vedea mai jos, un mare pericol național. Prin urmare, rapoartele sanitare nu dau seamă doar de „realități din teren", ci și de fantasmele unei societăți, la fel de importante ca „realitatea".

2
Amintiri din practica medicală

Medicii nu scriu numai rapoartele și dările de seamă impuse de legislația sanitară; din proprie inițiativă, la bătrânețe, unii își deapănă amintirile despre practica medicală și în general despre lumea în care au trăit; sau, aruncați în vâltoarea Marii Istorii, încearcă să pună pe hârtie și, mai târziu, să publice însemnările din timpul evenimentelor memorabile la care au luat parte. Față de literatura rapoartelor, memorialistica este un alt mod de a vedea propria viață și România prin care au trecut. E o altă privire a acelorași oameni, care, în consecință, rezervă și mari surprize pentru istoricul de astăzi, pentru care memorialistica devine depozitarul faptelor despre care alte categorii de surse spun prea puțin sau nimic. Cred că aceasta este principala lor calitate: scot la iveală, ca un revelator, lucrurile ascunse din țesătura socială a societății românești. Am optat pentru un secol al XIX-lea „lung“, extins până la Primul Război Mondial. Majoritatea memoriilor folosite în capitolul de față sunt publicate după 1918, dar evenimentele pe care le narează, în general, se înscriu în intervalul temporal anunțat. Am folosit doar memoriile edite și bineînțeles că nu avem pretenția de a fi utilizat corpusul exhaustiv al memoriilor corpului medical românesc; bănuiesc însă că am utilizat o bună parte a memorialisticii tipărite.

„În pragul amurgului mă năpădesc amintirile vieții mele“

La o privire chiar și superficială, memorialistica medicilor se dovedește extrem de diversă. În funcție de scopul declarat, fiecare dintre medici realizează parcă un tip diferit de lucrare; aproape că fiecare înțelege să își alcătuiască în alt mod scrierea. De fapt, din punctul de vedere al teoriei literare, toate textele noastre sunt „scrieri autoreferențiale“[1]. Doar câteva s-ar putea încadra în canoanele autobiografiei, așa cum le definește Philippe Lejeune: „povestire retrospectivă în proză, pe care o persoană reală o face despre propria existență, atunci când pune accentul pe viața sa individuală, îndeosebi pe istoria personalității sale“[2]. Probabil singura lucrare autobiografică este cea a doctorului Victor Gomoiu, iar unele capitole din amintirile doctorului C.D. Severeanu ar putea fi considerate tot autobiografice. Toate celelalte lucrări aparțin unor genuri înrudite: memoriile și jurnalele. Cum interesul nostru principal nu este de natură filologică, ne vom referi la ele folosind termeni ca „memorii“ sau „amintiri“.

Ar mai fi de amintit că nu vom analiza aceste texte din perspectiva raportului dintre „adevăr și mistificare“, așa cum tratează Ana Selejan într-o recentă lucrare jurnalele și memoriile unor literați de frunte din perioada 1947–1970[3]. Din perspectiva noastră, toate aceste texte sunt într-un fel o „mistificare“ a realității, în sensul reconstruirii unei imagini de sine pentru uzul celorlalți. Iar pe de altă parte, perioada

1. O bună introducere pentru genurile literaturii autoreferențiale se poate vedea la Iulia Pop, *Memorie și suferință. Considerații asupra literaturii memorialistice a universului concentraționar comunist*, Editura Argonaut, Cluj-Napoca, 2010, pp. 33–59.

2. Philippe Lejeune, *Pactul autobiografic*, Editura Univers, București, 2000, p. 12.

3. Ana Selejan, *Adevăr și mistificare în jurnale și memorii apărute după 1989*, Editura Cartea Românească, București, 2011.

pe care o descriu medicii noștri (1840–1918) nu pare a fi la fel de „complicată“ din punct de vedere ideologic precum cea de după cel de-al Doilea Război Mondial: în afară de antipatiile personale, destul de evidente la unii dintre autori, ceea ce influențează cel mai mult scrisul medicilor este fără îndoială naționalismul ambiant în care plutesc personajele noastre și statutul profesiei cu care se identifică adesea.

Înainte însă de a surprinde valoarea acestei categorii de surse pentru istoricul de azi, să încercăm să vedem *cum* sunt scrise aceste memorii și care este *motivația* lor. Cu alte cuvinte, de ce scriu medicii memorii și cum le scriu, pe baza căror surse?

În general putem împărți memorialistica analizată în două mari categorii: o memorialistică biografică, unde accentul cade pe povestea vieții autorului, și o memorialistică istorică, unde resortul principal este de ordin istoric și, fiind scrisă în secolul al XIX-lea, național. În această ultimă categorie, personajul principal nu mai este autorul, el devine doar un martor al Marii Istorii și mai ales al momentelor ei fierbinți și tragice. Doctorul Vasile Bianu publică în 1926, în două volume întinse, *Însemnări din Războiul României Mari* sperând că „din aceste *Însemnări* iubitul cetitor își va putea face o idee destul de exactă despre întreg decursul Războiului României Mari și dacă ele îi vor procura clipe de mulțumire și de înălțare sufletească va fi pentru mine cea mai desăvârșită răsplată“ (Bianu, 1926, I, p. 10). Vedem deci că scopul prim al *Însemnărilor* este unul moralizator și național, iar el se realizează prin nararea epopeii naționale a Primului Război Mondial, la care și autorul, modest, a luat parte. La extrema cealaltă, dr. Gh. Sabin se apleacă asupra Războiului de Independență, dar mărturisește cu inocență: „nu m-am gândit niciodată să aștern pe hârtie impresiunile ce mi-au lăsat cele zece luni și câteva zile petrecute sub Drapel în timpul Războiului Independenței“ (Sabin, 1912, p. IX). Scopul său este însă același și deci la fel de nobil ca al doctorului Vasile

Bianu: publicarea amintirilor despre Războiul de Independență are rolul de a procura autorului suma necesară construirii la Râmnicu Vâlcea a unui monument care să-i comemoreze pe soldații vâlceni morți pe câmpul de luptă din Bulgaria. Dar poate cel mai reușit exemplu al acestei memorialistici istorice rămâne volumul *Amintiri istorice* al doctorului Nicolae Krețulescu care, surprinzător, scrie dintr-un alt motiv – „ca să fac pe plac amicilor mei" (Kretzulescu, 1895, p. 5) –, dar care alege să realizeze o adevărată istorie a secolului al XIX-lea, înțesată de fapte de natură autobiografică. Nicolae Krețulescu, personaj politic marcant al epocii, scrie pentru a se insera în pleiada oamenilor politici europeni care au făcut istorie și care au scris despre aceasta: „În alte țări [...] sunt puțini aceia – înțeleg oameni politici care au jucat un rol în țara lor – care să nu aibă ăst bun obicei, să nu păstreze astfel un material de faptele și de împrejurările de o valoare istorică petrecute în viața lor, și să nu le publice cât trăiesc, sau să le lase în familiile lor" (Kretzulescu, 1895, p. 5).

Războiul de Independență pare să fie evenimentul istoric catalizator care îi determină pe medici fie să revină asupra lui decenii mai târziu, ca doctorul Sabin sau Ludovic Fialla (Fialla, 1892), fie să își noteze zilnic întâmplările din campanie, cum o face doctorul Zaharia Petrescu[1].

Chiar și participarea României la cel de-al doilea război balcanic își găsește reflectarea în memorialistică, doctorul N. Burghele tratând cu mult umor campania din Bulgaria din 1913 soldată cu victime de... holeră (Burghele, 1913). Dintr-o cu totul altă perspectivă, fără îndoială generată de temperamentul puternic contestatar al autorului, este trăită și este descrisă aceeași campanie din 1913 de către doctorul Dimitrie Gerota (Gerota, 1913).

---

1. Gheorghe N. Albulescu, Gheorghe Brătescu, *Însemnările unui medic din Războiul pentru Independență. Jurnalul de campanie al lui Zaharia Petrescu*, Editura Medicală, București, 1977.

Un loc aparte în literatura memoriilor îl ocupă lucrarea doctorului Panaite Zosin, care, înainte de toate, se vrea un îndrumar de viață pentru fiul său, dar și pentru orice tânăr în general. De fapt, este o confesiune făcută la bătrânețe despre eșecurile unei vieți, pentru că doctorul Zosin este un învins. Exclus din liceu pentru agitație socialistă, arestat ca student „în câteva rânduri" (Zosin, 1935, p. 17) tot pentru activități politice, va purta acest stigmat întreaga viață. Activitatea socialistă din tinerețe va fi o piedică serioasă în realizarea sa profesională, astfel încât abia după vârsta de 40 de ani a reușit să „prind[ă] un loc remunerat definitiv" (Zosin, 1935, p. 18). Textul său este poate cel mai explicit document memorialistic despre avatarurile politicului în cariera unui medic.

Tot un învins al vieții pare și doctorul Ștefan Episcupescu, care își scrie „memoria de taină" cândva între 1847 și 1850. Textul, rămas în manuscris până în 1981, are tot un rol moralizator. Dacă nefericirea sosește în viața doctorului Panaite Zosin din cauza orientărilor politice din adolescență și din tinerețe, în cazul doctorului Episcupescu nefericirea are o cauză mult mai prozaică și mai frecventă: o neinspirată alegere în momentul căsătoriei. Prin intermediul unui text scris, care deci este destinat să dureze, Ștefan Episcupescu ne povestește, la sfârșitul vieții, „istorioara" nefericitei sale căsătorii. Scopul său evident este prezentarea propriei variante: este o mărturie în fața eternității despre bunele intenții și despre strădaniile ce le-a depus timp de decenii în propria căsnicie. Eșuată. Soția sa, fiica medelnicerului Matei Ciupelniceanu, nu și-a scris memoriile, așadar, versiunea ei despre căsnicia cu doctorul Episcupescu nu o cunoaștem. Știm doar că, la 18 ani după divorț, când moare, nu își cheamă fostul soț, medic, „spre căutare"[1]. Din perspectiva noastră, mai

1. Emil Gheorghiu, „«Memoria de taină» a lui Șt. V. Episcopescu", în G. Brătescu (ed.), *Trecut și viitor în medicină. Studii și note*, Editura Medicală, București, 1981, p. 311.

interesante decât avatarurile căsniciei doctorului Episcupescu, sunt alte fapte; de pildă mărturisirea că în 1805, după întoarcerea de la studiile de la Viena, tânărul medic reușește să strângă, din practică, o avere deloc neglijabilă: „Osteneam două perechi de telegari ș-un armăsar pe toate zilele, cu venit de douăzeci și treizeci de galbeni pe fiecare zi și c-o petrecere d-o viețuire strălucită."[1] Cât de departe erau, în 1847, acele vremuri fericite ale tinereții! Demnă de remarcat este și motivația operei. Doctorul Ștefan Episcupescu își câștigă dreptul la un întreg capitol în noua carte a Constanței Vintilă-Ghițulescu[2] datorită operei, pe care însă o scrie și o publică din motive cât se poate de lumești: „văzându-mă scăzut de venit, împresurat de copii și adăugat de cheltuieli, am întrebuințat și rămășița ceasurilor de odihnă din osteneala vizitelor și am scris [...] niște foi"[3]. Aceste „foi" îl transformă însă în unul dintre cei mai cunoscuți autori medici din prima jumătate a secolului al XIX-lea. Dar să nu fim naivi, doctorul Ștefan Episcupescu știe prea bine valoarea cuvântului scris și a cuvântului tipărit, dovadă că l-am putut include în corpusul de memorii lăsate de medici.

Să ne întoarcem la analiza noastră și să remarcăm că mai toți medicii care scriu memorialistică istorică sunt, în momentul publicării textelor lor, mai mult decât simpli medici; ei sunt de dată mai veche sau de curând și oameni politici: pe coperta *Însemnărilor* sale, doctorul Vasile Bianu este nu numai „medic colonel I.R. și fost medic primar al Spitalului I.C. Brătianu din Buzău", ci, semnificativ, și „senator de Huedin", iar doctorul Gh. Sabin este pur și simplu „prefectul județului Vâlcea". Bătrânul doctor Ludovic Fialla, în 1892, când își publică amintirile despre Războiul de Independență, afișează pe foaia de titlu a volumului o întreagă viață de om,

1. *Ibidem*, p. 307.
2. Constanța Vintilă-Ghițulescu, *op. cit.*, pp. 273–296.
3. Emil Gheorghiu, *op. cit.*, p. 309.

cum ar spune Nicolae Iorga: „Vechi profesor de anatomie și chirurg primar la spitalele civile din București. Fost chirurg cap al spitalelor timporale ale «Crucii-Roșii» la Turnu-Măgurele în anul resbelului. Medaliat luptător pentru Independența Română. Ofițer al Stelei României. Comandor al mai multor ordine etc. etc.“ Fără nici o îndoială că memoriile istorice sunt și instrumente de legitimare a poziției sociale a autorilor lor. Dar, în același timp, nu trebuie să neglijăm puternicul sentiment patriotic și național, care astăzi pare desuet, dar care justifică acțiunile și scrierile oamenilor secolului al XIX-lea. Însă utilizarea legitimantă a memoriilor se face nu numai de către cei care le scriu, ci și de stat, care își fortifică ideologia istorică națională prin publicarea, la ocazii comemorative, a unor astfel de *mărturii*. În acest sens, amintim că lucrarea doctorului Fialla va fi reeditată într-o ediție specială în 1906 (Fialla, 1906), iar publicarea carnetului de campanie al lui Zaharia Petrescu se vrea un „omagiu adus medicilor sanitari români care, în cursul războiului din 1877–1878, au depus admirabile eforturi pentru apărarea sănătății, alinarea suferințelor și salvarea vieții vitejilor noștri luptători“[1], fiind publicat în anul centenarului, 1977.

La polul opus se înscrie memorialistica autobiografică, care pune mai degrabă accentul pe autor și pe povestea vieții sale, fără a neglija, evident, contextul social și istoric al epocii în care aceasta se desfășoară. Cel mai bun exemplu al acestui tip de memorialistică este dat de cele șase volume ale memoriilor doctorului Victor Gomoiu, publicate în 2006[2]. Din păcate, editorii nu au binevoit să ne ofere nici un fel de informații despre manuscrisele care stau la baza ediției; ceea ce ni se oferă este doar textul brut al acestor memorii de o bogăție remarcabilă. Tot din această categorie fac parte

1. *Ibidem*, p. 3.
2. Victor Gomoiu, *Viața mea (memorii)*, coordonator principal Șcheau Mihail, 6 vol., Editura Sitech, Craiova, 2006.

și memoriile doctorului C.D. Severeanu, al căror scop declarat este unul moralizator; el scrie o istorie a propriei vieți care se vrea un îndreptar pentru conduita tinerilor: „Mai târziu, mi-a venit în minte că nu aș fi făcut nici un rău, dacă aș povesti și șiragul micilor evenimente ce s-au petrecut din frageda mea copilărie până la adânci bătrânețe, presupunând că aș fi de folos unor copii ce ar citi, ca, luându-mă de exemplu, să facă și ei cum am făcut și eu, sau și mai bine. Dacă vreunul va găsi în ce am scris ceva rău, să nu facă ca mine; ci să ia din tot ce spun ce va crede că este bun și numai astfel, și într-un caz, și în celălalt, va profita, căci așa am făcut și eu, de la cei care făceau rău învățam ca să nu fac ca ei, iar de la cei care făceau bine, învățam ca să fac și eu ca ei" (Severeanu, 1929, p. 9). Iar doctorul I. Bordea rememorează cu nostalgie tinerețea petrecută ca medic rural: „În pragul amurgului mă năpădesc amintirile vieții mele de medic rural și o putere tainică, parcă, mă îndeamnă să le dapăn, ca să mai pot retrăi timpurile acelea de idealism și de muncă nepregetată și mai ales neprecupețită, pusă în slujba ridicării neamului meu" (Bordea, 1938, p. 3).

A scrie memoriile înseamnă, și nu numai pentru doctorul Bordea, a retrăi trecutul, dar în același timp înseamnă a da în ochii celorlalți sens și semnificație unei vieți. De aceea nici o carte de memorii nu este inocentă, ci este, de fapt, un instrument de creare a unei identități și în același timp de manipulare a eternității. Diferite sunt doar ingredientele din care se plămădește identitatea pe care posteritatea ar trebui să o rețină. Unii se văd făuritorii României moderne, alții doar martori și contributori minori la Marea Istorie și, în sfârșit, alții doar „oameni între oameni". Cu toții își justifică o poziție socială, o existență, în cele din urmă o viață.

E momentul să aruncăm o privire asupra surselor informațiilor pe care ni le oferă memoriile. La sfârșitul secolului al XIX-lea, Nicolae Krețulescu deplângea lipsa obiceiului (la români) de a scrie note zilnice: „La noi sunt puțini, cred, aceia care au avut și au obiceiul de a nota, de nu zi cu zi, cel puțin din când în când evenimentele și faptele treptat după cum ele se produc“ (Kretzulescu, 1895, p. 3), autorul însuși este unul dintre aceștia. În ciuda acestei opinii, câteva dintre memoriile utilizate au la bază însemnări, măcar parțiale, redactate aproape de momentul petrecerii faptelor narate. Astfel, doctorul Gh. Sabin, în amintirile despre Războiul de Independență, povestește „ceea ce s-a petrecut în jurul meu, ceea ce am văzut și simțit, ajutându-mă de un vechi carnet, păstrat cu sfințenie în fundul unei lăzi, carnet care m-a însoțit în tot timpul războiului și în care, nu știu pentru ce, nu-mi amintesc și nici nu am scris undeva gândul meu de atunci, notam, aproape zilnic, faptele mai însemnate, împrejurările mai de seamă și chiar detalii mici pe care le uitasem cu totul în urmă“ (Sabin, 1912, pp. XI–XII). La fel și doctorul Severeanu: „Din timpul când am intrat în Școala medicală de la Mihai Vodă, sub direcția Doctorului Carol Davila, am găsit o condică aruncată și, fără să mă învețe cineva, din instinct, am luat-o, și, cam glumind și cam serios, scriam în fiecare zi câte ceva din năzbâtiile ce se petreceau prin școală, precum și ce auzeam și vedeam pe drumuri, când ne duceau cu frontul, sub comanda domnului Unterofițer, ca și bazaconiile ce se petreceau la cursul unora dintre profesori. De atunci încă, mi-au rămas multe note, pe care le trec printre *Amintirile mele*“ (Severeanu, 1929, p. 9). Dar *Însemnările* doctorului Vasile Bianu, mai mult decât ale confraților săi citați mai sus, sunt redactate pe baza unor note zilnice, care și în text apar datate: „Aceste *Însemnări* au fost scrise zi cu zi și că ele cuprind fapte văzute, auzite, citite și culese de prin diferite ziare și reviste, toate în legătură cu războiul sfânt de întregire a neamului, arătând în același timp și stările sufletești prin care a trecut autorul lor“ (Bianu, 1926, I, p. 10). Ca și în cazul doctorului Bianu, campania de 60 de zile din Bulgaria din 1913 este narată de doctorul N. Burghele sub forma unor note zilnice (Burghele, 1913).

Indiferent dacă au sau nu la bază note zilnice, care par să fie totuși mai răspândite decât credea doctorul Nicolae Kretulescu, memoriile medicilor se bazează în principal pe *memorie* și pretind că descriu evenimente *văzute*, *auzite* sau *citite* de autori. În plus, doctorul Bianu publică în *Însemnările* sale descrieri ale luptelor de pe frontul românesc din Moldova (1917) redactate (scrise) de către participanții înșiși, în acel moment răniți și aflați în îngrijirea sa în spitalele militare.

„Doftore, scarpină-mă"

Să revenim la scopul anunțat al cercetării noastre: modul în care memorialistica medicală se constituie într-o sursă pentru istoria medicinei secolului al XIX-lea. Înainte de toate, medicii ating în memoriile lor problema condiției medicului, a medicului de plasă de pildă, aflat într-o veșnică mișcare prin satele și comunele circumscripției: „Plecam lunea des de dimineață și mă întorceam sâmbătă sara, rupt de oboseală, pe drumurile aproape impracticabile, pe care le străbăteam și cu sufletul amărât de nesfârșitele dureri, nevoi și nedreptăți pe care le vedeam și pe care, de cele mai multe ori, nu le puteam alina decât cu vorba bună" (Bordea, 1938, p. 6). Nenumăratele inspecții sanitare ale medicilor de plasă, ineficiența lor și în general ingrata condiție a acestei categorii profesionale apar și în alte surse. În plus, medicul de plasă nu numai că se află la baza ierarhiei sistemului sanitar, dar cade victimă și presiunii potentaților locului; doctorul Bordea a avut norocul de a fi apărat de un mare proprietar local „cu multă trecere la Ministerul de Interne" (Bordea, 1938, p. 16), dar alții riscau să-și piardă funcțiile: „căci medicul, fiind salariat de județ, era expus să-și piardă postul, chiar dacă s-ar fi opus Direcția generală a serviciului sanitar, care numea pe medic și iată cum: pe cale bugetară prefectul desființa plasa, condusă de un medic așa-zis instigator, și medicul rămânea fără post. După 2-3 luni o reînființa și cerea numirea altui medic. De fapt medicul de plasă nu avea nici o stabilitate și prefectul acelor timpuri făcea cu el ce voia" (Bordea, 1938, p. 15). Pe deasupra, medicul de plasă se declară neputincios în fața marilor provocări ale stării sănătății publice rurale; mai ales bolile epidemice îl găsesc practic dezarmat, iar sentimentul neputinței amărăște viața doctorului Bordea. El are sub ochi o adevărată dramă rurală în care personajul salvator, medicul, nu poate face mare lucru, ci este silit să ofere doar sfaturi și să recurgă la mijloace primitive de dezinfecție: leșie și var – adică mai nimic (Bordea, 1938, pp. 21–22). În memoriile lui I. Bordea, sentimentul de neputință și frustrarea măruntului medic de plasă ating paroxismul.

Dacă urcăm în ierarhia medicală, îl descoperim la București pe tânărul medic Victor Gomoiu, pe vremea în care își efectua stagiul de intern la spitalul Colțea, în clinica profesorului Gheorghe Stoicescu. Nici el nu este scutit de surprize, cărora însă le face față cu succes: „Pe la începutul lui mai, acest an 1908, profesorul Stoicescu m-a chemat în cancelaria sa la spital, spunându-mi că mă roagă să îi fac un mare serviciu, și anume: să mă duc în comuna Vișina ca să îngrijesc un bun prieten al său, domnul Bălescu, care a suferit un accident, adăugând că va plăti bine – un pol pe zi – și încheind că «să nu-l părăsesc până nu va fi complet vindecat». De serviciul meu spitalicesc eram scutit de însuși porunca șefului. Porunca șefului m-a împins, iar polul pacientului m-a atras. Am descins la gara indicată, iar de acolo trăsura «boierului» m-a dus la «curte». [...] Procesul de restabilire evoluând foarte repede, boierul a început să primească vizita oamenilor din sat. Într-o duminică după-amiaza, pe când citeam în grădină, a venit un om care mi-a spus că «mă cheamă boierul». Când am intrat în cameră – era plină de săteni – «boierul» și-a dezvelit voluminosul pântec și mi-a poruncit «doftore, scarpină-mă». A voit să arate asistenței căreia îi poruncea de obicei că are la dispoziție chiar un «doftor» căruia îi poruncește la fel. Față de atâta necuviință, m-am oprit în ușă și întorcându-mă spre coridor am strigat pe soția sa:

— Cucoană, vino să-ți scarpini porcul.

Se înțelege lesne mutra boierului și a asistenței. Am ieșit afară, am căutat pe fiul boierului, căruia i-am cerut trăsura, ca să pot pleca cu primul tren. Inutilă a fost încercarea boierului de a-și scuza mitocănia. Am renunțat chiar la suma ce aveam de primit și m-am întors în București.“[1]

De altfel, profesiile liberale, cum e și cea de medic, nu se bucurau la mijlocul secolului al XIX-lea de un prestigiu social deosebit. În acest sens, memoriile lui Nicolae Kretulescu sunt ilustrative. Despre întoarcerea de la studii, cu titlul de doctor în medicină al Facultății de Medicină de la Paris, tânărul nostru spune: „câteva zile după sosirea mea în București, m-am prezentat la Alexandru Vodă Ghica, care mă cunoștea dinaintea plecării mele la Paris, pe când nu se făcuse domn. Vodă Ghica, primindu-mă cu cea mai mare afabilitate, cea dintâi întrebare ce mi-a adresat într-un mod familiar a fost «că ce idee am avut ca să învăț medicina, că nu e de mine, că s-o las în lături și să urmez cariera părinților și moșilor mei»; i-am răspuns că timpurile vechi au trecut, că trebuie să căutăm și noi a păși înainte alături de popoarele civilizate, că scopul meu, îmbrățișând medicina n-a fost și nu este decât de a ridica profesiunile liberale atât de disprețuite la noi în țară și considerate de publicul român de domeniul exclusiv al străinilor, lor numai aparținând a fi doctori, farmaciști, ingineri, artiști etc.“ (Kretzulescu, 1895, pp. 56–57). Bănuim că Vodă Ghica nu a fost prea impresionat de răspuns. De altfel, la București, poziția profesională a tânărului

1. Victor Gomoiu, *op. cit.*, vol. 1, pp. 235–236.

Krețulescu, fiu de mare boier, nu stârnește decât nedumerire: „Puțin timp după sosirea mea în București am prezentat și eu într-o seară comisiunei medicale diploma mea de doctor în medicină; membrii comisiunei și-o trecură din mână în mână, uitându-se la dânsa cu multă atențiune și cu multă curiozitate. Ca toată lumea în București se mira și ei cum un fecior de boier mare – termenul uzitat pe atunci – a putut să-și lase pozițiunea lui în societate și să se ducă să se facă doctor“ (Kretzulescu, 1895, p. 58).

De fapt, îmbrățișarea profesiilor liberale de către fiii marii boierimi autohtone provoacă peste tot, în București sau în provincie, și tuturor – de la Vodă la negustorul local – mirare și consternare. Pozițiile cele mai bune și deci cele mai invidiate din ierarhia socială a epocii sunt abandonate de tineri precum Krețulescu în favoarea unora inferioare, dar moderne[1]. Iată deci ceea ce nimeni nu poate să înțeleagă. Și nu este singurul: „Alexandru Golescu – Arăpilă –, întors în țară cu diploma de la școala centrală din Paris, fusese numit conductor de șosele și primise ordin să facă traseul șoselei de la Ploiești la Câmpina. Pe la iulie 1844, vrând să schimb aerul Bucureștiului, am luat un congediu și l-am însoțit în lucrarea sa; luasem amândoi o căruță cu ziua; ajungând la o cârciumă pe lângă Băicoi, și birjarul cerând a-și odihni caii, ne-am pus și noi la umbra căruței să dejunăm. În același timp doi negustori care mergeau și ei spre Câmpina poposiseră sub umbrarul dinaintea cârciumei, se uitau la noi și, tânguindu-ne, își ziceau între dânșii: «uită-te de vezi ce a ajuns astăzi feciorii de boieri, un Golescu care măsoară drumurile și un Krețulescu doctor». Noi auzeam conversația și abia ne țineam râsul“ (Kretzulescu, 1895, pp. 58–59).

1. Despre adoptarea profesiilor liberale de către fiii boierilor autohtoni a se vedea, cu maxim folos, frumosul subcapitol „Boier fără slujbă, doctor fără voie“ din ultima lucrare a Constanței Vintilă-Ghițulescu, *op. cit.*, pp. 89–96.

Cariera medicală – care pentru un fiu de boier mare, la mijlocul secolului al XIX-lea, era, să spunem, neconformă cu statutul social al familiei – pentru un simplu fiu de preot de țară din județul Mehedinți, la începutul secolului următor, constituia de fapt o ascensiune socială fulminantă. Este drept, pe de altă parte, că între 1840 și 1900 statutul social al medicului și prestigiul social al medicinei crescuseră mult în România pe cale să se modernizeze. La începutul secolului al XX-lea, în orașe, medicul devine un personaj important, căutat și apreciat. Ce poate fi mai semnificativ pentru statutul social al medicului și al medicinei decât mărturia unui alt memorialist celebru, Constantin Bacalbașa (gazetar, politician, dar nu și medic), care, amintind de venirea în București în 1906 a doctorului Norden, pentru a-l consulta pe regele Carol I, spune cum acesta s-a văzut asaltat de bucureșteni: „jumătate de Capitală s-a înscris ca să-l consulte. Savantul german a trebuit să refuze sute de persoane din cauza lipsei de timp“[1]. Întâmplarea în sine, trecând peste excepționalitatea contextului, nu este inocentă.

Un alt domeniu al istoriei medicinei asupra căruia memorialistica aduce informații prețioase îl constituie practica chirurgiei. Cum știm, înaintea asepsiei, intervențiile chirurgicale erau însoțite de mari riscuri pentru pacient și tocmai din această cauză în 1840 chirurgia era puțin practicată, după cum mărturisește Nicolae Kretulescu: „Chirurgia pe atunci era în București în starea în care se află încă astăzi în multe părți ale Orientului; ideea de știință chirurgicală nu se pomenea; instrumentele de chirurgie se vedeau în dulapurile spitalelor, figurau mai mult ca ornamente și rugineau acolo fără a se întrebuința cineva de dânsele“ (Kretzulescu, 1895, p. 60).

Încetul cu încetul, în deceniile următoare, instrumentele sunt scoase din dulapurile spitalelor și utilizate. Cu ce succes

1. Constantin Bacalbașa, *Bucurescii de altădată*, vol. III, Editura Albatros Corporation, București, 2007, p. 175.

ne spune doctorul C.D. Severeanu: „Am mai văzut un caz de operație. Este vorba de un pompier, care, pe când se ducea la un incendiu, a căzut, și sacaua cu apă a trecut peste el zdrobindu-i o mână. Cum nu erau chirurgi militari, Davila a recurs tot la amabilitatea lui Turnescu și Patzelt. Aceștia au găsit că trebuia să-i taie mâna mai sus de rană. S-a ivit gangrena; au tăiat mai sus, iar s-a întins gangrena și în cele din urmă bolnavul a murit“ (Severeanu, 1929, p. 136). O banală transfuzie sanguină (dar înainte de descoperirea grupelor sanguine și ale principiilor transfuziei) practicată ca o soluție ultimă, potențial salvatoare, va duce la un rezultat tragic, chiar dacă executantul ei este celebrul doctor Carol Davila: „Una din operațiile care au făcut multă senzație în spitalul de la Mihai-Vodă a fost o transfuzie de sânge în 1857. Un soldat bolnav pierduse mult sânge și Davila a găsit cu cale să introducă sânge de la altă persoană, a cerut celor prezenți cine vrea să dea sânge. Un felcer a spus că dă el, s-a făcut o venesecție, Davila a umplut o siringă de cositor și a introdus sângele în vâna de la antebrațul bolnavului. Cel care a primit sângele a murit peste câteva ore, iar cel de la care s-a luat sângele a murit după puține zile din cauză că s-a infectat de erizipel“ (Severeanu, 1929, pp. 135–136).

Cum vedem, riscurile intervențiilor chirurgicale erau imense din cauza neaplicării principiilor lesteriene. Doctorul Severeanu, care este unul dintre pionierii introducerii principiilor antisepsiei și ale asepsiei în România[1], își amintește de practica chirurgiei la sfârșitul secolului al XIX-lea, când „medicii nu se spălau când operau. Am văzut pe renumitul *Pean* operând în frac, pentru că, zicea el, era mai curat ca haina de toate zilele“ (Severeanu, 1929, p. 136).

Dar și în acest domeniu modernizarea își va spune cuvântul și aplicarea principiilor antisepsiei va transforma

1. Iancu Jianu, C.I. Bercuș, *Constantin Severeanu. Epoca și opera*, Editura „Scrisul Românesc“, Craiova, 1976, p. 195.

chirurgul în *meșterul vrăjitor* al medicinei începutului de secol XX. Nu voi pune accentul pe succesele chirurgiei de spital, ci din nou pe un fapt ocultat de istoria medicinei, și anume practica chirurgicală în afara spitalului. În 1902, în urma participării la o astfel de operație, tânărul, pe atunci, student în medicină Victor Gomoiu câștigă primii bani „din clientelă“: „Dl Gerota începuse a mă folosi chiar ca ajutor la unele operații. Ba într-o zi (în iunie 1902) m-a chemat acasă la dânsul «ca să-l ajut la o operație». Doamne, câtă emoție! Ca să nu-l decepționez făcând vreo greșală așa cum făceam la spital (dânsul avea sală de operație acasă), mi-am spălat mâinile și după ce a făcut el însuși preparativele necesare, mi-a dat să țin de mâner jgheabul uretrotomului maissoneuve, introdus în uretră, iar dânsul a luat cuțitul și a făcut uretrotomia internă. După ce s-a terminat și a plecat bolnavul, dl Gerota mi-a dat o rublă (o piesă de cinci lei). Am fost atât de uluit, că n-am voit să-i primesc, dar după insistența șefului am plecat cu el în palma în care mi-i vârâse cu de-a sila. Aceștia au fost primii bani pe care i-am câștigat din clientelă.“[1] De altfel, peste câtiva ani, același Victor Gomoiu devine un fel de asistent pentru operațiile „în oraș“ ale unui celebru chirurg al epocii: „Thoma Ionescu opera în oraș (în casa bolnavului respectiv) și mă lua ca să-i transport acolo toată sala de operație. De obicei, în două trăsuri, duceam masa de operație, lighene, cutiile cu bluze, cu instrumente, cu pansamente, cu perii și săpun etc. și, fiindcă diagnosticul său nu era niciodată sigur, trebuia – mai ales în ce privește instrumentarul – să întâmpin toate eventualitățile. Pentru toate acestea avea un fel de geamantane speciale. Le împachetam la spital, le despachetam în casa indicată și montam un fel de sală de operație; acolo îi serveam la rând tot ceea ce îi trebuia și apoi le reîmpachetam, ca să le aduc înapoi.“[2] Ingrată situație pentru

1. Victor Gomoiu, *op. cit.*, vol. 1, p. 107.
2. *Ibidem*, p. 142

asistentul nostru, dar ea dovedește cât de răspândită era această practică în epocă. Experiența tânărului Gomoiu mărturisește nu numai despre practica chirurgiei în oraș, ci și despre ucenicia unui viitor mare chirurg în România începutului de secol XX.

Uneori memoriile medicilor surprind „concurența": vindecătorii empirici țărani sau urbani, care înaintea organizării unui sistem sanitar la scară națională și a înmulțirii doctorilor în medicină, erau de altfel singurii disponibili. Doctorul Severeanu, copil de țăran, își amintește de vremea copilăriei: „Odată m-am luat la luptă dreaptă cu altul; el m-a trântit cu umărul de un lemn și osul a ieșit din umăr și mi l-a pus la loc un țăran meșter. [...] Am fost bolnav de friguri și am avut gălbinare, de care m-a vindecat un om, tăindu-mi la gălbinare, la rădăcina nasului. Moșul spunea că tăia *cu para de argint*, pentru că cele de fier erau ruginite și făceau bube rele. Am avut boală la ochi (conjunctivă catarală) și m-a vindecat un moș bătrân, prin zgârierea conjunctivei, cu o țapă de spic de grâu" (Severeanu, 1929, p. 23). Tot el amintește și de un alt oculist țăran celebru care pe la 1860 „era foarte meșter în coborârea cataractei prin ajutorul unui ac (cârlig de făcut ciorapii) și lumea se ducea la el în număr foarte mare" (Severeanu, 1930, p. 138).

Nu putem încheia fără să trecem în revistă și amintirile doctorului Dimitrie Gerota despre campania din Bulgaria din 1913. Textul este scris la cald, chiar în anul petrecerii evenimentelor, și are un evident rol de analiză a deficiențelor serviciului sanitar de campanie. Este un soi de memoriu original adresat autorităților sanitare militare, dovadă că el cuprinde și numeroase propuneri de îmbunătățire a sistemului sanitar al armatei române. Nu vom insista asupra dezastruoasei organizări a serviciului sanitar al armatei române în campania din 1913, ci, din perspectiva noastră, mult mai interesante sunt mărturiile despre comportamentul corpului militar față de țăranii din coloanele de aprovizionare. Doctorul Dimitrie Gerota, fiu de preot din Craiova[1], este profund impresionat de soarta acestor oameni: „Am anchetat și m-am convins personal că deși grupele de 4-500 cărăuși trebuiau să fie sub conducerea unui ofițer, care trebuia să aibă grija lor și a vitelor lor, totuși în aceste marșuri de transporturi, nu gradele, ci D-zeu avea grija lor. Îmbrăcați numai în cămăși, plouați, obosiți, nespălați, înnegriți de praf, nebăuți și chiar nemâncați, acești martiri m-au impresionat foarte mult, căci m-am convins că au avut privațiuni mai mari decât trupele!" (Gerota, 1913, p. 12). Condiția lor socială inferioară iese cu ușurință în evidență în condițiile excepționale ale campaniei: nimeni nu le ascultă plângerile, sunt folosiți și maltratați fără scrupule și fără nici o considerație față de persoana și avutul lor. Numai țăran să nu fi fost în campania din 1913!

În concluzie, memorialistica se dovedește o sursă importantă, chiar indispensabilă, pentru istoricul interesat de medicii și medicina secolului al XIX-lea. Pentru că, de cele mai multe ori la bătrânețe, când își scriu memoriile, medicii noștri își deschid sufletul și aștern pe hârtie crâmpeie de viață pe care alte categorii de surse le surprind cu dificultate sau deloc. De multe ori memorialistica stă mărturie pentru practici marginale cum ar fi chirurgia „în oraș", care nu sunt conforme cu teoria medicală a timpului și, prin urmare, sunt trecute sub tăcere. De asemenea, multitudinea vindecătorilor empirici, specializați sau nu, care mișună în satele și orașele României de dinainte de 1900, și care sunt atât de bine descriși de doctorul C.D. Severeanu, intră de asemenea arareori și cu mare dificultate în lumina istoriei.

Dar noi, în periplul nostru prin memorialistica edită a medicilor, am pus accentul doar pe câteva problematici care

---

1. Ion Atanasiu, „Activitatea științifică și socială a lui Dimitrie Gerota", în G. Brătescu (ed.), *Trecut și viitor în medicină. Studii și note*, Editura Medicală, București, 1981, p. 415.

interesează istoria socială a medicinei în secolul al XIX-lea; multe altele își așteaptă în continuare cercetătorul interesat să iscodească viața și practica unor medici dintr-un trecut nu tocmai îndepărtat: în fond, ei ar putea fi străbunicii noștri.

*

Încercând să sintetizăm prima parte a cărții de față, începem prin a spune că rapoartele medicale și memorialistica medicilor sunt foarte diferite: unele sunt acte de natură administrativă emanate în urma aplicării legislației sanitare, celelalte sunt texte izvorând din subiectivitatea și din inițiativa celor care le scriu. Din perspectiva istoricului de astăzi însă, privirile celor două categorii de documente sunt complementare și din acest motiv aducătoare de beneficii pentru scrisul istoric. Paleta informațiilor pe care rapoartele sanitare le oferă istoricului este extrem de variată, de la imagini aproape fotografice ale spațiului public din satele și orașele României sfârșitului de secol XIX până la deficiențele sistemului sanitar, condiția medicului și raporturile acestuia cu autoritățile administrative și cu populația. În plus, întregul corp profesional al medicilor este implicat în acest imens efort de cunoaștere și de descriere a condițiilor igienice și, în cele din urmă, a condițiilor de viață, ale populației rurale, substituindu-se în bună parte etnografului. Pentru că, în topica discursului rapoartelor medicale, vestimentația țăranului, modul de construcție a locuinței și organizarea interiorului, topografia gospodăriei rurale, alimentația țăranului sunt teme obligatorii pe care toate rapoartele referitoare la populația rurală trebuie să le atingă. Dar nici orașele nu sunt uitate și descrierile spațiului public, așa cum îl văd criticii membri ai Consiliului Sanitar Superior, sunt memorabile. Ca și descrierile la fel de fotografice ale unor spitale publice sau ale altor instituții pe care aceste înalte personaje sanitare au obligația să le inspecteze.

În literatura rapoartelor, istoricul este condus parcă de mână de medicul raportor pe ulițele satelor pline de noroaie toamna și primăvara, prin curțile gospodăriilor țărănești pline și ele de noroaie și fără adăposturi pentru animale sau în minuscula cameră a locuinței rurale, unde iarna stau claie peste grămadă toți membrii unei numeroase familii, într-o atmosferă pe care medicul epocii și cu atât mai mult istoricul de astăzi o găsesc respingătoare. Sau prin piețele la fel de rău mirositoare ale orașelor, vara, în vremea caniculei; ca să nu mai vorbim de mirosurile „mefitice" ale latrinelor rău construite și rău întreținute ale spitalelor de provincie, improvizate în „case particulare" sau pe la mănăstiri. Este o coborâre în Infern și așa trebuie să fi fost și pentru locuitorii urbani înstăriți și cultivați ai epocii. O coborâre în Infernul României moderne... sau poate mai puțin moderne, așa cum demonstrează literatura rapoartelor.

Cealaltă categorie de surse, memorialistica medicilor, este mai orientată pe individ, pe locul și destinul său în corpul profesional al medicilor din care face parte și în cadrul căruia își trăiește întreaga viață. Memoriile sunt surse esențiale pentru istoria acestui corp profesional. Dar, ca și rapoartele, au meritul de a privi lucrurile de jos, de la nivelul personajelor care își trăiesc viața în cabinetele medicale și în spitalele României moderne. Despre ei, despre carierele lor și a colegilor lor – mai mult sau mai puțin concurenți – povestesc aceste memorii. Aici îl putem vedea pe doctorul Victor Gomoiu, la începutul carierei, cum este folosit cu beneficii concrete minime, dar cu speranța unui „sprijin" ulterior care nu va mai veni niciodată, de marele chirurg Thoma Ionescu, împotriva căruia în cele din urmă tânărul Gomoiu se va răzvrăti, ceea ce îi va închide pentru totdeauna calea către o carieră universitară. Mai ales memoriile doctorului Gomoiu prezintă frust decepțiile și luptele din perioada de formare a unui tânăr medic (venit dintr-o familie rurală) în Bucureștiul de dinaintea Primului Război Mondial: mizerie morală, examene și concursuri „aranjate“, favoritism, nepotism; o lume universitară fără valori etice, care, văzută din interior, trăită, nu poate fi decât o mare dezamăgire.

PARTEA A DOUA

Discursul medical despre țăran și lumea rurală

1
„Jegul stă gros pe pielea lor“ sau despre igiena corporală și a vestimentației

Discursul medical despre țăran și lumea rurală, în ciuda volumului său imens, poate fi „parcelat“ într-un număr redus de teme. Medicii, cu toții, tratează cu aproximație aceleași câteva subiecte: igiena corporală și a vestimentației, igiena locuinței și a gospodăriei, alimentația și alcoolismul, bolile specifice populației rurale și, în sfârșit, tema degenerării rasei. Toate acestea, împreună, constituie subiectul celei de-a doua părți a volumului de față. Prima temă este igiena corporală și a vestimentației.

Este surprinzătoare imaginea pe care literatura medicală din a doua jumătate a secolului al XIX-lea o schițează despre țăran și lumea rurală: o lume mizeră, în suferință, un infern social. Cultura ambiantă în care am crescut și în care m-am format intelectual nu o mai valoriza însă în același mod. Pentru mine, în epocă, țăranul și lumea rurală se situau mai degrabă la polul opus: o lume rurală idilică populată de țărani îmbrăcați în haine curate de sărbătoare, cu „tradiții milenare“, o chintesență pozitivă a românului și a românismului. Nu știam că imaginea pozitivă era o creație a secolului al XIX-lea și că, încetul cu încetul, accentul de pe imaginea negativă se va muta către cea pozitivă, devenind dominantă în a doua jumătate a secolului următor. Astăzi știu că ambele imagini sunt modalități prin care cultura dominantă a manipulat reprezentările despre țăran și despre lumea rurală în scopuri diferite. Cu alte cuvinte, adevăratul țăran al secolului al XIX-lea este undeva la mijlocul drumului dintre țăranul sălbatic al medicilor și țăranul identitar al folcloriștilor și al etnografilor. Altfel spus, vom încerca să surprindem ce spun medicii despre practicile de igienă corporală și vestimentară ale țăranilor români în ultimele decenii ale secolului al XIX-lea.

Țăranul – o ființă mizerabilă în pielea sa...

Descrierile medicilor, abordând orice temă legată de igiena conaționalilor lor rurali, sunt în genere extrem de negative. Igiena corporală nu face excepție. Însă, dintr-o perspectivă cantitativă, nu putem să nu remarcăm că igiena corporală nu ocupă un loc central în cadrul discursului medical, ci mai degrabă unul marginal; medicii se concentrază pe alte teme pe care, evident, le consideră mai importante: locuința, alimentația, alcoolismul.

Într-o lucrare de doctorat de la sfârșitul secolului al XIX-lea, tânărul medic Constantin Popescu remarca: „Baie generală niciodată nu fac, nici femeile, nici bărbații, și aceștia nici pe cap nu se spală decât excepțional [...]. Se înțelege lesne în ce stare e pielea țăranului. Un strat gros de murdărie stă totdeauna pe dânsa, și acei care au avut ocazie să stea între dânșii cunosc mirosul caracteristic pe care îl exhală din cauza pielii și a hainelor murdare“ (Popescu, 1896, 21). Iată deci o declarație fermă: țăranii nu fac niciodată baie! Cu alte cuvinte, igiena corporală lipsește aproape cu desăvârșire. În general lipsa igienei corporale este identificată de medici prin absența din gospodăria țărănească a unui produs simbolic – săpunul. Țăranii nu folosesc săpunul, deci nu se spală. Cât adevăr istoric este în aceste afirmații este mai dificil de surprins; cert este că în păturile superioare ale societății românești săpunul este un produs consumat uzual încă din secolul al XVIII-lea[1].

---

1. Constanța Vintilă-Ghițulescu, „«Primeneli și sulimanuri»: despre igienă și modernitate“, în Laura Grünberg (coord.), *Introducere în*

Iar cea mai bună dovadă a lipsei igienei corporale este mirosul caracteristic respingător. Despre mirosul țăranilor vorbesc mulți medici, dar poate nici unul atât de științific și cu atât șarm ca doctorul Nicolae Manolescu, care își începe cariera ca medic de plasă undeva în județul Buzău; în permanentele și nesfârșitele inspecții prin satele și cătunele pe care medicul de plasă are obligația, conform legii sanitare, să le facă, mereu pe drumurile desfundate ale circumscripției, medicul nostru rural are ocazia adeseori „să cunoască" olfactiv lumea țărănească pe care o administrează: „de multe ori mă conducea dintr-un sat într-altul câte un vătășel. Mergeam pe jos, și el în partea dinspre care adia vântul. Atmosfera vătășelului meu era atât de infectă, că, împinsă de vânt peste mine, un miros miasmatico-empyreomatico-alcoolic m-a forțat să ne schimbăm locul. Aceasta probează infiltrațiunea hainelor lui de miasm și de producte de combustiune, iar exhalațiunea lui pulmonară de producte metylice. Infecția miasmatică provine din cumulul necurățeniei corpului și locuinței, iar cea empyreomatică demonstră afumarea la care este expus, pe cât timp șede în casă, coșul arzând. Această compozită infecție, în general în casa țăranului, mai cu seamă iarna, n-aș putea să o exprim mai bine decât spunând că, intrând acolo, aș fi preferat nici să am odorat, nici să respir" (Manolescu, 1879, p. 553). Doctorul Manolescu știe despre ce vorbește, o știe din proprie experiență. Să nu ne închipuim însă că lucrurile au stat dintotdeauna la fel. Într-o carte celebră, Alain Corbin consideră că atenția acordată mirosurilor sociale este evenimentul major al istoriei olfacției în secolul al XIX-lea[1]. El vorbește, referindu-se la Franța, de „putoarea săracilor", despre care, cum am văzut mai sus, nu se satură

---

sociologia corpului. Teme, perspective și experiențe întrupate, Editura Polirom, Iași, 2010, p. 207.

1. Alain Corbin, *Le miasme et la jonquille. L'odorat et l'imaginaire social, XVIIIe – XIXe siècles,* Flammarion, Paris, 1986, p. 167.

să vorbească nici medicii noștri. Și nu putem să nu cităm o descriere mai veche cu aproape trei decenii decât a doctorului Nicolae Manolescu, dar atât de asemănătoare: „Intrând în această casă, notează doctorul Joiré în 1851, am fost lovit de mirosul infect din interior. Acest miros, literalmente sufocant și insuportabil, se asemăna cu acela al gunoiului cel mai fetid; el înconjura, în mod particular, patul bolnavului, dar era de asemenea răspândit în întreaga locuință, în ciuda ușii întredeschise. Tot timpul șederii mele alături de acest pacient, mi-a fost imposibil să îmi retrag de la gură și nas batista prin care respiram. Cu toate acestea, toți cei ai casei, ca și bolnava, nu păreau să fie deranjați de acest miros."[1]

Să revenim la spațiul românesc și să vedem ce povestește, tot din proprie experiență, un alt medic, al unui spital rural din Gorj, despre igiena corporală a pacienților săi: „Ce ne facem cu starea de murdărie în care se găsește bolnavul la intrarea lui în spital. [...] Sciut este că românul de la naștere și până la moarte numai de pielea lui nu se îngrijește; dacă mai are norocul să fie militar în armata permanentă, atunci vrând-nevrând trebuie să-și mai curețe soiosul său corp. În spital intră omul într-o stare vrednică de plâns. [...] Nu vorbesc numai de părțile corpului care sunt mai expuse și în contact cu obiectele exterioare, cum sunt: fața, mâinile și picioarele, ci mai ales de regiunile în care producțiunele de secrețiune sunt mai abundente, cum sunt subsorile, stinghele, perineul și organele genitale. Aceste regiuni sunt de o necurățenie și o infecțiune înspăimântătoare" (Bianu, 1889, p. 278).

Pentru doctorul Crăiniceanu însă, igiena corporală a țăranului se reduce la abluțiunile parțiale și imaginea de ansamblu pare mai puțin catastrofală decât cea descrisă de colegii săi. Pentru că acest tip de discurs este rar, ar fi mai bine să-l urmărim: „În general, țăranul este mai curat decât cum se crede, abstrăgându-se de la felurile muncii prin praf,

1. *Ibidem*, p. 177.

la treierat (arie), sau prin noroi, unde fără voia lui se face necurat; altminterea în mare parte, nu bagă dimineața mâncare în gură fără a se spăla pe față și pe mâini și a se închina. [...] Trebuie să fie de tot scăpătat cel ce ajunge în grad mare de murdărie, cum se observă ici-colea câte un caz, bunăoară dacă privim tinerii de la recrutare. Femeile le cunoști mai bine de pe spălatul picioarelor, cât țin la curățenia corpului lor" (Crăiniceanu, 1895, p. 174). În ciuda acestor aprecieri pozitive, atipice de fapt, marea majoritate a medicilor descriu igiena corporală a țăranilor în același registru: lipsa băilor complete, abluțiuni parțiale superficiale, în concluzie, mizerie corporală deplină.

Dar trebuie remarcat nu numai *ce* se scrie despre țăran, ci și *cum* se scrie, pentru că adeseori descrierile nu păstrează un ton neutru, cum reușește doctorul Gheorghe Crăiniceanu în pasajul de mai sus, ci utilizează ca procedee stilistice ironia și derizoriul. Doctorul I.C. Drăgescu excelează în acest domeniu atunci când își permite să scrie: „Sunt oameni care fug de apă, care în toată viața lor nu s-au scăldat decât o dată: la botez. Țăranul de obicei nu face baie decât atunci când din întâmplare cade în apă. Din pricina aceasta părțile trupului care asudă mult miros greu. Unii nu se spală decât o dată pe săptămână, duminica, dar și atunci dau cu puțină apă pe obraz și pe mâini" (Drăgescu, 1886, pp. 44–45). Dar nici un medic nu vorbește despre „baia" involuntară a țăranului când este prins de ploaie la muncă, pe câmp. Din simplul motiv că aceasta ar putea induce ideea că țăranul este harnic[1] și prin aceasta am ieși din registrul negativ al descrierii.

Scriind despre țărani, unii medici nu își ascund ilaritatea și, implicit, disprețul, cum face și tânărul Constantin Popescu vorbind despre paraziții corpului și ai veșmintelor acestora:

---

1. Despre stereotipul lenei țăranului român a se vedea Constantin Bărbulescu, Vlad Popovici, *Modernizarea lumii rurale din România în a doua jumătate a secolului al XIX-lea și la începutul secolului al XX-lea. Contribuții*, Editura Accent, Cluj-Napoca, 2005, pp. 105–170.

„Paraziții sunt oaspeți obișnuiți ai rufelor și capului lui, și săteanul e atât de obișnuit cu dânșii, încât se socotește ca un moment foarte sentimental între doi tineri, când dânsul pune capul în poala dânsei ca să-i caute și să-i omoare paraziții din cap. Și aceasta se face în public. De altfel la țară toată lumea își caută-n cap: părinții copiilor, copiii părinților, iar bătrânii se așază singuri la o parte, vânând prin haine și prin căciulă" (Popescu, 1896, p. 21).

Dacă recapitulăm, sentințele discursului medical despre igiena corporală a locuitorilor din mediul rural sunt următoarele: țăranii nu fac niciodată baie generală; când se scaldă în râuri, vara, copiii mai des și mai rar adulții (Crăiniceanu, 1895, pp. 175–176), nu folosesc săpunul; abluțiunile parțiale constituie esența practicilor de igienă corporală.

Un capitol special al igienei corporale îl constituie igiena părului. Dacă igiena corporală a țăranului lipsește aproape cu desăvârșire, ar fi ilogic ca situația să fie diferită în ceea ce privește igiena părului. Și în acest caz medicii constată aceleași probleme: „Sunt puțini țărani care se laie pe săptămână o dată; cei mai mulți așteaptă sărbătorile mari, pentru ca în seara dinspre ele să se laie. Țăranii nu se piaptănă în toate zilele, unii nici chiar pe săptămână o dată. Copiii sunt mai des lăuți și pieptănați, căci la aceasta forțează păduchii pe care ei îi fac mai lesne ca oamenii mari" (Manolescu, 1895, p. 88). Din motive estetice, femeile își ung periodic părul cu diferite substanțe pe care doctorul Manolescu le cunoaște: „Pentru a da luciu părului, unele îl ung cu untdelemn, altele cu unt, iar altele cu osânză de porc. Pe aceste grăsimi le aromatizează cu busuioc uscat" (Manolescu, 1895, p. 201).

Discursul medical despre igiena corporală a țăranilor este dublu articulat: pe de o parte avem un discurs descriptiv, în care medicii pretind că descriu o situație de fapt; pe de altă parte avem un discurs normativ, care ne oferă standardele igienice ale epocii și care, pentru lumea țărănească, constituie un ideal. Discursul normativ poate fi surprins mai ales în manualele școlare. Într-o astfel de lucrare, doctorul E. Rizu îi îndeamnă pe copii: „În fiecare dimineață trebuie să ne spălăm, cu apă rece și sopon, mânele, obrajii, urechile, gâtul, precum și tot pieptul. [...] De două ori pe săptămână, trebuie să ne spălăm picioarele și să ni lăm și capul. [...] Măcar o dată la două săptămâni trebuie să ni spălăm tot trupul" (Rizu, 1891, pp. 108–109). Dar din nou doctorul Nicolae Manolescu ne oferă cel mai articulat model de discurs normativ: „Țăranul ar face un pas de progres în igiena corporală, dacă ar îngriji acoperământul natural al capului. Aceste îngrijiri, care n-ar costa decât puțină bunăvoință, trebuie să consiste: în pieptănarea în fiecare dimineață, în tăierea și rotunjirea părului și a barbei cel puțin la două-trei săptămâni o dată; în raderea barbei în fiecare sâmbătă seara sau mai bine duminică dimineața și în spălarea figurii și a gâtului în fiecare dimineață. Influența acestor îngrijiri igienice ar deștepta o simțire plăcută în creierul celui așa îngrijit și care în ochii și în fața lui se va reflecta prin o voiciune și o deșteptăciune ce un nespălat și un nepieptănat nu este în stare să arate, și în fine prin o poftă de a se gândi la lucruri frumoase și la întreprinderi de om bărbat. Rolul igienic al acestor măsuri ar mai consta în exterminarea diferiților microbi și paraziți, care se adăpostesc mai întâi pe păr și între peri și mai tâziu pătrund, fie în grosimea pielii, fie în interiorul organismului, producând boli. Prin regiunile păroase foarte lesne se răspândesc, de la om la om, de la părinte la copil, ființele mici producătoare de boli" (Manolescu, 1895, pp. 88–89).

Ceea ce arată interesant în textul de mai sus nu sunt neapărat normele igienice propriu-zise, ci mai degrabă ceea ce s-ar putea numi valorizarea socială și morală a acestora, cum remarca, pentru Franța, Georges Vigarello, când vorbea despre virtuțile apei „populare"[1]: igiena devine parte a unei pedagogii

1. Georges Vigarello, „Igiena corpului și modelarea formelor", în Alain Corbin, Jean-Jacques Courtine, Georges Vigarello (coord.), *Istoria corpului*, vol. II, *De la Revoluția Franceză la Primul Război Mondial*, Editura Art, București, 2008, p. 349.

sociale mai vaste. Deci miza socială a igienei este de fapt mult mai mare în secolul al XIX-lea. Să revenim la textul nostru, care, alături de valorizările sociale și morale ale normelor de igienă corporală, dezvăluie și noile pericole care pândesc corpul în era post-pasteuriană – „microbi și paraziți" – și care impun o nouă transformare a practicilor de igienă corporală, cu norme tot mai înalte[1]. Fenomenul pe care l-am surprins în textul de mai sus este atât de caracteristic medicinei occidentale, încât un cunoscut istoric al medicinei în Franța secolului al XIX-lea vorbește chiar de *medicină morală*[2]. Deci a impune practici igienice claselor populare presupune implicit un proces de moralizare; este de fapt o componentă esențială a procesului de civilizare la care sunt supuse aceste clase.

Și acum, la final, vine întrebarea de bun-simț a oricărui lector atent: totuși, cum și cât își spălau corpul țăranii români în a doua jumătate a secolului al XIX-lea? Imposibil de răspuns cu exactitate în absența unor anchete credibile, de tip sociologic, efectuate în epocă. Ceea ce nu înseamnă că un răspuns nu poate fi intuit și lansat ca o ipoteză de lucru. Ghidul nostru a fost discursul medical, dar genul acesta de discurs are capcanele sale, căci el se află, cum remarca Ionela Băluță, la intersecția câmpului științific cu cel politic, iar interpretarea sa se lovește de două mari probleme: repetitivitatea discursului și situarea lui la granița dintre științific și ideologic[3]. Căci discursul medical se pretinde unul obiectiv și științific, el fiind de fapt, o știm astăzi, perfect ideologic.

O altă metodă de evaluare a conținutului discursului medical din România ar fi compararea sa cu ceea ce se știe despre

1. *Ibidem*, p. 352.

2. Olivier Faure, *Les Français et leur médecine au XIXe siècle*, Belin, Paris, 1993, pp. 124–125.

3. Ionela Băluță, *La burgeoise respectable. Réflexion sur la construction d'une nouvelle identité féminine dans la seconde moitié du XIXe siècle roumain*, Editura Universității din București, București, 2008, pp. 127–128.

starea igienei publice din secolul al XIX-lea în alte spații științifice mai generoase la nivelul surselor primare și al cercetărilor ulterioare. Altfel spus, dacă punem la îndoială spusele medicilor români, putem încerca să vedem ce se întâmplă, din acest punct de vedere, în Franța, care constituie modelul europenizării noastre. În nici un caz la Noi practicile de igienă corporală a țăranilor nu puteau fi mai avansate decât la Ei.

În ceea ce privește baia corporală, de la Georges Vigarello încoace știm că, în Occident, la începutul secolului al XIX-lea aceasta este o practică mai degrabă terapeutică, recomandată cu precauție de medici, regula igienică a epocii prevăzând mai degrabă spălările locale. La mijlocul secolului are loc o mutație importantă a normelor igienei corporale, mutație influențată de noile descoperiri ale chimiei, care impun o viziune energetică asupra corpului și în care pielea devine un organ la nivelul căruia se produc schimburi importante de elemente ale corpului cu mediul înconjurător. Astfel, acum începe să fie recomandată temuta baie corporală completă. Ea devine apanajul unei elite, dar în ultima treime a secolului va cunoaște un început de democratizare: apa „populară“. Era post-pasteuriană inaugurează o relație corp–mediu tot mai amenințătoare, ceea ce va duce la standardele igienice tot mai ridicate ale lumii în care trăim[1]. Medicii români insistă asupra lipsei băii corporale complete, care devenise o normă în epocă, și asupra mirosului respingător al țăranilor. Ei recunosc practicarea în lumea țărănească a spălărilor parțiale: mâini, față, picioare. Dar aproximativ în aceeași perioadă confrații lor francezi îi descriu uneori pe conaționalii lor țărani în tușe foarte asemănătoare: în 1886, „țăranul din Morvan își spală puțin fața atunci când își rade barba, dar restul corpului său după naștere nu a fost atins niciodată

1. Toate referințele din acest paragraf sunt preluate de la Georges Vigarello, *op. cit.*, pp. 337–353.

de o picătură de apă"[1]. Sau, mai târziu chiar, în 1890, doctorul Francus se revolta împotriva lipsei de igienă a țăranilor din Forez și Vivarais declarând: „toată lumea știe că țăranii noștri au mai puțină grijă de sine decât au elvețienii și englezii de animalele lor"[2]. Descrieri echivalente, cu imagini chiar identice.

Țăranii francezi și români, și nu doar ei, trăiesc încă la sfârșitul secolului al XIX-lea în ceea ce s-a numit epoca „apei rare". Pentru ei practicile de igienă corporală au cu totul altă semnificație. O știm din cercetările contemporane. Curățenia corpului și a habitatului sunt necesare parcurgerii unui timp sau a unui spațiu sacre. Curățenia este asociată deci cu sărbătoarea și cu sacrul și nu avea până de curând multe în comun cu valorile promovate de igiena modernă[3]. Altfel spus, țăranul se spală, atât cât se spală, sâmbăta, pentru a fi curat în timpul slujbei duminicale. Doctorul N. Takeanu, medicul primar al județului Covurlui în 1887, când amintește de lipsa de igienă corporală a țăranilor din județul său, știe totuși că în trecut, cândva, baia săptămânală era o habitudine: „*Băile* și curățenia corporală, care era una din marile calități ale gospodinelor noastre sătene, s-au pierdut cu totul din uz în aceste localități; astfel că, lipsiți de râuri în care s-ar mai putea spăla vara și pierzând salutarul obicei de a se scălda o dată pe săptămână, am întâlnit persoane care nu-și aduc aminte dacă în viața lor și-ar fi spălat corpul" (Takeanu, 1888, p. 2401). Baia corporală nu este în ultimele decenii ale secolului al XIX-lea o achiziție a viitorului doar pentru mediul rural, ci și pentru cel urban în bună parte. În 1907, medicul militar M.D.

1. Jean-Pierre Goubert, *La conquête de l'eau. L'avènement de la santé à l'âge industriel*, Éditions Robert Lafont, Paris, 1986, pp. 225–226.

2. Eugen Weber, *La fin des terroirs. La modernisation de la France rurale (1870–1914)*, Le grand livre du mois, Paris, 1998, p. 223.

3. Pentru această problemă vezi Constantin Bărbulescu, *Imaginarul corpului uman. Între cultura țărănească și cultura savantă (secolele XIX–XX)*, Editura Paideia, București 2005, pp. 232–233.

Călinescu încă putea să afirme că „mare parte din orașele capitale de județ nu au stabilimente pentru băi comunale, iar altele, dacă au, le au cu totul rudimentare“ (Călinescu, 1907, p. 206). Dar în ultimele trei decenii ale secolului al XIX-lea există un interes, modest, e drept, pentru problemele igienei corporale. Unii medici, cum ar fi doctorul Romniceanu, în 1871 (Romniceanu, 1871, pp. 189–191) sau C.I. Istrati, în 1879, popularizează noile achiziții ale igienei corporale din spațiul francez (Istrati, 1879, pp. 106–116). Însă, ca o caracteristică a acestor preocupări, remarcăm că nu igiena corporală în sine este în discuție, ci infrastructura necesară acesteia, iar în deceniul opt al secolului al XIX-lea suntem încă din acest punct de vedere în împărăția băii publice. Interesul medicilor este de a populariza binefacerile băilor publice și implicit pe cele ale igienei corporale, dar mai ales de a găsi modalitățile prin care baia publică să se transforme în ceea ce va deveni mai târziu baia populară. Baia populară este în România o realizare a primului deceniu al secolului al XX-lea. Acum se trece în sfârșit de la planuri și proiecte la punerea lor în practică. Începuturile sunt modeste, însă au marele avantaj că există, chiar dacă pentru mediile țărănești baia populară este o instituție perfect neadaptată la nevoile locale. Astfel, în comuna Moara Domnească, „localul băii populare a fost transformat pentru primărie, în altă comună pentru a servi ca școală [...]; alte băi populare sunt aproape părăsite, nefuncționând decât vara, și atunci neregulat, precum este baia de la Poenarii-Vulpești (Ilfov), Damienești (Roman) și altele“, ne semnalează cu tristețe doctorul B. Drăgoșescu (Drăgoșescu, 1908, pp. 401–402). Pe de altă parte, nu trebuie să ne închipuim că peste tot băile populare din mediul rural fie nu au funcționat, fie au fost deturnate de la funcția lor inițială. Aceste fenomene surprinse de medicii epocii trebuie privite ca niște excepții tocmai prin faptul că au putut ajunge la cunoștința istoricului contemporan.

Încetul cu încetul, dar mai ales în primul deceniu al secolului al XX-lea, statul intervine și în privința creării infrastructurii absolut necesare unei igiene corporale moderne. Nu vorbim de mediul urban, unde progresele sunt evidente, ci avem în vedere băile populare construite pe unele dintre Domeniile Coroanei și de cele atașate la spitalele și dispensarele rurale. Toate acestea sunt doar niște începuturi, ele sunt nucleele de unde gustul pentru igiena corporală trebuia să difuzeze treptat în marea masă a populației țărănești.

Astăzi, orice lector al întunecatei literaturi medicale despre țăran și despre lumea rurală de la sfârșitul secolului al XIX-lea percepe alteritatea imaginii care i se pune în față. Alteritate și exotism. În zilele noastre nu se mai poate scrie despre țăran și despre lumea rurală ceea ce medicii nu se sfiau să afirme în secolul al XIX-lea. De ce? S-a schimbat situația igienei țăranului, și implicit a igienei corporale, atât de mult, încât descrierile secolului al XIX-lea să nu mai fie posibile? Cine a trăit și a crescut în mediile rurale din România contemporană știe că cel puțin în domeniul igienei personale singura achiziție este generalizarea băii săptămânale[1], nimic mai mult. Și după recensământul din 2002 înzestrarea gospodăriilor rurale cu sală de baie și cu instalații sanitare rămâne un deziderat: doar 13,4 % dintre locuințele rurale dispun de o sală de baie (față de 83,2 % în mediul urban), 15,1 % sunt alimentate cu apă în interior și, în sfârșit, 12,9 % dispun de canalizare (85,6 % pentru mediul urban)[2]. În lipsa acestor elemente, igiena corporală modernă nu este posibilă.

---

1. Vorbim de baia săptămânală, dar nu așa cum este percepută în mediile urbane, căci de fapt pentru adulți este vorba mai degrabă de abluțiuni parțiale mai extinse: spălarea mânilor, a feței, a picioarelor, a pieptului, la subraț. Baia corporală completă este imposibil de realizat în lipsa unui recipient suficient de mare cât să cuprindă întregul corp.

2. Recensământul 2002 – Principalii indicatori pe județe și categorii de localități. Rezultate preliminare, p. 82. Document disponibil la adresa http://www.recensamant.ro, consultat în 12 octombrie 2011, 10.32.

Iar eu, astăzi, în anul de grație 2013, la doar 15 kilometri de un oraș mare al României europene – Cluj-Napoca –, trăiesc într-un sat care nu are nici rețea de apă curentă, nici canalizare. Și, după știința mea, doar trei locuințe din sat[1] dispun de o sală de baie dotată cu WC interior. Secolul al XIX-lea este vecinul nostru!

Dar și în haina sa...

Cât despre igiena vestimentației, medicii nu ne dau vești bune, cum de altfel ne și așteptam. Țăranul care nu se spală pe sine, care își ține corpul într-o stare de mizerie perpetuă, așa cum susțin medicii, este și mai greu de crezut că își spală hainele. Pentru că vestimentația și corpul, prin contactul lor intim, se influențează reciproc; țăranul este o ființă mizerabilă atât în pielea sa, cât și în haina sa. Sunt medici, ca șeful serviciului sanitar al județului Tecuci, care susțin nici mai mult, nici mai puțin că „albiturile, cămașa și ițarii, niciodată nu le mai spală" (Crăiniceanu, 1895, p. 153). Să ne fie permis să ne îndoim de astfel de afirmații. Chiar dacă din când în când își mai spală hainele, țăranul rămâne o ființă cu habitudini igienice rudimentare, care îl plasează din punct de vedere social, dar și moral, la baza ierahiei sociale. Pentru că, am mai spus-o o dată, în secolul al XIX-lea igienizarea lumii rurale este doar o parte a unei mult mai vaste pedagogii sociale. Practicile igienice, curățenia în general, medicii le asociază cu inteligența și cu valorile morale superioare; la care se adaugă, din epoca pasteuriană, lupta împotriva microbilor. Doctorul Nicolae Manolescu, amalgamează toate aceste reprezentări într-un tot unitar și instructiv când scrie despre „primenirea" cămășii țăranului: „Țăranul poartă cămașa neschimbată, nici chiar noaptea, în timpul săptămânii [...]

1. Altfel spus, sub 1 % dintre locuințele satului.

Acest obicei este rău, căci în timpul de 6 zile, oricât ţăranul îşi ventilează corpul prin felul ocupaţiunii lui, totuşi cămaşa se infiltrează de multe producte de secreţiune şi de excreţiune ale pielei. Pe lângă aceste producte nesănătoase, se mai adaoge o mulţime de microbi de tot soiul [...]. *În modul acesta, o cămaşă aşa murdară exercită asupra energiei corpului o influenţă de lâncezire generală, o indispunere acuzată de orice persoană simţitoare, şi întreţine focare de microbi, de infecţiune; din contra, o cămaşă curată stimulează într-un chip plăcut pielea şi reflexul acestei stimulaţiuni în organism este cauza unei mişcări plăcute, care nu poate fi fără influenţă chiar asupra deşteptării omului înapoiat*“ (Manolescu, 1895, pp. 172–173). Bănuim că, odată schimbată săptămânal, cămașa morală a doctorului Manolescu va fi totuși spălată înaintea unei noi utilizări.

Vorbind despre vestimentația țăranului, medicii își aleg din întrega problematică, așa cum fac mereu, un set de microteme asupra cărora revin cu insistență. În mod evident, ei descriu vestimentația țăranului pentru a o judeca din punct de vedere igienic. Dar fiindcă uneori o descriu cu amănunțime (materiale, forme, uneori chiar ornamentație), din acest punct de vedere ei se transformă în adevărați etnografi. Lucrările clasice din 1895 ale doctorilor Nicolae Manolescu și Gheorghe Crăiniceanu sunt un excelent izvor de epocă pentru etnograful de astăzi, curios să dea și o dimensiune istorică cercetărilor sale. Asupra acestui aspect nu ne oprim aici; ceea ce ne interesează acum este mai degrabă modul în care medicii valorizează vestimentația țăranului și care sunt criteriile acestei judecăți.

O primă constatare ar fi că vestimentația țărănească nu este bine adaptată scopului său: protejarea corpului de agenții externi, care implică de la sine o adaptare a pieselor de îmbrăcămite și de încălțăminte la anotimp și la natura intemperiilor. Alfel spus, în marea lui indolență, țăranul nu își protejează corpul iarna, în schimb, o face în exces vara. Doctorul Migareli îi acuză pe țăranii din județul Mehedinți că își lasă copiii „cu capul și picioarele goale și numai cu o singură cămașe, precum am văzut în ogrăzi și pe strade, chiar în anul acesta când termometrul marca 26 grade de frig" (Mingareli, 1888, p. 2521). Faptul nu este chiar așa de singular, cum am putea crede, căci și doctorul Gh. Crăiniceanu combate cu indignare obiceiurile „fetelor mari", care, pentru a-și dovedi rezistența fizică, nu se sfiesc să meargă desculțe chiar și iarna (Crăiniceanu, 1895, p. 120). Mărturii mai timpurii vorbesc de asemenea de copii desculți în zăpadă sau, în cazurile cele mai fericite, de imposibilitatea de a frecventa școala în timpul iernii din cauza lipsei încălțărilor, socotite totuși de unii indispensabile[1]. Că țăranul nu este prevăzător, și deci nu aplică și pentru sine propria zicală –vara sanie și iarna car –, medicii o știu și o probează prin faptul că observă că țăranul poartă vara aceiași căciulă „defectuoasă" ca și iarna: „căciula, defectuoasă prin forma ei pentru timpurile reci, devine o adevărată cauză de tortură pe căldurile de vară" (Manolescu, 1895, p. 91). Pur și simplu, țăranii nu știu cum să se îmbrace! Unele piese de vestimentație moștenite din alte vremuri demult apuse sunt condamnate la unison de medici: „nădragul, șalvarul și poturul", despre care doctorul Nicolae Manolescu știe că sunt moșteniri orientale, chiar dacă „au pierdut mult din greutatea și incomoditatea lor", sunt condamnate în numele modernității practice, dar și al esteticii: „ele sunt haine nepractice: mai largi decât trebuie, mai groase decât este necesar în cea mai mare parte a anului, căci câmpenii nu-i leapădă decât în lunile curat de vară, mai încărcate de găitane decât reclamă bunul-gust" (Manolescu, 1895, p. 189).

---

1. Constanța Vintilă-Ghițulescu, „«Primeneli și sulimanuri»: despre igienă și modernitate", în Laura Grünberg (coord.), *Introducere în sociologia corpului. Teme, perspective și experiențe întrupate*, Editura Polirom, Iași, 2010, p. 204.

Pur și simplu, doctorului Manolescu nu îi plac șalvarii, în 1895 sunt prea orientali pentru regatul european de la gurile Dunării; în schimb, îi plac pantalonii, care sunt „raționali", adică asigură un echilibru perfect între cost (consum de material redus), funcție (lasă libertatea de mișcare) și estetic: „nu reclamă podoabe" (Manolescu, 1895, pp. 190–191). Dacă din punctul de vedere al pieselor de vestimentație, și deci al croiului, medicii sunt adevărați europeni, ca niște europeni ai unei națiuni mici ce își caută locul în noua ordine industrială a Europei, ei sunt protecționiști și deplâng, de fiecare dată când au ocazia, renunțarea la industria textilă casnică și cumpărarea de mărfuri străine, „de târg". În primul rând ei condamnă renunțarea la cânepă, ca suport al industriei textile casnice, și înlocuirea ei cu bumbacul, preferință pe care o consideră „pierdere națională" (Manolescu, 1895, pp. 79–80). Pasul următor, făcut tot atunci, consta în renunțarea completă la industria textilă rurală și în achiziționarea pânzei direct din târguri, „produs al fabricilor streine", cum observă cu amărăciune la sfârșitul deceniului nouă al secolului al XIX-lea medicul primar al județului Tecuci (Crăiniceanu, 1895, p. 153). Modernizarea vestimentației rurale, care înseamnă de fapt renunțarea la costumul tipic țărănesc și la industria textilă casnică, este atunci abia la începuturi. Va trece mai mult de o jumătate de secol până când fenomenul se va fi desăvârșit, cândva în primul deceniu de după al Doilea Război Mondial.

Opinca este un element al identității țărănești. Medicii care tratează problema vestimentației se opresc îndelung asupra ei. Este opinca țăranului o încălțăminte igienică? Care sunt avantajele, dar și dezavantajele acestui tip de încălțăminte? – se vor întreba pe rând medicii. Cum opinca este un semn identitar, plasându-se la jumătatea drumului dintre modernitate și arhaism, ea este tratată cu moderație. Cu alte cuvinte, nu este văzută nici ca un produs foarte igienic, dar nici nu este condamnată pe toate fronturile.

În primul rând are avantajul că este un produs autohton, este practică: „se încalță și se descalță cu destulă ușurință, se ține bine pe picior“; în plus, este ușoară și călduroasă (Manolescu, 1895, p. 243). Pare încălțămintea ideală. Totuși, nu este foarte rezistentă și nu este deloc o încălțăminte practică în „timpurile ploioase“. Oricum este singura încălțăminte pe care și-o permit majoritatea țăranilor. Opinca a însoțit lumea țărănească și în secolul următor. La sfârșitul anilor ’90, în cercetările de la Râșca (județul Cluj) am cunoscut ultimii descendenți ai opincii, varianta finală de dinaintea dispariției: opincile „de gumă“ confecționate din bucăți de anvelope uzate folosite sporadic până prin anii ’80 ai secolului trecut. Odată cu opinca și după generalizarea consumului de pâine de grâu, dispare și ultimul simbol identitar al țărănimii: de acum înainte țăranul nu va mai putea fi numit nici opincar și nici mămăligar. Astfel se încheie un ciclu istoric.

2
„Majoritatea locuiesc în condițiuni mai rele ca zulușii“ sau despre igiena locuinței și a gospodăriei

Bordeiul – flagelul habitatului țărănesc

În deceniul trei al secolului al XIX-lea, într-o lucrare astăzi celebră, Dinicu Golescu lansează în literatura română imaginea dezastruoasă a habitatului rural care, cum vom vedea, va face o carieră fulminantă în a doua jumătate a secolului. Satul lui Golescu nu are „nici biserică, nici casă, nici gard împrejurul casii, nici car, nici bou, nici vacă, nici oaie, nici pasăre, nici pătul cu semănăturile omului pentru hrana familiei lui, și, în scurt, nimică; ci numai niște odăi în pământ, ce le zic bordeie, unde, intrând cinevaș, nu are a vedea alt decât o gaură numai în pământ, încât poate încăpea cu nevasta și cu copiii împrejurul vetrii, și un coș de nuiele scos afară din fața pământului și lipit cu balegă [...]. Și apoi, intrând cinevaș întru acele bordeie ale lor, peste putință era de a găsi pe trupurile lor, și în casă, lucru de zece lei; căci și căldarea cu care o să-și facă mămăliga nu o are fieșcine, ci sunt 5-6 tovarăș pe una“[1]. Dar bordeiul, ca imagine a sărăciei extreme, este descoperit mai întâi de către călătorii străini; iată-l, de pidă, pe consulul Raicevich descriind satele de câmpie ale Valahiei în penultimul deceniu al secolului al

1. Dinicu Golescu, *Însemnare a călătoriei mele Constantin Radovici din Golești făcută în anul 1824, 1825 și 1826*, ediție îngrijită de Mircea Iorgulescu, Editura Minerva, București, 1977, pp. 76–77.

XVIII-lea: „Satele de câmpie sunt locuite de oameni sărmani; au un aspect mizer și dezolant. Casele, sau mai degrabă vizuinele, sunt săpate în pământ și se numesc *bordeie*. De departe nu se zărește decât fumul ce iese din hornuri, iar, de aproape, se vede acoperișul, ca un dâmb mic de pământ; este făcut din prăjini de lemn acoperite cu pământ, încât, pe deasupra crește iarbă“ (Raicevich, 1822, p. 126). Pentru călătorii veniți din Occident, satele acestea de câmpie, alcătuite doar din bordeie, vor fi subiect de veșnică mirare: ele reprezintă alteritatea negativă maximă. În sens invers privirii acestora, autohtonul Dinicu Golescu, își redescoperă țara și țăranii de pe moșiile din Muscel, prin intermediul alterității pozitive maxime care o constituie Occidentul.

Primele mărturii medicale despre habitatul rural le avem tot din Țara Românească și sunt puțin mai târzii decât lucrarea lui Dinicu Golescu. În 1830, doctorul Constantin Caracaș descrie, după știința noastră pentru prima dată într-o lucrare medicală, locuințele țăranilor. Imaginea nu diferă prea mult de cea oferită de consulul Raicevich sau de Dinicu Golescu: „Locuințele se compun dintr-o cameră mică, umilă, cu o tindă, făcută din nuiele împletite, lipite pe dinafară și pe dinăuntru cu pământ amestecat cu baligă de vacă și acoperite cu trestie sau coceni de porumb. Mulți locuiesc în bordeie sau case săpate în pământ, iar îngrădiri de siguranță, sau ceva arbori spre folosul sănătății, împodobire sau repaos, foarte rar se văd; în locul acestora se văd pe lângă case, grămezi de baligi de vite și alte mormane de murdării. Și dacă locuințele lor sunt așa, apoi cele ale vitelor sunt și mai și; cele mai multe grajduri sunt din gard, de multe ori lipsesc cu totul și vitele sunt expuse totdeauna vânturilor și ploilor, stau neîngrijite prin curțile mocirloase, adeseori lipsite iarna și de nutrețul cuvenit“ (Samarian, 1937, pp. 124–125). În acest scurt text, doctorul Caracaș trece în revistă toate toposurile discursului medical despre locuința țărănească: dimensiunile modeste, materialele de construcție neigienice (amestecurile de lut cu balegă de vită), veșnicile grămezi de excremente animale, noroaiele din curțile desfundate, lipsa anexelor pentru adăpostirea animalelor – totul este aici; medicii din a doua jumătate a secolului doar construiesc în jurul acestor imagini-simbol.

Medicii continuă astfel tradiția imaginii negative a locuinței țărănești. Nu ei o creează, ci doar sunt printre primii care o colportează. Nici măcar nu sunt singurii care critică și propun soluții de îndreptare în acest domeniu. Mihail Kogălniceanu, la mijlocul anilor '40 ai secolului al XIX-lea, sau Costache Negruzzi, în anii '50[1], abordează subiectul în gazetele de popularizare ale vremii. Ceea ce reușesc medicii este transferul imaginilor și al reprezentărilor preexistente din domeniul profan al preceptelor de viață, în sferele înalte ale științei. Tot ceea ce ei ating intră într-un alt registru: devine știință. Doctorul C.I. Istrati studiază la începutul deceniului nouă al secolului al XIX-lea „starea nehygienică a locuitorilor noștri de la țară" din perspectiva „omului de știință" (Istrati, 1880, p. 320) și constată ceea ce știam de mai bine de un secol cu sau fără ajutorul medicilor, și anume că țăranii locuiesc în condiții neigienice. Și din nou locuințele din câmpie și mai ales bordeiele sunt incriminate. Și el se complace în a ne descrie asemenea locuințe și în a sublinia marea lor arie de răspândire: „Sunt județe întregi, și cu deosebire Vlașca, Teleormanul și mai ales o parte din Dolj și tot Gorjul, unde casele consist în niște adevărate găuri, bordeie săpate în pământ. Pentru aceasta, atunci când ele sunt făcute cu mai multă atențiune, se sapă o groapă în adâncime de 1 până la 2 m și

1. Cele două texte dedicate locuinței rurale, cel al lui Mihail Kogălniceanu și cel al lui Constache Negruzzi, mi-au fost semnalate de Constanța Vintilă-Ghițulescu, lucru pentru care îi mulțumesc. De altfel le folosește în noua sa carte, *Evgheniți, ciocoi, mojici. Despre obrazele primei modernități românești (1750–1860)*, Editura Humanitas, București, 2013, pp. 311–314.

pe urmă se aruncă înlăuntrul găurii paie și coceni de porumb, și, profitându-se de câteva zile de secetă, li se dă foc. Căldura dezvoltată de aceste substanțe în combustiune usucă păreții și mai mult, reduce la starea anhydrică argila din care în general este format sub-pătura aluvianului ce formează baza geologică a țării. În urmă se acopere cu lemne, peste care se pun coceni și paie în straturi suprapuse, adesea și acestea acoperite cu pământ, până ce se crede că, grație grosimii păturii și gradului ei de inclinațiune, apa meteorică se va putea lesne scurge în afară, fără a putea pătrunde în întrul lor. Adeseori ferestre nu sunt deloc. Atunci lumina intră pe coșul vetrei, iar de e vară pe ușă, și în caz de a fi, ele sunt puse pe una din laturele casei între încrucișarea lemnelor ce constituie acoperișul, sau alăturea cu ușa, în ușă chiar, care dă în o intrare cu scări de pământ deschisă cu totul în afară. În genere aceste case au o singură cameră, mare, cu baza unui paralelogram; uneori mai este încă o mică cameră alături și mai totdeauna un cotlon în unul din colțuri, un soi de grotă mică, obscură, carele joacă rolul de cămară pentru sacul cu porumb și alimente“ (Istrati, 1880, pp. 322–323). Nu putem să nu remarcăm că doctorul Istrati nu face altceva decât să realizeze cu un limbaj impregnat de termeni științifici o descriere a locuinței țărănești, nu mult diferită în fond de aceea a predecesorilor săi. Să ne amintim de descrierea, chiar mai elocventă din punctul de vedere al utilizării terminologiei științifice, a mirosului vătășelului doctorului Nicolae Manolescu în vremea când era medic de plasă. Toată această terminologie, cum spuneam, are rolul de a transforma un text profan în unul științific, iar demersul medicilor care îl scriu dintr-unul descriptiv în unul științific. În fapt, atât doctorul C.I. Istrati, cât și doctorul Manolescu pretind că fac prin scrierile lor nu doar simple descrieri ale unor realități țărănești oarecare, ci pur și simplu texte științifice.

Dacă punem în oglindă descrierile habitatului rural de la sfârșitul secolului al XVIII-lea sau de la începutul secolului următor, cum o fac consulul Raicevich sau Dinicu Golescu, și textele medicale din a doua jumătate a secolului, diferența nu pare semnificativă: aceleași bordeie mizere, aceeași sărăcie lucie. Și, cu toate acestea, interpretarea care se dă celor două serii de texte, în fond atât de asemănătoare, este total diferită. Pentru că și contextul social și intelectual este altul. Dinicu Golescu și majoritatea călătorilor străini pun acest tip de habitat în contextul mai larg al cruntei exploatări la care era supus țăranul epocii de către boieri și de către autoritățile fiscale. Textul său exprimă numai durere și compătimire luminată și creștinească față de soarta acestor „făpturi dumnezeiești“[1]. Medicii din a doua jumătate a secolului nemaifiind impregnați de ideologia creștină, ci educați în Occident în spiritul ideologiei cuceritoare a progresului și a științei, transformă aceste „făpturi dumnezeiești“ în simpli primitivi pe care nu se pot abține să îi trateze cu ironie și dispreț abia disimultat. Țăranii doctorului Istrati locuiesc în case „mai totdeauna cu totul insalubre, primitive și în condițiuni, astfel încât nu știu pentru unele dintre ele dacă s-ar putea conștiincios preciza progresul ce l-a făcut din timpurile preistorice“ (Istrati, 1880, pp. 321–322). Un mod elegant de a spune că țăranii înșiși trăiesc undeva în trecutul preistoric, de unde vin și bordeiele lor. În fond, câteva pagini mai încolo, același autor afirmă tranșant că majoritatea ruralilor „locuiesc în condiții mai rele ca zulușii“ (Istrati, 1880, p. 329). Evident că o Românie europeană, așa cum o dorește doctorul Gh. Crăiniceanu la 1895, într-o lucrare premiată de Academia Română, trebuie să rezolve problema bordeielor, care „a venit timpul să dispară“ (Crăiniceanu, 1895, p. 103). Sunt o pată pe obrazul european al României.

Dar bordeiul, ca tip de locuință rurală, se îndărătnicește să reziste tuturor sfaturilor contrare ale membrilor de frunte ai

---

1. Dinicu Golescu, *op. cit.*, p. 77.

corpului medical din România sfârșitului de secol al XIX-lea, precum și tuturor încercărilor autorităților sanitare de a-l desființa pe cale administrativă. Pentru că, începând cu 1894, „Regulamentul pentru alinierea satelor și pentru construirea locuințelor țărănești“ va preconiza în articolul 22 „desființarea tuturor bordeielor și înlocuirea lor prin case construite după prescripțiunile regulamentului [de] față“[1], în termen de cinci ani. Cei care nu se vor conforma „se vor da în judecată, conform articolului precedent, iar bordeiele se vor desființa“[2]. Altfel spus, noul secol trebuia să găsească România fără stigmatul bordeielor țărănești. Dacă se ajunge la procese în justiție pentru construirea de noi bordeie după 1894 sau pentru nedesființarea celor existente după 1899 nu știm[3], dar bănuielile noastre sunt confirmate în 1906 de doctorul P. Cazacu, care nici el nu crede că articolul 22 din Regulament a avut „cândva și undeva în țara noastră“ urmări legale (Cazacu, 1906, p. 544).

Cert este că bordeiul va continua să existe și să facă să curgă în continuare multă cerneală în lucrările medicale. Subiectul locuințelor rurale este abordat nu numai de figurile mai cunoscute ale corpului medical al Regatului, ci, fiind un subiect de actualitate, chiar tinerii medici îl tratează la sfârșitul studiilor în lucrările lor de doctorat. Constantin Popescu este unul dintre ei. Cum a vorbi despre locuința țăranului impune ca un topos și o descriere a unui bordei, tânărul nostru medic nu face excepție: „Numai cine a intrat în bordei știe câtă mizerie spun aceste cifre (statisticile construcțiilor de locuit – n.n.). Din gura bordeiului cobori o scară făcută

1. „Regulament pentru alinierea satelor și pentru construirea locuințelor țărănești“, în *Buletinul Direcțiunei Generale a Serviciului Sanitar*, anul VI, 1894, no. 12, p. 187.

2. *Loc. cit.*

3. Pentru aplicarea regulamentelor sanitare de aliniere a satelor și de construcție a locuințelor țărănești, vezi mai pe larg lucrarea lui Constantin Bărbulescu, Vlad Popovici, *op. cit.*, pp. 56–60.

în pământ, deschizi o ușă și dai în o odăiță săpată până la 1 ½ metri de la suprafața pământului. Aceasta e cuhea și celarul, luminat numai prin coș și ușă, dacă stă deschisă. Acoperișul, făcut din lemne, învelite pe dinafară cu paie, trestie sau coceni, tencuite și spoite pe dinăuntru, formează în același timp, tavanul bordeiului. Lumina vine prin o ferestruie, închisă cu geam murdar, mare cam de 30 cm pătrați și așezată chiar la nivelul pământului. Soba e oarbă și se încălzește din vatră, paturile de scânduri, volumul nu trece peste 20 m cubi. Înălțimea, săpată în pământ până la 1,50 m, restul până la 2 m și ceva, deasupra pământului. În această *singură* odaie, trăiesc și dorm, grămădiți în paturi, bărbatul, soția, flăcăii, fetele mari, copiii mai mărunți, o gâscă sau o găină cu pui, mielul, vițeaua sau purceii, fătați de curând. Ventilațiunea fiind foarte redusă și camera foarte rău luminată, aerul e veșnic stricat și copiii mai cu seamă, palizi. Sunt unele mai rele, altele mai bune, dar bordeiul, așa cum l-am descris, e cel comun" (Popescu, 1896, pp. 11–12). Bordeiul său comun, nici cel mai bun, nici cel mai rău, se încadrează perfect în descrierile-tip ale acestui „flagel" al habitatului țărănesc.

Să încercăm să ieșim din paradigma evoluționistă a progresului în care se plasează medicii noștri și care așază bordeiul la baza tipurilor de habitat, imediat după locuirea preistorică în peșteri și scorburi de copaci[1]. Mai întâi se cuvine să lămurim cât de răspândit era acest tip de habitat în secolul al XIX-lea. Primele date statistice despre locuințele din Muntenia ne sunt oferite de recensământul de la sfârșitul anului 1859, care are avantajul că prezintă bordeiele rurale și urbane separat, ceea ce din păcate nu face pentru celelalte categorii de clădiri. Astfel, la acea dată existau în Muntenia 1 213 950 de clădiri (atât în mediul rural, cât și în cel urban, clădiri de locuit, dar și anexe, cumulate), 3 297 de bordeie în orașe și 84 998 în sate

1. Vezi articolul-voce „Locuința" în Vasile Bianu, *Doctorul de casă sau dicționarul sănătății*, Imprimeria Al. Georgescu, Buzău, 1910, p. 429.

(Marțian, 1860, pp. 128–133). În total, puțin peste 88 000 de bordeie. Însă, chiar dacă sunt prezente peste tot, numărul lor este foarte mare în Dolj, Mehedinți, Romanați, Olt și Teleorman, deci în colțul sud-vestic la țării, care cumulează 65 369 bordeie rurale, adică 76,9 %.

În deceniile următoare, datele atât parțiale, cât și generale nu lipsesc, dar nu sunt la fel de sigure cum sunt cele obținute în urma unor recensăminte. Totuși, pe baza datelor oferite de medicii de județe, în *Rapoartele asupra stării sanitare a Regatului* se publică date centralizate referitoare la numărul de bordeie din România. În 1892, când doctorul Iacob Felix ajunge în fruntea Serviciului Sanitar, el recenzează „un număr destul de mare de bordeie, aproximativ 56 000“ (Felix, 1893, p. 90). Iar în 1897, când publică ultimul raport al directoratului său, lasă Regatul cu un număr de 46 915 bordeie (Felix, 1899, p. 284), cu aproximativ 10 000 mai puține! Un rezultat frumos, dacă ar fi real, căci statisticile oferite de medicii primari de județ sunt foarte aproximative.

Din păcate, recensământul populației din 1899, considerat primul recensământ modern al României, nu a cules și date despre locuințe. Peste numai șase ani, în vederea organizării Expoziției Generale de la București din 24–27 septembrie 1906, care aniversa cele patru decenii de domnie ale lui Carol I, G.D. Scraba va întreprinde o cercetare asupra „stării sociale a săteanului“ pe baza unui chestionar în care este tratată și problema locuințelor rurale. Leonida Colescu, în analiza datelor recensământului din 1912, consideră datele statistice culese de Scraba ca „aproximative“ (Colescu, 1920, p. 43), dar suficient de exacte pentru a putea fi folosite în scop comparativ. În consecință, le vom folosi și noi. O caracteristică a datelor culese de G.D. Scraba este împărțirea bordeielor în funcție de etnia celor care le locuiesc: mai precis, români sau țigani. Bănuim că această împărțire era realizată pentru a scădea cât mai mult proporția bordeielor ca tip de habitat (considerat atipic) al populației românești. Evident, numărul caselor (locuințe de suprafață) locuite de țigani nu este înregistrat. Prin urmare, noi vom face abstracție de această împărțire arbitrară. La nivelul întregii țări (dar numai pentru mediul rural) sunt recenzate 42 907 bordeie și 1 109 905 locuințe de suprafață (Scraba, 1907, p. 19). Altfel spus, în 1905, din totalul locuințelor rurale doar 3,72 % îl constituie bordeiele, ceea ce arată rolul deja periferic pe care îl deține acest tip de habitat la nivelul întregii țări. Dar, cum știm și din date mai vechi, aproape jumătate din numărul total sunt în Oltenia; Moldova și Muntenia împart apoi în proporții aproape egale restul. Județele care dominau în 1859 ierarhia numărului de bordeie sunt prezente și în 1905. Romanațiul rămâne de departe județul unde bordeiul este atotstăpânitor: mai mult de un sfert dintre locuințele rurale continuă să fie bordeie – 11 529, aproape câte sunt recenzate în întreaga Moldovă – 11 660 (Scraba, 1907, pp. 18–19). Urmează Doljul și Teleormanul. Chiar dacă între 1859 și 1905, în Muntenia și în Oltenia, numărul bordeielor în mediul rural scade cu 67 %[1], în zonele sale tradiționale din sud-estul țării bordeiul rămâne o structură de habitat destul de prezentă. Iar Leonida Colescu, legat de recensământul din 1912, deplânge alături de medici „înregistrarea *bordeielor*, care apar încă, din nenorocire în rândul locuințelor omenești din România, pe alocurea în număr însemnat“ (Colescu, 1920, p. 20). De fapt, an după an, numărul lor continuă să scadă, în 1912 nemaifiind înregistrate la nivelul întregului Regat decât 30 672 de bordeie (în mediul urban și în cel rural) (Colescu, 1920, p. 18). Dar chiar dacă în „orașe prezența bordeielor ca locuințe omenești a devenit o raritate“ (Colescu, 1920, p. 21), în Romanați, chiar și în mediul urban, numărul bordeielor este semnificativ: în Caracal, ponderea bordeielor urcă la un sfert

1. Se trece de la 84 998 de bordeie în 1859 la 28 524 în 1905.

din totalul clădirilor, iar la Corabia reprezintă 9 %! (Colescu, 1920, p. 21). Dacă recensământul din 1912 este cu adevărat modern și dacă surprinde o multitudine de aspecte privitoare la locuințe – numărul de camere, materialul de construcție al pereților și al acoperișului etc. –, bordeiele, din păcate, în ciuda variabilității constructive, evidențiată și de Colescu, sunt doar... bordeie și nimic mai mult, modalități de locuire din vremuri revolute, opace din punct de vedere statistic; în afara numărului, de dorit cât mai mic, nu știm nimic despre ele.

Dar pentru unii medici, și nu dintre cei mai puțin importanți, bordeiul nu reprezintă neapărat cel mai neigienic tip de locuință: există altele mai rele! Un bordei bine ars, crede doctorul C.I. Istrati, va fi superior din punct de vedere igienic, caselor de suprafață din nuiele lipite cu lut (Istrati, 1880, pp. 326–327). Iar doctorul Iacob Felix realizează o clasificare a etniilor ce compun România modernă, din punctul de vedere al insalubrității locuințelor: se pare că țăranii români ocupă un onorabil loc trei. În vârful clasamentului se află lipovenii și tătarii din Dobrogea, ale căror bordeie și locuințe de pământ bătut sunt cele mai neigienice și „cele mai murdare“. Urmează locuințele evreilor din târgușoarele Moldovei, pe care le taxează drept „dughene sordide, lipsite de aer și de lumină“ (Felix, 1899, p. 285). Interesant este că bordeiele țiganilor nici nu sunt amintite. Le amintește totuși doctorul Nicolae Manolescu într-o categorie separată de bordeie, ele fiind „cele mai primitive locuințe“ (Manolescu, 1895, p. 47), locuite de cei mai primitivi locuitori ai țării, pentru că și el crede ceea ce credea o Românie întreagă: „sunt puțini țigani care au ceva foarte neînsemnat din avutul fizic și moral al omului civilizat“ (Manolescu, 1895, p. 48).

Se pare că în România modernă nimeni nu vrea să înțeleagă cu adevărat de ce țăranii locuiesc în bordeie. În primul rând nimeni nu are curiozitatea să-i întrebe chiar pe locuitorii lor despre acest tip de locuire, cum din fericire va face

Gheorghe Focșa la mijlocul secolului următor. Și, cu toate acestea, modalitățile destul de diverse de construcție a bordeielor și concentrarea lor în anumite zone sunt semne care ar fi trebuit să dea de gândit elitei intelectuale românești. Încă din 1868, Ion Ionescu de la Brad remarca, referindu-se la două plase de câmpie din județul Mehedinți, că bordeiele de aici „făcute în pământ cu pereții de cărămidă sunt bordeie mai bune, mai igienice și mai comode decât înseși casele" (Ionescu, 1868, p. 151). E drept că Ion Ionescu nu este medic, ci agronom, „inspector general de agricultură", și el nu este un spirit receptiv la stereotipurile despre țăran colportate de elita epocii, cum ar fi de pildă cel privitor la lene, pe care îl respinge cu indignare: „Leneș acela ce muncește de hrănește și înavuțește pe toți! Ce blasfemie!" (Ionescu, 1868, p. 204). Dar Iacob Felix este medic și, în plus, în 1897 este chiar directorul general al Serviciului Sanitar al Regatului, când amintește de existența în județele Olt, Teleorman și Romanați a unor bordeie „uscate, confortabile", pe care le consideră mai „sănătoase" decât „unele case mici de nuiele lipite cu pământ, cu tavanul jos, cu ferestre mici și fixe" (Felix, 1899, p. 284). În mod evident, încetul cu încetul, tot mai mulți dintre membrii administrației centrale știu ceea ce Leonida Colescu, „Directorul Generel al Statisticei", nu se sfia să afirme în 1912, și anume că bordeiele nu sunt întotdeauna „numai simple gropi făcute în pământ" (Colescu, 1920, p. 20), ci pot fi uneori, ca plan și ca materiale de construcție, la fel de extinse și de pretențioase ca și locuințele de suprafață – „în unele părți ele se înfățișază ca niște construcțiuni mai îngrijite, din material ales: lut sau cărămidă, ridicate aparent deasupra pământului și prevăzute cu acoperiș de olane, stuf, scânduri, paie, coaje de brad, sau din nuiele cu lut. Asemenea bordeie «sistematice» se întâlnesc cu deosebire în Oltenia, mai puțin în Moldova" (Colescu, 1920, p. 20). În lumina acestor constatări, bordeiul devine o structură de habitat mult diferită de uniformizările dramatice ale medicilor, care trebuie totuşi să fi cunoscut realitatea din teren.

Doar secolul al XX-lea va aduce cu sine o privire aparent mai îngăduitoare şi mai nuanţată în privinţa acestui tip de habitat. Care însă nu va veni din mediul medical. În preajma Primului Război Mondial şi imediat după acesta, bordeiul, ca formă specifică a habitatului rural, intră în atenţia şcolii antropo-geografice. Pentru Nicolăescu-Plopşor, bordeiele din Oltenia îşi au originea în condiţiile climaterice şi deci de vegetaţie ale zonei de stepă în care apar: lipsa lemnului conduce în mod direct la apariţia bordeiului (Nicolăescu-Plopşor, 1922, pp. 129--132). Iar bordeiele, care în epocă utilizează din plin lemnul, cum sunt unele bordeie din Romanaţi, nu spun prea multe despre bordeiul de altădată, deoarece „directa influenţă a mediului geografic asupra celui uman nu se mai poate vedea acum“ (Nicolăescu-Plopşor, 1922, pp. 129–130). Pentru geografi, bordeiul este de fapt la origine o locuinţă la fel de primitivă ca şi pentru medici, care imită aceleaşi vizuini de animale. Bordeiul, ca locuinţă subpământeană, nu poate scăpa de valenţele sale primitive în ochii tuturor categoriilor de observatori moderni şi acesta este motivul principal care a dus în cele din urmă la dispariţia acestui tip de locuinţă rurală în România.

La mijlocul secolului al XX-lea, în noul regim al democraţiei populare, un etnograf – Gheorghe Focşa – va tranşa problema spinoasă a bordeielor culegând şi publicând un material extrem de preţios despre bordeiele din regiunea Oltenia. Cum cercetarea se face în paradigma ţăranului identitar, etnograful cu pricina este interesat în primul rând de „elementele decorative“ care se întâlnesc în arhitectura bordeielor, dar în acelaşi timp culege date extrem de valoroase despre bordeiele pe care încă le mai întâlneşte pe teren. Şi el clasifică bordeiele în „primitive“, întâlnite în Oltenia de nord, şi în „evoluate“, din zona de sud a Olteniei, corespondentul bordeielor „sistematice“ ale lui Colescu, care în raionul Caracal pot avea planuri extinse până la șase încăperi. În momentul anchetelor de teren (1949), în unele sate din zona de câmpie încă mai trăiau țărani care „prinseseră“ vremea în care se construiseră la ei în sat primele case de suprafață: în Grozăvești, prima construcție de suprafață datează din 1884, dar în alte localități sunt chiar mai târzii: la Amăreștii de Jos din 1905, iar la Castranova din 1909[1]. Aflăm acum, din gura țăranilor, și motivele pentru care își construiesc bordeie, care sunt de-a dreptul prozaice și țin de rațiuni cât se poate de practice: „sunt călduroase iarna și răcoroase vara“[2]. Din păcate, autorul nu insistă asupra acestor problematici, dar vedem că țăranii înșiși, cum ne și așteptam, nu consideră bordeiul un simbol al sărăciei și al ignoranței; sunt pur și simplu oameni practici care își adaptează locuința la resursele economice și la condițiile climaterice ale zonei în care trăiesc. Lucrarea lui Gheorghe Focșa ne oferă imaginea cea mai cuprinzătoare a bogăției și a varietății constructive a bordeielor din Oltenia, care pentru un cunoscător al literaturii medicale despre igiena locuinței rurale nu poate fi decât o surpriză plăcută, ce îi confirmă bănuielile că literatura igienică mai degrabă colportează stereotipuri despre locuința rurală decât se constituie într-o formă de cunoaștere a acesteia, cel puțin până la începutul secolului al XX-lea.

Locuințele de suprafață: lut, balegă și paie

Locuințele țărănești nu se rezumă doar la bordeie. Bordeiul este un caz exemplar, un summum al „relelor igienice“ ale locuințelor rurale, descris cel mai adesea prin imagini stereo-

---

1. Gheorghe Focșa, *Elemente decorative la bordeiele din sudul regiunii Craiova*, Editura Muzeului Satului, București, 1957, p. 10.
2. *Ibidem*, p. 5.

tipe care trimit către adăposturile altor specii – „adevărate vizuini de animale" (Baer, 1897, p. 8) – sau către sfârșitul prematur hărăzit celor care le locuiesc – adevărate morminte omenești. Nici locuințele de suprafață nu sunt mult superioare bordeielor, o spun medicii. Cel mai adesea criteriul principal în clasificarea tipurile de locuințe rurale este de natură geografică și are în vedere materialul de construcție al pereților și al acoperișului. Astfel, locuințele de câmpie sunt construite din lut și acoperite cu paie sau cu trestie, iar cele de munte sunt din lemn, acoperite cu șindrile sau cu dranițe. Medicii care scriu despre locuințele rurale, transformați în etnografi fără voie, descriu uneori extrem de amănunțit și tehnicile de construcție a locuințelor țărănești. La câmpie, unde lemnul este un material rar și deci scump, dar și la deal și chiar la munte, ne spune doctorul Nicolae Manolescu, cea mai populară tehnică de construcție a pereților este „gardul lipit cu pământ" (Manolescu, 1895, p. 21). În acest caz structura de rezistență a construcției este din lemn, iar pereții sunt confecționați dintr-o împletitură de nuiele lipită cu unul sau două staturi de lut amestecat cu pleavă sau cu bucăți de cărămidă. În final, peretele este finisat cu „pământ cleios [...] înmuiat cu apă și amestecat cu baligă de animale bovine și pleavă de grâu ori orz" (Manolescu, 1895, p. 22). A doua modalitate de construcție a pereților de lut este cea de „pământ bătătorit" (Manolescu, 1895, p. 23) care constă în „turnarea" unei paste „din pământ argilo-nisipos, ce se bate într-un tipar de scânduri, care se tot ridică în sus odată cu înălțarea peretelui" (Istrati, 1880, p. 324). Un foc de paie în interiorul camerei va usca pereții, întărindu-i în același timp (Manolescu, 1895, p. 23). Asemenea locuințe a văzut doctorul Manolescu în Teleorman și în Romanați (Manolescu, 1895, p. 23), iar doctorul C.I. Istrati știe că „se practică" în Dolj (Istrati, 1880, p. 324). Cât despre casele de lemn, asupra lor nu vom insista, ele fiind construite din bârne de lemn încheiate la capete și lipite cu lut.

În ultimele trei decenii ale secolului al XIX-lea se dezvoltă interesul corpului medical pentru problemele igienei rurale, și implicit pentru problema locuințelor țărănești, interes manifestat prin cele două regulamente privitoare la *alinierea satelor și construcția locuințelor țărănești* (1888 și 1894) și prin publicarea, sub egida Academiei Române, la 1895, a volumelor *Igiena țăranului român*. După 1900, acest efort de cunoaștere și de acțiune socială intră într-o nouă fază: datele de tip descriptiv culese anterior vor fi completate cu date statistice, imaginea locuinței rurale câștigând astfel claritate și concretețe. După 1900 putem identifica două momente „tari“ ale cercetărilor privitoare la locuința rurală: primul îl constituie publicarea în 1906 a rezultatelor anchetei despre locuințele țărănești coordonată de doctorul P. Cazacu[1], anchetă prilejuită de serbările și manifestările științifice consacrate sărbătoririi celor patru decenii de domnie ale lui Carol I, iar al doilea este recensământul din 1912, care ne oferă o primă imagine de ansamblu, dar și de detaliu asupra habitatului în România modernă. Aceste din urmă două surse sunt concordante și se completează fericit. Lucrarea doctorului Cazacu se bazează pe rezultatele anchetei realizate în toate cele 32 de județe ale țării pe un număr de 28 509 locuințe din 164 de localități. Recenzorii de ocazie sunt medicii de plasă. Acum, dar și peste șase ani, cu ocazia recensământului, printre materialele și tehnicile de construcție reprezentative pentru mediul țărănesc apare una puțin atestată înainte de 1900: locuințele din cărămizi de lut nearse, așa-numitele „chirpici“, care, fără îndoială, sunt mai noi decât cele descrise anterior și imită construcțiile de cărămidă arsă.

1. Cercetare ce se adaugă celei coordonate și publicate de G.D. Scraba.

Tabelul nr. 1: Tipologia locuințelor rurale după materialele și tehnicile de construcție.

Materiale de construcție	Cărămidă	Piatră	Lemn	Vălătuci[1]	Nuiele cu lut	Chirpici
1906[2]	7,74 %	0,44 %	21,29 %	22,1 %	37,26 %	5,63 %
1912[3]	8,9 %	0 %	36 %	13,3 %	38,6 %	1,7 %

Dar, din fericire pentru istoricul și etnologul de astăzi, cea mai cuprinzătoare imagine a habitatului rural în România modernă ne-o oferă Leonida Colescu în analiza datelor recensământului din 1912. În funcție de materialele aflate la dispoziție și de situația economică a diferitelor zone și regiuni rurale, se constată o destul de mare variație regională a tipurilor constructive. La un nivel general totuși, constatăm că în 1895 doctorul Nicolae Manolescu intuise corect că, între locuințele rurale, cele mai numeroase sunt construite din nuiele împletite și lipite cu lut: 38,6 %; urmează locuințele de lemn – 36 % –, și cele de vălătuci – 13,3%. Astfel, în 1912 din totalul locuințelor rurale din România 87,9 % erau construite din aceste materiale și cu aceste tehnici de construcție. Modernizarea încă nu se observă la nivel global, cărămida situându-se pe locul al patrulea, cu 8,9 %. Cum spuneam, nu toate județele seamănă unele cu altele, iar la nivel provincial particularitățile regionale sunt sesizabile. Astfel, în Muntenia „corpurile de casă“ sunt construite predominant din nuiele cu

1. Pentru Leonida Colescu „casele din vălătuci sunt făcute din lut muiat cu apă și bătut cu maiul până devine o pastă consistentă“, după L. Colescu, *Statistica clădirilor și locuințelor din România întocmită pe baza recensământului general al populațiunii din 19 decembrie 1912/1 ianuarie 1913*, Cartea Românească, București, 1920, p. 28.

2. P. Cazacu, „Locuințele sătenilor“, în *Viața românească*, anul I (1906), vol. III, no. 10, p. 543. Față de recensământul din 1912, aici sunt recenzate separat bordeiele care reprezintă 2,23% și „locuințele din ceamur“ – 3,26%, pe care nu le-am inclus în tabel.

3. L. Colescu, *op. cit.*, p. 28.

lut (62,6 %), lemn (24,7 %) și cărămidă (10,8 %); Oltenia pare împărăția lemnului (72,7 %), dar un loc important îl ocupă și casele din cărămidă (15,5 % – cel mai mare procent provincial!) sau cele de nuiele cu lut (10,1 %); în Dobrogea casele de chirpici sunt regula (41,1 %) urmate de cele de vălătuci (20 %) și de nuiele cu lut (14,1 %). În sfârșit, în Moldova ponderea materialelor de construcție pare cea mai echilibrată, primele trei poziții fiind ocupate de locuințele de vălătuci (35,2 %), urmate îndeaproape de cele de lemn (30,4 %) și de cele de nuiele cu lut (30,2 %). Dar, coborând la nivelul județelor, mozaicul tehnicilor și al materialelor de construcție se reconfigurează uneori în structuri spectaculoase, cum ar fi județul Constanța, cu cele 41,1 % „corpuri de clădire" rurale din piatră; contrastantul județ Romanați, cu cele 37,3 % case rurale de cărămidă, dar și cu cele 6 957 de bordeie (Colescu, 1920, p. 18), cu cel mai ridicat număr de locuințe subterane dintre județele României; sau județul Fălciu, cu cele 92,8 % locuințe de vălătuci (Colescu, 1920, p. 27). Marile structuri provinciale ascund numeroase paticularități zonale. Și nu putem coborî din păcate la nivelul comunei... sau măcar la nivelul plasei.

Leonida Colescu ne conduce astfel, prin intermediul datelor statistice, într-o lume rurală pe care o consideră înapoiată și primitivă, o lume în care cel mai adesea țăranul utilizează pentru construcția casei sale materiale aflate la îndemână, folosind tehnici de construcție zonale și care configurează un habitat rural multiform și complex.

„Relele igienice" ale locuințelor rurale

Locuințele țărănești în ansamblul lor sunt considerate neingienice de către medici. Dar care sunt inconvenientele lor din punct de vedere igienic, cu toate că le bănuim deja din descrierile de mai sus? În primul rând, locuințelor rurale li se impută dimensiunile. Sunt locuințe modeste, mult prea mici ca suprafață și cubaj în raport cu numărul de persoane care le locuiesc. Locuințe supraaglomerate, care devin o imagine vie a sărăciei și a mizeriei sociale. Doctorul Nicolae Manolescu, care este un bun cunoscător al lumii rurale, ne descrie, în ultimul deceniu al secolului al XIX-lea, locuința țărănească tip: „Casa țăranului cuprinde maximum două camere ce se pot locui, o sală la mijloc numită tindă și o căsuță numită celar, în care păstrează deosebite lucruri de mâncare: saci cu mălai, făină și felurite semințe etc. [...] Dintre cele două camere ce se pot locui, în fapt numai una se locuiește, iar cealaltă servește ca cameră de primire. În aceasta sunt așezate lucrurile de zestre ale tinerei gospodine sau ale fetei de măritat, în ea se primește vizita prietenilor și în ea se culcă pe mosafiri“ (Manolescu, 1895, pp. 36–37). Aceasta este structura clasică a unei locuințe țărănești medii și astfel își folosește populația rurală spațiul locuibil. Nu numai că locuințele sunt minuscule, dar nici „relele obiceiuri“ ale țăranului nu fac altceva decât să agraveze starea neigienică a acestora. De aceea, casele și oamenii sunt judecați împreună. Această modalitate de locuire tipic țărănească, în care întrega familie se îngrămădește, într-o singură cameră, în jurul vetrei și al focului unic, este văzută ca un alt flagel al habitatului țărănesc; este, la nivelul habitudinilor, echivalentul bordeielor.

Nu toate locuințele rurale sunt așa de spațioase cum le descrie doctorul Manolescu. Multora le lipsește cea de a doua cameră, „camera de primire“. Și nu sunt puține case de acest fel în 1905, când doctorul P. Cazacu recenzează 9 907 locuințe compuse „dintr-o odaie și sală (tindă)“, adică 34,75 % din total (Cazacu, 1906, p. 549). Acestora li se adaugă cele care nu au nici măcar tindă, fiind compuse deci dintr-o singură cameră – 3,77 % (Cazacu, 1906, p. 548). Locuințele cu „două odăi și sală“, cele descrise de doctorul Nicolae Manolescu cu un deceniu în urmă, reprezintă 50,38 % (Cazacu, 1906, p. 549) din totalul locuințelor rurale. Dar din nou Leonida Colescu ne oferă în 1912 cea mai cuprinzătoare imagine a compartimentării locuințelor țărănești, de data aceasta pe baza unei riguroase definiții a termenilor. În primul rând, avem pentru prima dată în cercetările despre locuințe o definiție a „încăperii": „Prin încăpere se înțelege orice despărțitură a casei care slujește de locuință, mărginită și separată de altele prin pereți care merg până la tavan și în care poate încăpea un pat de om mare" (Colescu, 1920, p. 41), definiție care, până la un punct, cred că stă la baza neconcordanței dintre datele culese în 1912 și cele din 1905. Pentru că în primele două decenii ale secolului al XX-lea dispunem de fapt de rezultatele a trei anchete asupra locuinței rurale, mai mult sau mai puțin extinse: două în 1905 – cea coordonată de G.D. Scraba, care are ambiții statistice generale și ai cărei recenzori au fost primarii și diriginții de școli rurale (Scraba, 1907, p. 5), și ancheta mult mai restrânsă a doctorului P. Cazacu, realizată prin intermediul medicilor de plasă (Cazacu, 1906, p. 541) – și recensământul general din 1912. Din păcate, metodologia cercetărilor nu este unitară și datele obținute pot fi cu greu comparate. Totuși, după cum se vede din tabelul nr. 2, recensământul din 1912 și ancheta lui G.D. Scraba operează cu clasificări asemănătoare și ambele recenzează locuințele de suprafață separându-le de bordeie.

Tabelul nr. 2: Statistica locuințelor rurale după numărul încăperilor în 1905 (G.D. Scraba) și 1912.

	1 cameră	2 camere	3 camere	4-5 camere (1912)	Peste 5 (1912)
			Mai mult de 3 încăperi 1905		
1912[1]	20,2 %	45,4 %	21 %	10,9 %	2,5 %
1905 (Scraba)[2]	27,5 %	52,6 %	15,2 %	4,7 %	

1. L. Colescu, *op. cit.*, p. 44.
2. G.D. Scraba, *Starea socială a săteanului după ancheta privitoare anului 1905, îndeplinită cu ocaziunea Expozițiunii generale române din 1906 de către Secțiunea de economie socială*, Institutul de Arte Grafice „Carol Göbl", București, 1907, p. 18.

Totuși, rezultatele sunt discordante, cu mari diferențe de proporții pe toate categoriile. Evident, timpul scurs între cele două momente ale recenzărilor este prea scurt pentru ca asemenea deosebiri să fie justificate. Nu putem crede că între 1905 și 1912 locuințele rurale cu mai mult de trei camere trec de la 4,7 % la 13,4 %! Aici se văd cu ușurință deosebirile care pot apărea între niște cercetări cu ambiții asemănătoare, adică statistice și globale, dar realizate neprofesionist.

Tabelul nr. 3: Statistica locuințelor rurale după numărul încăperilor la 1905 (P. Cazacu[1])

O odaie	O odaie și sala (tindă)	2 odăi și sală (tindă)	Mai multe odăi
3,8 %	34,8 %	50,4 %	11 %

Nici datele doctorului Cazacu nu se apropie prea mult de cele ale lui Leonida Colescu, după cum se poate vedea cu ușurință comparând tabelele nr. 2 și 3. Parcă ar surprinde realități rurale diferite. Aici și acum se poate vedea cu câtă ușurință „anchetele“ improvizate și impresiile observatorilor pot să treacă alături de realitate. De altfel, lipsa unor date statistice sigure va favoriza toate fantasmele degenerescenței unei societăți pornite pe calea modernizării, cum vom vedea mai jos. În continuare vom utiliza doar datele recensământului din 1912, singurele exacte, dincolo de orice îndoială.

Imaginea clară a locuinței rurale în preajma Primului Război Mondial nu este deloc flatantă pentru tânărul stat român: în 1912, imensul procent global al locuințelor cu o singură cameră – 20,2 % – ascunde disparități regionale mari, care merg de la 32,4 %, în Moldova, la doar 9,4 %, în Oltenia (Colescu, 1920, p. 44). Dar, în toate provinciile Regatului, casele țărănești cu una sau cu două camere, adică acelea considerate de igieniști total insalubre, sunt de departe majoritare;

1. În cercetarea doctorului P. Cazacu, și deci în Tabelul nr. 3, sunt incluse și bordeiele. P. Cazacu, *op. cit.*, pp. 548–549.

este suficient doar să aruncăm o privire asupra cifrelor: Moldova – 71,4 %; Muntenia – 61 %; Oltenia – 68,9 % și Dobrogea – 54,1 % (Colescu, 1920, p. 44). Iar dacă ne aducem aminte că medicii și mai târziu etnografii vor fi de acord că în locuințele de până la trei camere întreaga familie folosește de fapt doar o singură cameră, putem afirma că, în 1912, în 76,5 % dintre locuințele rurale, familiile locuiesc într-o singură cameră, ceea ce confirmă imaginea supraaglomerării din locuințele țărănești pe care medicii o constatau cu milă și dezgust. Alături de bordeie, care, de fapt, conform taxonomiei impuse de elita intelectuală a epocii, ies din categoria locuințelor omenești, cea mai mare îngrijorare, cel puțin pentru Leonida Colescu, o generează imensul procent al locuințelor cu o singură cameră din Moldova. Și nu ar trebui să fie un motiv de îngrijorare doar pentru el: „Este o stare îngrijitoare ce se reflectă din datele statistice și care trebuie să atragă atențiunea tuturor conducătorilor noștri. Nu este oare o apropiere între această compunere nefericită a locuințelor din Moldova și între fenomenele demografice particulare populațiunii rurale din această parte a țării, cu mortalitatea excesivă, chiar în anii normali, și cu o natalitate din ce în ce mai slăbită?“ (Colescu, 1920, p. 45). Pentru el, ca și pentru medici, starea locuințelor țărănești este un simptom al unor maladii sociale care au influențe directe asupra natalității și mortalității populației.

Multele dintre „relele igienice“ ale locuinței rurale se datorează supraaglomerării, care, de pildă, face imposibilă izolarea unui bolnav; odată ce unul dintre membrii familiei contactează o boală contagioasă, „aproape toți cad victime“ (Istrati, 1880, p. 335), crede doctorul C.I. Istrati, și alături de el toți medicii rurali. Aglomerația din camera unică de locuit are nu numai consecințe patologice, ci și morale, ce sunt la fel de grave: „În această singură cameră comună muma, după suferinți convulsive, naște pruncul; iar copilul strivit de boale se luptă în agonia morții, frații săi mai mici sau mai mari sunt spectatorii înmărmuriți și înfricoșați ai acestor mari crize. Imaginațiunea lor este de timpuriu puternic lovită de aceste teribile spectacole; copiii, de la vârsta cea mai fragedă și chiar când devin adulți, dorm pe cuptor, unul lângă altul; astfel sunt frecvente cazurile de violuri produse prin incesturi. În acea odaie conjugală, copiii devin maturi de înclinări care le suresciteazǎ curiozitatea și-i tentează, îndeplinind asemenea acte căpătate prin spectacole de la părinți. Aceste acte au o puternică întipărire în frageda lor imaginație. Nu vedem noi, mai pe fiecare zi, acea populație nomadă de fete ce părăsesc căminul familiei, emigrează prin orașe, începând cariera ca servitoare, și pe urmă, viciate cu beția și prostituția, ajung ca spitalul și curțile cu jurați să dispute soarta lor; iar acelea ce se întorc înapoi duc cu dânsele pasiunile căpătate, înmulțind concubinajul?“ (Antoniu, 1881, p. 13). Imagini terifiante despre decăderea morală a populației rurale, cu origini bine identificate în habitatul țărănesc. Dar nu oare aproximativ în aceeași epocă un medic de spital rural caracteriza „facultățile afective“ ale pacienților săi astfel: „lipsa de rușine, relațiile amoroase cu totul bestiale [...] viciile ca: beția, lenea, hoția, minciuna și, la femei în special, luxul“ (Ștefănescu, 1887, p. 379)? Nu suntem departe de imaginea doctorului I. Antoniu.

Mai sunt și alți factori care contribuie la starea neigienică a locuințelor țărănești pe care medicii îi prezintă la nesfârșit. Mai întâi, ferestrele minuscule, fixe, acoperite cu unicele materiale translucide aflate la îndemâna țăranului – vezica urinară a porcului sacrificat la Crăciun (țipla) sau o simplă bucată de hârtie unsă cu ulei – și care deci nu permit ventilarea camerelor. Apoi sistemul de încălzire al locuinței, utilizat uneori și la prepararea hranei, care constă mai întotdeauna dintr-o vatră deschisă pe care se face focul, cu un coș piramidal care preia fumul și îl conduce cel mai adesea în pod; sistem defectuos și veșnic criticat de medici, căci „încarcă atmosfera de producte care tulbură viaţa“ (Manolescu, 1895, p. 56). Dar încă din 1870 doctorul Iacob Felix ştie din tratatele de igienă străine că oamenii înşişi contribuie la umezeala excesivă a camerei de locuit, care nu poate rămâne fără consecinţe patologice: „În casele strâmte, rău aerisite şi locuite de mulţi oameni, se precipită pe păreţi ape expirate de locuitori şi evaporate de la bucătării, spălătorii şi din alte manipulaţiuni ale menagelor. Efectul fermentaţiunii acestor fluide se caracterizează mai cu osebire prin producerea scrofulozei generali şi conjunctivitei scrofuloase“ (Felix, 1870 a, p. 360). Locuinţele ţărăneşti sunt umede şi din cauza modului defectuos de construcţie a fundaţiei sau a pereţilor. Mai ales casele construite din „pământ bătut“, cum ştie doctorul C.I. Istrati că „se practică“ în judeţul Dolj, „au atâta apă, încât adesea păreţii, mai ales pe partea de N şi NE, sunt acoperiţi cu o vegetaţiune luxuriantă“ (Istrati, 1880, p. 327). În consecinţă, locuinţe total neigienice.

Nu putem încheia descrierea locuinţei ţărăneşti fără a menţiona că aici, alături de oameni, putem întâlni şi numeroase animale. O ştiu toţi medicii, iar doctorul Nicolae Manolescu în a sa *Igienă a ţăranului român* vorbeşte într-un subcapitol special despre „animalele ce se văd în casa ţăranului“ (Manolescu, 1895, pp. 70–72). O ştiu eu însumi, din copilăria rurală petrecută în unul dintre satele Olteniei în anii ’70–’80 ai secolului trecut. Dar nu este vorba de o reală şi constantă coabitare om–animal sub acelaşi acoperiş, ci doar de una temporară şi în condiţii speciale. Cel mai adesea, în zilele reci ale sfârşitului de iarnă, ţăranul adăposteşte în locuinţă mielul nou-născut sau cloşca cu puii săi. A afirma însă că ţăranul locuieşte alături de animale sau că iubeşte mai mult animalele decât pe membrii propriei familii, ceea ce medicii fac adesea, nu este altceva decât a spune că ţăranul este mai aproape de animalitate decât de umanitate; este imaginea unei fracturi sociale abisale între intelectualul care judecă şi ţăranul care este judecat.

În concluzie, locuința țărănească descrisă de medici de-a lungul secolului al XIX-lea și în anii de dinaintea Primului Război Mondial este o construcție mizeră, fabricată din materiale aflate la îndemână – lut, lemn, paie, pleavă și balegă de vită – , supraaglomerată, rău încălzită și prost ventilată. Genul acesta de locuință are, am văzut, consecințe patologice multiple, dar și consecințe morale la fel de dezastruoase. Atunci, ca și astăzi, de altfel, locuința este într-un fel imaginea omului care o folosește; iar locuința țăranului nu transmite medicilor care îl judecă decât că este o ființă primitivă, uneori neîncadrabilă în specia din care fac parte observatorii (dovadă bordeiele), ignorantă, imorală și în consecință mizeră din punct de vedere material și fizic. Și, cu toate acestea, drama elitei României moderne este că trebuie să salveze această masă țărănească de la mizerie, boală și moarte, pentru că ei, prin număr, origine și forță de muncă, sunt România, o Românie pe care elita intelectuală nu o vrea modelată după imaginea lor, ci după a ei: modernă, cultă, europeană și prosperă.

Dacă ieșim din casa țăranului, ajungem într-o curte care nu poate fi mult diferită de locuință și pe care medicul primar al județului Gorj o descrie, în 1886, astfel: „Curtea locuitorilor rurali este de asemenea un foarte mare focar de infecție. Din o comună, abia se va găsi o singură casă care să-și aibă curtea curată; în celelalte e imposibil a penetra fără cizme, neavând nici măcar o cărare până la ușa casei. Băligarele vitelor, amestecate cu urina și cu apele meteorice, fac un noroi care nu se usucă nici în timpul verii. Vitele chiar, sătule de a sta în acest noroi, își caută refugiu suindu-se pe tinda casei. Acest noroi îl transportă cu cizmele sau cu opincile în casă, creând în camere focare morbigene“ (Augustin, 1887, p. 3602). Imaginile-tip ale curții țărănești sunt marcate de omniprezența noroiului și a grămezilor imense de bălegar înalte până la streașina grajdurilor. Când grajdurile există, căci un alt stereotip legat de gospodăria locuitorului rural este că nu are anexe pentru a adăposti vitele de intemperii. Unii medici primari, cum ar fi cel din Dolj, raportează încă din 1887 „domnului Director general“ că locuitorii din județul său „au început a-și face coșare pentru vite“, chiar dacă majoritatea „țin vitele afară, fără nici un adăpost chiar în timpurile aspre“ (Chintescu, 1888, p. 2404). Nu, nu este vorba de situația particulară a Olteniei; asemenea descrieri se referă, în discursul medical, de-a lungul întregului secol al XIX-lea, la toate regiunile țării. Mai dificil este să cauți în această imensă masă documentară mărturii mai echilibrate și care contrazic stereotipurile general răspândite și credem că și acceptate. Doctorul Nicolae Manolescu, fiu de țăran din ținutul Buzău (Cealic, 1910, p. 451), are o asemenea privire mai echilibrată asupra igienei rurale: l-am văzut în capitolul anterior susținând că igiena corporală a țăranilor este totuși mai bună decât se afirmă de obicei, iar acum îl regăsim, tot în lucrarea din 1895, descriind curtea țăranului în tușe mai puțin sumbre decât o fac marea majoritate a confraților săi; pentru că el vede în curțile țăranilor ceea ce alții văd mai puțin sau deloc: „coșare pentru vitele bovine și cai, saele pentru oi și capre, cotețuri pentru păsări și porci, porumbare (coșare) sau pătule, depozite de nutreț; în regiunile bogate în prune, velnițe pentru fabricarea rachiului din prune și tescovină, șoproane pentru căruță, plug, vase de vie etc.“ (Manolescu, 1895, p. 16). Doar gospodăriile mai sărace de la munte sau din câmpie, care nu au vite de lucru, nu dispun nici de anexele trebuincioase. Fără îndoială că aici medicii manipulează raportul dintre particular și general, căci, încă din 1912, recensământul general mai înregistrează pentru întregul Regat 23,1 % clădiri rurale fără nici un fel de anexe (Colescu, 1920, p. 32), ceea ce nu este puțin. Altfel spus, în satele României ultimelor decenii ale secolului al XIX-lea, medicii, porniți în inspecție sau călători de ocazie, pot vedea variatele tipuri de gospodării țărănești, de la cele mai prospere, este drept că puține, până la bordeiul monocelular din ținuturile dinspre Dunăre. În funcție de așteptările lor, de poziția socială și profesională și, în final, în funcție de empatia pe care o au pentru această lume țărănească, atât de exotică pentru majoritatea membrilor corpului medical, scrierile lor schițează o imagine mai mult sau mai puțin întunecată a acestei lumi țărănești, pe care nu o înțeleg și pe care, în fond, o disprețuiesc profund.

Igiena gospodăriei și a satului întreg lasă la fel de mult de dorit ca și cea a locuinței. Satul idilic al romanticilor noștri este văzut de medici într-o cu totul altă lumină: „Într-o dimineață de toamnă rece și liniștită, satul se vede într-o întunecime formată de aburi din gunoaie, de fum din sobe și de aburi din băltoace (toate gaze nesănătoase), pentru că gunoaiele sunt în tot locul, pentru că, în loc de coșuri înalte, sunt coșuri mărunte, ba unele se termină chiar în pod, sub acoperiș (așa e la munte), și pentru că băltoacele, în care se cultivă frigurile, sunt numeroase“ (Manolescu, 1904, p. 54). Nimic din descrierile pitorești ale călătorilor străini sau din poeziile cu iz bucolic ale romanticilor nu-i impresionează pe medicii porniți pe calea modernizării unei societăți rurale care, am văzut, stă în calea europenizării României moderne. Și atunci ca și acum.

Dar nu putem încheia fără a afirma că, dincolo de descrierile mai mult sau mai puțin stereotipe ale locuințelor rurale și de puzderia de date statistice despre acestea împrăștiate prin toate publicațiile vremii, există câteva momente „tari“ ale interesului pentru acest subiect. Primul îl constituie lucrarea doctorului C.I. Istrati *Despre locuința țăranului*, inițial o lucrare de concurs pentru ocuparea unui post la catedra de igienă a gimnaziului „Mihai Bravul“ din București[1], în septembrie 1879; republicată imediat într-o revistă științifică având impact în mediile medicale din Capitală, *Jurnalul Societății Sciințelor medicale din București* în numărul de la 1 noiembrie din același an (Istrati, 1879 a, pp. 293–301), și reluată

1. I. Jianu, G. Vasiliu, *Dr. C.I. Istrati*, Editura Științifică, București, 1966, p. 56.

integral peste câteva zile în două numere ale cotidianului Partidului Național Liberal – *Românul* (Istrati, 1879 b; pp. 1016–1017, 1020–1021). În sfârșit, în anul următor, o variantă „dezvoltată“ a acestui studiu va constitui un capitol (Istrati, 1880, pp. 320–341) separat al volumului care îl consacră pe doctorul Istrati drept unul dintre cei mai buni cunoscători ai realităților medicale și sociale ale României moderne: *O pagină din istoria contimpurană a României din punctul de vedere medical, economic și național*, lucrare mereu citată și deci clasică pe acest subiect până la Primul Război Mondial. Să remarcăm totuși că în septembrie 1879 doctorul Istrati tocmai împlinea 29 de ani, iar teza de doctorat o susținuse în iunie 1877[1]. La numai doi ani după ce își termină studiile universitare, tânărul medic dă lovitura în mediile medicale publicând volumul amintit. Originar din Moldova, dintr-o familie de răzeși care reușise o promovare socială modestă, primii doisprezece ani din viață îi petrece în satul Rotopănești din apropiere de Fălticeni, unde tatăl sau administra o moșie a unui văr[2]. Studiile sale însă ni-l arată mai degrabă urban și preocupat de învățătură, decât fin cunoscător al lumii rurale. Urmează cursul primar la școala publică din Roman, este înscris și la pensionul Meltzer, tot din Roman, iar în final ajunge, în urma unui concurs, elev intern la Academia Mihăileană de la Iași (1864)[3]. În 1869 abandonează Iașiul și va deveni unul dintre ultimii elevi ai Școlii Naționale de Medicină a lui Davila, iar în urma desființării acestei instituții se va înscrie în anul următor ca student la Facultatea de Medicină a Universității din București[4]. În fața acestei sumare biografii intelectuale ne putem întreba cât de mult putea cunoaște în 1879 din realitățile vieții rurale românești, pe care le descrie

1. *Ibidem*, p. 49.
2. *Ibidem*, p. 14.
3. *Ibidem*, pp. 16–19.
4. *Ibidem*, pp. 20–23.

totuși în culori strident de negative. Fără îndoială, nu foarte mult, dar ne aflăm în fața unui tânăr medic, cult – pus la curent cu igienismul francez contemporan, din care citează copios în 1880 –, ambițios și care alege să se lanseze în spațiul public printr-o lucrare de sinteză în care tratează, în spiritul vremii, cele mai importante probleme care preocupau gândirea socială a corpului medical românesc. Strategie încununată de succes, căci lucrarea sa, cum am mai spus, devine rapid una clasică, iar ascensiunea profesională și socială a tânărului nostru este fulminantă și exemplară.

Următorul moment „forte“ va fi anul 1895, când Academia Română, în urma unui concurs, va premia și va publica două lucrări având titlul *Igiena țăranului român*, ambele conținând capitole consistente despre igiena locuinței țărănești. Este vorba de clasicele lucrări ale doctorilor Gh. Crăiniceanu și Nicolae Manolescu, pe care le-am folosit din plin și pe care le vom mai folosi în această a doua parte a cercetării noastre. Doctorul Nicolae Manolescu în scurta perioadă în care a ocupat funcția de medic de plasă în județul natal Buzău, s-a făcut cunoscut prin articolele sale din *Jurnalul Societății Sciințelor medicale din București* consacrate igienei rurale și organizării și funcționării serviciului sanitar rural. Unul dintre acestea, urmând modelul doctorului Istrati, va fi preluat și republicat în același ziar al Partidului Național Liberal, care acordă constant spații lucrărilor de medicină socială și de igienă. Iar el este fără îndoială un mai bun cunoscător al lumii rurale decât doctorul Crăinicenu, care însă este un excelent cunoscător al lucrărilor medicale românești; se vede și din lucrarea sa.

Peste numai un deceniu, igiena țăranului este în centrul Secțiunii a X-a (Igienă, asistență publică, economie socială) a Expoziției Generale Române, care, în 1906, aniversa cei 40 de ani de domnie a regelui Carol I. Nici de această dată igiena locuinței țărănești nu este uitată, nici în volumul publicat cu această ocazie de „secretarul-organizator" al secțiunii G.D. Scraba (Scraba, 1907, pp. 17–20), și nici la congresul științific desfășurat cu aceeași ocazie și în cadrul căruia doctorul P. Cazacu prezintă o lucrare care sintetizează datele unei anchete extinse dedicate tocmai locuinței rurale și care va fi publicată în prestigioasa revistă ieșeană *Viața românească* (Cazacu, 1906, pp. 540–551).

Cea din urmă etapă a studierii locuințelor țărănești, cea mai importantă și cea mai cuprinzătoare, este chiar recensământul general al populației din 1912. Prin el avem o imagine perfectă a locuințelor rurale sub toate aspectele sale, pe care ne-am fi dorit-o de mult mai devreme, măcar de la 1860. Recensământul se constituie într-o anchetă exactă și sistematică care ne permite să verificăm stereotipurile colportate de medici în ultimele decenii ale secolului al XIX-lea și la începutul secolului următor. Și cât de utile ar fi astfel de anchete și pentru celelalte componente ale discursului medical despre igiena rurală!

3
„Hrana țăranului e numai mămăliga“ sau despre igiena alimentației

La masa țăranului

Dacă lipsa igienei corporale, lipsa locuinței și lipsa gospodăriei sunt factori favorizanți ai apariției bolilor, alimentația își aduce și ea contribuția la cortegiul maladiilor.

Înainte de orice, să vedem mai întâi care este imaginea globală, pe care ne-o transmit medicii despre alimentația populației rurale în ultimele trei decenii ale secolului al XIX-lea și la începutul celui următor. Printre primii care se apleacă asupra acestui subiect este doctorul Constantin Caracaș, care, pe la 1830, sintetizează, ca și în cazul locuințelor rurale, o bună parte dintre toposurile discursului medical despre alimentație: hrana „țăranilor este sobră, neîngrijită și neregulată, căci constă mai mult în mămăligă făcută din făină de porumb, pe care o întrebuințează ca pâine, iar în zilele de post numai cu sare, cu ceapă sau cu usturoi. Uneori gătesc și bucate făcute cu diverse ierburi, numai cu apă și puțină făină, sau din ciuperci și fructe sălbatice, adunate din vreme și uscate; mai rar gătesc fasole, bob sau varză acră. Cu acest sobru și sărăcăcios nutriment, trăiesc două din trei părți ale anului, încât trupurile lor robuste slăbesc, iar cele debile și copiii cad la boale gastrice. În restul timpului, numai trei luni de dulce, mănâncă ceva mai mult: lapte acru, brânză vârtoasă, ouă și pește, mai ales sărat, care le place mult; foarte rar carne, pe care o gătesc simplu de tot, numai cu apă și puțină ceapă, ori friptă. Băutura lor la masă este numai apă curată;

dar, pe când se duc la câmp sau la alte lucrări, unii beau puțină țuică" (Samarian, 1937, p. 100). Peste aproape patru decenii, Ion Ionescu de la Brad, când pune în balanță munca țăranului și hrana sa, se minunează și se îngrozește în același timp: „Mai jumătate din zilele anului românul postește; și ce post? Legumi fierte și mămăligă: un regim vegetal înadins comendat pentru a slăbi puterile, a mortifica corpul! Câți inși postesc mâncând numai mămăligă cu ceapă sau oțet sau mujdei, adică oțet în care s-a pisat usturoi! Castraveții acri și varza murată în sare joacă un rol însemnat în mâncarea de post a omului muncitor. Dar, și când mănâncă de dulce, el tot mai mult postește în înțelesul popoarelor occidentale; căci el mănâncă ouă, lapte și brânză. Cu un ou muncitorul nostru face un prânz! Carne mănâncă rar și, când mănâncă, atunci primăvara este de miel, toamna de vacă și iarna de porc. Obișnuit carnea o mănâncă sub formă de pastramă, adică zvântată de toate sucurile ei și uscată" (Ionescu, 1868, p. 203). La doisprezece ani după ce sunt publicate rândurile de mai sus, doctorul C.I. Istrati face o analiză amănunțită a regimului alimentar al țăranilor și ajunge la aceleași concluzii – multe dintre manifestările morbide din lumea rurală își au originea în alimentația deficitară: „Din toate acestea rezultă că țăranul nostru se nutrește în genere, cu substanțe grele de digerat și, afară de fasole, foarte puțin nutritive; astfel că, pentru a se putea nutri fiziologicește, trebuie a ingera un volum enorm și a se servi de condimente acre și iritante. Din cauza regimului ce duce acum, unit abuzului ce fac de ierburi și poame necoapte și de rea calitate, rezultă o influență tristă asupra fizicului și moralului său, precum și asupra progeniturii sale. Aceasta dar este cauza slăbiciunei, morbidității, mortalității și mai ales a puținei rezistențe la muncă și chiar a lenei sale involuntare" (Istrati, 1880, pp. 267–268). Prin intermediul doctorului Istrati ajungem în domeniul atât de sensibil al consecințelor acestui tip de alimentație. De fapt, toți medicii, pe oricare dintre subiectele igienei rurale, descriu starea igienică a țăranului și consecințele ei în ceea ce privește morbiditatea și mortalitatea, caută cauzele acestei stări... dezastruoase și propun soluții pentru „îndreptare". Într-un fel, medicii reduc întreaga societate la un simbolic corp bolnav, constată simptomele și consecințele lor sociale și propun remedii. Ei vindecă atât indivizii, cât și societatea ca întreg; sau cel puțin aceasta este ambiția discursului igienist.

În 1895, doctorul Nicolae Manolescu, după un excurs bine documentat prin practicile alimentare ale populației rurale, nu poate să ajungă decât la această concluzie: „Țăranul trăiește cu un regim alimentar sărac sau mai bine zis neîndestulător pentru forțele de care viața lui de astăzi are trebuință. Acest regim alimentar este neîndestulător, nu numai prin aceea că țăranul mai bine de jumătatea anului mănâncă numai din regnul vegetal și mineral, dar încă și prin felul substanțelor hrănitoare și prin mica cantitate de hrană ce ia din regnul animal atunci când religia îi dă voie. Această neîndestulare de hrănire este în legătură cu cauzele generale, care opresc pe țăran de a ieși din sărăcie" (Manolescu, 1895, p. 352).

După 1900, cercetările privitoare la alimentație câștigă în scientificitate; medicii nu se mai rezumă la a descrie materiile alimentare consumate la masa țăranului și modul lor de preparare, ci, transformați în adevărați oameni de știință, ei pornesc să calculeze consumuri medii anuale, pe tipuri de materii, iar apoi rații zilnice, pe categorii de substanțe alimentare. În fapt, coboară către nivelul principiilor chimice ale alimentației, lucrările lor transformându-și fundamental forma: devin adevărate cercetări de chimie alimentară în care experimentele pe animale sau chiar pe oameni sunt o metodă de cercetare între altele. Concluziile lor nu diferă însă de cele ale predecesorilor: „Analizând regimul alimentar al țăranului nostru întru cât privește cantitatea totală a substanțelor alimentare, care formează rația zilnică, apoi cantitatea materiilor azotoase, a materiilor grase și a hidraților de carbon, fiecare în parte; proporția între originea vegetală și animală, care intră în hrana sa zilnică, și comparându-le cu valorile stabilite de *Voit*, ajungem la rezultatele, unele prea cunoscute și de mult semnalate: volum mare, lipsă exagerată de substanțe animale, deci urmările unui regim vegetarian rău alcătuit, neigienic, debilitant" (Urbeanu, 1901, p. 25). Sau, dacă se calculează rația zilnică a materiilor alimentare consumate de un eșantion de 150 de țărani dintr-un sat din județul Fălciu, cum face doctorul Nicolae Lupu într-o lucrare publicată în preajma răscoalei de la 1907, se obține o listă care stă mărturie despre același regim debilitant: „1000 gr. făină de păpușoi; 50 gr. făină de orz; 20 gr. grâu sub diferite forme [...]; 40 gr. carne; 20 gr. lapte (o lingură); 5 gr. ouă (la zece zile un ou) [...] 115 gr. curechi (zamă de varză); 800 gr. borș" (Lupu, 1906, p. 222), ceea ce poate fi și deja trebuie tradus în termeni de „principii alimentare" astfel: „Adică în rațiunea alimentară zilnică a sătenilor observați de mine, față de cea normală de întreținere – albuminoidele sunt cu puțin în minus față de media mai sus enunțată, grăsimea este cu mult în minus (20 gr.), iar hydrocarbonatele sunt cu mult în plus" (Lupu, 1906, p. 223).

În 1906, Congresul de științe sociale va dezbate nu numai problema locuinței rurale, prin intermediul cercetării doctorului P. Cazacu, ci și aspectele igienei alimentației țărănești; doctorul G. Proca, căruia i se asociază și Gh. T. Kirileanu, realizează cea mai amplă cercetare asupra alimentației țărănești de dinainte de Primul Război Mondial. Ambițiile sunt mari: se redactează un chestionar care este trimis la 3 480 de învățători, dintre care doar 12 %, adică 439 (Proca, Kirileanu, 1938, p. 609), binevoiesc să îi acorde atenție. Chiar și așa, rezultatele sunt semnificative. Dar o cercetare despre „hrana țăranului, judecată din punct de vedere cantitativ și calitativ" (Proca, Kirileanu, 1938, p. 610) nu este deloc ușor de realizat, iar rezultatele obținute în urma chestionarelor par uneori fanteziste. Astfel, pentru 12 familii din județul Argeș, media calorică a alimentelor consemnate pentru un adult urcă la 4 000-6000 de calorii pe zi! În Mehedinți, în 11 din 20 de familii, rația calorică a unui adult ajunge la 5 480 de calorii! Situații asemănătoare apar în Olt, Prahova, Neamț etc. Concluzia se impune de la sine: „pretutindeni s-au trecut cifre în general prea mari pentru cantitățile consumate“ (Proca, Kirileanu, 1938, p. 612). Dar doctorul G. Proca nu mai poate da înapoi: ajustează cantitățile, unde i se par în exces, crede pe cuvânt pe cele care par în deficit și nu poate ajunge decât la concluzia pe care o știa dinainte de a întreprinde cercetarea: „muncitorul de la țară este totdeauna expus să se hrănească insuficient; populația rurală este amenințată de subnutrire sau alimentație neîndestulătoare din punct de vedere cantitativ, nu numai din an în an, ci și de la un anotimp la altul“ (Proca, Kirileanu, 1938, p. 616).

Indiferent dacă folosesc limbajul igienistului din ultimele decenii ale secolului al XIX-lea sau pe cel al chimistului de după 1900, medicii caracterizează alimentația țărănească după chipul și asemănarea țăranului epocii – primitivism, înapoiere și lipsă de cultură. Doctorul A. Urbeanu, în siajul aprecierilor mai vechi cu două decenii ale doctorului C.I. Istrati, se îngrozește la rândul său: „Marea majoritate a omenirii duce de asemenea un regim preponderent vegetarian, determinată la aceasta prin lipsa de mijloace, substanțele alimentare de origine animală fiind prea scumpe. Dar o bucătărie mai sărăcăcioasă, mai prost alcătuită și mai monotonă, ca aceia a țăranului nostru, nu se află nici la cel mai sărac popor din Europa. Ea s-ar putea compara doar cu alimentația popoarelor sălbatice, virgine de influența oricărei culture. Declar, de la început, că nu mi-a fost dat să constat, pe temeiul cifrelor, la vreun popor din lume, a cărui hrană a fost studiată mai de aproape, un mod de alimentație mai nerațional, mai primitiv și mai insuficient“ (Urbeanu, 1901, p. 26).

Vedem deci că, din 1830 până la Primul Război Mondial, medicii descriu și caracterizează alimentația țăranului aproximativ în aceiași termeni, indiferent dacă scrierile lor se situează în paradigma igienistă sau în cea mai modernă și mai târzie, influențată de progresele chimiei alimentare. Imaginea este profund negativă, repetitivă și impregnată de stigmatele primitivismului și ale lipsei de cultură.

Mămăligă... și iar mămăligă

Să lăsăm deoparte descrierile generale și să ne apropiem, prin intermediul acelorași observatori medici, de masa și bucătăria țăranului. În fond, ce poate fi așa de rău în „bucătăria tradițională“, ale cărei delicii astăzi le savurăm entuziasmați? Dar medicii nu sunt etnografi și deci nu încadrează țăranul în paradigma autohtonului, ci în cea opusă, a primitivului.

În general, medicii reproșează alimentației țărănești că este un regim alimentar aproape exclusiv vegetal. Altfel spus, țăranul consumă aproape exclusiv produse de origine vegetală. Că principalul element al alimentației țărănești este făina de porumb, preparată sub forma unei fierturi mai mult sau mai puțin vâscoase o știu nu numai medicii; este un fapt evident, remarcat de o mulțime de observatori, români sau străini. Din a doua jumătate a secolului al XVIII-lea, călătorii străini care sunt pur și simplu în trecere, dar mai ales cei care locuiesc o perioadă în Țările Române, ca elvețianul Recordon, știu că „porumbul este hrana lor de căpetenie; din mălai pregătesc un terci foarte gros sau mai degrabă un fel de pâine pe care o numesc mămăligă și care este foarte plăcută la gust, când este proaspătă“[1]. De altfel, mămăliga din

1. Paul Cernovodeanu (redactor responsabil), *Călători străini despre Țările Române în secolul al XIX-lea*, serie nouă, vol. I (1801–1821), Editura Academiei Române, București, 2004, p. 669.

aliment principal se transformă în simbol social; țăranului „adesea i se dă numele de mămăligar", ne spune doctorul Manolescu (Manolescu, 1895, p. 271), iar doctorul Istrati subliniază cu sarcasm modul în care elita se delimitează social și simbolic de marea masă rurală, tocmai renunțând la consumul acestui aliment: „Aceasta nu din cauză că o găsesc rea la gust, indigestă etc., dar numai din cauză că ea constituie hrana poporului și fiindcă nu se mănâncă la Grand Hôtel du Boulevard des Italiens, la Paris" (Istrati, 1880, p. 239). Cu toate acestea, în anii '90 ai secolului al XIX-lea, într-o anchetă publicată în presă privind „mâncarea mai plăcută", doctorul Iacob Felix și doctorul Nicolae Kalinderu indică mămăliga (Crăiniceanu, 1895, p. 235). Însă și mămăliga poate fi și ea de mai multe feluri, iar cea țărănească pare să fie mai consistentă – se putea rupe bucăți sau tăia în felii „cu ața" (Manolescu, 1895, p. 272). Mai există un preparat din făină de porumb, la fel de țărănesc ca și mămăliga, *mălaiul*, care este de fapt un soi de pâine de făină de porumb coaptă după toate regulile în cuptor sau la țest. Aceste preparate își păstrează până astăzi locul în „bucătăria națională": cine dintre cei care citesc aceste rânduri nu a mâncat în ultimele luni mămăligă?! Iar mălaiul mai poate fi întâlnit până și în Clujul contemporan, transformat însă în produs de patiserie. În copilăria mea mehedințeană de la sfârșitul anilor 1970, bunica paternă, născută în 1910, încă avea țest și prepara uneori mălai, spre marea mea fericire; tot ea pregătea din mălai o mâncare atestată de doctorul Manolescu în 1895: *zăbicul* (Manolescu, 1895, p. 274). Odată cu ea însă, a murit o lume.

La sfârșitul secolului al XIX-lea, porumbul este omniprezent în alimentația rurală. El înlocuiește încetul cu încetul toate cerealele concurente: meiul, care în 1895 mai era cultivat și consumat doar în Ialomița (Manolescu, 1895, p. 274), Romanați și Brăila (Crăiniceanu, 1895, p. 246); orzul, consumat încă „de mulți țărani din Moldova", spune doctorul

Nicolae Manolescu (Manolescu, 1895, p. 277). Înlocuiește și hrișca, utilizată tot prin Moldova și „pe lângă Brăila" (Crăiniceanu, 1895, p. 246). Asupra porumbului va plana însă bănuiala că produce o boală ce devine celebră în ultimele decenii ale secolului al XIX-lea – pelagra, de care ne vom ocupa într-un capitol viitor.

Vegetarianismul țăranilor nu constă doar în consumul cvasiexclusiv de mămăligă, ci și în asezonarea acesteia, din diverse motive, cu un număr redus de produse alimentare, tot de natură vegetală. Doctorul Manolescu le știe bine și trage concluzii puțin măgulitoare pentru condiția țăranului: „A mânca ceapă cu mămăligă sau praz cu mămăligă, sau murături cu mămăligă, sau varză acră cu mămăligă, sau usturoi cu mămăligă, sau terci cu mămăligă, sau castravete verde cu mămăligă, sau prune (chiseliță) cu mămăligă, sau lăstar de viță și aguridă cu mămăligă etc. etc., exemple ce se văd des și în toate regiunile țării, este a mânca după un sistem vegetarian sărac și prin urmare a se asemăna cu un ierbivor, ce se hrănește cu vegetale tocate, măcinate sau fierte" (Manolescu, 1895, p. 306). Că țăranul este o specie aparte de ierbivore o dovedește și G.Z. Petrescu, când constată într-un studiu că tocirea dinților este un fenomen specific nu doar ierbivorelor, ci și țăranilor! (Petrescu, 1905, p. 87).

Dintre legume, medicii amintesc ca fiind larg utilizate în alimentația rurală fasolea, ceapa, usturoiul, varza și castraveții. În schimb, morcovii, pătrunjelul, tomatele, guliile și chiar cartofii sunt legume mult mai rar întâlnite. Țăranii români nu par a fi buni legumicultori și sunt acuzați constant că nu acordă suficientă atenție cultivării unei grădini de legume. Doctorul C.I. Istrati vituperează, profund nemulțumit, „sunt sate întregi în țara noastră în care abia se găsește o ceapă în pământ" (Istrati, 1880, p. 228), mai ales în Moldova. Iar în Muntenia și în Oltenia, datele publicate de doctorul Nicolae Manolescu atestă obiceiul de a cumpăra legumele din satele de sârbi și bulgari specializate în legumicultură, prin troc. Așa face Barbu Ciurcu din comuna Alimănești, plasa Șerbănești, județul Olt (Manolescu, 1895, p. 337) sau Vasile Marin din comuna Coteștii-din-Deal, județul Dâmbovița (Manolescu, 1895, p. 325), și mulți alții ca și ei. Dar medicii nu se mulțumesc numai să descrie și să recomande, în mod teoretic ei trebuie să și acționeze, așa cum va face doctorul I.C. Drăgescu, medicul primar al județului Dolj, care împreună cu prefectul județului pun la cale să răspândească „în sate cultura legumelor și fabricarea pâinii de către români“ (Drăgescu, 1900, p. 259). Demersul lor din primăvara lui 1900 este doar parțial încununat de succes, din cauză că „în privința pităriilor nu s-a făcut nimic, și chiar azi, în sate, tot bulgarul pune în vânzare o pâine detestabilă“ (Drăgescu, 1900, p. 259); totuși în două plase ale județului, cele mai sărace, locuitorii sunt convinși să cultive și legume, iar bulgarii sunt scoși de pe piață. Cum vor fi fost convinși țăranii din plasele Amaradia și Jiul de Sus să se transforme și în legumicultori, chiar dacă doar pentru uzul propriu, doctorul Drăgescu nu ne spune, însă ne spune cine și cum poate rezolva multe dintre problemele lumii rurale contemporane lui: subprefecții, care ar trebui să-l imite pe acel „pretor german“ din Transilvania pe care medicul nostru l-a văzut cândva, cu ocazia unei călătorii, „scoțând cu biciul pe săteni din cârciumă și trimițându-i la munca câmpului“ (Drăgescu, 1900, p. 260).

Dacă alimentația țărănească este aproape exclusiv vegetală, spun medicii, aceasta este un alt mod de a spune că pe masa țăranului carnea se întâlnește rar, prea rar. Cu toate acestea, din când în când, și mai ales când nu ar fi nevoie de ea, carnea apare. Ne putem întreba, de ce ar fi așa de importantă problema produselor de origine animală care intră în regimul alimentației populare. În imaginarul științific al epocii, societățile umane și caracteristicile lor sunt comparate cu cele animale, iar de la Darwin încoace, prin intermediul darwinismului social, orice om cult știe că și societățile se află într-o perpetuă „luptă pentru existență“, unde vor învinge doar cei puternici. În lanțul trofic, ierbivorele cad întodeauna pradă carnivorelor; la fel și popoarele. În fruntea studiului său despre alimentația țărănească doctorul Nicolae Lupu așază în chip de motto un citat semnificativ dintr-un igienist francez: „Popoarele cu regim vegetal sunt făcute pentru a fi cucerite, după cum vastele familii ierbivore, în regimul animal, par a fi destinate să facă hrana carnivorelor“ (Lupu, 1906, p. 217). În paginile care urmează nu face altceva decât să dovedească că „țăranii noștri se scoboară în scara zoologică; ei intră în rândul ierbivorelor“ (Lupu, 1906, p. 231). Trist destin pentru România!

Orice medic, bazându-se pe noțiunile de chimie alimentară pe care le primește în timpul studiilor, știe că energia dezvoltată de organism depinde în mare măsură de substanțele existente în produsele de origine animală: carne și grăsime, lapte. Regimul alimentar bazat pe produse animale este echivalat cu viața activă, cel vegetarian, cu stagnarea și înapoierea. Iar metaforele mecanice își fac locul în discursul medical: doctorul C.I. Istrati compară „individul sau poporul“ cu o locomotivă care dezvoltă mai mult sau mai puțin lucru mecanic în funcție de calitatea combustibilului cu care este alimentată; pe scara liniară a progresului individul/poporul sau locomotiva vor ajunge cu atât mai departe cu cât sunt alimentate cu produse de calitate (Istrati, 1880, pp. 223–224). Altfel spus, un destin istoric glorios pot avea doar popoarele bine hrănite. Nu era cazul poporului român.

Dacă ne apropiem de masa țăranului și aruncăm o privire prin ochii medicilor, vom vedea că, totuși, carnea nu lipsește cu desăvârșire. Țăranii nu sunt doar agricultori, ci sunt și crescători de animale, dintre care unele sunt destinate consumului propriu. Carnea și pâinea nu sunt alimente curente, ci „de sărbătoare“, adică ocazionale. Și nu toate animalele existente în gospodăria țărănească sunt crescute pentru consum alimentar. Fiecare cultură operează o distincție primară între animale, considerându-le pe unele proprii consumului alimentar și excluzându-le pe celelalte, iar cultura țărănească nu face excepție. Dar în sistemul alimentației oricărei societăți nu orice tip de carne are aceeași importanță și aceeași valoare. În sistemul țărănesc, carnea prin excelență este carnea de porc, urmată, se pare, de cea de oaie. Perechea carne de porc (iarna)–carne de oaie (vara și toamna) era esențială pentru societatea țărănească în epoca modernă. O atestă și medicii: doctorul Manolescu știe că „săteanul mănâncă multă carne de oaie“ (Manolescu, 1895, p. 259), însă doctorul Crăiniceanu știe că „mai preferită este de român carnea de porc“ (Crăiniceanu, 1895, p. 259).

Unele cercetări contemporane asupra sistemului alimentar într-un sat românesc din Ardeal dovedesc că perechea carne de porc–carne de oaie își păstrează importanța până târziu în a doua jumătate a secolului al XX-lea. Bulversările produse recent în sistemul alimentar contemporan, care pur și simplu devalorizează carnea de oaie, creează mari nemulțumiri țăranilor din amintitul sat, care nu își mai pot procura decât cu mare greutate mult dorita carne de oaie[1]. Iar carnea de vită nu intră în circuitul alimentar. Chiar și în a doua jumătate a secolului al XX-lea, carnea de vită ocupă un loc intermediar, între cea permisă consumului alimentar și cea interzisă: vițelul este „bun de mâncat“, vaca doar în condiții excepționale, iar boul niciodată. Ceea ce am regăsit pe teren în primul deceniu al secolului al XXI-lea se suprapune aproape punct cu punct peste opiniile exprimate în urmă cu un secol în prima lucrare etnografică dedicată alimentației țărănești: „Mai cumpără uneori carne de vită și

---

1. Bărbulescu Constantin, [*Relația om – animal. Studiu de caz: porcul domestic*], 2011, mss., cap. I: „Porcul și animalele gospodăriei țărănești“.

când se taie o vită bolnavă de sânge sau i se rupe piciorul ș.a., ca să nu prăpădească omul vita de tot. [...] Carnea de bou nu se mănâncă, că-i păcat. Carnea de vițel, numai când e bolnav și se taie, o mănâncă, căci viteii se cresc."[1] Nimic nu s-a schimbat. Dar de ce nu consumă țăranii carnea de vită? Adevăratul motiv pentru care carnea de vită nu poate fi consumată ni-l oferă țăranii înșiși, cei din Bucovina, la începutul secolului al XX-lea: „Țăranul carne de vită nu mănâncă, sunt oameni care în viața lor nu au pus carne de vită în gură și nici n-ar pune, țiind aceasta de mare păcat. Vita te hrănește, cu boul lucrezi și te înavuțești și încă s-o mănânci! În Horecea, de demult, când vedeau pe cineva mâncând carne de vită, ziceau că e liftă rea. În Mihalcea au greață de carne de vită, mai bine postesc. Tot astfel și în Moldova, spun că, dacă-i mâncă laptele, și carnea să i-o mânce?"[2] Cum am mai spus, bovinele par să fi fost cândva interzise consumului alimentar, cel puțin în lumea țărănească: ele intrau, alături de cal și de măgar, în categoria animalelor auxiliare interzise consumului. De la sfârșitul secolului al XIX-lea există mărturii concordante privitoare la acest subiect; doctorul Nicolae Manolescu se crede îndreptățit să afirme: „În toată țara, carnea de vacă se obișnuiește puțin de țărani, mulți au dezgust pentru ea" (Manolescu, 1895, p. 313); doctorul Gh. Crăiniceanu ne asigură că doar carnea de vițel este consumată, și aceea numai „la oraș" (Crăiniceanu, 1895, p. 259). În Mehedinți, medicul spitalului rural Strehaia îi transmite doctorului Manolescu că acolo „țăranii se feresc de carnea de vacă, ca evreii de cea de porc" (Manolescu, 1895, p. 327), iar doctorul Crăiniceanu știe că în spitale „mulți săteni refuză de a mânca carnea de

1. Mihai Lupescu, *Din bucătăria țăranului*, Editura Paideia, București, 2000, p. 58.

2. Elena Niculiță-Voronca, *Datinele și credințele poporului român adunate și așezate în ordine mitologică*, vol. I, Polirom, Iași, 1998, p. 236. Prima ediție a lucrării a apărut în 1903.

vacă“ (Crăiniceanu, 1895, p. 257). Din nou, C.I. Istrati vine cu afirmațiile cele mai șocante: „Țăranii noștri în genere au dezgust pentru carne, și am cunoscut foarte mulți, mai ales în partea sudică a județului Dolj, care-mi declarau că nu se spurcă cu carne, căci nu au mâncat niciodată“ (Istrati, 1880, p. 251). Nu are rost să înmulțim atestările, ele sunt numeroase și concordante.

Țăranul – un vegetarian fără voie

Cum spuneam, medicii nu sunt interesați doar să descrie și să evidențieze „relele igienice“ ale alimentației țărănești. Ei merg întotdeauna mai departe și caută cauzele acestei stări de lucruri. Ei se întrebă nu numai ce mănâncă țăranul, ci și din ce cauză alimentația sa este astfel configurată? Cum discursul medical despre alimentația țăranului, ca aproape despre oricare alt subiect, este eminamente negativ, în fapt ei încercă să inventarieze cauzele situației dezastruoase pe care o constată pe teren. Ele sunt puține și ușor de identificat. Pe primul loc s-ar plasa sărăcia, apoi „ignoranța“ și în final o cutumă de natură religioasă – posturile, pe care țăranul se presupune că le respectă cu strictețe. Pe lângă aceste trei mari cauze, medicii mai identifică și altele, complementare, dar nu de aceeași importanță: dezechilibrarea fragilului sistem alimentar țărănesc în timpul muncilor agricole pe domeniul proprietarului funciar, care le oferă lucrătorilor o mâncare chiar mai infectă decât cea de acasă, la care se adaugă lipsa cunoștințelor culinare. Să le abordăm pe rând.

Mizeria materială profundă în care trăiește majoritatea populației rurale este prima cauză a regimului alimentar defectuos al țăranului. O sărăcie vecină cu foametea, de care elita nu este destul de conștientă, susține doctorul Istrati: „E ceva de speriat, pentru cine a văzut de aproape sărăcia ce există în grădina țăranului. Duceți-vă la țară, și adesea veți vedea zecimi de case, de a celor împroprietăriți la 1864, infecte și insalubre, care nu au nici gard, de unde mai voiți să aibă grădină de legume sau poame; și de unde să se mai vadă vacă sau porc? La țară este o mizerie profundă, de care încă nu ne dăm bine seama! Mizeria creează locuitorului dezgust de viață; demoralizarea în care se află; zdrobirea bunelor sale gândiri; totul au contribuit a-l aduce în această mizerabilă stare, încât nu știe nici chiar cu ce se va nutri mâine!" (Istrati, 1880, p. 265). A trăi de pe o zi pe alta este o vorbă țărănească ce poate avea un înțeles alimentar, susțin medicii. Dar sărăcia generică a doctorului C.I. Istrati prinde chip și formă omenească prin intermediul subinspectorului Ch. Laugier, care, în anul 1905, raportează o intoxicație alimentară colectivă din comuna Popești, județul Iași. Protagoniștii evenimentului sunt membrii familiei Crivei, a cărei situație materială este descrisă de medicul Laugier în termenii unui basm în care apare personajul modest și sărac ce va fi însă destinat unui viitor măreț: „În comuna Popești, la extremitatea satului dinspre răsărit, în o mizerabilă cocioabă, trăiește un sărman sătean în vârstă de 40 ani, Vasile Crivei, înpreună cu nevasta sa și patru copii – Maria, 8 ani; Sultana, 10 ani; Gheorghe, 5 ani; Dimitrie, 2 ani" (Laugier, 1905, p. 26). Și, ca în basme, familia Crivei este atât de săracă, încât nu are nici după ce bea apă. A doua zi de Crăciun, rezerva de porumb a familiei este terminată și tradiționalul porc, a cărui carne trebuia să constituie ceea ce etnografii numesc „belșugul casei", nu este pomenit. Vasile se adresează cârciumarului, care nici el însă nu îl poate împrumuta; cât despre consăteni, erau „tot așa de nevoiași ca și dânsul" (Laugier, 1905, p. 26). Situația era fără ieșire; după două zile de post negru „nenorocita mamă" recurge la expedientul neinspirat de a transforma hrana păsărilor de curte în hrană umană: macină „«niște rămășițe de orz, ovăz și grâu amestecate și rămase după urma mașinii de treierat pe care le păstra pentru a le da la păsări»" (Laugier, 1905, p. 27).

Obține din acest amestec o făină „murdară, negricioasă, grosieră, din care face o mămăligă" (Laugier, 1905, p. 27). În scurt timp, cu toții se îmbolnăvesc și își pierd cunoștința. Povestea se termină fericit la spitalul rural din Podu Iloaiei, unde pacienții, după un purgativ puternic și îngrijiri medicale, își revin în simțiri și în decurs de câteva zile sunt complet restabiliți. Medicul spitalului îi mai ține o zi „spre a-i hrăni mai bine" (Laugier, 1905, p. 27). Aflând de pățaniile familiei Crivei, sărăcia și subnutriția țărănească, de care medicii nu contenesc să se plângă, pentru mine, eu, cercetător din secolul al XXI-lea, le consider mai plauzibile. Nu mai vorbim în acest caz de țăranul generic, care ascunde o multitudine de personaje și situații, dar pe care medicii îl reduc la un unic prototip, ci vorbim de oameni în carne și oase care, în prima zi a Crăciunului, nu pot pune pe masă decât mămăligă, ultima pe care o au. Suntem undeva în Moldova anului 1905, aceeași Moldovă care în 1912 are un imens număr de locuințe țărănești monocelulare. Sărăcia pare să fi fost cruntă, măcar pentru o bună parte a populației rurale; suficient de mare încât peste doi ani să se declanșeze celebra răscoală.

După sărăcie, și nu neapărat în legătură cu ea, vine „ignoranța". Țăranii sunt o populație needucată, ignorantă și superstițioasă. Medicii se întrec în a descrie astfel universul mental al țăranilor. Pentru ca lumea țărănească să devină altceva decât ceea ce era la sfârșitul secolului al XIX-lea, pentru a întreprinde o reală modernizare, o bună parte din elita intelectuală a epocii (mai puțin conservatorii) era de acord că trebuiau urmate două căi: una trebuia să asigure baza economică a gospodăriei țărănești – împroprietărirea –, iar a doua trebuia să transforme universul mental țărănesc, prin educație. Altfel spus, rezolvarea „chestiei rurale" se putea sintetiza foarte bine într-un slogan: pământ și școală. Fiecare dintre aceste două căi a avut eroii săi: împroprietărirea – pe Alexandru Ioan Cuza, iar „luminarea" prin școală – pe Spiru

Haret. Oricum, în ultimele decenii ale secolului al XIX-lea și până la Primul Război Mondial, mai toată elita intelectuală a epocii era convinsă că una dintre problemele majore ale țărănimii este lipsa de educație. Iar educația era văzută ca un soi de panaceu, un remediu al tuturor „relelor igienice" ale populației rurale.

Dacă revenim la regimul alimentar, constantăm că ignoranța se manifestă și la țăranii înstăriți, a căror hrană nu diferă prea mult de cea a țăranilor săraci. Săraci sau bogați, țăranii au o alimentație deficitară. Cei săraci nu au ce pune pe masă, iar cei înstăriți nu știu ce să pună pe masă. Țăranii nu cunosc valoarea nutritivă a diverselor produse alimentare, se plânge doctorul Nicolae Lupu, ceea ce îi face să ia cele mai ciudate (din punct de vedere științific) decizii, cum ar fi să dea ouă pentru pește sărat: „Căutam bolnavii de pojar din Nereju-Nefliu, jud. Ilfov, în primăvara lui 1904; la o casă văzui cinci copilași, fiecare cu câte un dărăb de mămăligă în mână întingând cu precauție într-o strachină cu saramură și un mic chitic de pește sărat. Era zi de dulce. Întreb pe mama copilașilor, ce ai dat pe pește. Nouă ouă, domnule doctor, îmi răspunse ea (nouă ouă conțin 96 gr. 47 albuminoide și 54 gr. 50 grăsime, pe când chiticul de pește care n-avea mai mult de 100 gr., conținea 18 gr. 90 albuminoide și 16 gr. 81 grăsime). La întrebarea mea, că de ce nu le-a dat mai bine ouăle să le mănânce, ea-mi răspunse: vezi, în strachina ceea înting toți, dar în ouăle fierte n-au unde să întingă. Și s-ar părea că are dreptate. Dar la ripostarea mea că cu o lingură de untură și cu acele ouă putea să facă o strachină mare de jumări (scrob), unde să întingă de două ori atâția copii, ea strânse din umeri, iar eu răspund: iată unde duce ignoranța. De altfel nu o învinuiesc pe ea" (Lupu, 1906, p. 232). Este clar că întâlnirea medicului cu săteanca reprezintă întâlnirea științei cu ignoranța. Că țăranul nu are nici o idee de valoarea nutritivă a alimentelor și deci nu este capabil să își gestioneze rațional puținele resurse alimentare şi financiare pe care le deţine cu scopul de a-şi îmbunătăţi alimentaţia este dovedit şi de practica destul de răspândită de a cumpăra carne sub formă de pastramă sau peşte sărat. Ambele produse, spun medicii, în urma conservării îşi pierd un procent important din calităţile nutritive. Doctorul Iacob Felix, calculează în 1862 că pastrama, deşi este de trei ori mai „condensată decât carnea proaspătă", este de trei ori mai scumpă. În plus, ştie din experienţa personală că pastrama din comerţ este în general un produs neigienic: „Într-o zi a lunii septembrie 1860, cu ocaziunea unei epidemii de friguri intermitente, umblând din sat în sat, în lipsa unei mâncări mai delicate, înşălai stomacul meu cu pastramă; o bucată din acea pastramă se rătăci în sacul de drum. La finitul lunii septembrie, într-o zi când nu fusei dispus la o lucrare mai serioasă, pentru petrecerea timpului aşezai pe masă pe «amicul meu fidel de alamă», microscopul. Prin întâmplare, acea bucată de pastramă, ce rămăsese în sacul de drum, fu obiectul observaţiunii. Ce văzui? Păduri de vegetaţiuni microscopice; o parte însemnată a pastramei consistă din asemenea parazite mucedoase. Atunci cercetai pentru cea dintâia oară pastrama cu microscopul. Mă prindea spaima când îmi aduceam aminte înşelăciunea colosală ce suferă consumatorii pastramei, introducând în stomac acele substanţe nenutritoare. Acele vegetaţiuni n-au o putere direct otrăvitoare, dar dauna ce dânsele produc prin împuţinarea substanţelor nutritoare e considerabilă. În luna octombrie 1860, cercetai 28 diferite feluri de pastramă şi găsii 19 feluri pline de acele parazite mucezinoase" (Felix, 1862, p. 365). Tot de pastramă şi tot din proprie experienţă se îngrozeşte şi doctorul Gh. Crăiniceanu când constată că, „în râul Ialomiţa, bucăţile de carne destinate a deveni pastramă, erau mai rău tratate decât nişte piei de oaie, aruncate prin nisip şi noroi" (Crăiniceanu, 1895, p. 260). Şi tot doctorul Crăiniceanu ştie că „peştele vine adeseori stricat în comerţ" (Crăiniceanu, 1895, p. 255).

Dar aici intrăm în domeniul delicat al siguranței alimentelor, pe care statul modern încerca să îl reglementeze și implicit să îl controleze: din 1895 datează primul regulament general privitor la „fabricarea" alimentelor și băuturilor și al comerțului cu aceste produse[1].

Și, în sfârșit, una dintre cauzele cele mai importante ale vegetarianismului țăranului român este postul. Împotriva postului se înverșunează toți membrii corpului medical, care, într-un fel sau altul, ating în scrierile lor problema alimentației țărănești. Nu este medic care să nu condamne în termeni duri acest obicei religios. Un inventar al sintagmelor prin care este caracterizat postul, credem că este revelator: „rătăcirea cea mai imorală a fantasiei umane" (Felix, 1862, p. 365); „nenorocitul obicei al postului" (Istrati, 1880, p. 269); „o adevărată calamitate" (Istrati, 1879 c, 315); „a admite postul [...] ar fi a îndeplini o crimă de les-naționalitate, condamnată de știință și de moralitate" (Istrati, 1880, p. 277); „o adevărată crimă asupra umanității, o adevărată atingere a dezvoltării noastre naționale" (Mendonini, 1892, p. 12) ș.a.m.d.

Toți medicii susțin că postul are o contribuție nefastă la dezechilibrarea alimentației țărănești, accentuând tocmai principala caracteristică a acesteia, pe care o consideră negativă: vegetarianismul. Dar postul este privit ca o practică religioasă dăunătoare și periculoasă pentru sănătatea ruralilor, din mai multe motive. În primul rând, perioadele de post sunt prea numeroase și prea întinse: postul Crăciunului, postul Paștilor, postul Sf. Petru, postul Sfintei Marii, la care se adaugă toate miercurile și vinerile, iar uneori și fiecare zi

1. Vezi „Regulament asupra privegherii sanitare a fabricațiunii alimentelor și băuturilor și a comerțului cu alimente și băuturi (art. 154, 155, 156 și 157 din legea sanitară)", în Alina Ioana Șuta, Oana Mihaela Tămaș, Alin Ciupală, Constantin Bărbulescu, Vlad Popovici, *Legislația sanitară în România modernă (1874–1910)*, Editura Presa Universitară Clujeană, Cluj-Napoca, 2009, pp. 507–538.

de luni a săptămânii. Toate adună un număr impresionant de zile din an în care consumul de produse animale este prohibit. Ion Ionescu de la Brad vorbește de aproape o jumătate de an (Ionescu, 1868, 203), doctorul C.I. Istrati de 185 zile (Istrati, 1880, p. 259), iar doctorul Nicolae Manolescu calculează 189 zile de post, adică mai mult de jumătate de an (Manolescu, 1895, p. 311). Doctorul A. Urbeanu calculează pentru anul 1901 nu mai puțin de 194 zile de post (incluzând aici și postul de miercuri și vineri), dar numărul zilelor de post poate urca până la 225 (Urbeanu, 1901, 25), dacă se ia în calcul și fiecare zi de luni a săptămânii. Nu știu cum, dar parcă între 1868 și 1901 numărul zilelor de post crește! Deci prea multe zile de post; ca și când nu ar fi fost de ajuns, unele dintre posturi, mai ales postul Paștelui, acoperă o perioadă dificilă pentru țăran: cea de la sfârșitul iernii și de la începutul primăverii, cu capriciile climaterice ale lunilor martie și aprilie, care se sfârșește chiar înaintea începerii ciclului muncilor agricole de primăvară. Nimic nu poate fi mai contraproductiv decât plasarea, durata și rigoarea acestui post, susține doctorul C.I. Istrati, și nu numai el: „În loc ca primăvara, când, slăbit din iarnă, trebuie a începe o muncă excesivă de șepte-opt luni de zile, în loc de a căuta să-și aleagă în alimentația sa substanțe echivalente fânului sau orzului ce dă calului său, el din contra se supune unui regim de paie, de substanțe cu totul nehrănitoare, în timp de 7 săptămâni!" (Istrati, 1880, pp. 277–278). Alternarea perioadelor de post cu a celor de dulce anume parcă este aleasă, astfel încât să nu corespundă nevoilor de hrană ale țăranului: când are mai mult de lucru, țăranul postește, iar când calendarul muncilor agricole este mai degajat, el este în dulce! Totul culminează cu dulcele Crăciunului, când dispune de cel mai bogat regim alimentar și când... nu lucrează nimic.

Țăranii respectă posturile cu sfințenie, spun medicii. Iar ca imaginea să fie apocaliptică, ei susțin că la post sunt supuși și copiii de vârstă fragedă; o știu din spusele altora – doctorul Istrati de la doctorandul Sabin, care știe că „locuitorii din Gheboaia și Finta țin cu mare sfințenie la posturi. Am găsit aici țărani și țărance care mi-au spus că mai bine preferă să le moară copiii decât să-i spurce în post cu lapte sau ouă" (Istrati, 1880, p. 282). Ceea ce se și întâmplă, spune același doctor C.I. Istrati bazându-se pe experiența proprie din practica la spitalul de copii din București. Dar, dacă nu îl credem pe doctorul Istrati, iată-l pe doctorul I.S. Mendonini, care și el susține că: „personal am avut ocaziune să constat că, la consultațiunile gratuite ale Spitalului Brâncovenesc, nenumărate țărănci al căror lapte înțărcase din cauza insuficenței nutrițiunei și care veneau cu copii bolnavi, 90 % de boli ale aparatului digestiv erau provocate de postul cu care chinuiau aceste nenorocite ființe. Majoritatea acestor copii marasmatici sucomba în urma acestor maladii" (Mendonini, 1892, p. 13). Doctorul A. Urbeanu deplânge în modul cel mai concret soarta copiilor de țărani pe care îi consideră victime ale postului și ale mizeriei alimentare generale a țăranului: „Mărturisesc că este un chin să urmez mai departe pe această temă și să arăt cu cifre summumul mizeriei ce trebuie să îndure copiii de țărani, aceste ființe nevinovate în adăstare ca moartea să se milostivească și să-i ierte. Și moartea e mai miloasă decât dogmele bisericești, decât legile noastre, decât dragostea celor tari pentru sclavul umil" (Urbeanu, 1901, pp. 36–37).

De altfel, că postul Paștelui are o influență asupra mortalității, o poate dovedi foarte ușor doctorul Nicolae Lupu folosind datele statistice care atestă, pentru intervalul 1870–1897, că în fiecare an vârful mortalității este atins în luna martie (Lupu, 1906, p. 233); din cauza postului, crede doctorul Lupu. Aceștia sunt cei trei piloni cauzali ai „relelor igienice" ale alimentației țărănești. Sărăcia îl împiedică pe țăran să își procure alimente de origine animală, îl menține la limita mizeriei alimentare; ignoranța se opune îmbunătățirii regimului său alimentar chiar și atunci când acest lucru ar fi posibil, iar religia, prin post, îl condamnă mai mult de o jumătate de an la un regim strict vegetal. De fapt, aceste trei cauze se înlănțuiesc, se constituie într-un cerc vicios: sărăcia întreține ignoranța, iar ignoranța – practicile religioase. Din acest cerc vicios se iese greu.

Cum aminteam undeva mai sus, regimul alimentar defectuos al țăranului se datorează și unor cauze secundare. Medicii amintesc aici alimentația oferită țăranilor de proprietari și arendași în timpul muncilor agricole. Dacă hrana țăranului este în general deficitară din punct de vedere nutritiv, hrana oferită de proprietar este chiar mai rea! Se pare că tot ce e mai rău prin hambarul boierului sau al arendașului ajunge invariabil pe masa țăranului în timpul muncilor de vară. Doctorul Nicolae Lupu a văzut-o cu ochii lui: „Intrând după aceea în alt sat – alt arendaș evreu – [...], văd o harabă ce ducea un mare bolovan de mămăligă tare ca piatra și o putină de castraveți murați; era hrana pentru oamenii de la mașină în zi mare de vară și zi de dulce! Flăcăoanul de la boi îmi spuse-n taină «să vii domnule sara, că pentru sară are mămăligă amară ca fierea și neagră ca pământul, de-i e și lui rușine să ne-o deie ziua!» Dar ceea ce mi-a stors lacrimi de durere era o biată babă ce mergea repede-repede cu o ulcică-n mână în urma harabalei; o opresc și o întreb: ce ai mătușică-n oală? «o-leacă de lapte, mămucuță, cu păsat, îmi spuse ea, duc fetei la mașină la boier (?!), că nu poate săraca numai cu acritura din putina ceea!»“ (Lupu, 1906, p. 226). Înduioșător, fără îndoială.

În 1895, doctorul Nicolae Manolescu este puțin mai îngăduitor cu proprietarii și cu arendașii și amintește, tot din proprie experiență, de mesele „întinse muncitorilor la secere, din care se da fiecăruia un codru de mămăligă (aceasta de altfel era la discrețiune), o bucată de brânză, care nu putea avea peste 50 dramuri, și o cepșoară. Brânza era de o tărie și o sărătură însemnată, și se pretinde de arendaș că în această stare este *spornică*, adică *țăranul mănâncă puțină*. Ciorbă de carne dulce nu se pomenește. Abia unii dintre cei mai mărinimoși proprietari fac ciorbă de cosac și atunci muncitorul, pentru că are dreptul la zeamă, capătă o bucățică de pește mai mică decât i s-ar fi dat fript" (Manolescu, 1895, pp. 308–309).

Autoritățile sanitare de multă vreme iau în serios asemenea descrieri și încearcă să supravegheze calitatea alimentelor pe care le primesc țăranii în timpul muncilor agricole. Se are în vedere mai ales calitatea făinii de porumb din care este preparată mămăliga zilnică. În 1889, doctorul Polizu trimite o circulară către prefecți și către medicii primari de județe, rugându-i să supravegheze prin „agenți administrativi" hrana pe care țăranii o primesc la muncile agricole de la proprietari și arendași, pentru a nu se mai întâmpla ca în județul Tecuci, unde făina de porumb din care se prepara hrana lucrătorilor era alterată și, în urma analizelor, s-a constatat că „prezenta o scădere de 48,50 % din substanțele nutritive", ceea ce nu putea duce decât la „mizeria fiziologică" a „locuitorilor săteni" (Polyzu, 1889, p. 305). Lupta veșnică a administrației cu proprietarii și arendașii pe această temă nu pare să fi dat roade spectaculoase.

Ca ultimă cauză a alimentației defectuoase a țăranilor, medicii invocă lipsa cunoștințelor culinare. Ignoranța generală în privința valorii produselor alimentare are o nouă fațetă – cea a preparării mâncării. Altfel spus, țăranca nu știe să gătească; o spune răspicat doctorul C.I. Istrati în stilu-i caracteristic: „În ce privește arta culinară, majoritatea femeilor de la țară au uitat totul, după cum au uitat și cultivarea legumelor în grădini, și țesutul pânzelor, velnițelor, ițarilor etc." (Istrati, 1880, p. 233); sau, mai precis, au uitat cum să gătească, ceea ce înseamnă că odată știau. Vedem însă că doctorul Istrati constată renunțarea la multe dintre activitățile tipic feminine ale gospodăriei țărănești tradiționale: cultivarea grădinii de legume, țesutul pânzei pentru haine, țesutul covoarelor... Pentru medicul nostru, toate semnele exterioare ale modernizării, cum ar fi renunțarea la industriile casnice, sunt un semn al decadenței lumii rurale. Satul autarhic este privit ca un model ideal, pe cale însă de a fi dislocat în 1880 de capitalismul invadator. Dar nu numai doctorul C.I. Istrati amintește fenomenul; doctorul Gh. Crăiniceanu susține că „în mai toate părțile se acuză femeile române că nu știu a pregăti bucate", cu toate că el știe „din propria experiență sate numeroase, unde româncele gătesc minunat" (Crăiniceanu, 1895, p. 230). Se pare însă că experiența proprie nu este suficientă pentru a înlătura acuzațiile aduse țărăncii. Doctorul Crăiniceanu nu poate influența întregul curent igienist care analizează și interpretează unele modalități de preparare a alimentelor, tipic țărănești, ca fiind neigienice și ca dovadă de ignoranță. Și în acest mod ajungem la prezența pâinii în alimentația țărănească, sau mai precis la absența ei, ceea ce, paradoxal, nu este totdeauna interpretat de medici în mod negativ, având în vedere că țăranca nu știe să o prepare. Satul nu este locul în care poți să găsești pâine de bună calitate: „Acum foarte rar se poate vedea pâinea la țară [...], ceia ce e mai trist e că foarte rar se vede o pâine bine făcută" (Istrati, 1880, p. 235). Este incriminată mai ales prepararea pâinii nedospite – lipia sau turta –, despre care doctorul Nicolae Manolescu spune că în general miezul nu este bine copt (Manolescu, 1895, p. 275). Doctorul Istrati consideră lipia coaptă în țest drept „modul cel mai primitiv al fabricațiunei pâinii" (Istrati, 1880, p. 236). Acum trebuie să mărturisesc că și eu, în copilărie, adică în anii '70-'80 ai secolului trecut, am mâncat și „lipie" coaptă direct pe plita sobei de gătit, pe o parte și apoi pe cealaltă, și pâine coaptă în „primitivele" țesturi, iar amintirile mele despre acest din urmă produs – copt pe foi de viță-de-vie și uns pe deasupra cu un amestec de ou și suc de tomate –, este drept, dospit, nu au nimic de-a face cu descrierile medicilor din ultimele decenii ale secolului al XIX-lea. Pâinea în țest a bunicii e un deliciu al copilărie pe care, sunt convins, nu-l voi mai întâlni curând. Și mai sunt convins că percepția mea nu este doar un cunoscut reflex psihologic de valorificare a copilăriei cu virtuțile magice ale începuturilor. Pur și simplu, un asemenea produs nu mai există pe piața produselor de panificație din România.

Mămăliga, lenea, boala și moartea

După ce am văzut cauzele alimentației deficitare a populației rurale, ar trebui să evidențiem, pe urmele medicilor, consecințele acestui tip de alimentație. Cum s-a văzut din unele pasaje citate mai sus, o alimentație bazată pe produse vegetale, insuficientă, are consecințe fiziologice bine determinate și, în cele din urmă, și consecințe sociale. În primul rând, subalimentația tipic țărănească explică una dintre caracteristicile țărănimii – lenea – pe care puțini observatori o neagă, iar medicii o justifică[1]. Doctorul Iacob Felix, la începuturile carierei sale ca medic primar al județului Muscel, ne oferă un exemplu, crede el, concludent: „În vara anului 1860, din cauza recoltei proaste, țăranii din mai multe sate ale plasei Podgoria (jud. Muscel) n-aveau porumb. Pe lângă satul Leurdeni din acea plasă, D. Nicolae C. construi o vilă și, cu toate că plăti bine, nu putu găsi lucrători; sătenii din Leurdeni, cu toate că n-aveau ce mânca, refuzară a lucra. Pentru ce? Fiindcă lipsa nutrimentului îi făcea leneși și le lua energia de a ieși din această stare anormală“ (Felix, 1862, p. 365). Peste mai bine de patru decenii, doctorul Nicolae Lupu constată și el, alături de întreaga elită, că subalimen-

1. Pentru acest subiect, vezi Constantin Bărbulescu, Vlad Popovici, *op. cit.*, pp. 105–170.

tația și consecințele patologice ale acesteia duc la *„micșorarea considerabilă de cantitate și de calitate a muncii naționale.* Faptul acesta, și mai ales acest fapt, a fost observat de toți câți trăiesc la țară" (Lupu, 1906, p. 227). Dar el este indignat de faptul că „pătura noastră de suprapuși n-a găsit altă explicație a acestei mici cantități de muncă decât așa-numita: *lene a țăranului.* Nu am destule cuvinte de revoltă pentru iscoditorii unei asemenea explicații, și nu le voi răspunde decât cu vorbele unui țăran: «Leneși, domnule, zici? D-apoi cine ară, cine calcă ogoarele de mii și mii de ori, cine seceră, trecând prin mâini toate firele grâului, aceste lanuri cât le cuprinzi cu ochii? Noi doară, nu Dumnealor!»" (Lupu, 1906, p. 227).

Subalimentația are în primul rând consecințe patologice care conduc la imensa morbiditate și mortalitate rurală, dar și la ceea ce doctorul Nicolae Lupu numește „îmbătrânirea precoce" pe care o descrie astfel: „femeile la 30 ani au față de 50 și vlaga tot aceeași; bărbații au fața trasă, galbenă, zbârcită și pământoasă. Acela care a zugrăvit flăcăi români rumeni și mușculoși în timpurile prezente a făcut un rău serviciu țării. Majoritatea sunt debili și statisticile medicilor recrutori o dovedesc cu prisosință. De la asemenea organisme decăzute, vine și progenitura putredă, și, de la aceste amândouă cauze, mortalitatea mare și slaba rezistență a adulților și copiilor" (Lupu, 1906, p. 227). În consecință, alimentația țărănească amenință nu numai prezentul, ci și viitorul țării. La fel credea și doctorul C.I. Istrati în 1880: „cu un organism rău nutrit, avem mai puțină șansă de a avea copii; și, mai ales, de a naște copii *viabili, valizi*" (Istrati, 1880, p. 269). Dacă ambii autori sunt de acord asupra consecințelor subalimentației locuitorilor rurali, pericolul național ce derivă din aceasta este diferit în 1906 față de 1880. Fiecare medic, în funcție probabil și de sensibilitatea personală, va pune accentul pe temerile sociale existente în ambele epoci. Doctorul Istrati, care scrie în timpul marilor dezbateri publice prilejuite de modificarea articolului 7 din constituția de la 1866, se teme că „viitorul țării nu este deloc asigurat; și atunci toate sacrificiile ce noi ne-am impus vor servi numai spre a se ridica pe cadavrul nostru alt neam, care va beneficia, singur și sigur, de micile noastre economii și îmbunătățiri" (Istrati, 1880, p. 269). Îi are aici în vedere pe evrei, lucrarea lui mustind de antisemitism. La doctorul Nicolae Lupu, care își publică studiul în revista-far a curentului poporanist – *Viața românească* –, accentele sociale sunt mult mai evidente. El condamnă în bloc elita, pe care o consideră o „pătură de suprapuși" fără nici o utilitate socială – „nu fac nimic pentru existența și tăria acestei țări" (Lupu, 1906, p. 227) – și trimite săgeți, bine țintite, în partidul conservator, când afirmă că „frumoasa specie hypică a domnului Marghiloman" (Lupu, 1906, p. 231) este hrănită mai bine decât milioanele de țărani ai României moderne. Dar și pentru el, dincolo de critica socială, subalimentația țăranilor nu face decât să fragilizeze șansele României de „a-și face loc între popoarele civilizate ale Europei prin putere de gândire și putere de muncă" (Lupu, 1906, 228). În competiția cu celelalte popoare europene, România se prezintă într-o poziție net dezavantajată! Și, oroare supremă, dacă în general în Europa consumul de carne și de alte produse de origine animală crește constant de-a lungul secolului al XIX-lea, în România, în ultimele patru decenii ale secolului, pare să aibă loc o involuție în alimentația rurală.

Vremurile bune de altădată

Dacă alimentația țăranului este așa cum a fost descrisă în paginile de mai sus, medicii noștri sunt convinși că această situație este relativ nouă și că măcar în trecutul recent situația era diferită. Mai bună, evident. Când vorbește despre pâine, doctorul Istrati ne anunță abrupt că „în vechime țăranul român se nutrea numai cu pâne" (Istrati, 1880, p. 234). Când anume în trecut? Nu o spune, dar propoziția următoare ne trimite către un trecut destul de îndepărtat și către un soi diferit de țăran, mai... războinic: „soldatul român e descris purtând pâine albă la oblâncul calului" (Istrati, 1880, p. 235). Atât. Peste două decenii și jumătate, doctorul Nicolae Lupu e nevoit să recunoască faptul că nu are surse pentru a descrie alimentația țăranului în trecut. Totuși, și el este convins că în trecut alimentația țăranului era superioară celei contemporane lui. E o problemă de logică și de bun-simț să susții că „vitejia și bravura noastră în trecut nu puteau să fie rezultatul unui astfel de regim" (Lupu, 1906, p. 228). Războinicii lui Ștefan cel Mare nu se aseamănă cu țăranii sfârșitului de secol XIX, dar nici nu aveau același regim alimentar: „Războinicii acelui Mare Ștefan plecau la drumul greu și primejdios al bătăliei nu numai cu buzduganele lor ghintuite și cu săbiile lor ascuțite. Păinișoara cea de grâu ședea în desagă și brânza unsuroasă a oilor de munte și de șes zăcea la trăistioară. Laptele și brânza acelor vremi de păstorie ne-au asigurat dăinuirea printre nații și libertatea noastră. Mămăliga și ceapa acestor vremi de «mare agricultură» și de «modernă organizație» ne vor aduce pieirea dintre țări și subjugarea la străinii cei din afară, sau la cei oaspeți ai noștri din lăuntru care în loc să se transforme în frați se transformă în opresori ai noștri!!" (Lupu, 1906, p. 229). Cred că recunoaștem aici ecourile scrierilor istorice ale lui Nicolae Iorga și agitația din preajma sărbătoririi în 1904 a 400 de ani de la moartea marelui voievod[1]. Oricum, atmosfera de glorificare a trecutului voievodal pusă față în față cu mizeria capitalistă a prezentului este, aici, varianta medicală.

În 1906 totuși, atât doctorul Lupu, cât și doctorul A. Urbeanu, bazându-se de data aceasta pe date statistice, încercă

1. Vezi capitolul „O amintire istorică" din volumul lui Ion Bulei, *Viața în vremea lui Carol I*, Editura Tritonic, București, 2005, pp. 237–241.

să aducă argumente în favoarea tezei conform căreia ultimele patru decenii ale secolului al XIX-lea au cunoscut o înrăutățire a alimentației țăranului. Sprijinindu-se pe datele publicate în primul număr al *Vieții românești*, doctorul Nicolae Lupu constată că între 1876 și 1903 consumul intern de porumb pe cap de locuitor scade de la 230 kg pe an la 146 pe an (Lupu, 1906, p. 229). O scădere semnificativă. Doctorul Urbeanu, pe baza acelorași date statistice, dar instrumente de analiză mai rafinate, constată și el o scădere în medie a rației alimentare a țăranului între 1860 și 1900. Doar că pentru porumb, în ciuda creșterii producției, a exportului și a populației, media intervalului analizat rămâne aproximativ aceeași – 675 de grame pe locuitor rural pe zi, ceea ce oricum este puțin; scad în schimb rațiile disponibile din produsele cu mare deficit în alimentația țărănească: lapte, brânză, carne de porc și de miel. Chiar dacă imaginea de ansamblu pare mai echilibrată, concluziile sunt la fel de terifiante: „săteanul român nu numai că n-a evoluat spre o hrană mai bună, mai substanțială, ci, dimpotrivă, a trebuit să se acomodeze unei alimentații din ce în ce mai reduse, inferioare cantitativ și calitativ celei din trecut, înfruntând cu primejdia sănătății sale foamea cronică. [...] Bilanțul alimentar al țăranului român se soldează, pentru perioada celor din urmă 40 de ani, cu un deficit, a cărui mărime e reprezentată prin numărul pelagroșilor și degeneraților“ (Urbeanu, 1906, p. 19). Totuși, mă întreb cum este posibil ca, folosind date statistice oficiale și același algoritm de calcul, doctorul A. Urbeanu să obțină, pentru intervalul 1867–1903, o medie de 202 kg de porumb pe cap de locuitor[1] în România, iar autorul statisticii din *Viața românească* să constate o scădere constantă a aceleiași rații de la 230 kg (1876) la 146 kg (1903)?

---

1. Medie aproape constantă în intervalul analizat. A. Urbeanu, *Hrana săteanului în cei din urmă 40 de ani și îmbunătățirile de adus*, București, Imprimeria Statului, 1906, p. 7.

În ciuda tonului general alarmant al discursului medical despre hrana țăranului, există și voci care susțin contrariul. Nu multe și de aceea mai semnificative și mai demne de luat în seamă. Din nou doctorul Nicolae Manolescu, sintetizând totalitatea materialului despre alimentația țăranului adus la cunoștința sa de diverși colegi medici, experiența proprie, dar și informațiile oferite de țăranii înșiși sau de învățători, ajunge la concluzia stranie că „țăranul se hrănește mai bine ca altădată, și aceasta grație ajutorului ce i s-a dat prin diferite instituțiuni“ (Manolescu, 1895, p. 304); stranie, pentru că nici o altă afirmație din lucrarea sa de la 1895 nu este concordantă cu cea de mai sus; în afară doar de mărturia doctorului Munteanu, medicul spitalului rural din Răducăneni, județul Vaslui, care susține că în ultimii 7-8 ani „traiul“ țăranului s-a schimbat mult „în bine și aceasta o atribui în mare parte solicitudinii celor de la centru de a-i procura înlesniri de subzistență prin creditele agricole, legea agricolă, împroprietărirea multora cu legea însurățeilor și a vânzării moșiilor statului în loturi mici“ (Manolescu, 1895, p. 345). Ultimii 7-8 ani înainte de 1895 sunt anii guvernărilor conservatoare când într-adevăr se adoptă mai multe legi prin care se încearcă îmbunătățirea condiției populației rurale[1] și bănuim că doctorul Munteanu se află în epocă de partea bună a baricadei politice. Colegii săi de orientare mai liberală nu par să fi observat îmbunătățirile din viața țăranului.

Trebuie să așteptăm anul 1905 și condeiul incisiv al doctorului Radu Chernbah, medicul spitalului comunal din Huși, pe care l-am văzut și cu altă ocazie că este un mare dușman al stereotipurilor răspândite de medici, pentru a avea cu

1. Pentru legislația guvenărilor conservatoare se poate vedea cu folos lucrarea lui Traian P. Lungu, *Viața politică în România la sfârșitul secolului al XIX-lea (1888–1899)*, Editura Științifică, București, 1967, pp. 66–84, 110–138.

adevărat o opinie contra curentului. El desfiinţează pur şi simplu întregul discurs medical despre alimentaţia ţărănească de la doctorul Constantin Caracaş până în momentul în care, afirmând cu nonşalanţă, scrie: „Este o idee greşită că hrana ţăranului nostru, se înţelege a celui gospodar – nu chiar fruntaş – ar fi indigestă, rea, proastă şi negustoasă. [...] Sătenii au feluri de mâncare foarte hrănitoare şi de n-ar fi aşa cum de s-ar explica atunci la majoritatea dintre ei sănătatea exuberantă a trupului lor, puterea de rezistenţă la muncă unită cu aceea solidă a minţii" (Chernbah, 1905, p. 433). Afirmaţii de bun-simţ sau situaţie particulară a medicului nostru? Greu de spus; eu aş înclina către prima variantă, dar poate aceasta este situaţia mea particulară. Medicul nostru îşi continuă cruciada şi este de acord, *horribile dictu*, până şi cu postul! „Un curent greşit în opinia publică a făcut pe mulţi să condamne postul şi mulţi dintre cei care fără chemare scriu şi vorbesc despre hrană, plâng «duios» pe ţăranul care posteşte, susţinând că, din cauza postului, el degenerează. Se face o regretabilă confuziune în această privinţă din cauză că cei mai mulţi dintre cei ce plâng grozav nu au studiat solid" (Chernbah, 1905, p. 434). Evident, este de acord cu postul în lumina unor date ştiinţifice „recente" care dovediseră că nu există o diferenţă de asimilabilitate între albuminele animale şi vegetale. Anul următor, doctorul Nicolae Lupu tot nu aflase de ele.

Poate totuşi nu este o întâmplare că aprecierile pozitive cu privire la hrana ţăranului apar în primul deceniu al secolului al XX-lea, căci doctorul Radu Chernbah, pentru a dovedi bogăţia şi variabilitatea bucătăriei ţărăneşti, nu apelează doar la surse medicale, ci şi la seria de articole publicate între 1899 şi 1904 de Mihai Lupescu în revista *Şezătoarea* şi dedicate „bucătăriei ţăranului". Ele sunt fragmente din prima lucrare de factură etnografică ce tratează alimentaţia ţărănească, destinată să apară în vestita colecţie a Academiei Române „Din viaţa poporului român". Manuscrisul este terminat la începutul lui 1916[1], însă războiul zădărnicește planurile de publicare ale lui Mihai Lupescu, iar volumul nu va vedea lumina tiparului decât mult mai târziu, în anul 2000. Totuși, așa cum spuneam, o parte a materialului va vedea lumina tiparului în cunoscuta revistă de folclor publicată de Artur Gorovei la Fălticeni. La prima vedere, volumul etnografului moldovean nu pare să aparțină unei paradigme diferite de cea care patronează discursul medical; mai ales când aflăm de planurile lui Lupescu, din 1893, de a scrie un studiu despre țărani în care să trateze, în capitole separate, „igiena țăranului“, încălțămintea și îmbrăcămintea și în sfârșit hrana țăranilor[2]. Nu putem să nu remarcăm asemănarea dintre proiectul lui Lupescu și lucrările clasice ale doctorilor Nicolae Manolescu și Gh. Crăiniceanu: lipsește doar capitolul privitor la locuința rurală; în rest, totul este acolo. Totuși, ce deosebiri există între lucrarea etnografului Mihai Lupescu și discursul medical? Ceea ce sare în ochi de la început este tonul neutru al descrierii: nicăieri nu apar acuzații, nicăieri ironii fine. Autorul, în mod evident, vrea să realizeze o descriere cât mai amănunțită a tot ce ține de ceea ce el numește „bucătăria țărănească“: ustensile, materii alimentare, practici culinare. Dar cartea sa nu este o simplă carte de bucate cu rețete „țărănești“, ambiția ei este mult mai mare. Fiecare articol din acest mai degrabă dicționar de credințe și reprezentări populare privitoare la alimentație se deschide cu expunerea terminologie țărănești, continuă cu modalitățile de preparare a alimentelor și se încheie cu prezentarea credințelor și a reprezentărilor subiectului tratat. În fapt, ceea ce propune Lupescu este o incursiune în cultura țărănească prin intermediul produselor alimentare și al practicilor culinare. Paradigma în care se încadrează lucrarea etnografului este cea a autohtonului. Discursul medical, cum am mai spus, este

1. Mihai Lupescu, *Din bucătăria țăranului român*, Editura Paideia, București, 2000, p. 14.
2. *Ibidem*, p. 12.

încadrabil în paradigma primitivului. Chiar dacă, privite superficial, discursul etnografic și cel medical par asemănătoare, în fapt ele privesc țăranul și lumea rurală din perspective total diferite. Pentru etnograf, țăranul este purtătorul unei culturi superioare, este o ființă culturală prin excelență, cu nimic inferioară celor care scriu despre el; în vreme ce, pentru medic, țăranul nu este decât o ființă primitivă care trebuie ghidată, mergând până la întrebuințarea forței administrative, către luminile culturii moderne, care nu izvorăsc în nici un caz din lumea satului. Pentru etnograf, țăranul este un arhetip cultural, pentru medic, o unitate statistică.

Cert este că, încă din prima jumătate a secolului al XIX-lea, elita intelectuală construiește, în cele două paradigme enunțate mai sus, o dublă imagine a țăranului și a lumii rurale care, fatalmente, intră în competiție; se pare că la începutul secolului al XX-lea paradigma primitivului cedează în fața paradigmei autohtonului, imaginea pozitivă a țăranului devenind din ce în ce mai prezentă în spațiul public și ocultând în cele din urmă imaginea negativă.

Poate aici ar fi oportun să reamintim că ultimele două decenii și jumătate de dinaintea Primului Război Mondial cunosc în România afirmarea unor curente ideologice țărăniste: sămănătorismul și poporanismul[1]. Întoarcerea la valorile morale și estetice ale lumii rurale devin acum normă, totul învăluit în idealizarea vremurilor bune de altădată; evident, de dinaintea apariției și dezvoltării capitalismului în societatea și economia țărilor noastre. Medicii sunt sensibili la discursul literar sămănătorist și la ambianța intelectuală din jurul istoricului Nicolae Iorga și chiar scriu în spiritul acestor comandamente. Astfel, doctorul Neculai Lapteș își exersează talentul literar publicând, chiar în anul izbucnirii Primului Război Mondial, o lucrare aflată la mij-

1. Vezi Z. Ornea, *Sămănătorismul*, ed. a III-a revăzută, Editura Fundației Culturale Române, București, 1998, și Z. Ornea, *Poporanismul,* Editura Minerva, București, 1972.

locul drumului dintre literatură și notele de drum (Lapteș, 1914). Dintre personajele sale iese în evidență părintele Tudor, dintr-un sat din Moldova, care îmbină într-o armonie perfectă valorile patriarhale ale lumii rurale de altădată cu spiritul haretist al intelectualilor vremii. Un fel de Popa Zamă[1] *avant la lettre*.

Apa noastră cea de toate zilele

În toată literatura igienist, apa de băut este o problemă tipic urbană și mai ales bucureșteană. Despre apa de băut a Bucureștilor în ultimele decenii ale secolului al XIX-lea și până la Primul Război Mondial s-a scris mult, ceea ce reflectă interesul autorităților față de această problemă igienică. Asupra acestui aspect nu insistăm, pentru că nu intră în domeniul cercetării de față. Subiectul nostru este igiena rurală, iar în cadrul igienei rurale, până în ultimul deceniu al secolului al XIX-lea, apa de băut este un subiect cvasiinexistent. În 1888, când apare primul *Regulament pentru construirea locuințelor țărănești*, fântânilor li se acordă un singur articol, articolul 11, care prevedea doar igienizarea spațiului pe o rază de trei metri în jurul fântânii prin „caldarâm sau pietriș" și reglementa înălțimea „ghizdurilor", care trebuiau să aibă un metru. Nimic mai mult. Sau aproape nimic: „Iar cele care nu vor fi în aceste condiții, în timp de 1 an de la publicarea acestui regulament, să se astupe."[2] Chiar sunt curios câte fântâni au fost desființate în urma aplicării acestui regulament.

1. Pentru Popa Zamă, preotul din Cornova (Basarabia), pe care îl fac celebru scrierile Școlii Sociologice de la București în perioada interbelică, se poate consulta Dimitrie Gusti și colaboratorii, *Cornova 1931*, ediție îngrijită de Marin Diaconu, Zoltán Rostás, Vasile Șoimaru, Editura Quant, Chișinău, 2011.

2. Alina Ioana Șuta, Oana Mihaela Tămaș, Alin Ciupală, Constantin Bărbulescu, Vlad Popovici, *Legislația sanitară în România modernă (1874–1910)*, Presa Universitară Clujeană, Cluj-Napoca, 2009, p. 296.

Din păcate, asemenea date nu sunt disponibile, dar putem bănui că neaplicarea regulamentului, așa cum mărturisesc rapoartele sanitare, a inclus și nesocotirea prevederilor legate de puțuri. Fără nici o modificare, sunt menținute prevederile privitoare la fântâni și în noul regulament de la 1894, inclusiv prevederilor cu caracter punitiv[1]. Dar desființarea prin forță administrativă a unei fântâni la sate, și nu pentru motivul minor de neaplicare a unui regulament sanitar, se dovedește a fi o operațiune destul de dificilă din cauza... opoziției localnicilor: „Nu-și poate închipui cineva câte greutăți întâmpinăm la oprirea sau suprimarea acestor puțuri sau fântâni infectate. Uneori se produc revolte între locuitorii vecini, care sunt neștiutori și neîncrezători față de sfaturile date, și adesea, ce e dreptul, supuși la mare lipsă de apă. Pentru a li se da demonstrația vădită a înfiltrărei, Direcția Sanitară a decis ca Fluoresceïna să fie pusă, la orașe sau sate, în toate latrinele sau gunoaiele circumvecine unui puț suspect, iar văpsirea caracteristică a apei acestuia aduce convingere în toți, de la autorități până la cei mai ignoranți locuitori" (Obregia, 1907, pp. VII–VIII). Abia în marele raport pe 1896-1897, de la finalul directoratului lui Iacob Felix, sunt rezervate trei pagini problemei fântânilor și a apei de băut în mediul rural: „Unul din neajunsurile cele mai grave este *lipsa de apă curată*; sunt comune care n-au apă de ajuns pentru trebuințele casnice și pentru adăparea vitelor. În multe comune rurale se bea o apă detestabilă, încărcată cu materii organice și cu organisme vii, care produc paludismul, enterita, disenteria. Puțurile (fontânele) sunt rău făcute, rău ghizduite, rău întreținute, neapărate în contra scurgerii în ele a necurățeniilor de la suprafața pământului, adeseori încongiurate de băltoace pline cu apă infectă în care se scaldă vitele; pe alocurea puțurile au adâncimea de numai 1 metru până la 2 metri; în altă parte adâncimea lor este suficientă, dar vitele beau apă din aceeași găleată cu

1. *Ibidem*, p. 431.

omul. În multe locuri se bea apă din budaie, gropi căptușite cu un trunchi de copac excavat sau cu un butoi fără fund, în care se adună apa superficială a solului și apa meteorică. În multe comune se bea apă stătătoare din eleșteie, bălți, iazuri, benturi sau apă tulbure din niște gârle mici infectate prin dejecțiunele comunelor și a povernelor pe lângă care au trecut. Un număr relativ mic de comune are fericire de a poseda izvoare care dau apă bună în abundență“ (Felix, 1899, p. 281). Descriere, fără îndoială, foarte apropiată de realitate.

Cu câțiva ani mai înainte, doctorul Nicolae Manolescu punea accentul pe unele practici neigienice ale țăranilor legate de apa de băut: a bea apă din găleata fântânii după ce a băut mai înainte un animal pentru țăran nu este o problemă, cum nu-l deranjează nici „șoselele cu gunoi“ (tuleie de porumb, care se mai poate vedea și astăzi pe alocuri prin noroiul din jurul puțurilor). Astfel, crede doctorul Manolescu, țăranul este în pericolul de a contacta diverse boli, pe care însă el nu le asociază cu apa de băut, pentru că „toți din sat cred că o boală, când vine, este trimisă de Dumnezeu!“ (Manolescu, 1895, pp. 298–299).

În 1905, Direcția Sanitară a întreprins o anchetă asupra calității apei de băut la nivelul întregii țări, „cu statistica și harta corespunzătoare pentru România“ (Obregia, 1907, p. VII), din păcate nepublicată, dovadă a importanței care i se acorda acestei probleme. Poate dacă s-ar fi publicat partea a II-a și partea a III-a din raportul doctorului Al. Obregia...

Se pare totuși că în primul deceniu al secolului al XX-lea se fac unele progrese și în acest domeniu, dar acestea se datorează fie unor servicii ale statului, fie unor „particulari“: doctorul B. Drăgoșescu remarcă în 1909 puțurile igienice construite de CFR în gări, precum și „puțul american Northon“ pe care l-a văzut „la ferma maiorului Maca, în Teleorman, lângă gara Miroși“ (Drăgoșescu, 1909, pp. 317–323). Între modelele de puțuri igienice pe care îl prezintă este și unul autohton, cel al profesorului Nicolae Manolescu.

Importanța tot mai mare care se acordă apei de băut are fără îndoială, legătură directă cu progresele bacteriologiei, care a relevat faptul că apa este un mediu patogen. Or, în 1903, acest fapt, după cum se exprimă și doctorul Demostene, „acțiunea morbiferă a unei ape rele" nu pare să fi „atras încă, în mod serios, atențiunea publicului și nu a suscitat un interes real nici în clasele sociale mai ridicate" (Demostene, 1903, p. 667). De pildă, se dovedise faptul că bacilul lui Eberth, care provoacă febra tifoidă, se transmite în mod obișnuit prin apa de băut contaminată de excrementele bolnavilor (Bianu, 1910, pp. 726–729), iar atunci când apare o asemenea epidemie ipoteza hidrică este prima verificată. La fel se întâmplă și la Iași în vara lui 1909, când subinspectorul sanitar Vladimir Bușilă este trimis în oraș pentru a combate o asemenea epidemie. El identifică rapid cauzele și schițează un tablou hidos al Iașiului de la sfârșitul primului deceniu al secolului trecut: la apariția febrei tifoide a „contribuit în primul rând starea de necurățenie spăimântătoare în care se află orașul (stare ce întrece tot ce ne-am putea închipui că s-ar găsi într-un oraș asiatic) și în special sistemul detestabil de alimentare cu apă" (Bușilă, 1909, p. 409). Impresiile subinspectorului Bușilă sunt extrem de negative; pentru el, Iașiul are aspectul „unei ruini inundate de zoi și materii fecale din mijlocul căreia se înalță falnic monumente peste monumente. Banii cheltuiți pentru unul din acestea ar fi fost de ajuns pentru a canaliza și curăți orașul întreg" (Bușilă, 1909, p. 411). Nimic nu-i place aici, nici sistemul dublu al apei, constând în așa-numita „apă de băut" provenită din captări defectuoase și în „apa de stricat" provenită din cele 2 700 de „cloace murdare zise puțuri" (Bușilă, 1909, p. 410), nici „fabrica de tricotaj de lângă gară, care fabrică, deși dispune de fonduri mari și realizează beneficii însemnate, nu are curtea și nici chiar laboratorul de colorare pavate, nici hazna pentru lichidele ce varsă. Toate se aruncă pe suprafața solu-

În 1880, situația încă nu pare disperată; doctorul C.I. Istrati constată că „la noi răul nu este așa de înaintat" (Istrati, 1880, p. 293). Și dacă doctorul Istrati emite o astfel de apreciere echilibrată, pe care de altfel o nuanțează în aceeași lucrare folosind tonurile negative care îi sunt caracteristice... Dacă în momentul în care scrie alcoolismul nu este generalizat, ei bine, perspectivele nu sunt tocmai liniștitoare: cârciumile se înmulțesc în orașe, cu Bucureștiul în frunte, unde „60% din zidirile ce se construiesc sunt făcute de cârciumari sau cofetari ordinari. Cafenelele s-au înmulțit în mod scandalos, cârciumile sunt câte 1 000 la fiecare școală" (Istrati, 1880, p. 299). Dar de fapt toată țara este pe cale să fie invadată de cârciumi, așa cum este pe cale să fie invadată și de străini: „În Muntenia, grecii și țânțarii[1], în Moldova, jidanii nu au lăsat nici cel mai mic colț de uliță, întorsătură sau cișmea de drum, încrucișare de șosea sau potecă, lângă care să nu fi stabilit o cârciumă. Cu toate poleitele noastre reglemente, ca ovreii să nu aibă cârciume în comunele rurale, ei însă domnesc în toate părțile. La noi se vede că: *banul face forța. Banul ovreiului luat de la români! Pentru 10-15 galbeni, adesea mult mai puțin, ce proprietarul anual primește de la jidan pentru hanul de pe moșie sau din sat, el lasă ca aceste criminale ființe să sugă sângele românilor, injectându-le rachiul arzător și ucigător, și să-i despoaie de productele de pe câmp, dându-le în loc vițiul și moartea!*" (Istrati, 1880, pp. 299–300). Tema alcoolismului în scrisul doctorului C.I. Istrati este profund legată de problema evreiască. Dar stereotipul cârciumarului evreu nu este o invenție medicală, ci mai degrabă un stereotip general răspândit[2] pe care medicii îl preiau la rândul lor și îl încadrează într-o paradigmă

1. Români sau bulgari din Macedonia.
2. Vezi Andrei Oișteanu, *Imaginea evreului în cultura română. Studii de imagologie în context est-central european*, ed. a II-a, Humanitas, București, 2004, pp. 176–195.

lui în curtea adânc desfundată care răspândește un miros ucigător prin toată fabrica în care furnică prin murdărie figuri istovite de copii. Gârla de murdărie ce se formează se scurge înainte prin zeci de curți și străzi pînă la Bahlui, cum o fac altele nenumărate la fel, brăzdînd orașul în diferite direcțiuni" (Bușilă, 1909, p. 411). Nici modul de funcționare a „companiei barometrice" (de vidanjare), ale cărei butoaie „se varsă mai adesea treptat pe drumul spre aceste locuri [din afara orașului – n.n.], și anume pe noul marele bulevard Ion Brătianu și pe maidanele ce îl mărginesc. Stoluri formidabile de muște înoată aici în o atmosferă greoaie, pestilențială, năvălind asupra trecătorului și urmărindu-l pe lungi distanțe" (Bușilă, 1909, p. 412). Imagine hidoasă care, chiar dacă nu ar fi întru totul reală, va explica hecatombele din Iași din timpul refugiului, survenit peste doar opt ani de la momentul în care doctorul Vladimir Bușilă își redactează raportul.

Problema igienei apei de băut a fost tratată aici doar din cauză că nu a putut constitui o temă distinctă a igienei rurale. Chiar și așa, s-a văzut că nu am putut rezista tentației oferite de raportul doctorului Bușilă, care ne-a scos din mediul rural și ne-a îndreptat către capitala Moldovei. Dacă igiena apei „cea de toate zilele", cum o numește doctorul Demostene, este neglijată, atunci ca și acum, alcoolismul face vâlvă, stârnește pasiunile vieții publice și implicit ale medicilor. Dar acesta este subiectul capitolului următor.

4

„Este alcoolic românul?“ sau despre igiena băuturilor alcoolice

Este alcoolismul o problemă socială în România? Și, mai ales, dacă folosim terminologia epocii, este țăranul român bețiv? Iată întrebări la care medicii, și nu numai ei, s-au străduit să răspundă de-a lungul întregului secol. Îi vom urmări, pe cât ne va fi posibil, pas cu pas, în investigațiile lor asupra alcoolismului.

În sticla țăranului

Începem, ca de obicei, pe la 1830, cu mărturia doctorului Constantin Caracaș: „Băutura lor la masă este numai apă curată; dar când se duc la câmp sau alte lucrări unii beau puțină țuică. Duminicile și sărbătorile aleargă cu toții la cârciumă și beau rachiu și vin până se îmbată“ (Samarian, 1937, p. 100). Dacă încercăm o cât de sumară analiză a textului nu putem să nu remarcăm că autorul așază țărănimea la mijlocul distanței dintre moderație și exces în ceea ce privește consumul de alcool: de obicei *toți* beau numai apă, la lucru *unii* beau *puțină* țuică, iar în zilele de sărbătoare *toți* se îmbată. Altfel spus, țăranul doctorului Caracaș bea vin și țuică, și, cum suntem în Muntenia, bănuim că este vorba de țuică de fructe sau de tescovină, ocazional la câmp și mai ales de sărbători, care de altfel nu sunt puține. Totuși, imaginea de ansamblu este cea de sobrietate, dar cârciuma devine deja un loc al pierzaniei, dacă n-a fost dintotdeauna.

Peste aproape patru decenii, Ion Ionescu de la Brad ia apărarea țăranului, pe care deja alții îl socotesc „bețiv“: „Se zice că muncitorul este bețiv. Bețiv pentru că bea mai obișnuit numai apă, când cei ce-l calomniază beau la vin și rachiu în toate zilele!“ (Ionescu, 1868, p. 204). De acum încolo acuzele încep să curgă. Era alcoolului distilat pe care medicii o plasează după 1850–1855 începe să apară în scrierile elitei intelectuale. P.S. Aurelian, în 1875, vorbește deja de fabricarea alcoolului de cereale, tipic Moldovei, pe care îl pune față în față cu alcoolul distilat de fructe, specific Munteniei. Tot el amintește vestitul *basamac* preparat din alcool distilat de cereale și considerat de medici o adevărată otravă: „O industrie care a luat mare dezvoltare este fabricațiunea alcoolului de cereale. Cele mai multe velnițe sau poverni se află în județele de peste Milcov; în cele de dincoace fabricațiunea rachiului de prune și de tescovină îndestulează încă trebuințele populațiunei. Cu toate acestea, fiindcă prunele nu se fac în toți anii, a început să se debiteze sub numele de basamac, o amestecătură otrăvitoare de alcool, apă și cine știe ce alte ingrediente“ (Aurelian, 1880, p. 185). Dar chiar mai devreme, pe la 1870, doctorul Grigore Romniceanu știe și el că în Muntenia se bea rachiu de fructe și că în Moldova „se întrebuințează exclusiv rachiul de bucate, care este mult mai bogat în alcool ca în oricare altă parte a țării“ (Romniceanu, 1870, p. 105); tot el crede, ca mulți alții în epocă, că „beția este una dintre cele mai mari rane ale lucrătorilor noștri; aceasta se vede în toate zilele; ea se constată din enormele taxe ce produc băuturile spirtoase“ (Romniceanu, 1870, p. 106). Și primul nostru alienist – dr. A. Sutzu –, în 1872, este convins că, mai ales în orașe și mai puțin în mediul rural, alcoolismul este la fel de răspândit ca în Rusia și în țările nordice (Sutzu, 1872, p. 173). Dezbaterea științifică despre gradul diferit de răspândire a alcoolismului în funcție de mediul social, rural sau urban, lansată acum de doctorul A. Sutzu, va fi reluată la începutul secolului al XX-lea.

științifică. Într-adevăr, statul român va încerca să îi disloce pe evrei din meseria de cârciumari rurali prin legea din 1873[1]; cât va fi reușit e mai greu de spus – doctorul Istrati nu este deloc convins de eficiența interdicțiilor administrative. Cum s-a văzut din citatele de mai sus, medicul nostru remarcă înmulțirea cârciumilor atât la orașe, cât și la sate; după propria mărturie, în Prahova, într-un singur sat „de *80 familii*, am numărat *12 cărciumi*“ (Istrati, 1880, p. 314). Terifiant! Oricum, lucrarea sa din 1880 va constitui un veșnic semnal de alarmă care atrage atenția asupra răspândirii alcoolismului în România. Ca și pentru alte teme ale discursului igienist, volumul este clasic, mereu apreciat și mereu citat.

În deceniul nouă al secolului al XIX-lea, rapoartele medicale, publicate în *Monitorul Oficial*, mențin trează flacăra pericolului alcoolismului în mediile țărănești, mai ales în Moldova, cum o va face și doctorul N. Takeanu în raportul său asupra stării sanitare a județului Covurlui pe 1887: „Băuturile alcoolice la care adesea se dau într-un mod insațiabil, care și acestea fiind de o proastă calitate, constituind prima otravă a săteanului nostru (extras din cereale stricate și nerafinate), le dă lovitura de grație. Am asistat adesea la veseliile lor și am avut tristul spectacol a nu mai vedea în mișcările lor acea vigoare, acea agilitate fizică și hilaritate ce trebuie să ne dea aceste excitante organice prin excelență și care se vede într-un organism plin de vigoare, bine hrănit, manifestând opulență, ne face impresiunea unei mașini mecanice, animate pentru câteva minute de un foc rău nutrit menit a se stânge sau a se opri (mașina) la prima pedică ce i s-ar pune și să nu se mai pună în mișcare de multe ori pentru vecie!“ (Takeanu, 1888, p. 2401). Țăranul generic al doctorului Takeanu este subnutrit, alcoolic și fără îndoială pe cale să degenereze.

---

1. Carol Iancu, *Evreii din România (1866–1919). De la excludere la emancipare*, Editura Hasefer, București, 2006, p. 210.

Dacă până în 1880 problema alcoolismului în România este amintită și, ocazional, dezbătută de cercurile medicale, iar punctul culminant al acestei etape este lucrarea doctorului C.I. Istrati, în care alcoolismul este intim legat ca problemă socială de „chestia evreiască“, după această dată ea iese din atenția publică pentru mai bine de un deceniu și jumătate. În 1894, deputatul de Iași A.C. Cuza va încerca să treacă prin Parlament, fără succes, o lege asupra „monopolului vânzării alcoolului“... Legea însă este justificată de răspândirea tot mai accentuată a alcoolismului care este văzut ca principala cauză a „degenerării progresive a rasei noastre“ și care se manifestă prin „scăderea poporației românești și înmulțirea străinilor“ (Cuza, 1895, pp. III–IV). Să nu ne lăsăm amăgiți: pentru A.C. Cuza, străinii sunt prin excelență evreii, iar alcoolismul în România apare odată cu „invaziunea evreilor“ (Cuza, 1895, p. XII). Dacă legea asupra monopolului vânzării alcoolului nu a fost adoptată, ea va relansa în dezbaterea publică problema alcoolismului, care nu va mai cunoaște eclipse până la Primul Război Mondial.

Anul 1895 este fast pentru discuția privind alcoolismul: apar cele două lucrări dedicate igienei țăranului premiate de Academia Română. Autorii, Nicolae Manolescu și Gh. Crăiniceanu, tratează și problema alcoolismului, dar trebuie să recunoaștem că spațiul pe care l-au acordat acestui subiect este totuși modest în comparație cu cel acordat altor teme, cum ar fi igiena alimentației sau igiena locuinței. În mod cert, pentru autorii noștri, alcoolismul, ca și igiena corporală, nu reprezintă o prioritate. Să fie oare acesta un semn că teama de alcoolism nu a cuprins în întregime corpul medical? Posibil, cu toate că, teoretic, și pentru cei doi medici pericolul este la fel de mare; doctorul Manolescu atestă larga utilizare a rachiului de către țărani: „Săteanul consumă, în orice regiune a țării, mult rachiu. [...] Săteanul consumă țuică sau rachiu de prune, basamac sau rachiu de bucate și rachiu de tescovină sau boştină sau prăştină; rar delenii mai beau şi rachiu de drojdii. Muntenii, în genere, consumă ţuica, delenii rachiul de tescovină, câmpenii pe cel de bucate. [...] Săteanul bea rachiu în tot cursul anului, băutura lui de dimineaţă şi înaintea fiecărei mâncări este rachiul. La muncă, săteanul crede în rachiu ca într-o fântână de puteri, iată pentru ce oricine are muncă la el sau la altul rachiul trebuie să-l aibă" (Manolescu, 1895, p. 302). Şi doctorul Nicolae Manolescu, am văzut, este un excelent cunoscător al vieţii ţăranului. Iar doctorul Gh. Crăiniceanu foloseşte din plin rapoartele sanitare publicate în *Monitorul Oficial*, de unde află lucruri foarte alarmante în ceea ce priveşte alcoolismul: în judeţul Argeş, „de băuturile ce le au, ţăranii fac abuz înspăimântător" (Crăiniceanu, 1895, p. 285), iar în judeţul Râmnicu Sărat „ţuica se consumă în mod excesiv, prin ceea ce poporaţiunea rurală decade moraliceşte şi fiziceşte. Rachiul mai trece în faţa ţăranului de o panacee aproape contra tuturor boalelor; fiecare oră de repaus se petrece în beţie, şi alcoolul se oferă în cantităţi enorme până şi copiilor purtaţi pe braţe" (Crăiniceanu, 1895, p. 304). Pericolul pare în creştere şi corpul medical se comportă ca atare.

În 1894, Universitatea din Bucureşti scoate la concurs publicarea unei lucrări „ştiinţifico-medicale" cu titlul *Alcoolismul în România*, iar tânărul D.D. Niculescu este fericitul câştigător. Lucrarea sa (Niculescu, 1895) vede lumina tiparului în anul următor şi astfel avem o primă sinteză asupra subiectului care ne interesează. Tot în 1895, A.C. Cuza îşi publică proiectul de lege asupra monopolului vânzării alcoolului alături de cele două discursuri parlamentare ce le-a rostit cu această ocazie într-un volum bine apreciat până la Primul Război Mondial: *Monopolul alcoolului*.

Aşadar, anul 1895 este anul relansării în forţă a temei alcoolismului în discursul medical prin lucrări cu impact patronate de cele mai importante instituţii culturale şi politice ale țării: Academia Română, Universitatea din București și Parlamentul României. Formula nu putea fi decât de succes. Interesul corpului medical este în creștere, și bănuim că și al întregii elite intelectuale. Pericolul alcoolismului pare tot mai amenințător, iar medicii încearcă să sensibilizeze în această privință întreaga elită. La Ateneul Român din București sunt organizate conferințe pe această temă. Doctorul Poenaru-Căplescu putea afirma în aprilie 1904, în fața „unui public așa de cult și ales“ (Poenaru-Căplescu, 1904, p. 3) că subiectul alcoolismului este tratat a treia oară la tribuna Ateneului: în 1897 se aplecase asupra subiectului doctorul Al. Obregia, iar în 1901 doctorul Urechia. În 1897 se înființează prima asociație profesională a medicilor din Regat – Asociația Generală a Medicilor din Țară – care organizează în fiecare an un congres dedicat unei teme importante de medicină socială. Astfel, în 1898, tema aleasă este „Paludismul“; în anul următor „Pelagra“, iar în 1900 îi vine rândul „Alcoolismului“[1]. În cadrul acestui congres, raportor al temei este dr. Ștefan Possa, care, într-un studiu amplu, tratează problema alcoolismului. Acestui studiu i se face o bună publicitate în următorii ani: vede lumina tiparului în revistele Asociației[2] (1900–1902), dar și în revista Ligii Antialcoolice – *Antialcoolul* (1900–1901).

La sfârșitul secolului al XIX-lea și la începutul celui următor toată lumea părea convinsă de pericolul răspândirii alcoolismului în România. Cu toate că date statistice de natură sanitară care să cuantifice morbiditatea și mortalitatea prin alcoolism nu există sau, mai degrabă, sunt extrem de imprecise, dr. Urechia contabilizează, pe baza statisticilor oficiale, „morbiditatea și mortalitate prin alcool în România“

1. „Preambul“, în *Buletinul Asociațiunei Generale a Medicilor din Țară*, anul IV, 1900, nr. 1–2, p. 4.

2. *Buletinul Asociațiunei Generale a Medicilor din Țară*, continuat de *Buletinul Medical. Organ al Asociațiunei Generale a Medicilor din Țară*.

și constată că este extrem de redusă: în 1896 – 304 morți; în 1897 – 411 (Urechia, 1902, p. 190). Dacă ar fi să dăm crezare datelor statistice oficiale, ar trebui să conchidem că *„nu există alcoolism la noi“*, și atunci la ce luptă, la ce ligă anti-alcoolică, conferinți anti-alcoolice, predici anti-alcoolice, teatre anti-alcoolice, banchete anti-alcoolice, la ce atâtea arme anti-alcoolice?“ (Urechia, 1902, p. 190), se întreabă, nu fără umor, dr. Urechia în 1902, inventariind principale categorii de „arme anti-alcoolice“ puse în scenă de revista *Antialcoolul*. Dar și doctorul Urechia știe că această statistică este incompletă, că din ea lipsesc „morții de la sate, căci aci nu se înregistrează cauza morții, lipsesc mulți din cei de la oraș, căci aci mai adeseori se diagnosticează leziunea organului fără a se căuta cauza acestei leziuni. Statisticile noastre sanitare sunt absolut insuficiente pentru a ne documenta asupra alcoolizmului la noi“ (Urechia, 1902, p. 190). O știe și doctorul I. Ștefănescu (Ștefănescu, 1896, pp. 376–377), și doctorul Ștefan Possa (Possa, 1900, pp. 57–58), și doctorul Iacob Felix (Felix, 1902, p. 1): răspândirea alcoolismului în România nu poate fi evaluată după datele statistice ale morbidității și ale mortalității. Totuși, doctorul Possa încercă să facă la el în spital – spitalul Pașcanu din Iași – ceea ce nu reușește statistica oficială; astfel, între 19 ianuarie 1898 și 1 aprilie 1900 îi va însemna într-un registru special pe toți bolnavii intrați în spital și considerați de doctorul nostru alcoolici. Rezultatele vor fi interesante: dintre cei 2 387 de bolnavi intrați în spital în intervalul menționat, doctorul Possa identifică 281 de alcoolici, adică un procent de 11,8 % (Possa, 1900–1901, II, p. 107). Dar, din fericire pentru noi, el nu se mulțumește cu atât; va redacta un chestionar consacrat alcoolismului și consecințelor sale în rândurile populației rurale ce va fi distribuit învățătorilor prin intermediul inspectorilor și revizorilor școlari în zece județe din Moldova[1].

1. Datele sunt adunate în 1899.

Va primi răspunsuri de la 452 învățători cu date corespunzând unui număr de 601 sate (Possa, 1900–1901, II, pp. 104–105). Această cercetare asupra alcoolismului este unică după știința noastră și de aceea îi vom acorda o atenție deosebită.

Structura chestionarului ne arată cu precizie în ce fel de manifestări sociale caută doctorul Ștefan Possa consecințele alcoolismului. Astfel, alcoolismul este pus în legătură cu starea materială, cu starea civilă, cu natalitatea și cu validitatea fizică și intelectuală a descendenților și în fine cu numărul de fapte antisociale. Este luată în calcul și transmiterea alcoolismului pe cale ereditară. În ceea ce privește numărul alcoolicilor, acesta variază în funcție de județ: de la un minimum de 13 % în Fălciu la un maximum de 35 % în Neamț. Deci, o medie de 24,2 % în cele zece județe. Coroborând răspunsurile la chestionare cu statistica proprie din spital și extinzând datele obținute în Moldova la nivelul întregii țări, doctorul Ștefan Possa nu se sfiește să afirme că „între 20 și 30 la sută din populația țării sunt alcoolici“ (Possa, 1900–1901, II, pp. 107–108). Dar în satele Moldovei nu există numai alcoolici, i există și „moderați“ și chiar și „abstinenți“. Este drept că aceștia din urmă nu sunt deloc numeroși și se pare că în județele Fălciu și Tutova lipsesc cu desăvârșire. Atunci când publică datele privitoare la starea civilă a alcoolicilor, procentul alcoolicilor care trăiesc în concubinaj se dovedește mult mai mare decât al moderaților. Să luăm exemplu județul Roman, unde numai 2 % dintre moderați trăiesc în concubinaj, pe când alcoolicii ajung la un spectaculos 15 %. În Fălciu e chiar mai rău: concubinajul e practicat de 1,49 % dintre moderați și de 21 % dintre alcoolici! Se pare că, potrivit datelor doctorului Ștefan Possa, un număr considerabil de țărani alcoolici ezită să își pună în ordine situația matrimonială. Este de fapt un alt fel de a spune că sunt imorali. În ceea ce privește starea materială, care poate fi „bună“, „mediocră“ sau „rea“, cum ne așteptam, procentele sunt calculate doar pentru cea „rea“, pentru a dovedi că alcoolicii sunt în general mai săraci decât moderații. Într-adevăr, în toate cele zece județe ale Moldovei, ponderea moderaților săraci este mult diminuată față de cea a alcoolicilor. De pildă, în județul Suceava, 35 % dintre alcoolici au o stare materială rea, față de 5,30 % dintre moderați; în județul Tecuci, unde mai mult de jumătate dintre alcoolici zac în sărăcie (56 %), moderații reprezintă (15 %). Altfel spus, și medicii o spun adesea, sărăcia generează alcoolism, iar alcoolismul întreține sărăcia. Dar alcoolismul nu afectează numai persoana alcoolică, ci și descendența. În primul rând, în familiile de alcoolici numărul copiilor este redus, iar doctorul Possa se învrednicește să calculeze numărul mediu de copii în familiile de moderați și în familiile de alcoolici. Datele sunt concludente: în județul Botoșani, o familie de moderați are în medie 2,03 copii, pe când una de alcoolici doar 1,50; în județul Fălciu, diferența este și mai mare: 2,22 copii la moderați, 1,37 la alcoolici ș.a.m.d. În plus, copiii rezultați din părinți alcoolici, cum susțin toți medicii epocii, moștenesc „relele obiceiuri" ale părinților. În primul rând, nu frecventează școala, și atunci când o fac au „conduită și aplicații rele". Din nou statisticile sunt edificatoare: în Dorohoi doar 11,76 % dintre copiii moderaților creează probleme la școală, în timp ce 70 % dintre odraslele alcoolicilor o fac; o situație mai echilibrată ar fi în județul Tutova, unde 10 % din copiii turbulenți vin din familii de moderați, iar 51 % din familii de alcoolici. În sfârșit, învățătorii sunt puși să aprecieze câți dintre cei pe care îi declară alcoolici provin, la rândul lor, din părinți alcoolici. Ponderile sunt uriașe: cea mai mică este de 62 % în județul Dorohoi, iar cea mai mare de 82 % în județul Suceava! (Possa, 1900–1901, II, pp. 104–105) Se pare că și învățătorii împărtășeau credința medicilor că alcoolismul este ereditar. În final, se cade să analizăm critic această anchetă. Cei care produc datele de bază sunt învățătorii rurali, care, se presupune, sunt buni cunoscători ai satelor în care activează. Ceea ce este bine. Dar care este diferenţa dintre un „moderat“ şi un „alcoolic“ şi când un „moderat“ se transformă în „alcoolic“? Sunt întrebări la care este mult mai greu de răspuns, chiar astăzi. De fapt, miza anchetei este împărţirea populaţiei în cele două categorii. Toate celelalte întrebări ale chestionarului brodează pe baza acestor categorii fundamentale. Nu pot decât să mă întreb ce ar fi spus Leonida Colescu despre cercetarea statistică a doctorului Ştefan Possa, ceea ce bănuiesc deja, sau ce rezultate ar fi obţinut Leonida Colescu însuşi, dacă ar fi avut mijloacele şi răgazul de a realiza o cercetare statistică pe problema alcoolismului în România. Cum această cercetare nu există, trebuie să ne mulţumim cu rezultatele anchetei doctorului Possa, care nu demonstrează cu certitudine decât că discursul medical cu privire la pericolele alcoolismului ajunsese, la sfârşitul secolului al XIX-lea, până la nivelul intelectualului rural. De la medicii Consiliului Sanitar Superior până la învăţătorii rurali, cu toţii cred, în 1899, că alcoolismul este un pericol social în România.

Ca şi în cazul celorlalte teme ale discursului igienist despre lumea rurală, şi în cazul alcoolismului se trece la un moment dat de la impresii şi păreri la încercarea de a măsura fenomenul. Se trece, aşadar, de la literatură la ştiinţă. A declara nu mai este suficient; mult mai bine este să poţi dovedi dimensiunea fenomenului utilizând date statistice. Dacă, în ceea ce priveşte boala şi moartea, datele statistice sunt, am văzut, nesigure, în ceea ce priveşte producerea şi implicit consumul de alcool datele sunt mai precise, fiindcă interesele fiscale ale statului au cerut o contabilizare mai exactă a consumului, ceea ce poate să ofere o idee despre starea alcoolismului în Regat. În acest sens, şi medicii, şi autorităţile fiscale încearcă să calculeze consumul de alcool absolut pe cap de locuitor. Cum ne putem lesne închipui, datele diferă şi aici, chiar substanţial. În 1894, M.C. Haret este printre primii care calculează consumul şi ajunge la 9,980 litri de alcool pe cap de locuitor (Haret, 1895, p. 161). O vreme, aceasta este cifra oficială avansată și în mediul medical. Totuși, odată cu înmulțirea statisticilor oficiale, unii medici se aventurează în a calcula pe cont propriu consumul de alcool. Doctorul Ștefan Possa, ajunge la concluzia că datele obținute de Haret sunt subevaluate și că de fapt consumul anual este de 11,7 litri de alcool absolut pe locuitor (Possa, 1900, p. 56). Doctorul A. Urbeanu merge și mai departe și duce consumul la 12,5 litri de alcool absolut pe locuitor pe an (Urechia, 1902, p. 191), însă doctorul Urechia, făcând o medie a anilor 1896–1900, revine aproape de cifra avansată de Haret, și anume 9,2 litri de alcool absolut pe locuitor pe an (Urechia, 1902, p. 192). Chiar și un consum de 9 litri de alcool absolut asigură României, în 1895, locul al cincilea între statele europene (Possa, 1900, p. 56), ceea ce nu este foarte puțin, dar nici foarte mult. Poate de aici se trag unele aprecieri mai puțin alarmante, ca a doctorului D.D. Niculescu, care poate să mai creadă în 1895 că „întinderea alcoolismului [...] nu este excesiv de mare în România" (Niculescu, 1895, p. 78). Cred că după 1900 o asemenea afirmație nu mai este posibilă.

Tot la începutul secolului, pe baza unor date statistice mai rafinate, sunt puse sub semnul întrebării unele stereotipuri bine înrădăcinate, cum ar fi acela că alcoolismul este răspândit cu preponderență în rândurile populației rurale. Doctorul Urechia, într-un articol publicat aproape simultan în două cunoscute reviste medicale (Urechia, 1902, 1902 a), demonstrează că populația urbană consumă mai mult alcool decât cea rurală: „Urbanul bea și vin mai mult, și bere mai multă, și rachiu mai mult. Atunci cine o să fie mai degrabă alcoolic? Este, cred, timpul să sfărâmăm vechiul clișeu «rural = alcoolic», adevăratul alcoolic în România este urbanul. Cu 7 litri vin și 5 rachiu, cât bea ruralul nostru pe an, e greu să admitem că «imensa majoritate a țăranilor noștri sunt alcoolici», dar cu cei 31 litri vin, 6 litri bere și 17 rachiu putem admite că mulți orășeni vor ajunge la alcoolism" (Urechia, 1902, p. 194). Până și venerabilul doctor Iacob Felix, care îi răspunde doctorului Urechia și a cărui intenție clară este aceea de a atenua afirmațiile dure ale oponentului său, este silit să recunoască că „este cert că poporațiunea noastră urbană bea mai mult alcool decât cea rurală" (Felix, 1902, p. 4). Iată deci cum știința statisticii, chiar și aproximativă, cum o consideră contemporanii, poate să nuanțeze imaginile celor două lumi din care era compusă România modernă: una rurală și o alta urbană.

„Alcoolismul – de la naștere până la moarte"

După ce am prezentat, pe scurt, părerile medicilor – dar și concluziile lor bazate pe analiza datelor statistice după 1895 – cu privire la răspândirea alcoolismului, trebuie să intrăm în textura de imagini și idei a acestui discurs și să identificăm pericolele individuale, dar și pe cele sociale ale alcoolismului, precum și modul în care se propagă acest virus social. Mai întâi, definirea termenilor; cum definesc medicii alcoolismul la sfârșitul secolului al XIX-lea? Doctorul I. Ștefănescu crede că este o „boală cronică, adecă un rău ce se formează încetul cu încetul. El este o boală provocată, artificială, ce și-o creează oricine vrea, printr-o întrebuințare nemoderată printr-un abuz, printr-o otrăvire înceată și progresivă cu spirtoase" (Ștefănescu, 1896, p. 343); doctorul D.D. Niculescu îl vede ca „un total de afecțiuni produse prin abuzul de băuturi spirtoase, foarte variate prin natura lor, dar legate între ele prin cauza lor" (Niculescu, 1895, p. 10); doctorul Căplescu vorbește de intoxicație: „Alcoolismul este o stare de intoxicare a organismului prin alcool" (Poenaru-Căplescu, 1904, p. 21), care poate fi acută sau cronică, dar care cunoaște și o stare intermediară pe care medicul nostru o numește „alcoolismul latent". Alcoolismul acut este beția obișnuită, pe care medicul nostru o asociază cu pătura de jos a populației, reamintind consecințele știute și veșnic întărite de discursul medical: „Alcoolismul acut, beția, ați avut ocazia să o vedeți desigur la oamenii din popor – e dezgustătoare. Omul beat e un animal fără judecată, fără simțire. Își pierde echilibrul, insultă, înjură, bate fără motiv – face scandaluri –, omoară. [...] Omul beat e o ființă hidoasă, degradată, zace la pământ, în șanțuri, în noroaie, vine acasă, bate nevasta și copiii, care se ascund de groază și de frică“ (Poenaru-Căplescu, 1904, p. 22). Remarcăm că doctorul Căplescu pune accentul pe manifestările violente ale beției, pe latura ei asocială, ceea ce e o practică curentă a discursului antialcoolic; de altfel, cu câțiva ani mai înainte, una dintre broșurile de popularizare editate de Liga Română în contra alcoolismului și prefațată de neobositul A.C. Cuza nu făcea decât să strângă din presa vremii evenimentele de acest fel și să le prezinte savant drept „documente sociale“ (Cuza, 1899). Dar medicii, când vor să pună în evidență „relele alcoolismului“ contemporan, produs evident de alcoolul „de bucate“, pun alcoolismul față în față cu bețiile vesele de altădată, care se petreceau la culesul viilor, de pildă. Doctorul C.I. Istrati rememorează cu duioșie: „Cine nu-și aduce aminte timpurile cărăușilor, în care, în decursul toamnei, mii de care, încărcate cu butii în care mustul fermenta încă, se țineau gârlă s.e. de la Focșani până la Iași, Botoșani etc. Adeseori hore întregi mergătoare, de oameni beți, înconjurau căruțele, cântând și jucând poștii întregi!“ (Istrati, 1880. p. 295). Frumoasele vremuri bune de altădată!

Consumul de alcool se cronicizează și distruge fizic și psihic persoana căzută în patima beției. Cel mai adesea, „victimele alcoolului“, dacă nu cad răpuse din vreme de diverse boli, ajung să umple azilurile de nebuni sau devin unități în statistica sinuciderilor. Doctorul A. Șuțu, ca alienist, îi recunoaște cu ușurință: „Fizionomia bețivului exprimă degradațiunea morală. Trebuința de a bea devine imperioasă și, pentru a o satisface, el recurge la toate mijloacele, fie cele mai umilitoare, căci pasiunea îl domină și îl torturează neîncetat. El devine mânios, iritabil, violent, lovește fără milă pe cei ce îl înconjoară; el pierde orice respect către ceilalți, orice demnitate către el însuși și, impasibil și indiferent, nu se turbură nici de scandalurile ce provoacă împrejurul lui, nici de mizeria ce aduce în familia sa. La unii, conștiința se poate deștepta; ei apreciază starea în care sunt ajunși; atunci se dezgustă de ei înșiși; și în mâhnirea și urâtul lor nu găsesc alt refugiu decât în sinucidere“ (Sutzu, 1877, p. 125). De altfel, în 1872, doctorul A. Șuțu apreciază că, în ospiciul de la Mărcuța, din 100 de cazuri de „alienațiune“ 20 sunt provocate de alcoolism, adică, în mod ciudat, zic eu, exact proporția pe care o dădeau pentru Franța Morel, Marcé și Contese (Sutzu, 1872, pp. 173–174). Peste câțiva ani însă ajunge să creadă că alcoolismul produce, bazându-se pe date de la ospiciul Mărcuța, 40 de cazuri din 100! (Sutzu, 1877, p. 125). Dacă ar fi să-i dăm crezare doctorului Șuțu, între 1872 și 1877 alcoolismul cronic, manifestat prin nebunie, și-a dublat incidența, cel puțin în ospiciul de la Mărcuța, ceea ce nu poate fi interpretat decât ca o creștere corespunzătoare a fenomenului în societatea românească a epocii. Alt alienist cunoscut, doctorul George Mileticiu, studiind rolul alcoolismului în patogenia afecțiunilor psihice, pe baza datelor oferite tot de a ospiciul de la Mărcuța, ajunge la concluzii asemănătoare cu cele ale doctorului A. Șuțu: la începutul deceniului opt, între 15 și 17 % dintre cazuri sunt datorate alcoolismului, proporție care urcă, în 1880, la 39,3 %. Situația pare să se stabilizeze în următorul deceniu și jumătate, când doctorul Mileticiu calculează, având-i în vedere pe pacienții ospiciului Madona-Dudu din Craiova, în intervalul 1891–1894, că în 38,8 % din cazuri alcoolismul „are un rol cauzal“ (Mildeticiu, 1895, p. 26).

Cum spuneam, tema medicală a ravagiilor alcoolismului folosește o serie de imagini-tip întânite la toți cei care scriu despre acest subiect. Uneori aceste imagini-tip compun narațiuni strict personale; adesea, doctorul I. Ștefănescu ne invită să îl însoțim într-un adevărat periplu ruralo-alcoolic: „Vă angajez să faceți o călătorie prin țară și pe la țară. Vizitiul care vă va conduce va fi cel dintâi spre a vă iniția în secretele băuturii la noi. Pe drumul lung și plicticos el știe să vă arate multe, chiar dacă nu ați exprimat curiozitatea de a le afla, știe să vă indice unde e vinul bun sau la care cârciumă țuica e numai ca *spălătura de sticle*, știe unde beau de preferință numai *persoanele*, sau numai țărănimea etc. Afară de oraș, acest om vă obligă să staționați pe la toate cârciumele; caii lui chiar se opresc dinainte, fiind deprinși. De e iarnă, de e vară, setea lui de spirtoase nu-i lipsește niciodată“ (Ștefănescu, 1896, p. 406). Primul contact cu lumea rurală, mijlocit de vizitiu, ne lămurește din capul locului care sunt obiceiurile întregii sau ale unei bune părți a populației rurale. Satul din Ilfov, descris de doctorul Ștefănescu ca un tărâm al „sărăciei și ignoranței“, populat de personaje alcoolizate, e o imagine vie a ravagiilor alcoolismului în mediile țărănești: „Vizitam odată un sat din județul Ilfov, sat depărtat de București și izolat. Populațiunea de acolo, în număr de vreo sută suflete, era săracă și tristă, cum este în multe părți din țară. Și satul în genere era sărac; dar casele, dar drumurile, ce să mai vorbim de ele! Nu vedeai acolo nici biserică, care să mai încânte vederea cel puțin; nici școală nu era, în fine, nimic pe ce să-ți pui ochiul, adevărata monotonie a sărăciei și a ignoranței. Ba, voi spune drept, tot era ceva acolo... era reședința unui ajutor de primar al comunei respective. Și doream să văd pe această notabilitate rurală, doream să vorbesc cu el, dar nu mi-a fost cu putință, împedecat fiind de torpoarea lui alcoolică, în care se cufunda adesea; căci satului de care vorbesc îi lipsea de toate, în adevăr, dar era dotat, cu toate aceste, cu templul băuturei, și această cârciumă era opera a însuși ajutorului nostru de primar!“ (Ștefănescu, 1896, p. 375). Doctorul Ștefănescu se oprește asupra imaginii generale a satului și a unora dintre personajele elitei locale, dar alți medici prezintă publicului cititor imaginea dezolantă a locuinței țăranului alcoolic. Și, dacă ne gândim că în general locuința țăranului era mizeră, ne putem întreba, pe bună dreptate, ce aspect negativ s-ar putea adăuga în materie de habitat rural? Și totuși: „Casa țăranului bețiv e o mizerie. Casa murdară, nespoită, geamurile sparte, ușa plesnită, nici un pom, curtea pustie: nu-i vită, nu-i pasere, nu-i nimic; copiii goi, neîmbrăcați, căci tot ce a avut le-a dat la cârciumă pe băutură și a mai rămas încă dator că să plătească cu munca. Și mai la toți e așa, căci țăranul e foarte des alcoolic" (Poenaru-Căplescu, 1904, p. 33). În fond, descrierea doctorului Căplescu nu diferă chiar așa de mult de faimoasele descrieri ale locuinței rurale ale doctorului C.I. Istrati sau ale altora. Peste tot, alcoolul – răul universal – provoacă sărăcie, boală și decadență.

Dar în orice sat cârciuma este locul pierzaniei și de aceea ocupă un loc important în literatura medicală. Descrierea unei cârciumi este un topos obligatoriu al oricărei lucrări antialcoolice; convenția o respectă și doctorul I. Ștefănescu, care evaluează multiplele sale valențe sociale: „Pretutindenea la țară cârciuma este magazinul universal pentru oricine trăiește la țară, ca și pentru cel din urmă țăran; în ea acesta se antrenează la băut, cu toate că uneori intrase acolo cu gândul de a cumpăra altceva. Cârciuma este unicul local public de restaurare, de întâlnire, de petrecere, de informație; în ea cârciumarul vede defilându-i toate notabilitățile satului, organele administrative, preotul, învățătorul, ca și cea din urmă suflare rurală" (Ștefănescu, 1896, p. 409). Accentele devin însă mai tragice în scrierile vădit antisemite, cum sunt cele ale lui A.C. Cuza, chiar dacă citează scrisoarea medicului de plasă Ioan Șoneriu, care are reședința în târgul Sulița din județul Botoșani: „Cum că rachiul e cauza tuturor nenorocirilor, se poate convinge oricine vizitând într-o zi de sărbătoare o crâșmă de la sat sau pe oricare din cele peste 30 de crâșme ale târgului acestuia. Toate sunt pline de români fără distincție de sex și de etate; ba se văd, în mijlocul mulțimii impenetrabile, femei, cu copii la sân, ținând rând cu ceilalți. Se poate vedea aici în toată goliciunea ei degradarea fizică și morală la care poate aduce alcoolul pe om" (Cuza, 1895, p. 27). Datorită lui A.C. Cuza, scrisoarea doctorului Șoneriu devine celebră în literatura antialcoolică.

Încercând să identifice ocaziile în care consumul de alcool este obligatoriu, medicii, fără să-și dea seama, surprind un adevăr antropologic; consumul de alimente, dar mai ales cel de alcool însoțesc orice formă de socializare – alcoolul este lichidul socializării prin excelență. Din această perspectivă, medicul de plasă Iosef Weissberg încearcă să explice amploarea alcoolismului în mediile țărănești: „Alcoolismul urmărește fiecare pas al țăranului, de la naștere până la moarte. Se naște înconjurat de alcool care se bea în sănătatea lui; se botează cu alcool; mumele dau copiilor basamac și adesea, vai, și copiilor mici, în vârsta cea mai fragedă; muncește cu alcool, se lecuiește cu alcool, mănâncă cu alcool, se căsătorește cu alcool; îndeplinește actul reproducțiunei când e infiltrat de alcool; vinde fructul muncei lui făcând adălmaș cu alcool și în fine moare din alcool și înconjurat cu alcool ce se bea la pomană pentru sufletul lui" (Weissberg, 1898, p. 348). Dar ar fi greșit să credem că medicii pun în evidență numai consecințele alcoolismului rural; dimpotrivă, fenomenul este surprins la fel de frecvent și în mediile urbane, unde, de pildă, doctorul Poenaru-Căplescu, în fața asistenței sale alese de la Ateneul Român, reia pas cu pas argumentația colegului său Weissberg, adaptând-o la mediul urban și chiar adnotând-o pe ici, pe colo: „Beau tinerii și bătrânii, bem *vara* să ne răcorim, *iarna* bem să ne-ncălzim – e foarte natural! Bem dimineața să ne întărim. Luăm aperitivul – bem la masă și după masă –, seara, asemenea. Bem când se *naște* cineva – de bucurie că s-a născut –, bem când moare cineva, de întristare.

Bem la logodnă, la nuntă, bem la ziua onomastică a noastră și a tuturor prietenilor. Ioniță, Ghiță, Costică, Mitică, Mișu, Nicu, Basile etc. Bem la Mucenici, pentru 40 de sfinți, bem în sărbătorile mari, Crăciun, Paște etc., bem la toate petrecerile familiale, publice ori în scop de binefacere. Bem după orice afacere bine reușită și după orice târguială, după orice chilipir urmează adălmașul. Dar se bea strașnic înainte și după alegeri. Beau și bărbații, și femeile, muncitorii beau ca să capete forță, leneșii beau ca să le treacă timpul, beau toți profesioniștii, fără excepție – literați, artiști, poeți, advocați, profesori, militari, politiciani etc. *Beau fețele bisericești astăzi* – ba încă cum?: *cu clondirul!*" (Poenaru-Căplescu, 1904, p. 29). În ceea ce privește subiectul ultimei părți a citatului de mai sus – răspândirea alcoolismului în toate corpurile profesionale –, doctorul Căplescu este întrecut de departe de doctorul I. Ștefănescu, care îl dezvoltă, ca de obicei, cu mult umor, dar care trebuie interpretat în notă tragică: „Auzi adesea exclamând: sărmanul țăran e prăpădit de beție! Așa este, dar ia să căutăm bine și vom vedea că toate profesiunile numără la noi deja destui bețivi. [...] Astfel, cârciumarii români mai cu seamă, toată lumea știe, fără a avea aerul, până a otrăvi lumea cealaltă cu băuturile lor, se otrăvesc în genere și pe dânșii și, cu drept cuvânt, ei ocupă întâiul rang în ierarhia alcoolicilor. [...] Dar e evident că după cârciumari, pe care i-am putea socoti afară de concurs, măcelarii beau mai bine decât bucătarii; aceștia doi mai mult decât birjarii, căruțașii și lăutarii; popii deopotrivă cu primarii, notarii și vătăjeii; vierii, dogarii mai mult decât mașiniștii, fierarii și morarii; mulți din noi, în fine, mai mult decât bragagiii, limonadierii și rahagiii, și așa mai încolo. O adevărată emulație tacită domnește printre diferitele profesiuni, mai mult sau mai puțin libere, de la chirigiul care în drumul mare (eu am văzut un caz în mijlocul Bucureștilor) găurește și suge vasul cu spirtoase până la custodele muzeului de preparate anatomice, care bea spirtul din borcanele ce le are în pază“ (Ștefănescu, 1896, p. 426). Se pare că nici medicii epocii, ca oricine astăzi, nu pot vorbi despre beție și alcoolism fără a avea zâmbetul pe buze. Oricum, foarte puțini reușesc această performanță.

„Pericolul alcoolismului“

În afară de sărăcie – care nu este puțin lucru –, în ce constă totuși ceea ce medicii numesc „pericolul alcoolismului“? Care sunt consecințele alcoolismului din punct de vedere medical, igienic și sanitar? În primul rând, încă de la doctorul C.I. Istrati știm că „bețivii sunt aceia ce ajută mai mult puterea epidemiilor. Toate maladiile, mai ales cele endemice și epidemice, nu numai că-i lovesc mai mult, dar produc la ei o mortalitate mai mare“ (Istrati, 1880, p. 290). Altfel spus, alcoolismul se constituie într-o cauză a imensei morbidități și mortalități din România modernă, împotriva căreia de fapt acționează tot sistemul sanitar organizat de stat. Pe de altă parte, a susține că alcoolicii sunt mai predispuși a contacta diverse boli este în același timp o modalitate de a lovi într-o mai veche și foarte populară, se pare, credință în puterea vindecătoare a alcoolului, atât de populară, încât doctorul I. Ștefănescu se putea întreba: „câți oare sunt aceia, chiar dintre locuitorii cei mai săraci, care să nu aibă la ei în casă o sticlă cu rachiu, pusă cu îngrijire în cameră sau într-un dulap? Pentru sine, ai săi sau pentru a îndatora pe alții, după un obicei moștenit, sub pretextul că e bun de leac, de vătămătură, de durere de inimă, de râșnitură la stomac (indigestiuni, colici sau alte tulburări ale organelor digestive), o tescovină, un rachiu de drojdie, un rom, un basamac etc., fie măcar pentru uzul extern, dar mai cu seamă pentru cel intern nu lipsește acest panaceu, acest medicament universal, administrat la toată lumea, de la copii până la bătrâni“ (Ștefănescu, 1896, p. 410); doctorul

Ștefănescu atestă și credința tipic urbană de a valoriza alcoolul în detrimentul apei, care, în urma descoperirilor recente ale bacteriologiei, s-a dovedit că este un puternic mediu patogen (Ștefănescu, 1896, p. 425). Dacă nu îl credem pe doctorul Ștefănescu, poate îi vom acorda atenție doctorului Ștefan Possa, care, și el, remarcă „prejudițiul că alcoolul este antiseptic, ucide microbii și prezervează pe om în timpul epidemiilor", pe care îl consideră, evident, „cu desăvârșire falș" (Possa, 1900, p. 11). Cât despre alcool, medicii au mult de furcă cu așa-numitele „prejudiții" din cauză că în cultura comună alcoolului i se atribuie calități aproape miraculoase: încălzește organismul, crește puterea de muncă, e încadrabil mai degrabă în categoria alimentelor decât a otrăvurilor. Să nu ne închipuim că aceste „prejudiții" caracterizează doar lumea țărănească, ele sunt foarte frecvente, o știe doctorul A. Urbeanu din proprie experiență, chiar în pătura superioară a elitei, cea care populează băncile parlamentului țării. În 1900, cu ocazia votării așa-numitei *legi a țuicii*, inspirată și susținută de doctorul Urbeanu, acesta face rezumatul ideatic a multe discursuri rostite cu acest prilej, și anume: „țuica e un aliment igienic, un aliment hrănitor, o băutură igienică" (Urbeanu, 1900, p. 19); în ciuda celor susținute și propagate de întreg corpul medical. Toxic ar fi doar „basamacul", considerat „otravă" și asociat cu evreul, constată cu luciditate și tristețe medicul: „Despre «basamacul otrăvit», despre «basamacul blestemat» nu ne vorbesc numai oamenii competinți în materie, dar și poeții, literații, care, însușindu-și această credință, au țintuit-o în scrierile lor. Urmările basamacului sunt așa de vădite, așa de îngrozitoare, încât mintea n-a putut concepe că dezastrele de la sate, nenorocirile în familii să fi fost cauzate numai de basamac, de basamacul însuși, neajutat de alte substanțe vătămătoare. De aceea vedem că imaginația poporului i-a dat drept tovarăș nedespărțit otrava; iar mânuitorul ei cine putea fi altul decât evreul? În concepţiunea poporului, trinitatea basamac, otravă şi evreu e una şi nedespărţită. Când zici basamac, se înţelege otrava vândută de evreul-cârciumar; când zici evreul-cârciumar, aminteşti de basamacul otrăvit; când zici otrava de la sate, se înţelege basamacul preparat de evreu. De fapt, basamacul e în strânsă legătură cu evreul. Evreul l-a adus, evreul l-a preparat, evreul l-a dres“ (Urbeanu, 1900, p. 39). Textul de mai sus este într-adevăr un bun îndreptar pentru discursul public din România la începutul secolului al XX-lea. Dar poate cel mai mare pericol îl constuituie faptul că se credea că alcoolismul se poate transmite pe cale ereditară. În 1895, doctorul D.D. Niculescu trece în revistă toate teoriile medicale privitoare la transmiterea ereditară a alcoolismului şi conchide: „Alcoolismul poate trece de la părinţi la copii sau direct, sub formă de *dipsomanie*, sau sub formă de idioţie, manie, epilepsie, histerie etc. etc. Pentru ca un copil să vie în lume cu predispoziţiunile la aceste stări nu este necesar numaidecât ca părintele său să fi fost un alcoolic inveterat, ci, după cercetările făcute, s-a putut constata că este suficient ca părintele unor astfel de copii să fi fost beat numai în momentul concepţiunei. Acestea provin din cauză că la indivizii alcoolici, pe de o parte, forţele virile slăbesc, organele genitale devin flasce, testiculele pot degenera până la atrofia aproape complectă, iar pe de altă parte, alcoolul exercită o influenţă vătămătoare asupra spermatozoizilor. La femei, abuzul alcoolicelor, întocmai ca şi sifilisul, produce avorturi, din cauza morţii embrionului sau fătului. După cum individul care abuzează de băuturile alcoolice ajunge cu timpul într-o stare de slăbiciune generală destul de manifestă, tot aşa şi popoarele care au abuzat şi abuzează de băuturile alcoolice au ajuns într-o stare analoagă cu a debilităţii, stare care la popoare ia numele de *decadenţă*“ (Niculescu, 1895, p. 133). Evident, un rol de frunte în procesul de degenerare a rasei, de care ne vom ocupa într-un capitol următor, este atribuit alcoolismului. Toate bolile ce se pot transmite pe cale ereditară sunt factori activi ai degenerării și în aceasta rezidă pericolul lor sporit; pentru că ucid nu doar persoanele afectate, adică prezentul, ci ucid și generațiile următoare, adică viitorul. Degenerarea rasei este cel mai negru coșmar al utopiei medicale a epocii.

Împotriva beției

În fața unui pericol de o asemenea anvergură, indivizii, dar și societatea, ca întreg, reacționează. Și astfel ia naștere în România mișcarea antialcoolică. Toate lucrările medicale pe care le-am folosit în capitolul de față, deși ele sunt concepute ca cercetări științifice pe tema alcoolismului, pot fi la fel de bine încadrate în literatura antialcoolică, pentru că, de fapt, medicii sunt printre primii care evidențiază la noi pericolele alcoolismului. Propaganda antialcoolică dă naștere unor atitudini pe care le întâlnim de la sfârșitul secolului al XIX-lea până astăzi. O asemenea atitudine este atestată de doctorul I. Ștefănescu, care amintește că „femeile țăranilor chiar sunt exasperate de excesele bărbaților. Astfel, ele caută un remediu, o doctorie oarecare, tot o băutură, dacă s-ar putea, și ele cumpără, mai cu seamă în București, pe prețul de 10 lei, flaconul *Antibetina* (preparat al farmacistului ungur Vertes din Lugoj. E o compoziție șarlatanească al cărei principiu activ este emeticul, deci lucrează provocând vărsături la cei care o iau), din care, pe sub ascuns, pun în bucatele soților lor, spre a-i vindeca de beție! Sărmanele, în naivitatea lor, își închipuiesc că să poate trata beția ca frigurile cu chinina“ (Ștefănescu, 1896, pp. 375--376). Aici avem de-a face cu o adaptare originală a unui comportament modern, cu „tratarea beției“ ca orice altă boală; că remediul este unul „șarlatanesc“, este o altă problemă. Câte însă dintre remediile epocii, preparate și vândute în farmacii, nu sunt la fel de „șarlatanești“? Există și soluții rurale sută la sută, perfect integrate în mediul social în care iau naștere și pe care le cunosc doar din proprie experiență. Amintesc aici așa-numita „legare la preot“, adică un jurământ de abstinență solemn făcut în biserică în fața preotului, prin care, de obicei, cel căzut în patima beției se angajează să se abțină măcar o perioadă bine precizată. Se practică și astăzi în localitatea în care locuiesc. Cred că genul acesta de jurământ trebuie să aibă un oarecare trecut, chiar dacă nu l-am găsit menționat în literatura medicală.

În 1896, mișcarea antialcoolică în România era caracterizată de doctorul I. Ștefănescu astfel: „România este o țară quasi virgină în încercări de represiune a băuturii și a alcoolismului“ (Ștefănescu, 1896, p. 452); peste doar cinci ani, doctorul Urechia se crede îndreptățit să afirme: „Azi România nu are nimic de invidiat țărilor apusene: armata ei antialcoolică are cadre, are trupe, are chiar și mercenari“ (Urechia, 1902, p. 189). S-a întâmplat ceva între 1896 și 1901 în mișcarea antialcoolică din România sau este vorba doar de simplu subiectivism de apreciere? Răspunsul trebuie să fie undeva la mijloc: studiul doctorului Urechia este îndreptat împotriva lui A.C. Cuza și a modului de acțiune al „Ligii române în contra alcoolismului“, care se luptă împotriva alcoolismului la sate; doctorul Urechia se înverșunează să demonstreze că, în România, alcoolismul este în principal un flagel urban. Pe de altă parte, în 1904, doctorul Poenaru-Căplescu putea să afirme în fața unui „distins auditoriu“ că „asupra chestiunei alcoolului s-a scris așa de mult și așa de des, încât mulți dintre Domniile voastre știți ceea ce am să vă spun“ (Poenaru-Căplescu, 1904, p. 3). Nu poate fi vorba doar de o simplă încercare de captare a bunăvoinței auditoriului: într-adevăr, în ultimii ani ai secolului al XIX-lea și în primii ani ai secolului următor, problema alcoolismului agită intens spiritul public, dacă se poate vorbi de așa ceva, din România. În plus, „lupta antialcoolică“ intră într-o nouă fază prin organizarea, pe 4 mai 1897, la Iași, a „Ligii române în contra alcoolismului“, avându-l ca secretar general pe A.C. Cuza; în mai 1900 apare sub direcția doctorului M. Minovici revista *Antialcoolul. Organul Ligii antialcoolice, secțiunile Iași-București*, care va fi principalul suport propagandistic al luptei antialcoolice din România până la Primul Război Mondial. Într-un fel, doctorul Urechia avea dreptate.

Dacă după 1894 se fac încercări de combatere a alcoolismului ca flagel social prin măsuri radicale cum ar fi abstinența, până în acel moment interesul corpului medical pare să fie mai degrabă legat de domeniului igienei alimentației, iar din această pespectivă măsurile avute în vedere sunt mult mai modeste: scăderea consumului de băuturi distilate în general și mai ales de băuturi distilate din cereale și înlăturarea din comerț și deci de la consum a băuturilor falsificate și a alcoolurilor impure. Totul în conformitate cu o grilă a nocivității băuturilor alcoolice care opune băuturile distilate celor fermentate. Ca principiu general, nocivitatea produsului finit crește direct proporțional cu tăria. Astfel, alcoolurile distilate sunt în vârful ierarhiei nocivității, urmate de vin și de cvasiinofensiva bere. Bătălia igienică se poartă însă mai ales pe tărâmul alcoolurilor distilate, care, la rândul lor, sunt clasificate și deci ierarhizate în funcție de materia primă folosită, alcoolurile distilate din fructe – dintre care băutura națională, țuica – fiind evident mai igienice decât alcoolurile distilate din cereale. Cum era de așteptat, primele măsuri sunt luate chiar la București, unde administrația sanitară este condusă de doctorul Iacob Felix. Acesta propunea în 1882 scoaterea din comerț a alcoolurilor nerafinate și astfel începea marea bătălie a alcoolurilor distilate. Prima victorie este obținută în 1886, când se interzice în București vânzarea „rachiului fabricat din spirt nerafinat“ (Niculescu, 1895, p. 141). Următoarea este obținută în 1893, când, la modificarea legii sanitare, este introdus articolul 156, care prevedea că „numai alcoolul etilic, perfect rafinat, va putea fi admis pentru prepararea băuturilor spirtoase. [...] Acest alcool trebuie să conțină minimum 95 % volum la 15°C“[1], ceea ce extinde măsura din 1886 de la nivelul Bucureștiului la nivelul întregii țări. Articolul 156 din legea sanitară este reluat și mult extins în noul „Regulament asupra priveghierii sanitare a fabricațiunii alimentelor și băuturilor și a comerțului cu alimente și băuturi“ din 1895[2]. Astfel, din punct de vedere normativ, victoria este totală și cerințele igienei băuturilor sunt pe deplin satisfăcute. Rămâne doar punerea în practică a normelor, ceea ce este cât se poate de problematic.

Este interesant de remarcat că problema băuturilor alcoolice, odată reglementată din punct de vedere igienic, se transformă în problema alcoolismului, care necesită măsuri și mai radicale. Altfel spus, la sfârșitul secolului al XIX-lea „chestiunea alcoolismului“ este o frică socială cumulativă care nu poate fi dominată prin măsuri normative și raționale. Spectrul degenerării care plutea asupra societății românești blochează mecanismele de inhibare a problemei alcoolismului și potențează constant virtualele pericole.

---

1. Alina Ioana Șuta, Oana Mihaela Tămaș, Alin Ciupală, Constantin Bărbulescu, Vlad Popovici, *Legislația sanitară în România modernă (1874–1910)*, Editura Presa Universitară Clujeană, Cluj-Napoca, 2009, p. 121.

2. *Ibidem*, pp. 511–515.

5
„Pelagra, flagelul țăranului nostru“ sau despre nașterea unei maladii

Când medicii vorbesc despre „igiena țăranului român“, când descriu locuința și alimentația sa, scopul ultim este de a explica imensa morbiditate și consecința ei directă – marea mortalitate a populației rurale. Marea majoritate a bolilor care amenințau populația rurală nu erau specifice doar ei: scarlatina sau anghina difterică, malaria sau variola secerau viețile tuturor. Moartea, prin boală, în acest caz, lovește deopotrivă pe locuitorul rural și pe cel urban, pe sărac și pe bogat. O știe până și înțelepciunea populară. Dar chiar și înțelepciunea populară greșește uneori. În ultimele patru decenii ale secolului al XIX-lea irump în discursul medical, și prin intermediul său în spațiul public, discuții despre o ciudată boală care este aproape în totalitate țărănească. O boală a mizeriei, ca multe altele, dar care cruță în mare parte populația urbană și îi afectează mai ales pe săracii satelor. Este pelagra, pe care țăranii o numeau în Moldova „jupuială“, iar în Țara Românească „pârleală“, sau peste tot „boala săracilor“, „boala sărăciei“ (Neagoe, 1900, p. 283).

Spectacolul bolii

Înainte de toate trebuie să facem cunoștință cu răul ce cuprinde tot mai amenințător satele României la sfârșitul secolului al XIX-lea. Cum se manifestă această boală, astăzi dispărută? Cea mai bună cale de a afla este să cunoaștem câțiva bolnavi în carne și oase, prin intermediul medicilor care îi tratează. Iată cum o descrie doctorul Popescu Nicolae pe una dintre pacientele sale: „Mira Petre Radu Drăghici, de ani 32, din comuna Gratia, e văzută în iunie, 1887. Ca antecedente ereditare, nici unul pellagros. Alimentația cu mălai. Boala apare pentru prima oară în primăvara lui 1887 printr-un simplu erithem pe dosul mâinilor. Talia înaltă, fizic foarte bun, bine dezvoltată, putându-se da ca tip, nu găsim decât un ușor erithem pe partea dorsală a mâinilor, cu descomația furfuracee. Nu acuza nici o altă suferință, dar îi e teamă că a văzut la multă lume că boala începe ca la dânsa, se agravează, înnebunesc și mor. Tot ce am putut face a fost a-i recomanda o mâncare bună, lipsindu-se de mămăligă, de care ne răspunde că cu greu se poate lăsa, căci sunt săraci și nu au altceva. În primăvara lui 1888, prin iunie, din nou se prezintă la biroul primăriei, dar acum în loc de a avea acea femeie tip, atât de veselă și bine conformată, vedem o talie înaltă, slăbănoagă, figura tristă ca plângândă, corpul oarecum aplecat înainte, toată fața de culoare neagră theroasă, epiderma pometelor aridicată lăsând o piele lustruită; pe frunte o mulțime de coji ce se aridic cu înlesnire. Mâinile pe partea dorsală până la terțul inferior al antebrațului cu erithem, în multe părți lucioase iar în altele cu coji. Acuză cefalalgie, vertigiu, dureri în membre, mai cu seamă în rachis, lipsă de apetit, crampe stomacale cu diaree. Mersul oarecum greoi. Toate aceste fenomene apar de primăvara, continuându-se până toamna, când dispar. În 1889, era imposibil a fi recunoscută de acea femeie de cu doi ani mai înainte. Prezintă toate fenomenele din 1888, la care se mai adaugă greutatea în mers, ce este titubant, slabă și foarte anemică" (Popescu, 1891, pp. 89–90). Medicul prevede pentru Mira o „terminație fatală", ceea ce fără îndoială a avut loc.

În literatura medicală privitoare la pelagră următorul caz este oarecum celebru, deoarece este unul dintre primele descrise, iar cel care îl prezintă este la fel de celebrul doctor Iacob Felix. Să facem deci cunoștință cu Achim Radu, rotar din comuna Românești, care, în iunie 1859, bolnav de „sfrinție învechită", îl întâlnește pe doctorul Iacob Felix la spitalul județului Muscel. „Bolnavul în vârstă de 48 ani arată că mămăliga e singurul nutriment al său, că pâinea, carnea, laptele, brânza nu le mănâncă nici de 20 de ori pe an, că chiar ceapa vine rar pe masa sa; că rachiul de prune îi place, dară neavând mijloace, rareori când dă de parale bea câte o cinzeacă; că în luna aprilie 1859 începe a simți o slăbiciune considerabilă, încât de multe ori nu putea a munci, capul îl durea și din când în când simțea o arsură prin extremități, nu putea dormi și n-avea poftă de mâncare. În luna lui mai i se umflară mâinile și obrazul, umflătura îi cauza puține dureri, trecea după 3 săptămâni, dară pielea obrazului și mâinilor crepa și se jupuia și deveni «neagră ca pielea unui țigan». În sfârșit slăbiciunea creștea și bolnavul nu mai putea îngriji de casa sa" (Felix, 1862 a, p. 23). Simptomele clare ale pelagrei, pe care doctorul Iacob Felix o diagnostichează cu precizie. În 19 zile de spitalizare bolnavului îi revine pofta de mâncare și se observă o ameliorare generală rapidă. Cândva, între 19 și 22 iulie 1859, bolnavul părăsește spitalul. Câteva luni Iacob Felix nu îl mai întâlnește pe rotarul Achim Radu: „În luna ianuarie 1860 trebuințele serviciului mă cheamă în satul Rumânești, unde găsii pe pelagrosul nostru. Pielea obrazului și a mâinilor era pigmentată ca mai înainte [...], bolnavul declară că are puterea de a munci, dar că ostenește mai curând decât cu 2 ani mai înainte; însă că are și somnul regulat și poftă de mâncare. Îi mai dedei câteva prafuri de chinin sulfuric pe care le aveam la mine și îi recomandai să mai vie la Câmpulung. Cu această ocazie văzui și consoarta și copiii bolnavului, care erau toți sănătoși. De atunci n-am mai văzut pe bolnav până la 10 iunie 1860, când iar mă duseră datoriile fonției în satul Rumânești. Bolnavul îmi comunică că în lunile aprilie și mai 1860 se repeti simptomele de la anul 1859; deși umflătura obrazului și mâinilor scăzuse [...], la dosul mâinei drepte epidermul era ridicat în forma unei bășice mare cât un icușar, umplute cu un fluid subțire roșior. Bolnavul, atribuind spitalului recidiva bolii, n-a vrut să mai intre; îi dedei 20 de prafuri cu câte 3 grame de sulfat de chinin pentru 20 de zile, îi recomandai mâncarea mai nutritoare. După aproape 10 luni, la 28 martie 1861, iar mi se înfățișă la spital pelagrosul de la Rumânești, astă dată într-o stare că abia îl recunoșteam. Bolnavul, în vârstă de 50 ani, arăta înfățișarea unui om de 65 ani [...], bolnavul varsă mai tot ce mănâncă, are setea necontenită și diaree subțire, durere la șiru spinării, extremitățile amorțesc din când în când. [...] Până la 30 martie se opri vărsătura și diareea, până la 4 aprilie unele ulcerațiuni se vindecară, altele se curățiră; și bolnavul, văzându-se mai bine, cu toate că mai era prea slab, că îl mai durea șiru spinării și extremitățile, n-a mai vrut să șadă. Era atât de melancolic, că îl liberai din spital, dându-i o ordonanță gratuită pentru carbonat de fier cu sulfat de chinin. Tot deodată însărcinai pe subchirurgul despărțirei respective ca să observe pe numitul bolnav și să-mi raporteze. Aflai despre dânsul că 2 săptămâni după ieșirea din spital înnebuni, că mania lui nu făcea nici o intermisiune și că în cele dintâi zile ale lui mai a.c. muri“ (Felix, 1862 a, pp. 23–24).

Cum definesc boala medicii celei de-a doua jumătăți a secolului al XIX-lea? Tânărul medic C. Constantinescu, în 1887, consideră pelagra „o maladie generală, cachectică“, recunoscând drept cauză cu probabilitate „o intoxicațiune lentă prin porumbul alterat fie prin paraziți mucedinei, fie prin fermentațiune, care are loc în condițiuni de imperfectă maturitate și rea conservațiune“ (Constantinescu, 1887, p. 74). Peste mai mult de un deceniu, în lucrarea sa de doctorat în medicină și chirurgie, domnișoara Elena Manicatide consideră pelagra „o boală specifică, datorită intoxicațiunei cu o substanță, ce se produce în porumbul mai mult sau mai puțin alterat, lucrând mai cu seamă asupra sistemului nervos" (Manicatide, 1900, 22), iar maestrul său, doctorul Victor Babeș, într-o lucrare de popularizare din perioada interbelică descrie boala într-un limbaj mai accesibil: „pelagra este o otrăvire, prin porumb mai mult sau mai puțin stricat, rămânând deseori mult timp neobservată și manifestându-se mai cu seamă asupra unui organism slăbit, de la naștere, sau prin foame, prin boale și prin degenerare" (Babeș, s.a., p. 12). Remarcăm faptul că medicii definesc boala la modul general, încadrând-o într-o grupă nosologică specifică – intoxicație/otrăvire –, stabilind o etiologie – produsă de porumbul alterat – sau insistând, cum face Victor Babeș, asupra predispozițiilor individuale la declanșarea maladiei.

Pelagra în faza terminală duce la o degradare fizică și psihică care îi impresionează adesea pe observatori, cu toate că medicii nu sunt persoane ușor de impresionat. Chiar de la primele mărturii descrierile sunt terifiante. Doctorul Iacob Felix este printre primii martori ai acestei teribile degradări: „Prin unele sate ale Țării Românești puteți vedea târându-se niște cadavre vii acoperite cu răni, cu pielea crăpată la mâini și la picioare, prefăcută într-o coaje groasă la alte locuri. Cea din urmă înflăcărare a sufletului acelor sărmani e câteodată o nebunie letală. Simplicitatea țăranului numește boala aceasta în unele locuri «pârleală», în alte locuri «pecingine rea», știința a botezat-o «pelagră»" (Felix, 1862, p. 366). Și alți medici remarcă „aspectul" impresionant al bolnavilor de pelagră. În 1887, doctorul I. Antoniu consideră că aspectul „oribil" al pelagroșilor în fază terminală nu poate să nu-l impresioneze „chiar și pe omul cel mai apatic" (Antoniu, 1887, p. 63). În concluzie, o boală teribilă, ducând cel mai adesea la un sfârșit letal.

După identificare, pentru a descrie noua maladie, medicii apelează la imensa literatură străină privitoare la boală și, conform criteriilor de scientificitate ale epocii aplicate în știința medicală, ordonează și ierarhizează simptomele, stabilesc „stadii", sau „grade" în evoluția bolii, studiază etiologia noii manifestări morbide. Într-un cuvânt, construiesc din punct de vedere conceptual și categorial noua maladie. Pornind pe urmele pelagrei, istoricul de astăzi nu poate să ignore acest proces. Nici noi nu o vom face. Pentru a „inventa" boala, medicii urmează două căi, care de fapt sunt complementare: mai întâi se sistematizează simptomele sau „manifestările" pe categorii nosologice, adică se identifică pelagra prin manifestările sale principale – eritemul, manifestările digestive și manifestările nervoase – sau se asociază aceste manifestări cu unele stadii de evoluție a bolii, cel mai adesea trei, cărora li se adaugă „prodromele", sau un presupus stadiu începător. Vom urmări cel din urmă model descriptiv, pentru că este mai cuprinzător, asociind, cum spuneam, simptomele evoluției bolii. Primul simptom cert al pelagrei este eritemul pelagros care se manifestă ca „o roșeață violacee mai mult sau mai puțin intensă a tegumentelor [...], apărând de obicei pe tegumentele expuse la soare, adică pe față și pe gât, pe piept, pe partea dorsală a mâinilor și a picioarelor; este un eritem ce se continuă cu descuamația părților atinse" (Manicatide, 1900, p. 26). Altfel spus, pielea se înroșește și în decurs de câteva săptămâni se usucă și poate fi desprinsă, se „jupuiește", cum spun țăranii, de unde și numele popular al bolii. Pe locul eritemului pielea își schimbă culoarea, iar marginile capătă o culoare roșie închisă, aproape neagră, formă pe care unii pacienți ai doctorului Nicolae Popescu o „numesc *pârleală neagră*, atribuindu-i caractere mai grave" (Popescu, 1891, p. 40). Caracteristic eritemului este că apare primăvara, prin martie, și se repetă an de an, în aceeași perioadă, în forme tot mai grave. Dar, înaintea apariției eritemului, medicii au identificat un stadiu începător, care se manifestă prin oboseală accentuată, dureri de cap, insomnie sau somnolență,

„arsuri în gură“, depresie (Neagoe, 1900, p. 389) etc., care pot fi asociate cu stări morbide extrem de diverse. Tocmai din această cauză unii autori neagă existența acestui stadiu. Gradul întâi este de obicei identificat odată cu apariția eritemului, din acest moment diagnosticul fiind cert. Medicul care a văzut o dată eritemul pelagros îl va recunoaște totdeauna. Tot acum încep și manifestările digestive: pierderea apetitului sau opusul său – „o adevarată bulimie“ –, arsuri în cavitatea bucală care coboară și în esofag, diaree, în aproape toate cazurile o „durere la stomac, un fel de arsură sau foc, care se întinde spre esofag“ (Popescu, 1891, p. 41); li se adăugă manifestările „nervoase“: dureri de cap, amețeală, dureri în trunchi sau în membre. Pelagra este o boală cu o evoluție lungă, care uneori se poate întinde pe un interval de peste un deceniu, dar care de obicei evoluează fatal în 3-4 ani (Popescu, 1891, p. 53). Gradul al doilea se caracterizează prin agravarea simptomelor prezentate anterior. Tulburările digestive devin tot mai violente, diareea devine „disenteriformă“; tulburările nervoase se acentuează, transformându-se în manie pelagroasă și paralizie pelagroasă. Apare mersul caracteristic: șovăitor, cu corpul aplecat puțin înainte. Adeseori ajuns în această stare, pacientul încearcă să se sinucidă, iar pelagra îndeamnă până și la o modalitate specifică de sinucidere: înecul. Medicii se întrec în a descrie asemenea cazuri (Popescu, 1891, pp. 43–47). Gradul al treilea și ultim este degradarea finală, când diareea „devine involuntară, neputând-o opri prin nici un mijloc terapeutic“ (Popescu, 1891, p. 47), manifestările nervoase sunt alienația și paralizia, aproape completă uneori. Altfel spus, bolnavul moare într-un spectacol impresionat și înfricoșător al mizeriei fizice și psihice. O boală parcă anume creată pentru țăran, după chipul vieții sale mizere, așa cum este zugrăvită de elită.

Boala săracilor

După ce am asistat la spectacolul bolii și la deznodământul său tragic, se cuvine să trecem în revistă, cum facem întotdeauna, principalele contribuții ale medicilor români care au scris despre pelagră. Se pare că prima menționare a bolii în literatura medicală română este disertația de doctorat a doctorului Constantin Vârnav, publicată în 1836, care atestă în Moldova o boală nouă pe care el o numește „boala trânjilor sau rana trânjilor“, dar a cărei simptomatologie ne trimite aproape cert către pelagră (Vernav, 1836, p. 62). Probabil nu este întâmplător faptul că boala este menționată pentru prima oară în Moldova, unde va fi focarul principal al pelagrei endemice în România până la Primul Război Mondial. Interesant este că în 1830 doctorul Constantin Caracaș nu o menționează, dar, după toate probabilitățile, în Țara Românească pelagra pare să apară mai târziu, cel puțin cu câteva decenii, decât în Moldova. Doctorul francez D. Caillat întreprinde în 1847 o călătorie în Țara Românească și afirmă că nu a văzut nici măcar un singur caz de pelagră, dar îi este atestată existența unei boli asemănătoare în nordul Moldovei (Felix, 1883, p. 21). În sfârșit, referindu-se tot la Moldova, pelagra este descrisă de doctorul Iuliu Theodori în teza sa inaugurală de la Universitatea din Berlin din 1858 (Felix, 1883, p. 21). Dar pelagra este introdusă în circuitul științific medical de doctorul Iacob Felix, care, în 1862, publică în revista oficială a sistemului sanitar – *Monitorul Medical al României* – primele observații asupra pelagrei culese din practica sa în calitate de medic al districtului Muscel (Felix, 1862 a). Odată cu deplina unificare a celor două principate, tânărul stat este confruntat cu o nouă plagă socială, ciudată coincidență. Oricum, până în deceniul nouă al secolului al XIX-lea scrierile despre pelagră nu lipsesc, dar se pare că boala nu este percepută ca o amenințare majoră la adresa populației și deci a statului, nu este încă

„boala noastră națională“ (Sufrin, 1899, p. 4) și nici acest „îngrozitor flagel ce bântuie pe țăranul nostru“ (Bejan, 1886, p. 481). Cu toate acestea, în 1882, fără a aminti lucrarea doctorului Constantin Vârnav, Iacob Felix recenzează nu mai puțin de 22 de texte medicale ce tratează și pelagra (Felix, 1883, pp. 21–24). Interesul doctorului Iacob Felix pentru această boală merge mai departe și una dintre primele teze de doctorat susținute la Facultatea de Medicină din București (teza nr. 5), elaborată sub coordonarea aceluiași profesor, tratează tot problema pelagrei (Ciobanoff, 1874). De altfel, până în 1900 inclusiv, nu mai puțin de opt teze de doctorat în medicină și chirurgie susținute la București și la Iași au ca subiect boala de care ne ocupăm (Crăinician, 1907, pp. 366, 371, 390, 394, 402, 409, 462, 465). Nu este puțin. După 1880, scrierile despre pelagră se înmulțesc pe măsură ce crește, tot mai mult, și numărul cazurilor, teoretic vorbind; mai precis, odată cu sporirea interesului corpului medical pentru această maladie. La începutul deceniului, din nou doctorul Iacob Felix, ca reprezentant al unei țări în care pelagra este endemică, va fi raportorul secțiunii I ce se ocupa de etiologia și profilaxia pelagrei la cel de-al IV-lea Congres Internațional de Igienă de la Geneva (Felix, 1882, pp. 4–5), raport ce va fi publicat în anul următor și în limba română. De altfel, pelagra pare să fi fost unul dintre centrele de interes științific de-a lungul întregii cariere a profesorului Iacob Felix. Din primul volum al *Tratatului de Hygienă publică și poliție sanitară* din 1870 pelagra nu lipsește (Felix, 1870, pp. 148–151), dar lipsește în 1889, când publică volumul al doilea, cel dedicat bolilor și bolnavilor (Felix, 1889), absență explicabilă prin faptul că în plină epocă pasteuriană, tratatul se ocupă doar de bolile transmisibile și nu de intoxicații, cum era definită pelagra. Cu câțiva ani mai înainte, chiar la începutul deceniului, în lucrarea sa mult citată, doctorului C.I. Istrati, când vorbește despre porumb în alimentația țăranului român, amintește în câteva pagini și problema pelagrei (Istrati, 1880, pp. 239–245), nu putea să nu o facă. Dar tot deceniul nouă vede și publicarea primei sinteze asupra bolii, realizată de un medic român – medicul de district I. Antoniu, cel devenit celebru în întreaga literatură medicală a vremii pentru mărturisirea că, în 1870, pe când îndeplinea funcția de medic al districtului Vaslui, a făcut experiențe pe câțiva dintre deținuții din penintenciarul Dobrovățu, evident fără încuviințarea lor, pentru a verifica dacă alimentația cu porumb alterat poate provoca pelagra, experiențe încununate de succes (Antoniu, 1887, pp. 206–207, 233–235). Încetul cu încetul, numărul cazurilor crește și putem vorbi de o adevărată psihoză a corpului medical vizavi de această boală, așa cum se va vedea undeva mai jos în analiza statisticilor bolnavilor de pelagră din România. Un moment important în literatura medicală având acest subiect îl constituie, în 1888, „Raportul general asupra pelagrei“ prezentat ministrului de interne de către directorul general al Serviciului Sanitar, doctorul Sergiu, care este prima încercare de sistematizare statistică a pelagroșilor din Regat (Sergiu, 1888). În același an, doctorul I. Neagoe, care va deveni pelagrologul român cel mai cunoscut de până la Primul Război Mondial, efectuează propria „misiune“ în străinătate pentru a studia măsurile pe care alte state europene le-au luat pentru extincția acestei boli (Neagoe, 1889). Doctorul Neagoe pare să se specializeze în cercetările în străinătate, el realizând în perioada decembrie 1893–februarie 1894 o a doua misiune de cercetare (Neagoe, 1899, pp. 9–10). Ultimul deceniu al secolului stă sub semnul doctorului Iacob Felix, care, între 1892 și 1899, este Directorul Direcției Generale a Serviciului Sanitar al României și ale cărui rapoarte generale abordează întotdeauna și problema pelagrei. În sfârșit, anul 1899 este anul celui de-al III-lea Congres al Asociației Medicilor din Țară, iar tema aleasă este una de actualitate – pelagra –, raportor fiind pelagrologul *en titre* al Regatului – dr. I. Neagoe. De altfel, în anul următor, doctorul Neagoe câștigă Premiul Adamachi al Academiei Române, iar lucrarea sa va fi publicată în *Publicațiunile Fondului Vasilie Adamachi*, aceasta fiind a doua sinteză asupra pelagrei în Regat (Neagoe, 1900, pp. 279–527). În primul deceniu al secolului al XX-lea, în urma transformării pelagrei într-o boală națională, Academia Română intervine și, în 1902, va scoate la concurs un premiu pentru cercetări originale asupra bolii. Timp de cinci ani nu se va prezenta nici o lucrare, așa că anunțul concursului va fi reluat în 1907 și, în sfârșit, abia în 1912, medicii A. Babeș și V. Bușilă câștigă premiul Academiei cu lucrarea *Cercetări originale despre pelagra în România* (Babeș, Bușilă, 1915). Lucrarea doctorului I. Neagoe din 1900 este o lucrare despre istoria bolii și a etiologiei ei, cea din 1912 este o lucrare de știință în stare pură în care experiențele pe animale și analizele de laborator ocupă partea principală. Astfel, în decurs de doar un deceniu, și în problema discursului medical despre pelagră avem de-a face cu o trecere de la narațiune la știință. Acest din urmă fenomen se petrece cu toate temele discursului medical despre țăran și despre lumea rurală. Se datorează, în mare măsură, evoluției generale a medicine, care în ultimele decenii ale secolului al XIX-lea se transformă rapid dintr-o „artă" într-o adevărată știință. Ar mai trebui remarcat că, în cazul său, creșterea gradului de scientificitate al medicinei se desfășoară simultan cu progresele bacteriologiei și ale chimiei, care o transformă în ceea ce ar fi trebuit să fie dintotdeauna: știința de a vindeca bolile.

Sarabanda cifrelor

Pentru a înțelege locul pe care pelagra îl ocupă în discursul medical din ultimele două decenii ale secolului al XIX-lea din România trebuie evidențiată sarabanda cifrelor, care dezvăluie o adevărată psihoză prezentă la nivelul corpului medical şi, evident, indusă întregului corp social din cauza creşterii galopante a numărului de bolnavi de pelagră. Pe la 1859–1861, doctorul Iacob Felix evalua numărul bolnavilor de pelagră în districtul Muscel în jurul a 80–90 de cazuri la o populaţie de 80 000 locuitori (Felix, 1862 a, p. 16), aşadar 1-1,1 la mia de locuitori, ceea ce nu este mult. Prima estimare a numărului total de bolnavi de pelagră făcută pe baza numărului de cazuri spitalizate şi pe baza statisticilor recrutării aparţine tot doctorului Iacob Felix, care, în 1882, consideră că în toată România nu există mai mult de 4 500 de pelagroşi (Felix, 1882, pp. 31–41). Doctorul I. Antoniu nu este tot atât de optimist ca doctorul Felix, iar în anul anterior primului recensământ al bolnavilor mărturiseşte că în calitatea sa de medic de judeţ a putut vedea „mii de cazuri de pelagră" (Antoniu, 1887, X), adaugă că analizele sale se bazează pe observarea a 10 000 de cazuri (Antoniu, 1887, 33). Impresionant! Oricum, tot doctorul Antoniu crede că de la Bârlad a rezolvat o dată pentru totdeauna problema spinoasă a etiologiei pelagrei... şi câte şi mai câte. Dar fantasmele doctorului I. Antoniu sunt întreţinute în mod indirect de Ministerul de Interne, care, în perioada 1884–1887, adoptă o măsură suplimentară pentru asigurarea asistenţei sanitare a populaţiei rurale: aşa-numitele ambulanţe militare rurale. În 1884 sunt concentrate două asemenea ambulanţe rurale, una în Vrancea, cealaltă în Oltenia; în 1885, numărul lor creşte la patru (judeţele Gorj, Argeş, Bacău şi Neamţ) (Spiroiu, 1885, p. 193). Îşi vor dovedi din plin utilitatea prin numărul mare de consultaţii acordate. Aşa că în 1886 vor funcţiona 15 asemenea ambulanţe, câte una la fiecare două judeţe (Possa, 1886, p. 384). Anul 1887 va fi ultimul în care ambulanţele militare rurale vor acţiona pe teren. Cu această ocazie s-a putut constata cu stupoare numărul mare al bolnavilor de pelagră care vin la consultații. De pildă, doctorul V. Bejan raportează, referindu-se la ambulanța sanitară ce deservea județele Botoșani și Dorohoi în 1886, că dintr-un total de 8960 de consultații, 2081 erau acordate unor bolnavi de pelagră (Bejan, 1886, p. 430); între bolile constatate pelagra ocupă primul loc. Putem să ne consolăm cu faptul că Moldova este zona în care pelagra este endemică, dar și în Muntenia, în județele Ilfov și Ialomița, doctorul E. Clement, tot în 1886, constată că între „bolile predominante după gravitatea și frecvența lor" pe primul loc este tot pelagra, cu un total de 235 de bolnavi consultați într-o lună (Clement, 1886, p. 286). Pe de altă parte, medicul militar Al. Spiroiu, care în 1885 e alături de ambulanța din județul Mehedinți, găsește 22 de cazuri de pelagră, cărora nu le acordă nici o importanță, el considerând că „paludismul este aici principala cauză, ca să nu zic unica, a morbidității și a degenerării populațiunii rurale" (Spiroiu, 1885, pp. 196–197). Cert este că, pe de o parte aceste campanii de organizare a ambulanțelor rurale aduc la lumină, prin consultații acordate la fața locului, un număr mult mai mare de bolnavi de pelagră decât estimările oficiale; pe de altă parte, întrețin psihoza catastrofei demografice pe cale să se producă în urma noii maladii. La începutul secolului al XX-lea, în fața numărului imens de consultații oferite bolnavilor de pelagră de către ambulanțele rurale, care numai în 1887 urcă la 19000, până și moderatul doctor Iacob Felix este silit să admită că numărul bolnavilor avansat de el în 1882 – 5000[1] – era probabil mai mare, chiar dacă „din numărul consultațiunilor nu putem însă să cunoaștem numărul adevărat al pelagroșilor din toată țara" (Felix, 1902 a, 30, p. 2). Oricum, devine tot mai clar că este nevoie de o statistică cât mai precisă a bolnavilor de pelagră în urma unui curent de opinie pe care doctorul Sergiu îl

1. De fapt, cum s-a văzut, el avansase un număr chiar mai mic: 4500.

descrie în felul următor: „medicii de județ și de plăși, care prin natura funcțiunei lor, sunt în contact cu țăranii, spun în rapoartele lor anuale întinderea mare ce ia la noi pelagra. Rapoartele capilor de ambulanțe rurale dau mii de cazuri de această nenorocită afecțiune. Scrieri, fie ca teze, fie ca monografii, dezvelesc cu exagerațiune dezastrele produse prin evoluțiunea pelagrei. În fine, persoane străine de știința medicală și câteva ziare repetă, prin vorbe sau prin scris, înfiorătoarele efecte ale pelagrei“ (Sergiu, 1888, p. 5). Iar doctorul Sergiu, în 1887, când ajunge în fruntea Direcției Generale a Serviciului Sanitar, își asumă această statistică. În mod evident, doctorul Sergiu consideră viziunile catastrofice ca ale doctorului I. Antoniu, drept simple exagerări și, chiar înainte de a avea rezultatele statisticii pelagroșilor, este deja convins că situația nu este așa de gravă precum se spune. Pentru că în mai 1887, când ajunge în fruntea Direcției Sanitare și pune în mișcare mecanismul statistic, se publica în revista *Spitalul* lecția sa clinică dedicată pelagrei și susținută la spitalul de copii din București, unde afirma că „s-a făcut la facultatea de medicină teze despre pelagra, alcoolism etc., care în loc de a studia chestiunile și de a aduce lumina, să mărgineau a spăimânta lumea, arătând că poporul român descrește îngrozitor“ (Sergiu, 1887 a, p. 178) și că, inspectând aproximativ 200 de comune, „am depus stăruințe, fiind ajutat și de autoritățile competinte, ca să văd cu ochii mei pelagroșii comunilor pe care le-am vizitat; vă mărturisesc că tabloul ce l-am văzut în realitate nu e așa îngrozitor, nu am văzut atâtea cazuri de pelagră cum se descrie în unile publicațiuni“ (Sergiu, 1887 a, p. 178). În continuare, el insistă asupra bolilor a căror simptomatologie este asemănătoare cu a pelagrei și cu care pot fi confundate. Cum v-am avertizat deja, numărul bolnavilor de pelagră rezultați în urma anchetei conduse de doctorul Sergiu și finalizate în iunie 1888, este sub așteptări: 10 626 de bolnavi în toată țara – cu excepția Dobrogei, unde pelagra se pare că nu există, ceea ce înseamnă 1,96 la mia de locuitori. Concluzia se impunea de la sine: „Numărul de 10 626 pelagroși pentru toată țara arată cât de exgerată era părerea multora care susțineau că populațiunea noastră rurală este decimată de pelagră. Mulți medici luați de curentul acelor care vedeau răul mult mai mare decât este în realitate făceau tabloul cel mai înfiorător de numeroasele victime ale pelagrei printre țăranii noștri. Acum [...] nu ne mai este permis a ne tângui și a ne crede cel mai bântuit popor de boalele mizeriei“ (Sergiu, 1888, p. 8). Județele din Moldova sunt cele mai afectate, dar o împărțire a plaselor pe zone geografice și de cultură oferă date instructive. Astfel, în „regiunea de munte“, incidența bolii este de 1,92 la mia de locuitori; situația este mai gravă în „regiunea de deal sau podgorii“, unde se înregistrează 2,38 bolnavi la mia de locuitori, și, în sfârșit, în „regiunea de câmp“ numărul pelagroșilor pare cel mai scăzut: 1,63 la mia de locuitori (Sergiu, 1888, pp. 11–12). Din cei 10 626 de bolnavi de pelagră doar 91 nu sunt țărani (Sergiu, 1888, p. 15). Este triumful doctorului Sergiu! De scurtă durată, de altfel, căci încetul cu încetul, după ce fusese ținută oarecum în frâu în timpul directoratului doctorului Iacob Felix, teama socială de pelagră va reveni la începutul secolului al XX-lea. Prin atitudinea față de principalele frici sociale de sorginte medicală, doctorul Sergiu face parte dintr-o categorie de medici în cadrul căreia îi are alături mai degrabă pe doctorul Iacob Felix decât pe C.I. Istrati sau pe I. Antoniu. Dar vocea lor singulară, chiar dacă vine din vârful ierarhiei sistemului sanitar, se va pierde în corul alarmist al corpului medical ca ansamblu.

În 1892, în fruntea Direcției Generale a Serviciului Sanitar este numit doctorul Iacob Felix, ceea ce nu poate fi decât o bucurie pentru istoricul de astăzi, căci harnicul și conștiinciosul doctor își îndeplinește cu sfințenie îndatoririle regulamentare și publică, an de an, rapoarte amănunțite asupra stării sanitare a Regatului. Dintre subiectele abordate de aceste rapoarte pelagra nu putea să lipsească. În 1892, doctorul Felix mărturisește că datele despre numărul bolnavilor de pelagră sunt doar parțiale, din cauză că după 1888 nu mai există nici un recensământ al acestora. Așa că în 1892 numărul pelagroșilor se stabilește după centralizarea cazurilor recenzate de serviciile de asistență publică, adică 16 488 de cazuri. Evident, doctorul Iacob Felix este conștient că „acest număr [...] ne dă numai o imagine aproximativă despre extensiunea endemiei" (Felix, 1893, p. 66), căci unii bolnavi se puteau prezenta de mai multe ori la consultații, iar alții niciodată. În plus, o statistică a bolnavilor de pelagră este dificil de realizat și din cauza faptului că, în stadiul incipient, simptomul sigur al bolii – eritemul – dispare „în a doua jumătate a verii" și prin urmare un recensământ al bolnavilor ar trebui să se facă în lunile mai și iunie, ceea ce își și propune doctorul Felix pentru 1893. Însă recensământul din acest an, cu liste nominale, găsește la nivelul întregului Regat un număr de doar 7 091 de bolnavi de pelagră, număr pe care nici măcar doctorul Felix nu îl crede: „numărul lor real este mai mare de 7 091" (Felix, 1894, p. 95); are și dovezi: în județul Suceava, unde sunt înregistrați 78 de bolnavi, doar în spitalul rural Slatina din acest județ au fost internați în 1893 157 de bolnavi de pelagră și s-au dat consultații și medicamente unui alt număr de 272 de bolnavi. În Vâlcea, Mehedinți, Neamț și Tutova apar situații asemănătoare (Felix, 1894, pp. 95–96). În anul următor recensământul pelagroșilor dă o cifră chiar mai mică decât în anul anterior: 6 694 (Felix, 1895, p. 66), și prezintă și noi anomalii: în județul Putna, în 1893, sunt recenzați 449 de bolnavi, iar în anul următor doar 157, în județul Argeș sunt recenzate, în 1894, 61 de cazuri, față de anul anterior, când apăreau 267 (Felix, 1895, p. 67). Metodologia recensămintelor cu liste nominale este păstrată și în 1895, iar rezultatul este pe măsură: 7 531 de pelagroși (Felix, 1897, p. 104). Cu toate că în 1895 doctorul Felix consideră că recensământul cu liste nominale „ne dă date aproximativ exacte" (Felix, 1897, p. 104), în anul următor își schimbă părerea și completează listele recensământului nominal cu „cele extrase din registrele spitalelor și din tabelele bolnavilor căutați de medicii primari de județe și de medicii de plasă". Cum vor fi fost completate listele nominale cu datele din tabelele bolnavilor consultați de medicul primar de județ și medicul de plasă, unde este înscris doar numărul bolnavilor consultați, nu știm. Cert este, și acest aspect era important, că potrivit noii metodologii numărul bolnavilor de pelagră crește spectaculos: în 1896 sunt înregistrați 17 912 bolnavi, iar peste un an numărul lor crește la 19 796 (Felix, 1899, p. 173). Devine astfel evident că în timpul directoratului său doctorul Iacob Felix este în căutarea numărului perfect al bolnavilor de pelagră, număr de altfel imposibil de stabilit, din varii motive. Semnificativ este faptul că recensământul cu liste nominale, care dădea valori certe, dar fără îndoială mai mici decât cele reale, este mereu criticat și nu rezistă decât trei ani, pe când varianta mixtă de după 1896 – la fel de nesigură ca și cea anterioară – dă valori mult mai mari și deci mai credibile într-o societate care consideră pelagra o plagă socială în creștere, nu este supusă criticii, nici măcar de către cel ce o alege. Astfel, se pare că până și echilibratul doctor Iacob Felix, la fel ca întregul corp medical, cedează în fața amenințării spectrului pelagrei, care devine an de an tot mai întunecat.

În anii următori, bolnavii de pelagră sunt înregistrați de toți „medicii aflați în funcțiuni publice" în tabele nominale care, însumate, „constituie oarecum un recensământ anual" (Obregia, 1907, p. 209). La sfârșitul secolului al XIX-lea și la începutul celui următor, numărul bolnavilor de pelagră este în continuă creștere, de la 21 282 de cazuri în 1898 la

43 687 de cazuri în 1904 (Obregia, 1907, p. 209). În anul următor, în statistici, numărul total al bolnavilor de pelagră crește cu peste 10 000 și depășește pragul psihologic de 50 000, înregistrându-se în întreg Regatul nu mai puțin de 56 637 de cazuri (Ionescu, 1906, p. 440). De acum numărul cazurilor pare să se stabilizeze, căci în 1906 se observă o mică regresie – 56 282 de cazuri (Ionescu, 1908, p. 111), dar în 1910 ne găsim din nou pe un trend ascendent – 58 403 de cazuri (Babeș, Bușilă, 1915, p. 191). Oricum, se pare că statistica pelagrei a fost o nucă tare pentru biroul statistic al Direcției Sanitare, care va renunța să mai centralizeze datele de după 1906 și va propune „numirea unei comisiuni care să rezolve această chestiune“ (Babeș, Bușilă, 1915, p. 172). Problema statisticii bolnavilor de pelagră în general și a statisticii acestora în România este cel mai bine sintetizată de doctorii A. Babeș și V. Bușilă în 1912, în lucrarea premiată de Academie: „O statistică a pelagroșilor este în genere, după părerea noastră, un lucru nu tocmai ușor, ca să nu zicem imposibil; și iată de unde vin piedecile. Mai întâi bolnavii în primul stadiu al boalei nu se plâng singuri de vreo meteahnă și poate nici ei nu știu că sunt bolnavi, iar medicul nu poate merge din casă în casă, ca să examineze pe toți locuitorii, și apoi chiar dacă ar merge, n-ar putea recunoaște toți bolnavii, deoarece pelagra, la începutul ei, nu e o boală ușor de recunoscut; iar cât privește pelagroșii vechi, fără simptome vizibile, medicul n-ar putea afirma cu siguranță dacă mai sunt sau nu bolnavi. Prin urmare, prin firea lucrurilor, când o statistică de pelagroși este făcută conștiincios, se apropie de adevăr fără a-l atinge. Când însă această statistică e făcută cu oarecare ușurință, când nu toți cei chemați a o face își dau seama de importanța ei și când nu toți cei ce-și dau seama caută să-și dea și silința de a contribui la adunarea datelor în mod conștiincios, e lesne de închipuit care sunt rezultatele. În acest caz se află statistica pelagrei la noi în țară“ (Babeș, Bușilă, 1915, p. 172). Nu ar mai fi multe de adăugat. Imposibilitatea

de a ajunge la o cifră exactă a cazurilor dă liber frâu imaginației și atunci orice devine posibil. Aceeași cifră poate fi interpretată restrictiv sau alarmist: numărul de 19 000 de consultații acordate unor bolnavi de pelagră de ambulanțele militare rurale din 1887 a fost considerat de unii medici ca exagerat, pentru că „înregistrarea nu s-ar fi făcut cu rigurozitatea necesară", iar de alții ca prea mic, pentru că în lunile iulie și august, când au funcționat ambulanțele, simptomele incipiente ale bolii dispar, țăranii nu mai solicită ajutor medical și deci „registrele ambulanțelor nu dau o imagine fidelă a întinderii bolii" (Felix, 1893, p. 66). Ambele argumente sunt raționale și înglobează o doză de adevăr. Presiunea socială insistă însă pe creșterea numărului de bolnavi. În general, datele oficiale sunt considerate subevaluate. Dr. I. Neagoe este convins în 1906 că numărul bolnavilor de pelagră atinge „cel puțin" dublul cifrei oficiale: „o știm toți medicii țării, începând cu d. director-general și până la ultimul dr. X" (Neagoe, 1906, p. 5). În discursul de recepție la Academia Română, tot în 1906, doctorul Gheorghe Marinescu pare tot mai îngrijorat de creșterea numărului bolnavilor de pelagră, pentru anul 1905 avansând cifra de 100 000 de bolnavi. De unde apare această cifră nu știm, și nici doctorul Neagoe nu știe (Neagoe, 1906, p. 6), dar oricum doctorului Marinescu îi este de folos pentru a demonstra progresia enormă ce a luat pelagra în România: „de la 1897–1905, adică în opt ani, numărul s-a încincit"; concluzia vine de la sine: „este pur și simplu groaznic. Ce formă va lua această progresie, numai Dumnezeu o știe, dar flagelul este înspăimântător"[1]. Tot la începutul anului 1906, într-o interpelare parlamentară, celebrul chirurg și deputat Thoma Ionescu avansează cifra

1. Gheorghe Marinescu, „Progresele și tendințele medicinei moderne", în Octavian Buda (coordonator), *Despre regenerarea și... degenerarea unei națiuni. Discursuri inaugurale medicale în vremea lui Carol I, 1872-1912*, Editura Tritonic, București, 2009, p. 257.

de 150 000 de bolnavi de pelagră![1] Aproape de patru ori mai mult decât ultimele date oficiale. Ceva mai târziu, la sfârșitul anului 1910, doctorul Victor Babeș estimează și el numărul total al bolnavilor de pelagră la 80 000, dar, mai puțin alarmist decât colegul său Gheorghe Marinescu, admite că majoritatea bolnavilor suferă de forme ușoare și deci „numărul mare al pelagroșilor nu însemnează tot atâția degenerați, sau alienați, sau brațe pierdute pentru agricultură" (Babeș, 1911, p. 1). Este cert că în epocă pelagra este privită ca un adevărat flagel social și că există o teamă reală față de creșterea spectaculoasă a numărului bolnavilor de pelagră.

Dar, dacă nu am știut, și nici nu-l vom ști vreodată, numărul real al bolnavilor de pelagră din România modernă, știm sigur că numărul bolnavilor diagnosticați cu această maladie crește în mod constant în a doua jumătate a secolului al XIX-lea și la începutul celui următor. Creșterea este datorată în mod cert unei mai bune organizări a sistemului sanitar rural și deci a apropierii tot mai mari, la sfârșitul secolului, dintre beneficarii rurali ai actului medical și profesioniștii acestuia. E posibil să asistăm și la o schimbare de atitudine în interiorul comunităților rurale prin conștientizarea pericolului bolii și în general prin schimbarea atitudinii față de corp, boală și procesul vindecării. Toate acestea (la care se adaugă și lacunele statisticilor) duc la creșterea constantă a numărului de bolnavi înregistrați de statisticile medicale. Nu trebuie subestimată însă nici puterea pelagrei ca fantasmă socială...

„Pellagra – boala porumbului stricat"

Dacă numărul bolnavilor de pelagră rămâne o enigmă, la fel de enigmatică este și originea bolii până târziu în

1. „Discursul dlui Thoma Ionescu, rostit în ședința de la 27 ianuarie 1906", în *Desbaterile Adunărei Deputaților*, 1906, nr. 38, p. 542.

secolul al XX-lea. De la descoperirea maladiei, în secolul al XVIII-lea, teoriile medicale cu privire la etiologia pelagrei abundă, însă destul de repede se va stabili o legătură cauzală între alimentația cu porumb și boală. Pelagra este boala celor care consumă porumb. În plus, este boala săracilor care consumă porumb. Cum la noi pelagra este descoperită și i se acordă atenție de la jumătatea secolului al XIX-lea, și teoriile etiologice care circulă în mediile medicale românești sunt cele ale epocii. Teoria maidică a originii bolii este aproape general acceptată de-a lungul secolului al XIX-lea, dar partizanii ei se vor împărți curând în două tabere: „una care acuză porumbul în general, prin urmare și porumbul sănătos, ca cauza boalei, fiindcă ar fi aliment sărac în materii hrănitoare, mai ales în substanțe azotate, în gluten, cealaltă tabără a recunoscut că pelagra este produsă numai din porumbul stricat“ (Felix, 1902 a, 30, p. 3). Teoria zeitoxică este în a doua jumătate a secolului al XIX-lea cea mai răspândită și are, prin urmare, cei mai mulți aderenți printre medicii români. Doar doctorii I. Theodori și I. Neagoe susțin că porumbul în general, și sănătos, și alterat, este un aliment pelagrogen. Dacă îl lăsăm la o parte pe doctorul Theodori, care, după știința noastră, în afara tezei inaugurale de la Berlin din 1858 nu va mai scrie un rând despre pelagră, doctorul Neagoe este singurul susținător al teoriei maidice pure. El nu va renunța niciodată în a susține că, fără dubii, „cauza pelagrei este alimentațiunea abuzivă cu porumb, fie bun ori stricat, bineînțeles că cu cel stricat, alimentațiunea abuzivă va produce mai iute pelagra“ (Neagoe, 1900, p. 331). Teoria maidică pură are dezavantajul că impune drept condiție radicală de eradicare a pelagrei scoaterea porumbului din alimentația umană. Or, în afară de doctorul I. Neagoe, nimeni nu crede că alimentația cu porumb de bună calitate poate produce pelagra. Doctorul C.I. Istrati este convins că *„Pellagra nu este o maladie datorită porumbului și intrinsecă*

condițiuni igienice, ca locuințe, curățenie, muncă etc., găsind că majoritatea sunt pe o treaptă și mai jos ca românii. Singura diferență este că au, comparativ, o alimentație mai bună; ce câștigă mănâncă. Mulți sunt lăutari, iar unii se duc vara la București sau aiurea pentru lucru, și prin urmare lesne se înțelege că au o alimentație mai bună. În fine, am căutat a vedea dacă și țiganii din alte comune unde sunt mai numeroși, ca la Obislav, Căscioare, sunt atinși de pelagră și care le sunt condițiunile igienice comparativ cu românii și țiganii din Clejani. Rezultatul fiind: mai leneși ca cei din Clejani, traiul foarte rău, alimentație proastă, condițiuni igienice deplorabile, pelagra fiind ca și la ceilalți locuitori“ (Popescu, 1891, pp. 28–29). Că alimentația variată și fără porumb alungă pelagra este un fapt general acceptat; dovada cea mai bună și adesea invocată este că în județele Dobrogei, unde am văzut că alimentația țărănească are la bază pâinea, pelagra lipsește. Dar neîncrezătorii vor dori o explicație a faptului că adesea în zonele în care pelagra este endemică nu toți membrii aceleiași familii cad pradă bolii. Într-adevăr, în 1903, doctorul G. Proca va studia statistic pelagra în ceea ce el numește „focarul pelagros din județul Roman“, mai precis comuna Doljești, una dintre localitățile cu cea mai mare rată a îmbolnăvirilor de pelagră din țară; acolo, ancheta făcută în sânul a 68 familii cu 335 membri va dovedi că „la 73,6 % din familii era pelagros numai câte un membru, pe când restul de 26,4 % dădea câte doi sau mai mulți bolnavi de pelagră în același timp“ (Proca, 1903, p. 672). Această situație îl conduce pe doctorul Proca la concluzia că „predispozițiile individuale trebuie să aibă un rol precumpănitor în producerea pelagrei“ (Proca, 1903, p. 673). Pentru doctorul G. Proca predispozițiile cele mai evidente au legătură cu vârsta și genul, dar pentru Victor Babeș predispozițiile principale sunt legate de alcoolism, malarie și sifilis (Babeș, 1911, p. 2). Este evident pentru oricine, nu doar pentru medici, că un organism slăbit de diverse boli, rău nutrit, uzat prin muncă și excese, va fi un teren favorabil pentru pelagră. Dar condițiile igienice precare în care trăiește țăranul român sunt un factor favorizant pentru toate bolile și nu doar pentru pelagră. În sfârșit, datele statistice dovedesc o rată mai mare a pelagrei în zonele înalte decât în zonele de câmpie. Cum s-ar putea explica această situație? Susținătorii teoriei zeitoxice presupun că în zonele de munte se consumă de obicei porumb alterat, din cauză că acolo condițiile climaterice nu permit coacerea porumbului (Felix, 1883, p. 25); sau că, în regiunile înalte, unde nici nu se cultivă porumb, locuitorii cumpără de la câmpie porumb ieftin, de proastă calitate și... se îmbolnăvesc de pelagră (Antoniu, 1887, pp. 163–164). În ciuda acestor frumoase deducții logice, doctorul S. Surfin este pus în încurcătură; experiența îi spune altceva: a fost medic de plasă și în județul Iași, și în plasa Loviște (de munte) din județul Argeș, iar frecvența pelagrei i-a părut mai mare la câmpie decât la munte! Iar dacă numărul cazurilor de pelagră este invers proporțional cu „mizeria țăranului", teoria se verifică, deoarece „la munte am observat că starea țăranului este materialicește mult mai bună decât aceea a țăranului de la câmp" (Sufrin, 1899, pp. 23–24). Statisticile spun însă altceva. Doctorul Nicolae Popescu verifică în practica sa medicală din Vlașca o altă ipoteză care susține teoria zeitoxică – anii mai puțin prielnici culturii porumbului sunt urmați de o creștere sesizabilă a numărului de cazuri de pelagră (Popescu, 1891, p. 25). În lipsa unor certitudini cu privire la etiologia bolii, medicii imaginează scenarii pe baza teoriilor existente. În ciuda afilierii la teoria zeitoxică, medicii noștri sunt spirite critice prin excelență și de multe ori își manifestă scepticismul chiar și față de această teorie: doctorul N. Manolescu nu crede, în 1895, că problema „este încă resolvită" (Manolescu, 1895, p. 272) și chiar doctorul Felix, cu toate că declară „sunt zeist și consider porumbul stricat ca cauza principală“ (Felix, 1883, p. 7) a pelagrei, în aceeași lucrare, la capitolul de concluzii, trebuie să admită că „singurul lucru bine constatat este raportul între alimentațiunea predominantă cu porumb și între această boală“ (Felix, 1883, p. 42). În cele din urmă, problema etiologiei este sintetizată poate cel mai bine de cuvintele doctorului Valerian George Negrescu din 1886: despre pelagră „se știu și se presupun multe, dar nu se știe nimic pozitiv“ (Negrescu, 1886, p. 3).

Antipelagra

Dacă pelagra devine în ultimele două decenii ale secolului al XIX-lea și la începutul celui următor, cel puțin la nivel declarativ, un adevărat flagel național, un factor activ al „degenerării neamului“, ne așteptăm ca împotriva acestui pericol corpul național să risposteze. Urmărind modul în care se organizează această ripostă, vom remarca mai întâi că în general măsurile luate împotriva pelagrei sunt mai ales de natură curativă și foarte puțin de natură preventivă, dar aceasta este o problemă mai veche și generală a serviciului sanitar din România. Altfel spus, se fac eforturi pentru a depista și a trata bolnavii și mai puțin pentru a împiedica apariția bolii. Vom urma și noi această cale, prezentând mai întâi eforturile *practice curative* și apoi *sfaturile preventive*. Se pare că prima măsură practică datează din 1852, când în Moldova ia ființă un spital special destinat bolnavilor de pelagră la Dărăbani (Neagoe, 1899, p. 12), dar funcționarea lui va fi de scurtă durată. Mai apoi, dacă îi dăm crezare doctorului Sergiu, încă din 1876 se organizează pe lângă spitalul județean Dorohoi un „lazaret de pelagroși“, care se pare că mai funcționa în 1882 (Sergiu, 1888, pp. 16–17). Instituțiile curative speciale – „secțiuni spitalicești de câte 20 paturi“ – anexate unor spitale deja existente mai sunt înființate și în

1900 în zece județe, „unde pelagra s-a constatat mai răspândită“ (Obregia, 1907, p. 221). Doi ani mai târziu se încearcă vindecarea pelagrei prin băi cu apă minerală, iar în acest scop se instalează două ambulanțe provizorii: una la Băile Govora (Zorileanu, 1903, pp. 226–229) și cealaltă la Băile Căciulata (Obregia, 1907, p. 222). În sfârșit, în România se încearcă organizarea unor instituții curative speciale, după model italian, intitulate „pelagerozerii“ sau „azile pentru pelagroși“. În raportul său despre „misiunea în străinătate“ pentru studierea pelagrei, publicat în 1889, doctorul Neagoe propune înființarea a patru aziluri pentru pelagroși după modelul celui din Mogliano di Veneto, care ar fi trebuit să fie instituții curative asociate unor ferme-model. În asemenea instituții țăranul este vindecat și trupește, și intelectualicește, cum ar spune medicii epocii, căci în ferma-model el va învăța să practice o agricultură modernă; iarna, în atelierele proprii, femeile vor învăța să gătească, iar bărbații să împletească nuiele, „precum și primele noțiuni de strungărie și tâmplărie“ (Neagoe, 1889, pp. 60–62). Aceste aziluri trebuiau deci să fie spitale-școală. Spre dezamăgirea doctorului Neagoe, nu vor fi înființate patru aziluri, ci doar unul și mult mai târziu. Este vorba de Azilul de pelagroși Păncești-Dragomirești din județul Roman, care era atașat la Școala de agricultură, inaugurat în mai 1896. Acest azil este instituția curativă specializată cu cea mai îndelungată activitate: încă funcționa în 1912, când pe lângă cele 48 de paturi din clădirea principală mai existau 60 în două „bărăci“ funcționale în timpul verii, când numărul pacienților creștea (Babeș, Bușilă, 1915, p. 129). Primul medic al acestui azil, doctorul P. Flor, descrie în două rapoarte succesive toate neajunsurile noii instituții: în primul rând nu își atinge scopul pentru care a fost creat – acela de spital-școală, după model italian –, din cauză că directorul școlii de agricultură nu permite acest lucru. Medicul nostru și-ar fi dorit o instituție modernă și perfect funcțională, independentă de școala de agricultură, dar, se pare, nu așa se întâmpla; el ne conduce pe coridoarele azilului, ne descrie destinația fiecărei încăperi și ne prezintă toate neajunsurile: lipsa ventilației în saloanele bolnavilor, care face ca „în toate sălile și în saloane în permanență este un miros greu" (Flor, 1897, p. 352), și evident, flagelul spitalelor epocii, latrinele: „Latrinele sunt foarte prost construite, fac parte din corpul spitalului și sunt situate la nord, așa că pe de o parte vântul și pe de alta sistemul vicios cum sunt construite neavând nici măcar sistemul *Water Closet*, ci tot nenorocitul sistem «*à la turque*», fără sistem de uși, fără ventilații suficiente, atâtea cauze care fac, mai cu seamă pe timp umed, șederea în spital foarte anevoioasă și cu timpul o va face imposibilă" (Flor, 1897, p. 352). Nu există nici bucătărie, mâncarea fiind preparată la bucătăria școlii; baie există, dar fără instalații, și bolnavii sunt siliți a folosi din nou baia școlii... unde nu se pot lua băi calde, ci doar reci. Și nu există cameră mortuară; și nici fântână; și nici șoproane pentru lemne... (Flor, 1897, pp. 351–353). Doctorul Flor este disperat pe bună dreptate. Ce îmbunătățiri se vor fi adus azilului de-a lungul timpului știm prea puțin, căci doctorul Flor părăsește instituția în mai 1899, când nimic nu se schimbase (Flor, 1900, pp. 92–94). La un deceniu de la inaugurare, doctorul Neagoe consideră azilul de pelagroși de la Păncești „o rușine higienică și administrativă" (Neagoe, 1906, p. 21). Următoarea instituție de acest tip va fi pelagrozeria Doljești, tot din județul Roman, care ia ființă în 1903 și care va funcționa până în toamna lui 1904 (Obregia, 1907, pp. 222–223). Viață scurtă pare să fi avut și pelagrozeria din cătunul Brătești, comuna Pașcani, județul Suceava, înființată în 1904 (Obregia, 1907, p. 223). În 1912, doctorul A. Babeș și V. Bușilă amintesc doar două instituții specializate: mai vechiul „spital de pelagroși" din Păncești, județul Roman, și „pelagrozeria" de la Coșula, județul Botoșani, care „e mai mult un azil de alienați, deoarece acolo nu se internează decât pelagroși cu tulburări mentale" (Babeș, Bușilă, 1915, p. 133), și pe care medicii noștri o taxează drept „instituție primitivă".

Cum medicii știu că cel mai bun remediu împotriva pelagrei este o alimentație bogată, iar în spitale alimentația are un rol terapeutic la fel de important ca medicația, în 1906 se va experimenta pe lângă 26 de spitale din țară ceea ce doctorul Al. Obregia numește un „serviciu timporar de hrănire a bolnavilor de pelagră". Despre ce este vorba? Între 1 mai și 1 septembrie 1906, în cele 26 de spitale menționate, bolnavii de pelagră ce se vor prezenta la consultații duminica vor primi un bon de hrană care le va da dreptul să obțină de la bucătăria spitalului „câte o ciorbă acră (borș) cu bucăți de carne și câte o pâine proaspătă, pe care le va consuma în interiorul sau în curtea spitalului. Pelagrosul care se va dovedi că a băut la cârciumă, se va elimina de la masă" (Obregia, 1906, p. 142). Aceste „mese ale pelagroșilor" dau rezultate excelente, susține doctorul A. Vasiliu, medicul primar al județului Roman, căci atrag „populațiunea" și numai la spitalul Bâra până duminică 13 august au luat masa 295 de pelagroși (Vasiliu, 1906, p. 335). Modelul statului este urmat și de „persoanele care se interesează de locuitorii satelor" și cărora Direcția Serviciului Sanitar ține să le mulțumească în mod oficial prezentându-le actele caritabile în *Buletinul Direcției*: astfel, domnișoara Adela Vasile Lascăr „a binevoit a da hrană substanțială în mai multe duminici și sărbători bolnavilor prezentați la spitalul Darabani, județul Dorohoi", iar dl Constantin Miclescu oferă aceleași mese de două ori pe săptămână bolnavilor de pelagră din cătunul Stolniceni, județul Suceava[1]. Aceste mese ale pelagroșilor vor fi fost varianta românească a bucătăriilor economice italiene.

1. „Mesele pelagroșilor", în *Buletinul Direcțiunei Generale a Serviciului Sanitar*, anul XVIII, 1906, no. 17–18, p. 336.

Cât despre măsurile preventive, vor fi propuse multe, nenumărate, aproape că nu este autor care să nu-și exerseze imaginația propunând câteva măsuri de prevenire a pelagrei, dar toate au ca fundament teoria zeitoxică și deci au drept scop înlăturarea din alimentația umană a porumbului alterat. Ceea ce se poate realiza în mai multe feluri; în primul rând prin producerea unui porumb de calitate recoltat nici prea devreme, nici prea târziu, deci perfect copt. Dar chiar și așa, porumbul se poate altera dacă nu este bine conservat, dacă țăranul nu posedă un coșar aerat și depărtat de la sol. Și mai există pericolul alterării făinii de porumb, dacă se macină în mari cantități și nu se usucă. În sfârșit, pericolele par să pândească peste tot. Una dintre primele măsuri preventive datează din 1885, când se recomandă înființarea de cuptoare pentru uscarea porumbului pe lângă mori. Cât despre rezultate, ni le spune doctorul Nicolae Popescu: „nu am văzut nici un cuptor la vreo moară" (Popescu, 1891, p. 72). Totuși, la inițiativa lui Iacob Felix, în legea sanitară din 1893 se introduc în articolul 155 câteva interdicții privitoare la măcinarea și „punerea în consumație" a porumbului și a făinii de porumb alterate[1]. Rezultatul este nul. Nu are rost să continuăm: toate aceste propuneri văd lumina tiparului și rămân literă moartă. Cum pelagra este o boală eminamente socială, eradicarea ei este tot o problemă socială și nu putem să nu îi dăm dreptate doctorului Felix, care încă din 1892 este perfect conștient că „pelagra va dispare la noi cu progresele civilizațiunii, cum a dispărut în alte țări, cum a dispărut lepra, atunci când țăranul se va hrăni mai bine, se va adăposti pe sine într-o casă salubră, pe vitele sale într-un grajd sănătos, când va păstra grânele sale în hambare uscate, când el își va cultiva mai bine pământul, producând,

1. Alina Ioana Șuta, Oana Mihaela Tămaș, Alin Ciupală, Constantin Bărbulescu, Vlad Popovici, *Legislația sanitară în România modernă (1874–1910)*, Presa Universitară Clujeană, Cluj-Napoca, 2009, pp. 120–121.

pe lângă porumb și alte alimente de calitate mai bună, când el va îngriji mai bine de vaca sa, pentru ca să-i dea lapte în abondență, când țăranul român va fi devenit mai prevăzător, mai bun gospodar; atunci pelagra va înceta a fi o endemie întinsă peste tot teritoriul român, atunci ea va apare ca o boală izolată și rară" (Felix, 1893, p. 62). Într-adevăr, pelagra va dispărea din tabloul nosologic al României odată cu marile focare de sărăcie rurală, adică târziu, în secolul al XX-lea. La sfârșitul perioadei interbelice, când pelagra este o boală ale cărei mecanisme etiologice sunt mult mai bine cunoscute, când există și un tratament eficient împotriva acceselor[1], pelagra nu dispare din România, ci, dimpotrivă, „este în plină evoluție, se pare, chiar în creștere"[2]. Într-adevăr, în 1938 numărul bolnavilor de pelagră înregistrați în România ajunsese la cifra de 84 106[3]. După război, în 1957, autorii marii monografii a porumbului încă puteau să afirme că în Moldova și în Muntenia rurale consumul mediu zilnic de porumb pe cap de locuitor urca la 400 g, dar „în multe locuri" era de 600 g sau chiar de 800 g[4], ceea ce oferă indicii că pelagra încă exista. În perioada comunistă, datele despre boli și despre numărul bolnavilor sunt mult mai dificil de găsit decât în perioadele anterioare; cu toate acestea, informații există, chiar dacă sunt de „uz intern". În 1962, pelagra încă apare în statistici, cu toate că numărul cazurilor spitalizate este extrem de scăzut, 1 317[5]. Se pare că boala era pe cale de extincție.

---

1. Ion Claudian, N. Gruia Ionescu, *Pelagra. Patologie. Sociologie*, Spitalul de boli interne, Ploiești, 1944, pp. 696–703.

2. *Ibidem*, p. 20.

3. *Ibidem*, p. 42.

4. Traian Săvulescu (redactor principal...), *Porumbul. Studiu monografic*, Editura Academiei Republicii Populare Române, București, 1957, p. 167.

5. Lăpușan Ion, Neaga Petre, Tureanu Emil, Săndulescu Eufrosina, Seciurean Filofteia, Georgescu Elena, Burlacu Florica, *Bolnavii ieșiți*

Nu putem încheia acest capitol fără să ne asigurăm că boala a dispărut cu adevărat din România... O scurtă cercetare pe internet a dovedit că în Moldova „pelagra lovește iarăși". Și nu apar cazuri izolate: doctorul Gheorghe Duțescu de la Spitalul Județean din Focșani afirmă că în mai-iunie 2002 au fost înregistrate 16 cazuri de pelagră și că boala ar trebui introdusă într-un program de sănătate național pentru a putea beneficia de tratament gratuit și pacienții care nu au asigurare de sănătate, adică majoritatea[1]. Pelagra rămâne boala țăranului sărac, boala mizeriei rurale, care începe, după buna definiție a doctorului Victor Babeș: „acolo unde țăranul nu mai este în stare să dea corpului prin hrană ceea ce pierde prin muncă" (Babeș, s.a., p. 5).

din spitale. 1962, Ministerul Sănătății și Prevederilor Sociale, Institutul de Igienă și Protecția Muncii, Secția statistică sanitară și demografie, București, s.a., p. 8.

1. Ramona Jachianu, „Pelagra lovește iarăși", în http://www.ziaruldeiasi.ro/focsani/pelagra-loveste-iarasi~ni2l1s, accesat pe 3 iunie 2013, 12:14.

6
„Degenerarea rasei și pieirea neamului“ sau despre spaimele demografice

Pentru noi, astăzi, a doua jumătate a secolului al XIX-lea și începutul secolului al XX-lea reprezintă o perioadă fastă în evoluția României moderne. Aproape triumfală. În șapte decenii românii își împlinesc pas cu pas idealul național: în 1859 – prima unire, a Moldovei cu Țara Românească; în 1866 – monarhia constituțională; în 1877 – obținerea pe câmpul de luptă a independenței; în 1881 – proclamarea Regatului și, în sfârșit, în 1918 – Marea Unire. Ne așteptăm ca la data îndeplinirii lor, aceste mari evenimente să fi fost percepute ca atare, ceea ce s-a și întâmplat, nimeni nu le-a putut ignora. Totuși, pe măsură ce istoricul contemporan se familiarizează cu epoca, nu poate trece cu vederea faptul că România, în a doua jumătate a secolului al XIX-lea, nu este scutită de fantasmele negative ale progresului. În epocă, de către contemporani, evoluția României era văzută oarecum diferit, și cu lumini, și cu zone de umbră în care se ascund fricile și fantasmele unei societăți pornite în marș forțat pe calea modernizării. Interesant este faptul că istoriografia secolului următor a selectat doar viziunea optimistă a evenimentelor, preferând să treacă sub tăcere, sau să reinterpreteze într-o altă grilă ideologică viziunile catastrofice și apocalipsele naționale. Dar viziunile catastrofice și apocalipsele naționale își pun uneori amprenta asupra contemporanilor, care acționează sub influența lor, conferindu-le astfel virtuțile realității. Fantasmele sunt la fel de reale ca orice fapt social și trebuie tratate ca atare, iar evoluția României moderne nu poate fi înțeleasă făcând abstracție de ele.

Începutul sfârșitului

Anul 1859 nu reprezintă doar momentul de început al împlinirilor naționale ale românilor. Peste doar câteva decenii, începe să capete și o altă semnificație. În 1880 doctorul Codreanu, medic în județul Tutova, spunea despre 1859: „Anul 1859!... Acesta este anul de când cei mai mulți, de la noi, încep a numera era anilor de regenerare a României, de fericire și de consolidare a statului român, cu un cuvânt era de «*reorganizare*», și tot acest an, *acest an 1859*, este anul de la care se începe mortalitatea mare a românilor, pieirea lor de pe fața pământului, descreșterea și degradarea lor fizică!" (Manicea, 1880, pp. 35–36). Este începutul sfârșitului. Dar chiar mai devreme, în deceniul anterior, medicii încep să schițeze un portret fizic al țăranului român în tușe tot mai sumbre. Doctorul G. Obedenaru, specialistul autohton în malarie, se apleacă printre primii asupra subiectului. Țăranii lui, bolnavi de „debilitate miasmatică", nu sunt într-o formă fizică tocmai bună: „Femeile, copiii și o bună parte din oameni au figura de o culoare gălbuiă particulară și caracteristică. Au puțină forță musculară (putere puțină); sunt leneși de e ceva rar, însă aceasta e o lene pentru care nu este nimeni în drept să le facă imputări, pentru că lenea este rezultatul boalei, rezultatul unei adevărate otrăviri, deoarece miasmele, care din aer au pătruns în corp, sunt o adevărată otravă. Persoanele debile au așa de puțină putere, că ele chiar când stau pe loc caută să stea astfel cum să nu se ostenească câtuși de puțin. Nu șed, cum zice românul, în capul oaselor, ci cam lungite, *a lene*. Uitați-vă la țară când mai multe femei sunt adunate la un loc și veți vedea că ele nu șed drepte, ci aplecate înainte și rezemate pe genunchi, sau cu spatele rezemat de ceva; ele nu țin capul drept în sus, ci cam aplecat la o parte; ele nu duc privirile de la un loc la altul cu voiciune, ci fixează (pironesc) ochiul mai mult timp pe același lucru, se uită lung la el, și numai cu încetul mișcă capul și duc ochii ca să vadă alte lucruri; în sfârșit, ele țin brațele lăsate în jos; căzute, parcă ar fi de cârpă. Nu vorbim aci de țeranele de la munte, care sunt rumene, tari, sănătoase, ci vorbim de femeile din câmpie, de cele cu fața gălbejită" (Obedenaru, 1873, pp. 8–9). Privirea severă a medicului nostru, bucureștean prin naștere și cu studii medicale la Paris[1], vede tot și nu înțelege nimic: o simplă reuniune feminină la marginea drumului, cum și astăzi se poate vedea peste tot în România rurală, se transformă în caz clinic. Este clar că țăranii doctorului Obedenaru nu au asimilat noile coduri corporale ale burgheziei contemporane. Textul este scris la începutul anului 1871 și se va bucura de o propagare de excepție: micul tratat despre friguri din care face parte cunoaște o primă ediție în franțuzește în 1871 (Obédénare, 1871), peste un an același text este publicat în limba română într-o revistă științifică de renume – *Revista Șciințifică* a lui P.S. Aurelian – și imediat este preluat de ziarul *Românul* (iulie–august 1872); în sfârșit este republicat în 1873 sub formă de volum în 5 000 de exemplare distribuite pe gratis „la toate autoritățile din țară" (Obedenaru, 1873, p. 2). În 1883, un nou tiraj de 5 000 de exemplare va fi distribuit gratuit acelorași autorități (Obedenaru, 1883, p. 2). Bănuim că este lucrarea medicală autohtonă cea mai popularizată la sfârșitul secolului al XIX-lea.

Către sfârșitul deceniului opt, tânărul doctor Nicolae Manolescu ajunge, pentru scurt timp, medic de plasă în județul Buzău. La doar câteva zile de la instalarea sa la post în localitatea Pătârlagele intră în contact cu lumea rurală pe care era chemat să o administreze din punct de vedere sanitar fiind invitat la... „o nuntă, destul de principală ca să se fi adunat multă lume. Am avut sub ochi un număr însemnat din toate clasele societății și am văzut aceia ce nu mă aș-

1. V. Gomoiu, Gh. Gomoiu, Maria V. Gomoiu, *Repertor de medici, farmaciști, veterinari (personalul sanitar) din ținuturile românești*, vol. I (înainte de 1870), Tipografia „Presa", Brăila, 1938, p. 305.

teptam să întâlnesc la nuntă: într-un număr de 58 flăcăi, am văzut la jumătate dintre ei pipernicirea, decolorațiunea și zbârcirea, insuficiența de nutrițiune dând tegumentelor expresiunea unei bătrânețe premature și a unui lânced stimul juvenil și pe față, și în mișcările lor. Acestea erau cu atât mai aparente, cu cât ici, colo, în hora nunții, sălta câte un robust cioban ori fiu de cârcimar sau primar, sub picioarele căruia părea că dârdâie pământul. În tabloul nunții sexul feminin în general este și mai lipsit de expresiune juvenilă și de dezvoltare, iar copiii toți cachetici – și oameni în adânci bătrânețe mai că n-am văzut“ (Manolescu, 1879, p. 553). În tabloul nunții doctorul Manolescu descoperă aceiași țărani anemici, subnutriți, bolnavi... cu câteva excepții. Până și un medic evreu cum pare să fie doctorul M. Roth îi descrie pe țăranii români în același mod: „Dacă ne uităm în genere la țăranii noștri, ei ne fac impresiunea unor oameni care poartă în sine germenii unei ascunse cahexii; culoarea feței lor nu este brună numai ca a unui om arsă de arșița soarelui, ci ea e de culoare pământoasă (a lut închisă), o nuanță icterică; pielile mucoase anemice; ochii fără luciu, fără voiciune; căutătura lui indiferentă și ostenită; toate mișcările corpului său sunt tardive [...]. Țăranca lui este de timpuriu o tânără bătrână, munca, nutrițiunea insuficientă, maladiile cronice i-au întipărit deja stigmatul bătrâneții premature, ea e cu 30 de ani gârbovită, lividă la față, veștejită și ambii nu ajung în toate districtele la o bătrânețe înaintată“ (Roth, 1880, pp. 133–134). Dacă doctorul G. Obedenaru consideră că decăderea fizică a țăranului se datorează unei patologii precise, doctorii Nicolae Manolescu și M. Roth fac un pas înainte și aceeași descriere devine imaginea-tip a țăranului român. În preajma Războiului de Independență nimeni din corpul medical nu îi mai descrie pe țărani ca ființe robuste și sănătoase. De acum înainte, lumea țărănească este o lume a sărăciei, a suferinței fizice și morale, a bolii și deci a morții. Toate caracteristicile fizice pozitive ale țăranului sunt împinse undeva în trecut, oricum înainte de 1859.

Degenerare, depopulare, antisemitism

În a doua jumătate a secolului al XIX-lea, medicii sunt printre primii care lansează în spațiul public una dintre temerile și fantasmele care vor bântui societatea românească până la Primul Război Mondial, dar și după aceea: degenerarea rasei românești[1]. Inițial, când nu eram pe deplin familiarizat cu discursul medical al epocii, am avut impresia că tema degenerării rasei este doar una dintre temele acestui discurs; că medicii vorbesc despre degenerarea rasei așa cum vorbesc și despre igiena corporală și a vestimentației, despre igiena locuinței și a alimentației, așa cum tratează problema alcoolismului. M-am înșelat. Teama de degenerare a rasei este generatoare de discurs medical; dacă în ultimele trei decenii ale secolului al XIX-lea există o explozie a literaturii igieniste în România, aceasta se datorează și credinței medicilor că rasa degenerează și că trebuie făcut ceva pentru regenerarea ei. Pentru a acționa însă este nevoie să definești răul – „relele igienice“ ale țărănimii în cazul nostru – și să-l studiezi.

Vom încerca să identificăm momentul – sau măcar să ne apropiem de el cât mai mult – în care conceptul de degenerare a rasei este lansat în spațiul public și apoi să îi urmărim pe scurt cariera până la Primul Război Mondial. Cel dintâi care vorbește în mod explicit de degenerarea rasei este

1. Pentru cariera interbelică a temei degenerării rasei în cadrul curentelor eugeniste din România a se vedea două lucrări excelente: cea a Mariei Bucur, *Eugenie și modernizare în România interbelică*, Editura Polirom, Iași, 2005 și cea a lui Marius Turda, *Eugenism și antropologie rasială în România. 1874–1944*, Editura Cuvântul, București, 2008.

doctorul G. Obedenaru, care, în lucrarea sa din 1871, consideră că febrele palustre combinate cu o alimentație „rea“ nu doar împiedică înmulțirea populației, ci duc la „degenerarea fizică și intelectuală a rasei“ (Obédénare, 1871, p. 23). Peste doi ani, alt medic, care va face o carieră strălucită în sistemul sanitar al Regatului, abordează subiectul celebru al sfârșitului de secol XIX în discursul medical autohton – igiena săteanului – și schițează deja toate articulațiile discursului medical despre țăran și despre lumea rurală. Dar mai interesantă este îngrijorarea pe care doctorul Grigore Romniceanu o arată față de situația țărănimii: în vreme ce situația locuitorilor din orașe se îmbunătățește în mod continuu, țăranul „e lăsat tot în starea primitivă“; dovadă sunt locuințele rurale și modul de alimentație al acestei populații. În condițiile igienice precare în care trăiește, țăranul „va degenera cu totul și atunci cei ce vor rămâne nu vor fi decât niște ființe slabe și bolnăvicioase“ (Romniceanu, 1873, p. 51). Dacă răul nu este încă generalizat, este pe cale să devină realitate, mai ales prin intermediul alcoolismului în patima căruia a căzut țărănimea din Moldova și prin regimul alimentar dezechilibrat al întregii populații țărănești: „Astfel poporul român degeneră, boalele se înmulțesc și devin mult mai grave și numărul morților crește într-un mod foarte disproporționat cu al nașterilor“ (Romniceanu, 1873, p. 155). Deja în 1873 doctorul Gr. Romniceanu conectează tema degenerării cu cea a depopulării.

Într-un articol publicat la sfârșitul anului 1874 în ziarul *Românul*, Ioan G. Bibicescu, care, nefiind nicidecum medic, se pare că nu cunoștea lucrarea doctorului G. Obedenaru și nici nu citea *Revista Contimporană*, amintește un raport al medicului militar Miloteanu despre recrutarea în județul Mehedinți, care a constatat „degenerarea acelui district“ (B[ibicescu], 1874, p. 1128). În același articol, Ioan G. Bibicescu va constata la rândul lui, bazându-se pe datele statistice ale anului 1873, că în Bucureşti populaţia românească prezintă un excedent al morţilor asupra naşterilor şi doar populaţia evreiască reuşeşte performanţa de a avea un excedent al naşterilor asupra morţilor. Evident, autorul nostru se va întreba care sunt cauzele acestei situaţii. „Să fie degenerarea rasei, care ne face puţin apţi în lupta pentru existenţă?“ (B[ibicescu], 1874, p. 1128). Este o ipoteză de lucru pe care încearcă să o definească şi să o argumenteze. Peste doar câţiva ani, doctorul A.M. Petrini publică o interesantă lucrare, al cărei titlu îl atrage irezistibil pe istoricul de astăzi, „Despre amelioraţiunea rasei umane“, în care şi el aminteşte în treacăt despre „degradarea fizică“ (Petrini (de Galatz), 1876, p. 21) a rasei şi despre „degenerarea popoarelor“ (Petrini (de Galatz), 1876, p. 17). În sfârşit, încetul cu încetul, conceptul de degenerare a rasei îşi găseşte tot mai mult loc în scrierile medicale. Nu este încă un loc comun, dar va deveni într-un context social şi politic aparte prin intermediul unui autor şi al unei lucrări. Autorul se numeşte C.I. Istrati, iar lucrarea care va impune definitiv conceptul în conştiinţa publică românească se numeşte *O pagină din istoria contimpurană a României din punctul de videre medical, economic şi naţional* şi apare în 1880. Întreaga lucrare este dedicată de fapt subiectului care ne interesează. Pe 500 de pagini, doctorul Istrati încearcă să răspundă la o simplă întrebare: „rasa română din ţara noastră degenerează sau nu?“ (Istrati, 1880, p. 106). Nu cred că este nevoie să spun că doctorul C.I. Istrati este convins că degenerarea rasei este reală. Oricum, termenul de „degenerare“, sau „degenerescenţă“, apare în lucrarea doctorului Istrati nu mai puţin de 55 ori; este conceptul-cheie al analizei autorului.

De altfel, anul 1880 este crucial pentru evoluţia conceptului pe care îl avem în vedere: exact în acest moment sunt lansate în spaţiul public, simultan, un număr impresionant de scrieri ce tratează problema degenerării rasei şi a temei asociate, şi anume depopularea României: lucrarea amintită a doctorului C.I. Istrati, textul unei conferințe despre mișcarea populației în România al lui Ioan G. Bibicescu (Bibicescu, 1880), discursul de recepție la Academia Română al doctorului Iacob Felix[1], dedicat de asemenea depopulării, și în sfârșit lucrările doctorilor evrei M. Roth (Roth, 1880) și, puțin mai târziu, S. Mendelssohn (Mendelssohn, 1881). Se pare că în 1880 problema care ne interesează era de actualitate.

La noi, ca în întreaga Europă de altfel, problema degenerării rasei, este un adevărat limbaj reconstruit la infinit de științele sociale și care se aplică unui adevărat caleidoscop de concepte și obiecte[2]; de aceea, în funcție de contextul social, problema degenerării poate îmbrăca adevărate forme naționale. În România, problema degenerării rasei nu poate fi separată de toate marile probleme sociale ale celei de-a doua jumătăți a secolului al XIX-lea și nici nu poate fi înțeleasă făcând abstracție de „chestia țărănească" și de problema evreiască. Cum nu poate fi înțeleasă în afara dezbaterilor demografice ale epocii. S-a spus că problema depopulării constituie specificul francez al degenerării rasei[3]; la fel de bine, fantasma depopulării este un element constitutiv al temei degenerării în România. Doar că aici concurența demografică este mai puțin externă, europeană, și mai mult internă. România este amenințată, din interior, mai degrabă, de către „străini" în general și în particular de către evrei. Degenerarea rasei în România ia forma concurenței demografice pe care evreii o fac populației autohtone și probabil

---

1. Iacob Felix, „Despre mișcarea populației României", în Octavian Buda (coordonator), *Despre regenerarea și... degenerarea unei națiuni. Discursuri inaugurale medicale în vremea lui Carol I, 1872–1912*, pp. 41–69.

2. Daniel Pick, *Faces of Degeneration. A European Disorder, c. 1848–1918*, Cambridge University Press, 1989, pp. 7–15.

3. Gérard Jorland, *Une société à soigner. Hygiène et salubrité publiques en France au XIXe siècle*, Gallimard, Paris, 2010, p. 153.

că acesta ar putea fi specificul românesc al problemei care ne interesează.

Am văzut mai sus că după 1870 medicii atrag atenția asupra procesului de degenerare a rasei, pe care la început îl constată în decăderea tipului fizic al țăranului român. Dar degenerarea nu este niciodată individuală, ea este o boală a corpului social cu simptome și cauze specifice pe care medicii încearcă să le identifice și să le circumscrie. Știm din capitolul precedent că a identifica simptomele și a stabili etiologia unei boli sunt etapele obligatorii ale definirii maladiei și condiția prealabilă a vindecării ei. Acesta este demersul intelectual care precedă abordarea oricărei maladii, fie ea și socială. Prin intermediul medicilor din a doua jumătate a secolului al XIX-lea, pot fi urmărite nașterea și evoluția acestei fantasme. Se începe, în mod natural, cu simptomele sau cu manifestările. Altfel spus, ce elemente iau în calcul medicii când afirmă tranșant că rasa română degenerează? În primul rând, o populație degenerează sau se află în stare de degenerescență atunci când suferă din punct de vedere demografic. Primul semn al degenerării este stagnarea, sau, și mai rău, descreșterea populației. Dar, în România, primele recensăminte ale populației datează din 1860 și 1899. În 1905, când publica rezultatele definitive ale recensământului din 1899, Leonida Colescu nu se sfia să afirme: „Din diferite împrejurări România nu posedă până astăzi o numărătoare sistematică și exactă a locuitorilor săi.“[1] Din păcate, nici măcar recensământul din 1899 nu a fost o „operațiune de o exactitate absolută“[2], ne anunță autorul și coordonatorul său, dar este clar superior, din punctul de vedere al metodei și deci al acurateței rezultatelor, celui din 1859; ca să nu mai vorbim de recensămintele din 1884, 1889 și 1894, care sunt recensăminte

1. Leonida Colescu, *Analiza rezultatelor recensământului general al populației României de la 1899*, Institutul Central de Statistică, București, 1944, p. 8.

2. *Ibidem*, p. 17.

fiscale și pe care Leonida Colescu le consideră „foarte slabe“[1]. În consecință, în lipsa unor date statistice sigure, orice manipulare a cifrelor oficiale a fost posibilă, orice fantasme și-au găsit justificarea. Chiar analiza ulterioară a recensământului din 1860 a fost denaturată, o știm tot datorită lui Colescu, care, în stilu-i critic caracteristic, desființează calculele domnului Petrescu, „loco-țiitorul de cap al oficiului statistic din 1865“, ce „admitea drept exactă populațiunea obținută pentru Muntenia în sumă de 2 400 921 locuitori, dar aceea a Moldovei de 1 463 927 o considera prea mică și după anumite calcule, al căror secret nu ni-l spune, ajunge la concluzia că, spre a avea adevărata populație a Moldovei, trebuia să mai adăugăm la cifra de sus încă 28 %. Acesta ar fi procentul care ar reprezenta omiterile făcute în numărătoarea locuitorilor, «din cauza greutății de a se recenzia cu exactitate populațiunile, unde sunt cotropite de israeliți și servitori, mai cu osebire în comunele urbane». Petrescu, totuși, nu e consecinte cu ce spune. Din compozițiunea rezultatelor recensământului, publicate de Negruzzi în Moldova și de Martzian în Muntenia, cu cele admise de Petrescu se constată că acesta a sporit în județele din Moldova cifra românilor, nu pe aceea a israeliților cu 33–40 %, fără să dea vreo explicațiune, care să justifice variațiunile de la un județ la altul. Cu modul acesta, Petrescu stabilește populațiunea României în 1859 la 4 424 961 locuitori, cifră care s-a admis multă vreme drept bună și oficială“[2]. Dacă asemenea manipulări de cifre sunt făcute, e drept, în 1865, de înalți funcționari ai oficiului de statistică, ce se poate spune de medici, care nu au nici cunoștințele și nici rigoarea manipulării cifrelor statistice! În mâinile și mințile lor, aceste cifre sunt remodelate în funcție de scopul urmărit, uneori, cum se va vedea, dincolo de limita bunului-simț. Deși în ultimele patru decenii

1. *Ibidem*, p. 9.
2. *Ibidem*, pp. 7–8.

ale secolului al XIX-lea recensămintele sunt doar două, datele statistice nu lipsesc, dimpotrivă! Există birouri statistice la Ministerul de Interne, la cel de Justiție (din 1889), la Ministerul Agriculturii, industriei și comerțului (din 1883), la Finanțe (1903)[1], practic peste tot. Pe măsură ce ne îndreptăm spre sfârșitul secolului, dezbaterile din viața publică, reflecția științifică și cea administrativă sunt impregnate de date de natură statistică. Discursul medical nu face excepție. Suntem mai puțin interesați de valoarea de adevăr a statisticilor epocii, cât mai ales de modul în care sunt manipulate datele statistice în diverse scopuri.

Să ne reamintim că semne ale degenerării rasei sunt stagnarea populației sau descreșterea ei. A populației în ansamblu sau a unor categorii sociale. Deja în 1873 doctorul Gr. Romniceanu conectase tema degenerării populației românești cu cea a depopulării României; medicul este convins de existența unui real pericol demografic rural, căci, „lăsați astfel cum îi vedem astăzi, ei [țăranii] vor pieri pe fiecare zi, într-un număr incomparabil mai mare decât nașterile, și această descreștere a populațiunii rurale va fi vătămătoare statului român, nu numai din punctul de vedere național, dar și din punctul de vedere economic“ (Romniceanu, 1873, p. 51). Este drept că pentru doctorul Romniceanu scăderea populației rurale este doar o credință, ea nu este demonstrată științific prin date statistice, ceea ce în anii 1870, sunt convins, nu o face mai puțin credibilă. Cele dintâi semnale de alarmă privind dezolanta forță demografică a populației românești vin de unde nu ne-am fi așteptat: din analiza mișcării populației în București. Primul text care ridică această problemă[2] și care întrebuințează date

1. E.C. Decuseară, „Organizarea statisticei în România“, în *Revista de drept public*, anul IV, 1929, no. 3–4, pp. 538–540.

2. Doar o cercetare exhaustivă a presei epocii, ceea ce noi nu am realizat, va putea stabili cu certitudine data apariției temerilor de natură demografică.

statistice este articolul din ziarul *Românul* al lui I.G. Bibicescu dedicat analizei mișcării populației Capitalei în anul 1873. Datele statistice brute îi dezvăluie autorului nostru o realitate dureroasă „care ne deșteaptă vii îngrijorări pentru viitorul nostru național": un excedent de peste 3 000 de decese în raport cu numărul nașterilor. O scurtă privire în trecut relevă de asemenea un constant spor natural negativ începând din 1867. Concluzia vine de la sine: „trecem prin o criză teribile, prin una din acele crize, din care popoarele rareori ies triumfătoare" (B[ibicescu], 1874, p. 1128). O analiză a indicilor mortalității și ai natalității după religii va constata ceea ce va deveni un laitmotiv al discursului demografic al medicilor din ultimele decenii ale secolului: toate comunitățile religioase, cu excepția israeliților, au o rată a mortalității mai mare decât rata natalității. Altfel spus, făcând abstracție de evoluția numerică a populației prin imigrație și emigrație, numărul românilor scade, pe când cel al evreilor crește! Iată un fapt care, crede domnul I.G. Bibicescu, ar trebui „a mai domoli zelul acelora care ne anunță pe toată ziua că suntem în progres constant și susținut, că toate fericirile imaginabile s-au revărsat cu abundență asupra României" (B[ibicescu], 1874, p. 1128). Viziunea lui pesimistă se încadrează perfect în viziunea politică a unui ziar liberal aflat în 1874 în opoziție. Dar ar fi greșit să reducem întreaga discuție la interesele jocului politic. Discursul medical în ansamblu și mai ales tema degenerării rasei pot fi integrate, și deci manipulate, atât în discursul politic conservator, cât și în cel liberal. Bătălia pentru București continuă însă! În raportul asupra stării sanitare a Capitalei pe 1875, doctorul Iacob Felix amintea că „în mai multe rânduri a fost exprimată în public temerea că populațiunea Bucureștilor scade din cauza disproporțiunii între nașteri și între decese" (Felix, 1876, p. 62); el nu împărtășește această temere și o pune în mare parte pe seama erorilor înregistrărilor statistice ale nașterilor – o subevaluare statistică a nașterilor – și o supramortalitate datorată în parte înregistrării în oraș a deceselor garnizoanei București. În anul următor ia sfârșit seria excedentelor negative ale populației Capitalei și doctorul Iacob Felix poate afirma fericit că „statistica mișcării populației pe anul 1876 înlătură cu desăvârșire temerea că populația română a Bucureștilor nu s-ar mai înmulți prin nașteri, ci numai prin imigrațiunea din districte“ (Felix, 1877, p. 63). Până și populația românească crește. Optimismul doctorului Felix se dovedește exagerat, căci în august 1878 ministrul de interne, liberalul C.A. Rosetti, se arată extrem de alarmat de situația mișcării populației în București. Deloc impresionat de micile excedente apărute în 1876 și în 1877, este la curent cu problemele statisticii demografice a Capitalei (subînregistrarea natalității și supraînregistrarea mortalității), dar constată „o adevărată nenorocire“ printr-un constant excedent al mortalității asupra natalității. În consecință, va însărcina Consiliul Medical Superior cu studierea cauzelor „mortalității îngrozitoare din București, și mai cu seamă asupra copiilor din părinți români“ (Rosetti, 1878, pp. 5024–5025). Evident, mortalitatea evreilor îl interesează mai puțin pe ministrul de interne. Din nou intră în scenă doctorul Iacob Felix, care, în calitatea sa de medic-șef al Capitalei, publică în același an un răspuns la cererea oficială a ministrului de interne. Nu este la fel de alarmat ca ministrul, deoarece este conștient că „izvorul“ mortalității mari în București „se află foarte profund și că el se poate înlătura numai succesiv prin înaintarea civilizațiunii, prin răspândirea instrucțiunii și a culturii morale, prin prefacerea unor moravuri vătămătoare societății“ (Felix, 1878, p. 225). Iar igiena publică nu duce în mod absolut și automat la scăderea mortalității, cum o dovedește situația „cartierelor infecte locuite de israeliți săraci“, unde totuși mortalitatea este mai mică decât în „stradele excentrice, aerate, cu case bune, cu curți vaste, locuite de români“ (Felix, 1878, p. 226). Și apoi comparația cu marile orașe europene arată că mortalitatea Bucureștiului este medie. În concluzie, starea demografică a Capitalei, atât de bine cunoscută doctorului Felix, nu este atât de gravă pe cât pare și se ameliorează continuu. Nu știm dacă C.A. Rosetti a fost satisfăcut de răspunsul medicului-șef al Capitalei sau dacă a consultat măcar de această dată seria rapoartelor stării sanitare a Bucureștiului redactate cu regularitate începând cu 1868 de același medic-șef.

Situația Capitalei iese însă în curând din avanpostul dezbaterilor demografice după ce doctorii G. Flaișlen și V.I. Agappi au deschis în 1876 un nou front de luptă, în Moldova, mult mai interesant, pentru că apare mai amenințător pentru națiune. De acum situația demografică a Moldovei ocupă întreaga scenă. Punctul de plecare îl constituie analizele mișcării populației în capitala provinciei – Iașiul. În raportul său despre starea sanitară a orașului Iași pe 1875, medicul primar al orașului, dr. G. Flaișlen, constată ceea ce ne putem deja închipui: că la Iași, între 1866 și 1875, elementul creștin, adică românii, scade printr-un excedent al morților asupra nașterilor, în vreme ce evreii se înmulțesc. Concluzia nu este optimistă: „După ceia ce ne spun cifrele, această scădere a elementului creștin și această sporire a elementului israelit nu sunt efectul unei întâmplări, dar din contra, ele sunt o regulă bine observată. [...] Viitorul căutând a-l afla după rezultatul acestor 10 ani; trebuie să spunem că exact în 50 de ani în orașul Iași nu va mai fi nici un creștin și toată populația va fi alcătuită numai din israiliți" (Flaișlen, 1876, pp. 18–19). Pericolul de fapt este maxim, consideră și doctorul V.I. Agapi în lucrarea sa de doctorat, chiar dacă nu prevede în viitorul apropiat extincția totală a românilor din capitala Moldovei: „elementul român, dacă nu va dispărea totalmente din Iași, cel puțin se va micșora în atâta, încât Iașiul să se poată considera ca o nouă Palestină, prin creșterea progresivă a elementului israelit" (Agappi, 1876, p. 15).

Doctorul Agappi face însă și pasul următor, mutând analiza de pe aglomerația urbană a Iașiului, mai întâi în județul Iași și apoi la nivelul întregii țări. Oriunde își aruncă privirea doctorul V.I. Agappi nu vede decât aceeași situație ca și în Iași. În județ, analiza mișcării populației în perioada 1869–1875 dă un sold negativ pentru creștini și pozitiv pentru evrei (Agappi, 1876, pp. 22–23). Iar la nivelul întregii țări situația pare să fie similară, Agappi afirmând tranșant în concluzia lucrării: „atât în comunele rurale, cât și în cele urbane, în toate anotimpurile, ca și în toate constituțiunile medicale, populațiunea română descrește, pe când cea israelită sporește“ (Agappi, 1876, p. 37). De acum pericolul depopulării are cale liberă!

Totuși, dacă nu îl credem pe cuvânt pe doctorul V.I. Agappi și aruncăm o privire asupra cifrelor pe care le utilizează el însuși în analiza mișcării populației României, vom observa un lucru ciudat: de fapt, cifrele dovedesc *creșterea* populației țării! Și nu stagnarea, și în nici un caz depopularea României de elementul român, cum se spunea în epocă. Pentru a surprinde evoluția demografică a românilor, Agappi împarte ultimele trei decenii în două perioade distincte: între 1844 și 1859, creșterea populației țării este de aproximativ 847 000 de persoane, iar în următorii 15 ani – 1859–1874 –, sporul este de doar aproximativ 415 000 de persoane (Agappi, pp. 1876, 26–31). Deci avem o diminuare, consistentă, e drept, a creșterii populației și nicidecum nu putem vorbi de o scădere a ei. Pe de altă parte, este adevărat că anii 1866 și 1873 prezintă un spor natural negativ, cu impact major, se pare, asupra fantasmei depopulării României.

Cu un an înaintea apariției lucrării doctorului Agappi, economistul Petre S. Aurelian publică cunoscuta sinteză *Terra nostra*, în care se apleacă și asupra mișcării populației. Spre surprinderea istoricului de astăzi, când P.S. Aurelian pune față în față excedentul natural al anilor 1865 și 1871, și el vorbește de „descreșterea populațiunii“ doar pentru că în 1871 excedentul era cu 8 305 unități mai mic decât cel din 1865. Este adevărat că cifrele brute pe care le compară sunt descrescătoare: în 1865, excedentul natural este de 38 739 de unități, pe când în 1871 el scade la 30 434 de unități (Aurelian, 1880, p. 16), dar ambele cifre sunt pozitive, dovedind de fapt *creșterea* populației. Și el va atrage atenția asupra ratei mari de creștere a populației evreiești în unele orașe ale Moldovei: în 1871, „în orașul Botoșani s-au născut 528 ortodocși, iară israeliți 671; în Iași numai 1 099 ortodocși, iară israeliți 1 999; în Roman 268 ortodocși și 272 israeliți; în Fălticeni 126 ortodocși și 275 israeliți, adică îndoit și jumătate decât românii; în Dorohoi 198 ortodocși și 322 israeliți. Astfel dară, în patru orașe capitală ale țării nașterile de copii români sunt inferioare celor de copii israeliți!“ (Aurelian, 1880, p. 20). Dar nu doar nașterile dovedesc asendentul demografic al populației evreiești în orașele Moldovei, ci și raportul dintre mortalitate și natalitate din aceleași orașe dovedește că „pe când populațiunea română descrește, israeliții se înmulțesc“. Fenomenul nu este întâmplător și P.S. Aurelian este convins că „pentru noi, românii, în particular, chestiunea populațiunei este o chestiune de existență și de mărire națională“ (Aurelian, 1880, p. 25).

Vedem că în preajma Războiului de Independență tot mai mulți membri ai elitei intelectuale încep să susțină teza depopulării țării. Nu toți, deocamdată. O viziune dacă nu optimistă, măcar mai puțin apocaliptică o au I.G. Bibicescu și doctorul Iacob Felix. În 1880, într-o conferință dedicată tocmai mișcării populației României între 1870 și 1878, I.G. Bibicescu încearcă să răspundă la întrebarea simplă dacă populația României a crescut sau nu în acest interval. În mod neuzual el își definește termenii: „prin creșterea poporațiunii înțeleg rezultatul generațiunii spontane, nu și creșterea prin imigrare“ (Bibicescu, 1880, p. 31). În siajul cercetărilor din

1874, pornește analiza cu un studiu de caz având ca subiect Capitala, unde excedentul este negativ, continuă cu populația urbană, care prezintă o situație demografică identică, și încheie cu populația rurală, singura care reînclină balanța demografică spre creștere, trăgând după ea populația întregii țări. În concluzie: țăranul român „întreține în stat preponderența numerică a elementului românesc și o crește necontenit. Deci, cu drept cuvânt, țăranul trebuie să fie numit «temelia casei naționale»" (Bibicescu, 1880, p. 47). Iată deci un argument în plus pentru importanța pe care o are țăranul și deci, „chestia rurală" în România modernă.

În același an, Iacob Felix este recompensat pentru îndelunga sa carieră medicală și științifică în România: devine membru al Academiei Române. Iar discursul său de recepție tratează problema cea mai arzătoare a corpului medical al epocii: mișcarea populației. Spiritul critic și pozitivist al doctorului Iacob Felix este confirmat chiar din primele rânduri ale discursului de recepție: doctorul Felix nu contestă faptele evidente, pentru că datele statistice arată clar că „populația României crește într-o proporție foarte mică, nu numai prin imigrație, ci mai cu deosebire prin nașteri. Sporirea prin nașteri nu se observă numai la populația totală a țării, ci și în parte la populația românească. La români, ca la străinii așezați în România, există un excedent al nașterilor asupra deceselor"[1]. Iar sporul natural al populației autohtone se datorează din nou populației rurale, în fața căreia autorul nostru se înclină: „Țăranul, care suportă cea mai mare parte a sarcinilor publice, care contribuie la satisfacerea nevoilor statului în modul cel mai larg, și cu munca, și cu sângele lui, menține aproape singur progresul numeric al națiunii române,

1. Iacob Felix, „Despre mișcarea populației României", în Octavian Buda (coordonator), *Despre regenerarea și... degenerarea unei națiuni. Discursuri inaugurale medicale în vremea lui Carol I, 1872–1912*, Editura Tritonic, București, 2009, p. 42.

deși societatea îi dă în schimb îngrijirea administrativă și civilizatoare cea mai imperfectă."[1] Se pare că suntem pe drumul cel bun, ceea ce trebuie să-l fi indignat pe doctorul V.I. Agappi. Noul membru al Academiei identifică precis calea și cauzele urmate de fantasma depopulării în deceniul anterior: autorii generalizează nepermis rezultatele observațiilor privind mișcarea populației obținute în câteva studii de caz urbane și particulare și compară constant sporul natural al autohtonilor și al evreilor, în aceleași studii de caz. Cu alte cuvinte, situația demografică a celor două orașe mari din România de atunci și a alte câteva centre urbane din Moldova este generalizată nepermis la nivelul întregii țări.

O analiză mai lucidă a literaturii depopulării nici astăzi nu poate fi făcută. Dar, după trecerea în revistă a tabloului demografic din Europa civilizată, situația demografică a României nu este ceea ce ar fi trebuit să fie și fantasma depopulării întunecă rațiunea omului de știință: „Populația României se înmulțește într-o proporție cu mult mai mică decât aceea a altor țări; România este, așadar, amenințată de depopulare relativă, care vatămă interesele ei vitale. Acest rău se află deocamdată într-un stadiu care se mai poate remedia, luând însă dimensiuni mai mari și transformându-se în depopulare absolută, ea ar putea compromite viitorul statului român"[2]. Să remarcăm că nici doctorul Iacob Felix, nici publicistul I.G. Bibicescu, chiar dacă nu manipulează în sens negativ datele statistice, chiar dacă sunt dotați cu bun-simț și cu un spirit critic sănătos, nu par mai puțin îngrijorați decât contemporanii lor de viitorul demografic al României. Teama există, viitorul este incert.

Cum spuneam, tema degenerării rasei și implicit cea a depopulării sunt impuse definitiv în discursul medical de impozantul volum din 1880 al doctorului C.I. Istrati. Iar spiritul

1. *Ibidem*, p. 44.
2. *Ibidem*, p. 68.

lucrării doctorului Istrati este cu totul altul decât al confratelui Iacob Felix. Încă din primele pagini autorul prezintă o imagine a României cu lumini și umbre, o Românie duală – a progresului, dar și a decadenței: „Suntem dar acum o țară, o țară ce a făcut în multe privințe progrese enorme, suntem în fine azi o națiune, pe când până ieri eram un popor cu aspirații, dar divizat și neconsiderat. Ar trebui dar să fim fericiți, viitorul nostru ar trebui să pară asigurat, și asigurată ar trebui să fie prin urmare și viața elementului român de la Dunărea. Dar observând mai de aproape lucrurile, videm că tributul îl plătim și astăzi și mai mare încă. Existența noastră este tot atât de nesigură, și ziua de mâine este tot atât de spăimântătoare prin faptul că mâine putem dispărea. [...] Ceva mai mult, dacă existența noastră politică nu este sigură, dar mai nesigur pare astăzi și viitorul nu numai al țării noastre, dar a elementului român chiar, prin faptul necontenitei sale descreșteri, prin faptul degenerării sale, prin faptul teribil al marei imigrații ce se face neîncetat și puternic în țara noastră, în care elementul român dispare în raport cu înmulțirea elementului străin!“ (Istrati, 1880, pp. VII–VIII).

Dar nu despre viitorul luminos al României își propune doctorul C.I. Istrati să vorbească în lucrarea citată, ci despre pericolele ce amenință România modernă, despre cauzele acestora și evident despre remediile ce se pot aduce. Înainte de toate însă trebuia stabilit dacă populația României crește, este staționară sau descrește, iar în acest scop autorul purcede la o analiză a cercetărilor demografice de la noi. Este la curent cu lucrările doctorilor V.I. Agappi și Iacob Felix, dar nu îl uită nici pe I.G. Bibicescu. Or, dintre toți autorii citați doar V.I. Agappi susține că populația României descrește, în vreme ce Iacob Felix și I.G. Bibicescu vorbesc de o creștere a populației, chiar dacă modestă. Iar doctorul C.I. Istrati pare convins că cei din urmă greșesc. Dar cum să demonstreze acest lucru? Stratagema este destul de simplă: toți autorii amintiți și-au bazat concluziile pe analize realizate în intervale scurte, care pot falsifica viziunea de ansamblu. În consecință, autorul extinde intervalul temporal al analizelor statistice de la 1859, când constată 57,5 morți la 100 de născuți, până la 1878, când datele statistice atestă 101,7 morți la 100 de născuți. Trendul sporului natural este deci descendent, iar pentru anul 1878 este deja negativ. Descreșterea populației, dacă nu este prezentă, amenință în mod sigur, crede doctorul Istrati, viitorul apropiat, pentru că, dacă trendul se păstrează, raportul dintre mortalitate și natalitate va fi în 1899 de 171 de morți la 100 de născuți! Terifiant! După parcurgerea întregii literaturi medicale demografice și potrivit propriilor aprecieri, doctorul C.I. Istrati ajunge la o concluzie clară, pe care o justifică într-un mod atât de neclar: aceasta ar fi că „populațiunea nostră descrește într-un mod constant și că o medie ce s-ar face cu câțiva din acești ani și chiar cu o serie de mai mulți ani după cum a făcut-o D-nu Dr. Felix și I. Bibicescu nu poate fi luată ca un factor constant al creșterii populațiunii noastre din cauză că nu este bazată pe termeni ce ar *diferenția puțin între dânșii,* dar *numai pe termeni constant descrescânzi* ce nu pot a ne proba altceva decât *câtul cu care descrește, iar nu crește populația noastră*, căci ei sunt niște puncte intermediare ce pleacă de la ani fericiți pentru prosperitatea și fericirea țării românești, trecând necontenit, cu cât ne apropiem de actualitate, la rezultate mai mult ca funeste, pentru țara noastră“ (Istrati, 1880, p. 72).

Eu trebuie să mărturisesc că am pierdut șirul demonstrației lui C.I. Istrati, care totuși e clar că transformă, ca și P.S. Aurelian sau doctorul V.I. Agappi, *o creștere* tot mai anemică a populației României *într-o descreștere*. Pentru toți autorii citați, cu excepția lui Iacob Felix, e la fel de clar că golirea României de elementul autohton este însoțită de o repopulare cu străini în general și mai ales cu evrei. Nimeni nu o spune mai bine decât doctorul Istrati: „Această descreștere constantă a populațiunii țării noastre este cu atât mai importantă pentru noi, românii, căci dacă pământul nostru părintesc pare că se transformă într-un mormânt pentru neamul nostru, el din contră este o râzătoare grădină în care străinii și cu deosebire israeliții se înmulțesc într-un mod prodigios. [...] Acum câțiva ani s-a zis că Iașiul va deveni un oraș ovreiesc. Faptul e îndeplinit. Același lucru se poate zice acum și de București, care furmică nu numai de tot soiul de streini, dar în special de ovrei [...], capul, inima țării fiind înstreinate, corpul va urma natural această tendință. Jumătate din acest corp e deja putred prin gangrena ovreiască. Restul furmică de bulgari, greci, ovrei!“ (Istrati, 1880, pp. 73–74).

Antisemitismul său este fervent, ca și cel al doctorului V.I. Agappi, de altfel, iar I.G. Bibicescu nu este departe de cei doi. Rămâne doar doctorul Iacob Felix, în scrierile căruia nu se pot depista accente antisemite, dar nici filosemite; este un exemplu de inaderență la ideologia antisemită a elitei românești. În cazul său explicația este destul de simplă: provine dintr-o familie evreiască din Boemia de Nord. La începerea studiilor universitatre se declară de religie mozaică, însă înainte de 1858, când se stabilește în Țara Românească, se creștinează. Înțeleaptă decizie. Poate de aceea, de-a lungul întregii sale cariere, păstrează o tăcere absolută asupra perioadei de dinaintea stabilirii în țară[1]. Chiar și așa, apartenența sa etnică poate fi cu ușurință bănuită din cauza prenumelui – Iacob. Exact din acest motiv doctorul Iuliu Theodori crede că doctorul Felix este „israelit de națiune“ și în consecință nu încurajează căsătoria surorii sale, Olimpia, cu acesta[2]. Iată că doctorul Iacob Felix avea toate motivele din lume să-și ascundă identitatea etnică. Ceea ce nu l-a

1. G. Brătescu, *Doctorul Iacob Felix. Savantul și înfăptuitorul*, Editura Viața Medicală Românească, București, 2004, pp. 11–12.

2. *Ibidem*, pp. 85–87.

împiedicat totuși ca, prin muncă asiduă, dar și cu ajutorul lui Carol Davila, să urce treaptă cu treaptă în ierarhia sistemului sanitar al României, până în vârf.

Avalanșa de scrieri dedicate problemelor demografice din preajma anului 1880, în care am văzut că se pune tot mai accentuat problema depopulării României de „elementul autohton“ și progresiva lui înlocuire cu „elementul evreu“, dacă păstrăm limbajul epocii, nu putea să nu declanșeze reacția medicilor evrei. Și, într-adevăr, am putut depista două lucrări care răspund, într-un fel, valului de antisemitism demografic și medical al epocii. O primă lucrare, a doctorului M. Roth, încearcă să explice lucrurile de pe partea cealaltă a baricadei ideologice; ea nu neagă datele statistice și deci teza principală a medicilor români, ci doar se străduiește să explice rațional din ce cauză creștinii, adică românii, au o mortalitate atât de ridicată comparativ cu a evreilor. M. Roth este chiar adeptul tezei degenerării rasei autohtone și chiar al tezei depopulării României; ca și medicii români, este convins că „nu este deloc exagerată teoria emisă de mai mulți că, dacă nu se va îndrepta starea lucrurilor actuală esistinte a țăranului, va veni timpul când se va stinge cu totul această populațiune, singura reprezintantă a elementului pur național și nealterat...“ (Roth, 1880, p. 98). Cum lucrarea doctorului Roth este dedicată cauzelor depopulării, nu insistăm asupra ei. În schimb, lucrarea doctorului S. Mendelssohn este de o altă factură; ea se vrea o replică la discursul de recepție al doctorului Iacob Felix și mai ales la concluzia pesimistă a acestuia. Punct cu punct, doctorul Mendelssohn demontează demonstrația statistico-demografică a doctorului Felix, ajungând la următoarea concluzie, care în mod sigur a scandalizat multe spirite ale vremii: „Este pe deplin arbitrară și nicidecum întemeiată pe datele statistice susținerea că România este amenințată de o depopulațiune relativă care ar putea deveni absolută. Am dovedit mai sus că în cei din urmă nouă ani populațiunea României a crescut în minimo cu 3,7 la mie pe an, cu toate că a fost bântuită de diferite epidemii în anii 1873 și 1874 și a suferit de urmările ultimului război în anul 1879. Am dovedit mai departe că în ceilalți șase ani, care nici ei n-au fost normali, excedentul de nașteri la populațiunea din România a fost în proporție aproape egal cu acela din Austria și Italia. Față de aceste fapte pozitive este cu totul de neînțeles cum se poate vorbi de o depopulațiune relativă care ar putea deveni absolută“ (Mendelssohn, 1881, p. 37).

Interesant este că lucrarea și atitudinea doctorului Iacob Felix, atât de echilibrate în fond, sunt atacate atât de medicii evrei, cât și de cei români, doctorul C.I. Istrati reproșându-i de pildă viziunea prea optimistă asupra depopulării: „Se pare că temerea unei descreșteri constante, posibilitatea unei calamități naționale, a influențat întru atât pe D-nu doctor Felix, încât concluziunea sa, cu cât s-ar părea de tristă și descurăjatoare, totuși să-mi permită D-sa a spune că nu prezintă decât într-un mod palid încă adevărata și trista stare în care ne aflăm“ (Istrati, 1880, p. 59). Atitudinea de mijloc a doctorului Iacob Felix dovedește încă o dată că în problema degenerării și depopulării te poți situa ori de o parte a baricadei, în tabăra „națională“, ori de cealaltă parte, în tabăra „evreiască“: la mijloc înseamnă în vârful baricadei și deci supus tirului tuturor. De fapt, problema degenerării nu este decât forma pe care naționalismul ambiant al epocii o ia în cazul particular al discursului științific medical. Paradigma națională atotstăpânitoare are capacitatea extraordinară de a topi în forma proprie întregul spirit public al vremii, discursul științific nefăcând excepție.

După momentul 1880, lucrurile par să se așeze, temerile par să se calmeze. Aceasta nu înseamnă că tema degenerării rasei și a depopulării dispar din scrierile medicale, doar că deceniul nouă pare mai calm, poate și pentru că semnale de alarmă ca ale doctorului C.I. Istrati se vor dovedi false: anul

1878 este ultimul de până la Primul Război Mondial când există un spor natural negativ. Începând cu 1880, sporul natural este constant pozitiv și cu valori tot mai mari. Să nu ne închipuim că, dacă cifrele statistice dovedesc an de an o creștere a populației Regatului, temerile sociale pe care le avem în discuție dispar ca prin minune! Ar fi prea rațional. Pericolul evreiesc e tot acolo; după mijlocul deceniului nouă, pelagra începe să fie percepută ca un pericol național și va exista un interes tot mai mare pentru starea sanitară și socială a țărănimii; alcoolismul face ravagii. Pericolul în sine nu dispare, doar forma în care acesta se manifestă se modifică.

Ultimul deceniu al secolului al XIX-lea este dominat de figura doctorului Iacob Felix, care, în aproape toată această perioadă fusese directorul Serviciului Sanitar al Regatului. Or, am remarcat deja atitudinea sa echilibrată în privința depopulării și implicit a problemei evreiești. Se subînțelege că în rapoartele ce le publică în vremea directoratului său nu va încuraja în nici un fel propagarea temei degenerării rasei și a celei asociate, a depopulării, în discursul medical. De fapt, nici nu existau motive. Este semnificativă fraza cu care începe ultimul dintre rapoartele directoratului său, care este însă și cel mai cuprinzător: „Proba cea mai sigură a progresului material al statului român ne-o dă statistica populațiunei sale; ea constată înmulțirea normală a populațiunei române în totalitatea ei, mai ales a celei rurale; ea înlătură îngrijirile manifestate ici-colo prin presă și chiar de la tribuna Parlamentului, că rasa română ar fi degenerând; ea arată că îmbunătățirea încet crescândă a stărei fizice a poporului ne asigură nu numai o progenitură destul numeroasă, dar și destul viguroasă pentru apărarea patriei" (Felix, 1899, I).

În 1899, pentru Iacob Felix, problema degenerării rasei și cea a depopulării practic nu mai există. Că viziunea sa optimistă era corectă o dovedesc și evoluțiile statistice de la începutul secolului al XX-lea, când ascensiunea demografică a Regatului e fulminantă: sporul natural e pozitiv, în cifre absolute tot mai ridicate, astfel încât în 1904 depășește cifra magică de 100 000 de unități. Doctorul Al. Obregia pare la fel de mulțumit și de optimist ca și doctorul Felix, datele statistice ale anului 1906 erau excelente: „anul 1906 ne-a dat excedentul natural de 103 394 locuitori având sporul de 15,9 ‰ și mortalitatea de 24,20 ‰, adică cel mai *bun an sanitar* ce a avut România de la 1870 încoace, întrecând chiar excelentul an 1900“ (Obregia, 1907, p. XIII); vestea cea mai bună este că sporul natural „tinde a se fixa la 15, ceea ce ne pune alături de țările cele mai sporitoare din Europa“ (Obregia, 1907, p. XIII). Cu toate acestea, doctorul Al. Obregia îndeamnă la rațiune: natalitatea foarte mare nu dovedește decât lipsa noastră de modernitate, dar poate fi interpretată și din perspectiva „fenomenului descris în timpii din urmă sub numele de *pluri-natalitatea popoarelor alcoolizate*. Această plurinatalitate nu are nimic îmbucurător. Din numeroșii prunci căpătați, foarte mulți mor în primii ani, mulți dovedesc prea puțină rezistență în lupta pentru viață și puțini ies normali și vrednici a lucra la propășirea familiei și a statului. Și la noi e foarte mare cifra mortalității în primii ani de copilărie“ (Obregia, 1907, p. XIV).

Marea natalitate a populației românești devine un semn de subdezvoltare economică și culturală sau, și mai grav, un simptom al pătrunderii alcoolismului în societatea românească. Dintr-odată indicele ridicat al natalității are nu numai conotații pozitive, ci și negative. În plus, mortalitatea infantilă, cunoscută de la începuturile organizării serviciilor statistice în România, dar necuantificată, începe, în ultimul deceniu al secolului al XIX-lea și în primul deceniu al secolului următor, să trezească interesul corpului medical și, cum se va vedea, încetul cu încetul devine o problemă sanitară majoră. Nu putem să nu remarcăm în citatul de mai sus și un interes incipient pentru aspectele calitative ale populației care poate avea legătură cu succesul tot mai mare al teoriilor eugeniste în Europa. Percepțiile demografice ale lui Iacob

Felix de la sfârșitul carierei sunt totuși cu mult diferite de cele ale doctorului Al. Obregia, care aparține de fapt unei noi generații de medici.

Viziunea demografică mai optimistă de la sfârșitul secolului al XIX-lea și de la începul secolului al XX-lea nu este de fapt împărtășită de întregul corp medical, nici măcar la vârf: Victor Babeș, care este unul dintre puținii savanți ai României moderne, dotat cu un spirit critic remarcabil, se lasă pradă tezei degenerării rasei, pericolului depopulării și antisemitismului demografic. În 1900, V. Babeș se crede îndreptățit să afirme că „nu putem nega că populațiunea română arată semne neîndoioase de degenerare" (Babeș, 1901, 4); degenerarea totală, căci cuprinde nu numai marea masă țărănească, ci și elita, care este afectată de degenerarea morală. În viziunea doctorului Babeș, întregul corp social este amenințat: intrând într-un adevărat cerc vicios, degenerarea morală a elitei provoacă degenerarea fizică a restului populației. Nici starea demografică a națiunii nu este de invidiat, el vorbește pentru anii 1898–1899 chiar de stagnare demografică, „ceea ce pentru un popor este identic cu degenerarea" (Babeș, 1901, p. 12), deoarece vestitul spor demografic de 12-13 ‰ pe an nu s-ar datora populației autohtone, ci străinilor; cu alte cuvinte evreilor.

Antisemitismul demografic al doctorului Babeș este manifest: ca mulți alți medici ai vremii, și el constată că bătălia demografică pentru orașele României este pierdută de elementul autohton, iar pericolul este maxim: „dacă ei ar rămânea toți în țară, după legea înmulțirei progresive ar înlocui foarte curând rasa română" (Babeș, 1901, p. 14). Dar, ca și doctorul Istrati în 1880, doctorul Babeș vorbește de invazia „ovreiască, bulgărească și ungurească" (Babeș, 1901, p. 16). Evreul este doar cel mai amenințător dintre străini.

Problema evreiască pare să nu își fi găsit rezolvarea, ea rămâne adânc încastrată în spiritul public al vremii, inclusiv prin dimensiunea sa demografică. Lipsa recensămintelor favorizează fantasma invaziei; se avansează cifre extrem de diverse: recensământul din 1859 identifică 134 168 de evrei[1], singura evaluare care se apropie de adevăr; Fr. Damé crede, în 1867, că în România sunt 400 000 de evrei; peste șase ani, D.E. Krețulescu scade cifra la 247 034, pe care în 1876 dr. G. Obedenarul o ajustează la 264 800 (Felix, 1894, p. 25). Imediat după războiul de independență estimările explodează din nou: I.G. Bibicescu avansează cifra de „peste 600 000“ (Bibicescu, 1880, p. 61), iar C.I. Istrati, care nu citește cu atenție lucrarea lui Bibicescu, crede că acesta susține cifra de 400 000 de evrei, pe care el însă o urcă la 600 000. Dacă evreilor le mai adaugă pe toți ceilalți străini stabiliți în țară, ajunge la concluzia că din 5 000 000 de locuitori, România numără nu mai puțin de 1 000 000 de străini: „ceea ce face în termen mediu 1 străin la 4 români! Să nu râdem deloc, să mi se probeze contrariul. Să nu mi se obiecteze copilărește că ungurii, bulgarii, armenii stabiliți de mult la noi, că ovreii (ceea ce e chiar ridicul) și alte rase sunt în parte desnaționalizați. Când elemente streine vor fi numeroase în țară, mă tem mult că din fiecare sat de ungureni va ieși un apărător al Coroanei lui Sf. Ștefan; din fiecare ovrei va ieși un bancheraș german, lucru ce există deja; din fieșce care bulgar va ieși un deputat în camera de la Sophia!“ (Istrati, 1880, p. 88). Este evident că pentru doctorul C.I. Istrati străinii din România reprezintă un pericol național, în fapt ei fiind neasimilabili. Și chiar dacă ar fi asimilați, ceea ce doctorul Istrati nu dorește, amestecul de rase nu ar fi avantajos; Istrati chiar vorbește de o „superioritate a rasei“, a celei românești, bineînțeles: „căci fără a fi mândri de noi, o Românie cu români de origine bulgară, spre exemplu, nu ar fi niciodată o nație în care să se miște fibra

1. Leonida Colescu, *Analiza rezultatelor recensământului general al populației României de la 1899*, Institutul Central de Statistică, București, 1944, p. 82.

ce se mișcă în neamul nostru!“ (Istrati, 1880, p. 100). Am stabilit, așadar, că în preajma Războiului de Independență teama de străini și de evrei în special crește; numărul lor este exagerat, rolul lor social dizolvant – de asemenea. Evaluările globale ale numărului de evrei din România după 1880 sunt mai puține. În rapoartele sale din anii 1890, doctorul Iacob Felix refuză să facă estimări globale ale numărului evreilor. Iar în 1899 are loc în sfârșit următorul recensământ, organizat de Leonida Colescu: la sfârșitul anului în România nu erau nici 600 000, nici măcar 400 000 de evrei, ci doar 266 652 de evrei[1], ceea ce reprezenta 4,5 % din populația țării. Într-adevăr, evreii constituiau 19 % din populația urbană a României și 38,7 % din populația urbană a Moldovei[2], iar dacă se compară rata de creștere a populației după religii între cele două recensăminte – din 1859 și din 1899 –, este la fel de adevărat că rata de înmulțire a evreilor (prin nașteri și imigrație) este de aproape două ori mai mare decât a populației ortodoxe: în intervalul menționat, populația evreiască sporește cu 98,7 %, pe când populația creștină cu doar 49,8 %[3]. Cu toate acestea, orice s-ar spune, evreii constituie tot 4,5 % din populația țării, nu mai mult.

Publicarea în 1905 a datelor definitive ale recensământului din 1899 trebuie să fi calmat totuși temerile despre relevanța demografică a populației evreiești. Însă, în Moldova, mai sunt medici care în 1910 par să gândească ca înainte de 1899: doctorul D. Galian din Botoșani publică în revista *Spitalul* un studiu dedicat „descreșterii populațiunii din orașul Botoșani“, în care sunt prezente încă limbajul și argumentele folosite în urmă cu trei decenii. În primul rând, tema depopulării este la fel de prezentă și de amenințătoare: „Există în țara românească orașe în care se înregistrează, nu

---

1. *Ibidem*, p. 82.
2. *Ibidem*, p. 85.
3. *Ibidem*, p. 82.

în mod accidental, o dată sau de două ori, ci în mod constant, cu o regularitate aproape matematică, o disproporțiune mare și alarmantă pentru viitorul neamului între numărul naşterilor și al deceselor populațiunei indigene" (Galian, 1910, p. 473). Iar dacă sporul natural al populației românești în cei 10 ani analizați - 1898–1907 - este negativ, cel al populației evreiești este constant pozitiv; nimic nu pare să se fi schimbat, cu excepția faptului că doctorul D. Galian nu iese din cadrul strict al cercetării sale – orașul Botoșani. În 1910 nu mai poate susține depopularea României în general, ci doar scăderea populației autohtone prin spor natural negativ în unele comune urbane, nimic mai mult. Se pare că activitatea lui Leonida Colescu dăduse deja roade. Iar între timp, și doctorul Galian o știa deja, începuse un proces de emigrare a populației evreiești din România, care a dus la scăderea ponderii populației evreiești în populația totală a Regatului. Recensământul din 1912 o va dovedi. În preajma intrării României în Primul Război Mondial, pe baza rezultatelor parțiale ale noului recensământ, Leonida Colescu alungă norii de pe cerul demografic al României, dovedind dincolo de orice îndoială că populația evreiască din România descrește: în 1912 sunt recenzați în întreg Regatul (fără Dobrogea Nouă, alipită prin tratatul de la București din 1913) 239 967 de evrei, adică 3,3 % din populația României (Colesco, 1915, pp. 4–5); mai puțin decât în 1899 cu 26 685 de unități, deci o pierdere pentru comunitatea evreiască din România de aproximativ 10 % în 13 ani. De fapt pierderea (prin emigrație) este mult mai mare, deoarece populația evreiască, între cele două recensăminte, a înregistrat an de an un spor natural pozitiv, iar dacă și acesta este luat în calcul, numărul evreilor în 1912, calculează Leonida Colescu, trebuia să fie de 309 822. Pierderea este deci de „aproape 70 000 de unități, sau 26 %" (Colesco, 1915, pp. 14–15). Se pare că și „chestia evreiască" era pe cale să se rezolve.

Degenerarea rasei și statistica recrutării

Să revenim la o altă formă de manifestare a degenerării rasei, care nu este de natură demografică. Ca peste tot în Europa, statisticile recrutării au fost folosite pentru a demonstra starea de degenerare a raselor autohtone. România nu face excepție. Datele oferite de recrutări, sau în statistica recrutării, oferă informații de antropologie fizică (talie, perimetru toracic, greutate etc.) sau de natură patologică (scutirile pe caz de boală) ale unei grupe de vârstă a populației masculine a țării. Toate acestea, însumate, sunt interpretate ca un foarte bun indice a ceea ce medicul militar Z. Petrescu numește „aptitudinea militară a poporațiunii țării" (Petrescu, 1880, p. 3), iar doctorul Iacob Felix „calitățile fizice ale poporațiunii" (Felix, 1897, p. 15). Bineînțeles că aptitudinea militară sau caracteristicile fizice ale populației sunt într-un raport de inversă proporționalitate cu starea de degenerare a rasei. Recrutările încep în România în 1864, însă nu sunt făcute de către medicii militari, ci de medicii civili și abia în 1869 sunt folosiți pentru prima dată și medicii recrutori militari. Medicul Z. Petrescu, unul dintre ei, este părintele statisticii recrutării în România. În 1869, când este numit medic recrutor în județul Vâlcea, va constata cu surprindere „lipsa completă de orice lucrare, de orice notiță statistică relativă la operațiunea recrutațiunii, nu numai în districtul unde eram, dară în toate districtele țării; căci după terminarea operațiunei de recrutațiune voind a da seama de rezultatul misiunii cu care am fost însărcinat, n-am putut afla în arhiva serviciului sanitar civil nici o lucrare care să-mi serve drept punct de comparațiune" (Petrescu, 1880, p. 4).

După 1869, comisiile medicale de recrutare sunt compuse din nou doar de medicii civili și abia în 1874 sunt încredințate medicilor militari. De data aceasta doctorul Z. Petrescu va reuși să strângă de la toți medicii recrutori date care ne pot oferi statistica recrutării din 1874 la nivelul întregii țări.

Lucrarea publicată în 1880 nu face decât să pună laolaltă strădaniile statistice ale doctorului Z. Petrescu, care nu se dovedește prea alarmist. În județul Vâlcea, în 1869, el constată „oameni foarte înaintați în etate, și încă foarte sănătoși, foarte robuști și plini de viață. [...] omul muntean e voinic și voios, și femeia munteancă voinică și voioasă. Lectorul îmi va obiecta poate că sunt în contradicțiune cu rezultatul statistic din tablourile mele și-mi va zice că vede prea mulți tineri scutiți pentru constituțiune debilă. Este adevărat, dar această contradicțiune nu e decât aparinte; căci dacă vom considera suma de 382 tineri cu scutiri zise legale și vom nota că acești tineri au fost cei mai de elită, oamenii cei mai robuști, precum au și fost în realitate, vom vedea că nu rămân pentru alegerea medicală decât tinerii cei mai cruzi, cei mai slabi în comparațiune cu cei scutiți de lege. Din acești tineri *rămășiță* am căutat să fac alegerea pe cât s-a putut, și cu toate acestea n-am întârziat de a alege 359 recruți, tineri, foarte sănătoși și robuști. Din suma de 686 tineri ce mi s-au prezintat, 205 cu *constituțiune mai debilă* ce i-am scutit nu sunt nici ei în realitate, precum și-ar imagina cineva, oameni pierduți" (Petrescu, 1880, pp. 8–9). Vedem deci care sunt capcanele acestui tip de evaluare și ne putem face o idee despre manipulările la care poate da naștere.

Nici în 1874, când deja apele demografice sunt pe deplin tulburate, doctorul Z. Petrescu nu vede în județul Prahova, unde este numit medic recrutor, decât o populație ce i s-a părut a „fi în condițiuni hygienice satisfăcătoare, după cum se constată din tablourile de scutire pentru boale și infirmități; căci nu sunt decât prea puține cazuri de această scutire (190) în raport cu numărul enorm de tineri examinați (3 048), și chiar aceștia n-au avut decât infirmități neînsemnate" (Petrescu, 1880, p. 21). Trecând însă la analiza statisticii recrutării în 1874 la nivelul întregii țări, tabloul general este ceva mai încărcat cu nuanțe negative, căci se pare că nu toți medicii recrutori au întâlnit pe teren o situație igienică atât de fericită precum cea prezentată din proprie experiență de doctorul Petrescu: „din aceste tablouri se poate lesne constata că morbii diathesici, constituționali sau ereditari sunt foarte rari în localitățile de munte: în plaiuri și foarte frecvente în localitățile de câmp: în plăși“ (Petrescu, 1880, p. 39); astfel, se confirmă stereotipul despre tipul fizic superior al țăranului de la munte, în comparație cu cel de la câmpie. Să ne amintim de descrierile populației rurale din câmpie ale doctorului G. Obedenaru. Este totuși de remarcat că, în 1880, vocabularul lucrării doctorului Zaharia Petrescu nu cuprinde și termenul „degenerare“. În același an însă, doctorul C.I. Istrati folosește din plin statisticile recrutării pentru a demonstra starea de degenerare în care se găsește populația României. El nu este la fel de senin și de optimist ca doctorul Petrescu, ale cărui date statistice le va interpreta în sens complet contrar. În plus, doctorul C.I. Istrati beneficiază, „grație bunăvoinței domnului inspector general Davila“ (Istrati, 1880, p. 115), de datele statisticii recrutării din 1879 pentru țara întreagă. În acest mod el poate să compare datele statistice pentru județul Vâlcea în trei ani – 1869, 1874 și 1879 – și pentru țara întreagă în doi – 1874 și 1879. Iar diversele remarci personale din rapoartele medicilor recrutori din 1879 sunt o sursă din plin utilizată. Doctorul I. Nicolescu, medic recrutor în județul Muscel, descrie aspectul fizic al celor câteva zeci de cazuri de scutiri de talie: „Pentru statura mai mică de 1,54 metru s-au exclus 37 tineri, 5 dintre aceștia aveau aparența unor copii de 7-10 ani!“ Doctorandul Spiroiu îi povestea doctorului Istrati că, în același județ, „din comunele Nucșoara și Corbii s-au adus mai mulți recruți de 20 de ani, în *brațe* de mumele lor, atât erau de mici, bolnăvicioși și degenerați!“ (Istrati, 1880, pp. 138–139). În fața acestor mărturii și a acestor imagini nu mai este nevoie de nici o demonstrație, lucrurile sunt clare: populația României este într-o „stare de malatie, de suferință, de descreștere, de degenerare, de pierzanie" (Istrati, 1880, p. 139). Cu toate acestea, doctorul C.I. Istrati se înverșunează să demonstreze științific că imaginea pe care o bănuiește și de care este convins că este adevărată este și reală. Statisticile recrutării îl ajută din plin. Județul Vâlcea, în 1879, nu mai era ceea ce fusese în 1869: toți indicatorii stării de sănătate a recruților se degradează – scutirile pentru infirmități cresc de la 105,6 ‰ la 168 ‰; scutirile pentru debilitate și dezvoltare incompletă sunt pe același trend ascendent: 245,5 ‰ (1879), față de 177,4 ‰ (1869) (Istrati, 1880, p. 118). Situația este alarmantă. Dar e posibil ca județul Vâlcea să fie un caz particular nefericit; poate că, la nivelul întregii țări, statistica recrutării oferă semne pozitive. Speranța este deșartă, țara întreagă urmează județul Vâlcea, spre marea disperare a doctorului Istrati: „ceea ce e enorm, ceea ce nu se observă nicăieri decât la noi, este enormul număr de constituții debile, ele erau reprezentate în 1874 prin 185,2 și în 1879 prin 177,9. Diferența e mică și ea este cu atât mai neînsemnată cu cât rubrica dezvoltării incomplete crescu, în 6 ani numai, de la 74,1 la 214, adică tocmai de trei ori mai mult! [...] Astfel, totalul recruților slabi și rău dezvoltați a fost de 259,3 la 1874, peste 6 ani această cifră a mai crescut încă până la 392,3, cu jumătate mai mult. Ce probează aceasta, dacă nu starea bolnăvicioasă, dacă nu degradarea fizică, degenerarea rasei noastre!" (Istrati, 1880, pp. 123–124).

Nu are rost să continuăm pe această cale, demonstrația este făcută, concluzia este trasă. Doctorul C.I. Istrati nu are îndoieli, pentru el, statistica recrutării este perfect uniformă la nivelul întregii țări; pentru el, între 1869 și 1879, toți medicii recrutori evaluează uniform cazurile de debilitate sau de dezvoltare incompletă, care sunt principalul său argument; exigența medicilor recrutori nu crește în intervalul menționat, doar realitatea fizică a recruților pe care îi au în față se degradează.

Pe calea trasată de doctorul Istrati, în deceniul nouă al secolul al XIX-lea, vor păși și alți medici militari. Unul dintre ei este medicul de batalion Ioan Dănescu, care, în 1886, susține o lucrare de doctorat în medicină dedicată demografiei și geografiei medicale. Sursele sale sunt statisticile recrutării, care, după 1879, sunt complete și acoperă întreaga țară. Analiza sa se concentrază pe o perioadă de cinci ani: 1879–1883. Ei bine, ce îi dezvăluie doctorului Ioan Dănescu statisticile recrutării? Aparent, o situație fizică normală a recruților, dacă se are în vedere talia medie a acestora – 1,65 metri – și perimetrul toracic de 85 centimetri: „vigoarea populațiunei noastre este încă destul de puternică, [...] *rasa se menține*“ (Dănescu, 1886, nepaginat). Din cei 188 905 recruți examinați în cei cinci ani, doar 32 968 au fost scutiți de serviciul militar din cauză de boală sau de infirmități, adică un procent 17,45 %, ceea ce nu este mult, recunoaște medicul nostru: „17 neputincioși la 100 de voinici, în orice caz denotă o stare sanitară mai mult decât mulțumitoare, o vigoare și virilitate care ne dă cele mai temeinice speranțe în puterea de viață a neamului nostru, și prin urmare și în viitorul său“ (Dănescu, 1886, I).

De la înălțimea mediilor statistice, imaginea de ansamblu este pozitivă; însă cu cât privirea coboară către detalii, imaginea își pierde strălucirea, este tulburată de marasmul tabloului patologic al respinșilor. Doar constituția debilă și dezvoltarea incompletă sunt cauzele pentru care peste 10 000 de tineri sunt respinși; dintr-odată „calitățile excelente ale rasei noastre au început a slăbi“ (Dănescu, 1886, II). În comparație cu anul 1874, imaginea calităților fizice ale populației se întunecă și mai tare: dacă în 1874 numărul respinșilor era de 6 317, păstrând proporțiile în cei cinci ani analizați, numărul respinșilor trebuia să fie de 31 585 recruți, pe când el a fost cu 1 383 unități mai mare. În concluzie, „aptitudinea militară a țării din punctul de vedere medical, merge scăzând“ (Dănescu, 1886, V). De aici și până la dezastrul complet nu mai este decât un pas pe care doctorul Dănescu îl va face când va constata că, de pildă, comuna Iugurul din Muscel abia a putut da doi recruți în cinci ani (Dănescu, 1886, nepaginat). În concluzie, după șase ani, doctorul Ioan Dănescu răspunde la întrebarea, retorică, de altfel, a doctorului C.I. Istrati dacă rasa română degenerează. „Da! Cu multă părere de rău, trebuie să ne convingem că rasa română din țara noastră degenerează și încă cu o repeziciune spăimântătoare“ (Dănescu, 1886, VII).

Peste doi ani, alt medic militar, îndemnat de „succesul tezei camaradului meu [...] dr. Dănescu“ (Gugea, 1888, pp. 11), alege ca subiect al propriei teze de doctorat studierea taliei pe baza statisticilor recrutării. Intervalul temporal al analizei este același ca al mentorului său: 1879–1883. După cum era de așteptat, și rezultatele vor fi asemănătoare. Teza de la care pornește doctorul Th. Gugea este aceea că există un raport nemijlocit între proporția celor scutiți de serviciul militar pe motivul neatingerii taliei minime, starea sanitară a populației din care provin și degenerarea rasei: „În județele unde talia scundă este mai frecventă, acolo și mizeria este mai mare. La noi în țară, toate aceste defecte în constituțiunea fizică a populației nu se pot justifica prin diferența de rasă, căci deși în adevăr sunt părți din țară populate cu elemente eterogene, dar observațiunile noastre personale ne îndrumează de a susține că toate aceste elemente sunt în bună stare de dezvoltare și că degenerațiunea fizică prin cauze de insalubritate a localităților nu atinge decât populațiunea autohtonă“ (Gugea, 1888, p. 18).

Și doctorul Th. Gugea se lovește de aceeași problemă de care se lovise și doctorul Ioan Dănescu: media taliei recruților în cei cinci ani considerați invalidează teza pe care autorii se înverșunează s-o dovedească: „cifrele tabelei mele statistice îmi dă media taliei de 1 m 65 cm la un număr de

224 972 de tineri, câți au fost supuși examinării medicale, de la 1879 și până la 1883 inclusiv, și chiar în sus de această medie, încă taliele înalte se cifrează cu zecimi de mii, până la 1 m 70 cm. Am putea zice dar că materialul nostru de selecțiune este în condițiuni excelente și că nu avem decât să-l cultivăm, favorizând condițiunile sale de dezvoltare“ (Gugea, 1888, p. 28). Și, cu toate acestea, nu poate să nu se arate îngrijorat, pentru că el știe, indiferent de ce îi arată tabelele sale statistice, că populația română degenerează; și atunci plasează degenerarea acolo unde poate, adică în județele de munte, unde scutirile datorită taliei sunt mai numeroase: „populațiunea localităților noastre muntoase, a început de mult să degenereze, deoarece taliele inferioare la 1 m 54 cm a atins deja proporțiunea maximă de 70 la 1 000 și împreună cu unele județe câmpene minimum de 30 la 1 000“ (Gugea, 1888, p. 39). Este greu de înțeles în ce măsură proporția minimă de 30 ‰ dintre tinerii scutiți de serviciu militar pe motiv de talie reprezintă un motiv de îngrijorare pentru doctorul Th. Gugea și deci o dovadă certă a degenerării rasei.

La doar un an după ce doctorul Gugea și-a susținut teza, adică în 1889, Nicolae Soiu, colegul său mai tânăr, își dedică și el lucrarea de doctorat unei probleme de demografie medicală. Chiar dacă președintele ambelor teze este doctorul Zaharia Petrescu, concluziile celor două lucrări sunt destul de diferite. Doctorul Nicolae Soiu este, ca și președintele său de teză, un optimist; nimic nu îl poate convinge că rasa degenerează: nici numărul mare al celor respinși din cauza taliei prea mici, căci talia redusă a fost în mod greșit asociată cu condițiile igienice precare ale populației care dă asemenea recruți: „dacă talia înaltă ar fi pe drept considerată ca reprezentând vigoarea și sănătatea, ar urma de la sine că talia mică să fie considerată ca criteriu al constituțiunii debile și mizeriei fiziologice; în cazul acesta este evident că proporțiunea taliilor mici și acea a infirmităților ar trebui să meargă mână în mână“ (Soiu, 1889, p. 42); or, datele statistice pe care le prezintă infirmă această teorie. Doctorul N. Soiu este de fapt adeptul teoriei lui Broca, pentru care talia este mai degrabă o caracteristică a „rasei“, decât un indice al dezvoltării fizice a recrutului. Nici numărul mare al recruților respinși de comisiile de recrutare nu poate dovedi nimic, deoarece la 21 de ani „dezvoltarea organismului nu este terminată“ (Soiu, 1889, p. 61); așadar, nimic nu îl poate îndupleca pe doctorul Soiu.

Și în acest domeniu surprizele vin de unde te aștepți mai puțin: în 1893, nimeni altul decât doctorul Iacob Felix este silit să recunoască „constituția slabă“ a recrutului român mediu. Doctorul Felix folosește un indice compozit: raportul dintre talie și perimetrul toracic; „un fapt admis în știință“ arată că dacă perimetrul toracic reprezintă jumătatea taliei plus doi-trei centimetri, acest raport este exact granița dintre constituția slabă și cea normală; or, recrutul mediu din România este situat exact la această limită: „mai mult decât 70 % din recruții examinați au circumferința toracică de 80 până la 90 de centimetri și înălțimea corpului de 158 până la 173 centimetri“ (Felix, 1894, p. 42).

În plus, Iacob Felix găsește și în România, în statistica recrutării din perioada 1891–1894, condițiile care îl îndreptățiseră în 1894 pe doctorul Donath să declare degenerarea populației în statele moderne: în „vreme ce numărul celor înscriși scade, numărul celor scutiți pentru infirmități crește“ (Felix, 1894, p. 42). Să fi ajuns oare doctorul Felix în 1894 la concluzia doctorului Istrati din 1880? Greu de crezut. După această avalanșă de vești proaste, directorul general al Serviciului Sanitar ține totuși să ne reamintească faptul că „statistica recrutației nu ne dă însă o imagine absolută, ci numai relativă a dezvoltărei corporale și a forței fizice a populațiunii, căci la etatea de 21 ani corpul nu este încă cu desăvârşire format, creşterea unor organe nu se opreşte tocmai la acea vârstă, şi nu numai la noi, ci şi în alte ţări s-a constatat că la un număr însemnat de oameni scheletul se mai dezvoltă până la etatea de 25 ani şi câteodată creşterea se opreşte şi mai târziu" (Felix, 1894, p. 44). Doctorul I. Felix are mai multă încredere, se pare, în propria intuiţie decât în faptele „admise în ştiinţă".

În raportul asupra stării sanitare a Regatului din 1895 (publicat în 1897), deşi statistica recrutării nu pare să indice o îmbunătăţire a „calităţilor fizice" ale recruţilor, viziunea doctorului Iacob Felix este mult mai senină: chiar dacă în România numărul celor apţi pentru serviciul militar scade an de an, ceea ce „igieniştii civili şi militari din mai toate ţările Europei" interpretează drept un semn sigur al degenerării rasei, doctorul Felix nu se grăbeşte să tragă aceleaşi concluzii, neavând prea multă încredere în felul în care sunt întocmite listele de recrutare şi este organizat controlul medical. Şi cu toate că şi raportul dintre talie şi perimetrul toracic al recrutului autohton este la fel ca mai înainte cu doi ani, concluzia doctorului Felix este: „la noi statistica recrutaţiei deocamdată nu confirmă temerea că forţa fizică a populaţiei scade, că populaţia degenerează" (Felix, 1897, p. 16); la exact aceeaşi concluzie ajunge şi în ultimul raport (pe 1896–1897) publicat în 1899 (Felix, 1899, p. 26).

La sfârşitul carierei, cu câţiva ani înainte de moarte, doctorul Iacob Felix este pe deplin încrezător în calităţile fizice ale populaţiei autohtone şi este convins că România păşeşte pe drumul cel bun. Nu şi doctorul Victor Babeş, care, într-o conferinţă din noiembrie 1900 dedicată regenerării poporului român, este convins că situaţia sanitară a Românei în general şi a populaţiei ţărăneşti în special este critică. El este, cum am văzut deja, un susţinător al tezei degenerării rasei şi nu putea uita, fără să îi acorde de fapt prea mare importanţă, „un indiciu că românii stau rău în privinţa vitalităţii" care este tocmai rezultatul recrutărilor: între 1890–1892 și 1897, procentul „respinșilor“ de comisiile de recrutare crește de la 5,6 % la 8,3 % (Babeș, 1901, pp. 14–15). În ultimele două decenii ale secolului al XIX-lea am văzut cum, încetul cu încetul, corpul medical este câștigat de partea teoriei degenerării rasei. Degenerare care se poate surprinde cel mai bine în statisticile recrutării. Am văzut și că nu toți medicii, dintre care unii se află chiar în vârful ierarhiei medicale a Regatului, cad pradă acestei teorii. Doctorul Iacob Felix este unul dintre ei, dar el este un caz special. Nici doctorul Zaharia Petrescu nu aderă decât parțial și neconvingător la această teorie. În schimb, mulți alții, majoritatea s-ar putea spune, susțin cu fervoare că rasa română degenerează, ceea ce trece drept axiomă în discursul medical al epocii.

Și la final de secol: mortalitatea infantilă

În ultimul deceniu al secolului al XIX-lea și la începutul secolului următor medicii deschid un nou front de luptă împotriva unui dușman mai vechi, dar împotriva căruia marea bătălie nu fusese încă angajată – mortalitatea infantilă. Mortalitatea infantilă aproape că anula singurul avantaj demografic al României în comparație cu celelalte state europene – marea natalitate. Ea a fost identificată ca principala frână în calea unui spor demografic exploziv, atât de dorit de autoritățile sanitare. Mortalitatea în general și mortalitatea infantilă în special, atunci când depășesc anumite limite și mai ales atunci când anulează sporul demografic, pot fi privite, și au fost privite, ca un simptom de degenerare a rasei. De remarcat ar fi că interesul corpului medical pentru mortalitatea infantilă se manifestă nu în deceniul opt al secolului al XIX-lea, care cuprinde trei ani cu un spor natural negativ – 1873, 1874 și 1878 –, ci mult mai târziu, când temerile demografice la nivel național păreau să se fi aplanat. O explicație ar putea fi, pe de o parte, că la sfârșitul deceniului opt, când evoluția demografică negativă a țării a devenit evidentă, capul de afiș al discursului medical a fost ținut de problema evreiască și de indicatorii demografici generali: natalitate, nupțialitate, mortalitate. Pe de altă parte, acești indicatori demografici erau singurii pe care statistica epocii îi putea livra. Cauzele deceselor aparțin unei alte ere statistice, în care România nu intrase încă, în preajma războiului de independență. Va intra încetul cu încetul în ultimul deceniu al secolului al XIX-lea și mai ales după 1900. Totuși, de ce oare tocmai la sfârșitul secolului, când doctorul Iacob Felix neagă degenerarea rasei și când alungă, sau cel puțin încearcă, temerile demografice, când sporul natural al Regatului începe să fie constant și în valoare absolută tot mai mare, deci de ce tocmai acum se naște interesul manifest pentru mortalitatea infantilă? Poate pentru că era ultimul și cel mai important obstacol în calea creșterii demografice a României; dar în mod sigur și pentru că, am văzut undeva mai sus, temerile sociale nu dispar, ci doar se transformă. Când sporul natural devine pozitiv și nu mai constituie un motiv de obsesivă îngrijorare, apare un nou pericol – mortalitatea infantilă –, împotriva căruia corpul medical se mobilizează.

Dar să revenim la înregistrările statistice care consemnează mortalitatea pe grupe de vârstă doar după 1871 (Alesandrini, 1895, I, pp. 189–212). După această dată, oricine era interesat putea găsi publicate cifrele mortalității infantile și, cu toate acestea, am spus deja, alarma nu este încă trasă. Cifrele mortalității nu sunt însă decât un simptom care face manifestă boala. Or, ceea ce este important și relevant din punct de vedere social constă nu numai în a identifica boala, ci de fapt în a o vindeca. Vindecarea presupune însă cunoașterea cauzelor, ceea ce în cazul nostru înseamnă cunoașterea cauzelor mortalității infantile. Statistica nu oferă aceste date decât târziu, mult mai târziu. Doar în Bucureşti se înregistrează cauzele decesului. La nivelul întregului Regat cauza morţii începe să fie înregistrată doar după 1886, dar şi atunci ţinînd cont numai de categorii foarte mari – „boli, întâmplări (accidente), sinucideri" (Alesandrini, 1895, I, p. 238), ceea ce, trebuie să recunoaştem, nu ne poate ajuta prea mult.

Doar la începutul secolului următor apar unele progrese, remarcate cu ironie fină de doctorul V. Sion, într-un text care este, în opinia mea, cea mai lucidă analiză a implicării statului în asigurarea sănătăţii publice în România. Doctorul Sion se întreabă, cu o falsă naivitate, ce ar face un medic străin dacă ar observa marea mortalitate infantilă din România rurală: „Un străin civilizat, care şi-ar pune această întrebare, judecând după cum se petrec lucrurile în ţara lui şi ştiind că în România există un serviciu sanitar rural pe seama statului, ar căuta răspunsul în publicaţiunile statistice ale acestui serviciu. Străinul ar fi un naiv. Serviciul nostru sanitar n-ar putea da răspunsul căutat, pentru bunul cuvânt că nu-l ştie. Pentru oficialitate în România rurală nu există decât două cauze de moarte: moartea violentă (sinucidere, omucidere, accident) şi moartea naturală. Se pare că numai cu totul parţial s-a simţit la noi nevoia de a despica această etichetă de *moarte naturală*. Numai pentru boalele epidemice se consemnează la ţară cauza morţii şi chiar pentru acestea numai cu începere din 1901 avem date *publicate*, *separat*, pentru oraşe şi pentru sate" (Sion, 1904, p. 209). Deci chiar până la Primul Război Mondial, cauzele mortalităţii în mediile ţărăneşti din România sunt cunoscute doar cu aproximaţie.

Medicii şi statisticienii se întrec în a critica deficienţele culegerii datelor statistice în Regat. Toată lumea este de acord că în acest domeniu mai sunt foarte multe de făcut. Înainte de a prezenta cauzele mortalităţii infantile, aşa cum şi le imaginează medicii la sfârşitul secolului al XIX-lea şi în primul deceniu al secolului al XX-lea, este necesar să parcurgem terenul totuși mai stabil al ratei mortalității în general și al ratei mortalității infantile în particular în România modernă.

În România, mortalitatea generală nu poate fi cunoscută decât cu aproximație, dacă se exprimă prin indicele clasic al numărului morților la mia de locuitori, pentru că, de fapt, până în 1899 populația totală a țării, și deci unul dintre termenii la care se face raportarea, nu este cunoscută cu exactitate, ci este stabilită doar pe baza unor evaluări. În aceste condiții cel mai sigur indice demografic îl constituie sporul natural, obținut prin scăderea din numărul născuților a numărului morților. Poate și din această cauză acest indice este vedeta scrierilor medicale din ultimele trei decenii ale secolului al XIX-lea. Iar când, în 1895, N.A. Alesandrini calculează mortalitatea pe grupe de vârstă începând cu 1871, raportarea sa se face nu la 1 000 de locuitori, ci la 1 000 de morți (Alesandrini, 1895, I, p. 184). Altfel spus, putem ști câți din 1 000 de morți aparțin fiecărei grupe de vârstă. Dacă revenim la mortalitatea generală, vom remarca faptul că indicii acesteia nu sunt unitari în intervalul avut în vedere. Din nou Alesandrini calculează mortalitatea generală între 1859 și 1890 folosind un indice care după 1890 cade în desuetudine: numărul de locuitori corespunzând unui mort. Astfel, în 1859 avem un mort la 59,19 locuitori vii, iar în 1890 proporția va ajunge la 1 mort la 34,98 locuitori vii. După 1890 se va generaliza raportarea mortalității la mia de locuitori. Dacă aruncăm o privire asupra mortalității generale între 1859 și 1890, vom remarca în primul rând pentru deceniul șapte o creștere constantă a mortalității generale, însă sub plafonul de 30 ‰, cu un vârf al mortalității, în 1866, de 39,49 ‰. Deceniul următor, 1870–1880, păstrează o mortalitate destul de ridicată, aproape constant peste 30 ‰, iar în deceniul 1880–1890 mortalitatea se stabilizează pe o pantă ușor descendentă (Alesandrini, 1895, I, p. 146). În sfârșit, în ultimul deceniu al secolului al XIX-lea, mortalitatea generală nu variază prea mult față de deceniul anterior, cu excepția extremului final: în 1898 este 26,38 ‰, iar în anul următor – 27,91 ‰.

În privința mortalității generale, anul 1900 este unul excepțional: 24,72 ‰, tendință care se păstrează și în anii următori (Obregia, 1907, p. 12). Este o certitudine că în primul deceniu al secolului al XX-lea mortalitatea generală se stabilizează undeva la 25 ‰ (Colesco, 1912, p. 647). Așadar, și mortalitatea generală este în puternică scădere la începutul secolului al XX-lea. Deci numai vești bune! Cu toate acestea, cum am văzut, tocmai în acest moment mortalitatea infantilă îngrijorează la maxim corpul medical. Cel mai bun indicator al acestui interes îl reprezintă alegerea mortalității infantile ca temă a congresului Asociației Generale a Medicilor din Țară în 1902. Lucrările prezentate la congres și publicate în revista oficială a asociației uimesc prin amploarea pe care o au datele statistice în argumentația prezentărilor. Se pare că mortalitatea infantilă nu este altceva decât o problemă de statistică. Să ne reamintim că suntem în primul deceniu al secolului al XX-lea, când toate temele discursului medical, fie că este vorba de igiena locuinței, fie de cea a alimentației, sunt impregnate de date numerice. Acum, a surprinde realitatea socială sub toate formele sale, mai mult decât în ultimele trei decenii ale secolului al XIX-lea, înseamnă a măsura și a număra. Statistica devine cheia de boltă a tuturor științelor administrative și implicit sanitare.

Cât de mare era de fapt mortalitatea infantilă la sfârșitul secolului al XIX-lea? Mult prea mare, spun medicii, care se raportează la indicele similar din Europa Occidentală. Oricum, era un fapt știut și adesea remarcat că acolo unde există o natalitate ridicată mortalitatea o urmează îndeaproape. În perioada 1871–1895 din numărul anual al morților, între 40 și 49 % sunt copii de până la 5 ani (Sion, 1904, p. 201). Dacă se calculează mortalitatea până la 10 ani, atunci acest indice de obicei trece de 50 %. Altfel spus, în ultimele decenii din secolul al XIX-lea, unul din doi copii nu atingea vârsta de 10 ani. Moartea copiilor era o realitate cotidiană trăită, nu cu aceeași intensitate, e drept, de toată lumea: de la familia țăranului cel mai umil până la familia regală. Ei bine, hecatomba copiilor din România atrage în sfârșit atenția corpului medical la cumpăna dintre veacuri, dar nu neapărat ca problemă în sine, ci ca o formă gravă a mortalității generale, care la rândul ei este un simptom al degenerării rasei autohtone. Raportorul temei congresului din 1902 – doctorul N.C. Thomescu, medic primar la spitalul de copii din București – așază mortalitatea infantilă alături de celelalte mari „cauze ce seceră și degenerează rasa noastră": alcoolismul, impaludismul, pelagra și tuberculoza (Thomescu, 1902, 18, p. 4); tot el oferă imaginea-simbol a copiilor pentru ideologia națională a epocii: aceștia devin pentru stat „acea parte a populațiunii de care depinde viitorul scumpei noastre patrii, care astăzi îi dă brațele de muncă, mâine îi va oferi piepturi solide de apărare și întotdeauna capete luminate pentru a o ilustra și conduce pe calea progresului și a civilizațiunei, către idealul nostru, al tuturor" (Thomescu, 1902, 18, p. 4). În această variantă, care este și cea mai răspândită, copiii sunt corpul social viitor, sunt patria *in nuce*; valoarea lor constă în perpetuarea națiunii: așa cum individul copil asigură perpetuarea familiei, grupul social al copiilor asigură perpetuarea corpului social al patriei. Or, mortalitatea mare a copiilor de astăzi nu înseamnă decât distrugerea patriei de mâine. Ce poate fi mai degenerativ de atât?

Tot în aceeași perioadă, doctorul V. Sion conceptualizează statutul copilului în raport cu statul dintr-o cu totul altă perspectivă: mortalitatea infantilă este văzută ca o „pierdere consumată din energia națională, ca o gaură prin care se scurge avuția comună. Un copil, odată născut, trebuie privit ca o întreprindere în care se închide zi după zi câte o părticică de capital social, destinat a rămâne imobilizat un lung șir de ani, după trecerea cărora numai începe să renteze societății dobânda cuvenită. De aceea fiecare copil mort, mai înainte de a fi fost pus în condițiune de a aduce comunității vreun serviciu, reprezintă o scădere din avuția generală; iar în special acea mortalitate infantilă care îi datorită la cauze ce n-ar fi prin chiar natura lor inevitabile, e cea mai exactă măsură de risipire a vieții și a energiei, de neprevedere socială" (Sion, 1904, p. 200). Este evident o viziune de sorginte economică, dar nu numai, care nu face de fapt decât să adauge o altă perspectivă asupra aceleiași probleme, fără a schimba prea mult imaginea de ansamblu. Fie că este privit ca element de reproducere socială și biologică a națiunii, fie ca parte imobilizată din capitalul social al patriei, un copil care moare contribuie la slăbirea și deci decadența națiunii din care face parte. Oricum ar fi, moartea nu poate reprezenta decât o pierdere, o scădere și implicit o amenințare a corpului social prezent, dar și viitor.

Iar acum ne vom apleca asupra cauzelor degenerării rasei așa cum sunt ele percepute și conceptualizate la sfârșitul secolului al XIX-lea și în primul deceniu al secolului al XX-lea. Cum degenerarea rasei este o amenințare ce se manifestă în primul rând la nivel demografic prin stagnarea sau scăderea numărului populației, înseamnă că a studia cauzele degenerării rasei este echivalent cu a studia cauzele morbidității și ale mortalității generale. Or, discursul igienist pe care l-am identificat și l-am analizat în capitolele anterioare ale acestei a doua părți surprinde foarte bine toate aceste cauze ale degenerării. Asupra lui deci nu vom reveni. Vom insista asupra cauzelor mortalității infantile considerate cauze particulare ale degenerării rasei. La începutul secolului al XX-lea devine evident că imensa mortalitate infantilă din România se datorează mai puțin bolilor infecțioase și mai mult bolilor „evitabile“, cum le numește doctorul V. Sion. Astfel, variola pare definitiv învinsă la cumpăna dintre veacuri: în 1900, 1901 și 1903 există doar câte un mort de variolă în mediul rural din întreg Regatul! (Obregia, 1907, p. 103). Nu toate bolile epidemice pot fi prevenite cu ajutorul vaccinului, dar mortalitatea provocată de bolile epidemice este destul de redusă în România rurală: în intervalul 1901–1903, doar 5,1 din 100 de decese au drept cauză o boală epidemică. Doctorul V. Sion, în ciuda defectelor statisticii, calculează pentru grupa de vârstă de 0–5 ani o mortalitate prin boli epidemice de maxim 9 unități din 100 (Sion, 1904, p. 209). Aceasta înseamnă că restul de 91 de copii mor din alte cauze. Acestea sunt decesele „evitabile“, și sunt multe! Împotriva lor trebuie dusă lupta igienică la care de altfel se angajează cu toții.

Cauzele mortalității infantile, chiar dacă nu sunt obiectul cercetărilor de statistică medicală, ceea ce ar oferi dacă nu certitudini, măcar o imagine mai aproape de realitate, sunt cunoscute și conceptualizate de întregul corp medical în același mod: copiii de vârstă fragedă mor în general din cauza „relelor îngrijiri“. Medicul practician și igienistul știu că în România rurală mortalitatea infantilă are patru mari cauze: „1. Infecțiunea în timpul facerii, care omoară în primele zile uneori și pe mamă pe lângă copil – din cauza asistenței rele și lipsei de asistență a femeii parturiente; 2. Boalele tubului digestiv – din cauza hranei vicioase – care ucide mai cu seamă în primii doi ani, dar destul și în ceilalți trei; 3. Boalele aparatului respirator, zise prin răceală; 4. Moartea în primele zile ori săptămâni din cauza dezvoltării neîndestulătoare a fătului în pântecele mamei“ (Sion, 1904, p. 239). Din 100 de decese, 91 se datorează acestor cauze care sunt profund sociale și deci greu de înlăturat. Să le analizăm pe rând alături de medicii care le condamnă în scrierile pe care le publică în revistele medicale sau le prezintă colegilor lor la diverse congrese științifice. N. Lapteș, medic în județul Covurlui, cunoaște condiția grea a copilului țăranului încă de la naștere: „copilul vede lumina zilei în împrejurări foarte vitrege, născut pe paie, sau pe o rogojină, sau în cel mai bun caz pe un pat pe care s-a așternut ce se găsește mai murdar în casă, căci cele curate... se murdăresc; buricul, tăiat cu foarfeci murdare sau cu vreo custură ruginită, este legat cu vreo cârpă murdară, cu peteci nespălate și chiar cu obiecte“ (Lapteș, 1906, p. 436). Adeseori în urma acestor „îngrijiri“ sugarul moare de tetanos. Ceea ce nu știe doctorul N. Lapteș, și oricum nu ar accepta, este că nașterea pe paie urmează modelul biblic și deci practicile țărănești nu sunt doar o expresie a ignoranței și a sărăciei, ci au o logică a lor, aparțin în fond unei alte culturi care funcționează după alte valori decât cele raționale și moderne ale doctorului Lapteș. De ce ar empatiza N. Lapteș cu țăranii, de ce ar încerca să le înțeleagă obiceiurile și practicile, când este evident că acestea contribuie la menținerea unei mortalități ridicate? N. Lapteș se dovedește un bun cunoscător al practicilor puericole țărănești când descrie modalitățile de îmbăiere și de înfășare ale sugarului, pe care le prezintă însă pentru a le condamna: „copilul îl scaldă în apă fierbinte de-l scoate roșu ca un rac, căci zic că doarme bine din baie, baba îl ridică cu ambele mâini de cap, trupușorul spânzurat în jos «ca s-i lungească gâtul». Îl înfașă în rufe murdare și îl leagă cu o bată sau chiar cu sfori, așa de strâns, că lasă urme pe trupușorul fraged“ (Lapteș, 1906, pp. 436–437).

Tot în primele săptămâni mor și copiii din rubrica „constituție debilă“ a statisticilor medicale; cauza profundă a constituției debile o constituie ereditatea morbidă, percepută drept cauza principală a degenerării rasei. Doctorul I. Apostoleanu o definește cu exactitate – tot ceea ce medicul nu poate să identifice drept cauză a morții este înglobat în marea categorie a debilității congenitale ce devine astfel o categorie care cumulează toate necunoscutele medicale ale epocii: „Debilitatea congenitală [...] provine dintr-o debilitate a constituției părinților. Această constituție debilă provine din alcoolism, paludism, pelagră, sifilis, tuberculoză, din răul trai și lipsa de o alimentație suficientă. Toate aceste stări maladive și stări de suferință ale părinților nu se manifestă la copii decât printr-o slăbiciune și o mică rezistență vitală față de cauzele destructoare, așa că cele mai ușoare influențe vătămătoare numaidecât îi omoară. [...] Copiii care mor de o săptămână și chiar de o lună și la care, cu toată osteneala și interesul ce-ți vei da, nu găsești o maladie precisă și când vezi corpul copilului zbârcit, emaciat, iar dacă te uiți la părinți îi vezi galbeni, slabi și în condiții de trai foarte proaste, ce diagnoză poți să pui mai nimerită și mai adevărată decât *debilitate congenitală*?“ (Apostoleanu, 1902, p. 3). Ca prin minune, unde apare ereditatea morbidă și unde categoriile și termenii devin imprecişi, apare și degenerarea rasei.

Dacă a scăpat de pericolele nașterii și ale primelor săptămâni de viață, micul țăran este asaltat de alte amenințări, între care cele mai letale par a fi bolile digestive; acestea sunt datorate aproape în totalitate habitudinilor greșite ale mamelor în a-și hrăni copiii. Și aici pericolele vin din mai multe direcții; mai întâi, felul în care este alăptat și alimentația mixtă introdusă încă din primele luni ale vieții expun copilul la declanșarea dereglărilor digestive. Iacob Melcon Iacobovici, bursier al Fundației Regale Carol I și câștigător al premiului Hillel în 1900 cu o lucrare despre cauzele mortalității infantile în România, sintetizează pentru noi aceste aspecte: „la noi copiii nu sug după vreo regulă oarecare, când copilul plânge, mama îl pune la sân să sugă. Alteori mama, fiind ocupată, îi dă să sugă când apucă, la două ceasuri, la trei, patru, când poate. Și acest lucru nu e numai la femeile inculte, dar și la cele cu cultură, pentru că n-au avut niciodată ocaziunea să învețe igiena și nici s-o vadă practicată. [...] Așa se explică imensa mortalitate a primiparelor. Mamele românce cred că laptele matern e o mâncare neîndestulătoare, de aceea îl îndoapă cu tot ce pot, așa, în post, îi dau ciorbă de fasole, mazăre, cartofi, prune fierte, varză acră, terci de mămăligă, covrigi, în sfârșit, de toate. În zilele celelalte ale anului mănâncă ca și ceilalți și stă de-a valma cu părinții la masă. Mama sau tata țin copilul în brațe, când e mai mic îi mestecă ei și-i dau în gură, dacă e mai mărișor de opt sau nouă luni mănâncă singur tot ce vrea. Și cât de fericite nu se simt bietele mame ori de câte ori pot spune că odrasla lor mânâncă «ca un om bătrân». Cine să le convingă că ceea ce fac e o crimă și că imensa majoritatate a copiilor își pierd viața din cauza acestor obiceiuri barbare" (Iacobovici, 1902, p. 44).

Odată abordat subiectul alimentației, fie și a sugarului, nu putea să nu apară în discursul igienist și tema postului la care părinții inconștienți supun copiii de la o vârstă fragedă; doctorul N. Lapteș reușește totuși cu abilitate să convingă o țărancă să-și hrănească copilul cu lapte de capră în Postul Sf. Marii: „odată copilul înțărcat, *e om*, nu există nici un aliment care să nu-i fie permis să-l mănânce. Orice obligațiune de ordin religios i se aplică cu severitate și lui. Copiii postesc toate posturile de la vârsta de doi ani. Această obligațiune o respectă chiar când sunt bolnavi și mamele se lasă greu convinse de medic să le dea lapte chiar atunci. În combaterea unei epidemii de dizenterie, la Postul Sf-tei Marii, o mamă mi se jăluia cu mare alai că i se strică laptele de la o biată capră ce avea, iar pe băiat în vârstă de 2 ani îl hrănea de 4-5 zile cu ardei copți, cu greu și după numeroase proverbe și citații din S-ta scriptură, am convins-o să dea lapte acelui copil aproape istovit" (Lapteș, 1906, p. 437). Ce s-a întâmplat oare după plecarea medicului?

Când vorbesc despre alimentația sugarului în mediile țărănești, medicii evidențiază la nesfârșit câteva habitudini care contribuie la mortalitatea acestei vârste; una este folosirea „moțocului“, echivalentul țărănesc al suzetei contemporane: „Fiecare din acești paznici, dacă nu pot liniști copilul, când plânge prin legănat, îi pun moțocul în gură. Moțocul se compune în regulă generală din o cârpă în colțul căreia se leagă o bucățică de pâine amestecată cu zahăr și muiată în apă. Dar moțocul se mai întrebuințează pentru ca copiii să aibă cu ce-și roade gingiile, ca să le crească mai repede dinții. Multe din aceste moțocuri sunt locuri de cultură pentru microbii lui Löfler, Fränkel, Koch și alții“ (Iacobovici, 1902, p. 50).

În sfârșit, un loc comun al discursului medical are în vedere ceea ce am putea numi cu un termen impropriu alcoolismul copiilor – oroarea supremă a medicilor! În toate clasele sociale, de la vlădică până la opincă, cu toții au obiceiul de a introduce în alimentația sugarilor băuturi alcoolice: „Cât despre băuturi, nu e nici o restricțiune, nici în clasele bogate, nici în cele sărace. La cei bogați copiii beau de mici diferite băuturi alcoolice sau alcoolizate străine, nenumărate siropuri, ceaiuri, cafele negre, cu lapte și altele. În clasele mijlocii li se dă copiilor chiar din prima lună cafele peste cafele, ceaiuri peste ceaiuri și așa mai departe. Femeia țăranului, deoarece n-are nici siropuri și nici cafele, dă copilului ce are ea la îndemână, adică alcool dat sub o formă sau alta și vin“ (Iacobovici, 1902, pp. 49–50). Nu este nevoie să insistăm asupra a ceea ce cred medicii despre asemenea practici, părerea lor nu s-a schimbat prea mult de atunci. Dacă pentru sugar alcoolul este utilizat drept fortifiant sau sedativ, de la vârsta de doi ani în sus, crede doctorul Possa, consumul de alcool se generalizează în mediile țărănești din Moldova: „De la 2-3 ani în sus li se dau la toți copii rachiu, mai ales la zile mari, când părinții fac haz de a-i vedea pe copii lovindu-se de toate colțurile beți. Când un copil de 4-5 ani deșartă de dușcă un pahar de rachiu, părinții sunt mândri, se laudă că au un voinic de băiat ce bea cât un om mare“ (Possa, 1902, p. 7).

Dacă rezistă potențialelor infecții de la naștere, supraviețuiește și bolilor digestive, copilul mai poate să moară din cauza unor boli ale aparatului respirator: atmosfera infectă a locuințelor țărănești sau botezul săvârșit iarna în biserici neîncălzite cresc probabilitatea acestui deznodământ. În sfârșit, chiar dacă nu mai sunt așa de ucigătoare ca altădată, bolile infecțioase găsesc în sate un mediu propice de dezvoltare, cel puțin în Moldova doctorului Possa: „în fine vin bolile infecțioase și tot felul de boli ce găsesc turme de ființi bine pregătite de moarte; epidemiile se întind cu furie în asemenea teren fertil, vegetează perfect microbii, și rezultatul secerișului e spendid de crud. Sate întregi rămân fără nici un copil, cum s-a întâmplat în munții județului Sucevei pe la 1893–1894 cu o epidemie de difterie și cum se întâmplă cu scarlatina și altele“ (Possa, 1902, p. 7). Relele habitudini se înlănțuie la nesfârșit: nu numai că țăranca nu știe să-și hrănească copilul, nu-l protejează suficient împotriva frigului, dar atunci când se îmbolnăvește doar arareori și în ultimă instanță apelează la medic: „când un copil se îmbolnăvește, întrebuințează toate leacurile ce cunoaște, cercetează toate babele de prin sate, aleargă în urmă și la medic; aceste obiceiuri încep să dispară din comunele apropiate de reședința medicului, unde găsește și medicamente mai numeroase, aceasta o dovedește numărul crescând al consultațiunilor de duminică, la reședința medicului“ (Lapteș, 1906, p. 438).

Suntem aici în fața unui stereotip al discursului medical extrem de tenace și pe care aproape nimeni nu îndrăznește să-l conteste. Pe măsură ce lecturile mele despre funcționarea sistemului sanitar rural se acumulau, impresia de ansamblu era că suntem în fața unui stereotip care este mai degrabă relevant pentru imaginea țăranului în ochii medicilor (primitivism, incultură și sărăcie) decât despre un real și constant *refuz* al asistenței sanitare moderne din partea țăranilor. În final a apărut și revelația: intuisem ceea ce însuși doctorul V. Sion credea în 1904: „Trebuie să fim sinceri, să recunoaștem că [...] țăranul *n-are* asistență nici la boală, nici la facere. Greșesc sau sunt nedrepți acei ce cred că țăranul e așa de nătâng încât ar refuza luminile medicului, că acei ce ar putea să lumineze pe țărancă «sunt lipsiți de încrederea ei». Adevărul e că acei ce ar putea să o lumineze pur și simplu îi lipsesc aproape totdeauna când are nevoie de ei" (Sion, 1904, p. 246). Trebuie să recunosc că am fost încântat să descopăr că în epocă un medic neagă atotputernica imagine a țăranului-primitiv, aproape animal, care refuză ajutorul medical oferit cu generozitate de statul modern, fuge de spital și se opune cu ferocitate vaccinării. Adevărul e că asistența sanitară rurală lipsește aproape cu desăvârșire. Și nu pot decât să fiu de acord cu doctorul Sion că modul în care statul a înțeles să organizeze sistemul sanitar rural dă seamă despre o „concepție falșă [...] că populațiunea rurală ar avea o mentalitate de o calitate așa de inferioară, încât înțelege tot așa de puțin ca și animalele că trebuie să fie sănătoasă și de aceea ar fi nevoie ca statul să trateze sănătatea țăranilor întocmai ca pe a animalelor. Această concepție e soră cu acele nenumărate idei falșe ce noi, pătura suprapusă, ne-am făcut de populația rurală din cauza necunoștinței noastre absolute, urmare a izolării noastre de dânsa" (Sion, 1904, pp. 247–248). Nici eu nu aș fi putut să o spun mai bine. Mi-am dat seama că doctorul V. Sion este un personaj excepțional.

Înainte de final se cade să mai amintim unul dintre cele mai importante aspecte ale temei degenerării rasei și ale temerilor demografice care o acompaniază: problema eredității. În lipsa acesteia din urmă, degenerarea nu se poate manifesta, pentru că ce altceva este degenerarea rasei decât o treptată acumulare de caractere degenerative în sânul unei populații? „Relele igienice" ale populației rurale, studiate pe larg în paginile anterioare, sunt tot atâtea precondiții ale bolilor sociale care, dacă se transmit pe cale ereditară, slăbesc progresiv generațiile viitoare. Din această perspectivă, este esențial să știm ce anume se credea la sfârșitul secolului al XIX-lea că se poate transmite pe cale ereditară. În 1876, doctorul Petrini ne face o listă aproape completă: „Alienațiunea este una dintre afecțiunile ce se transmit prin ereditate. [...] Tuberculoza, scrofuloza, cancerul, guta, sifilisul, artrita și dartrele trec adesea la posteritate. Dintre maladiile pielii, psoriasul pare mai transmisibil. [...] Ereditatea în pictură, în muzică, s-a constatat în tot timpul; predispoziția de a *fura*, de a *viola*, de a *ucide*, de a se *sinucide* este ereditară" (Petrini [de Galatz], 1876, pp. 11–12). Vedem deci că, în mod direct sau sub forma diluată dar atotprezentă a predispozițiilor, ereditatea este atotputernică. Ea se manifestă atât sub forma eredității morbide, cât și sub cea a eredității morale; dar să amintim și ereditatea talentului. Suntem aici în plin proces de constituire a eugenismului. Căci dacă rasa degenerează cu certitudine, o știu toți medicii, ea poate fi și regenerată prin măsuri înțelepte de alegere a partenerului; căsătoria este momentul în care prin alegeri bine făcute, caracterele degenerative ale unuia sau ale amândurora dintre soți se pot acentua în generația viitoatre sau se pot atenua.

Tânărul doctor V. Manicea ne prezintă principiile unei asemenea căsătorii „raționale": „pentru o căsătorie rațională ar fi fost necesar de a se face o selecțiune a soților lipsiți de vreun defect fizic sau moral; însă fiindcă perfecțiunea, după cum se zice, nu există pe pământ, imperfecțiunea soților trebuie să fie astfel combinată încât să nu se mărească, ci, cel puțin, să se neutralizeze, în generațiunea viitoare, prin împerecherea reciprocă a soților. Din punctul de vedere fiziologic, căsătoria trebuie să se opună la diferite temperamente, prin neutralizarea defectelor ambilor soți" (Manicea, 1880, pp. 59–60). De la această concepție asupra căsătoriei și până la propunerea unor măsuri de eugenie negativă este doar un pas, pe care doctorul V. Manicea îl face deja în 1880: el va propune interzicerea căsătoriilor între „persoane scrofuloase, canceroase sau tuberculoase", căci astfel de căsătorii „vor da naștere degenerării genului omenesc" (Manicea, 1880, p. 60). Degenerare deja constatată de majoritatea medicilor epocii. Dar la conceperea unor descendenți puțin rezistenți la condițiile „morbigene", nevitali, am putea spune, folosind terminologia vremii, contribuie nu numai ereditatea morbidă; aceasta se manifestă pe un teren pregătit de condițiile vitrege de trai ale populației, iar doctorul Ioan Dănescu pune accentul pe munca excesivă și pe alimentație: „Din niște părinți obosiți printr-o muncă continuă aproape titanică și fără o hrană corespunzătoare acestei munci, negreșit că nu poate să nască decât o ființă care din chiar momentul concepțiunii sale are deja într-însa germenul viitoarelor cauze morbigene; nutrițiunea sa în timpul copilăriei și a pubertății consistă din laptele unei mume, ea însăși ostenită de o mizerie fiziologică, și mai târziu dintr-o hrană mai puțin decât frugală; apoi chiar înainte de momentul când copilul intră în adolescență, este pus la munca comună, care susține existența familiei" (Dănescu, 1886, II). În fond, nimeni nu îl contrazicea pe doctorul N.C. Thomescu când afirma: „copilul prețuiește cât ereditatea: copii sănătoși și viguroși nu se pot naște decât din părinți sănătoși. Printre cele dintâi cauze care au un rol precumpănitor în determinarea mortalității infantile sunt maladiile moștenite de la părinți" (Thomescu, 1902, 29, p. 2). Este o axiomă de bun-simț. Or, câțiva ani mai devreme, doctorul Nicolae Manolescu putea afirma, și cred că întreg corpul medical era de acord, că „un număr foarte mare de țărani o duc într-o boală perpetuă" (Manolescu, 1897, p. 100), ceea ce era un semn clar de degenerare. Problema eredității, chiar dacă în mod teoretic are un rol central în definirea conceptului de degenerare, în discursul medical românesc este secundară. Este prezentă într-un mod difuz, dar nu poate să pună în umbră componenta demografică care în România, ca și în Franța, este cosubstanțială temei degenerării.

După ce am văzut principalele manifestări ale degenerării rasei, precum și întregul complex de cauze despre care se credea că stau la baza ei, ar trebui să încercăm să decelăm sursele acestei temeri sociale. Degenerarea rasei nu este o creație a spiritului științific autohton, ci o temă a discursului medical pe care medicii români o aduc din străinătate sau despre care citesc în literatura științifică a epocii. Va fi adaptată la contextul local, dar în fond este un produs de import. Totuși, succesul său fulminant în spiritul vremii dovedește că degenerarea rasei, ca vector ideologic, corespunde unei nevoi locale foarte puternic manifestate. Iar din acest punct de vedere îl putem considera un construct autohton.

La mijlocul secolului al XIX-lea, elita românească este formată precumpănitor în Franța, iar după 1870 și în spațiul german. Tema care ne preocupă în paginile de față este descoperită de medicii români cu precădere în spațiul științific francez. Dacă te familiarizezi cu literatura medicală românească din a doua jumătate a secolului al XIX-lea, nu poți să nu remarci că sursele acesteia vin în marea lor majoritate din spațiul științific francez. Evident, cu unele excepții, remarcabile, de altfel: Victor Babeș și Iacob Felix. Dacă vom avea curiozitatea să consultăm volumul de biografii medicale publicat la începutul secolului al XX-lea de N.T. Ionescu, vom observa că din cei 131 de medici care activau în 1905, 12 obținuseră doctoratul în medicină la Paris și doi la Montpellier (Ionescu, 1906 a). În materie de studii medicale, Parisul rămâne unul dintre cele mai căutate centre din străinătate. Dar se știe că nu doar numeroși medici români își fac studiile superioare în Franța, ci și că o bună parte din elita autohtonă este francofonă și francofilă. Nici I.G. Bibicescu nu face excepție: în 1874, când se întreabă dacă rasa română degenerează, semnele unei posibile degenerări încearcă să le identifice folosind lucrarea doctorului Reich, evident în traducere franceză – *Sur la dégénérescence de l'homme, ses causes et sa prophylaxie* (B[ibicescu], 1874, p. 1128) –, iar conferința despre mișcarea populației ținută la Concordia Română în 1880 este inspirată de faptul că, „nu mai departe decât zilele trecute, am văzut în diferite lucrări științifice din Francia rădicându-se cestiunea poporațiunii“ (Bibicescu, 1880, p. 8). Aceeași „chestiune“ a scăderii populației o remarca în același an și doctorul Iacob Felix „prin presa științifică franceză“[1], pe care o cunoaște foarte bine. Dacă ajungem la C.I. Istrati și la lucrarea sa care, în opinia noastră, lansează tema degenerării în spațiul public românesc, remarcăm că toată argumentația și toate datele comparative sunt preluate din lucrări științifice franceze, cu toate că naționalismul fervent al medicului nostru tinde să deprecieze tot ceea ce nu este autohton, chiar și francez. Așadar, suntem siguri că dimensiunea demografică a discursului medical autohton a fost influențată de tema depopulării Franței. Depopularea României este constant comparată cu depopularea Franței, fără însă ca Vechiul Regat să beneficieze de „calitatea“ populației franceze. Doctorul C.I. Istrati, în stilu-i caracteristic, crede să „suntem unici în felul nostru! Nu facem nici copii, nu strângem nici capitaluri, nu avem nici bunăstare! Noi ne ucidem, pentru a se... dezvolta alții... pe mormântul nostru“ (Istrati, 1880, p. 79). Și astfel ne întoarcem la problema evreiască și la anul 1880. Poate acum este momentul să ne întrebăm de ce la 1880 tema degenerării rasei irumpe atât de spectaculos în discursul medical. Am văzut, ea este prezentă, parcă într-o stare latentă, de la începutul deceniului, dar până la finalul extrem progresele

---

1. Iacob Felix, *Despre mișcarea populației României*, în Octavian Buda (coord.), *Despre regenerarea și... degenerarea unei națiuni. Discursuri inaugurale medicale în vremea lui Carol I, 1872–1912*, Editura Tritonic, București, 2009, p. 55.

nu sunt extraordinare. Dintr-odată 1880... Explicația este destul de ușor de intuit și cred că nu greșesc când asociez „chestia" evreiască ce a frământat spiritul public românesc în anii 1878–1879 cu tema degenerării rasei. Modificarea articolului 7 din constituția din 1866 în sensul cerut de Congresul de la Berlin, cu alte cuvinte emanciparea evreilor din România, este cea mai importantă dezbatere a acelor ani[1]. În presa politică, ca și în dezbaterile Parlamentului, problema evreiască este atotprezentă. Presa științifică nu putea face excepție. Corpul medical reacționează la această ambianță intelectuală conceptualizând tema degenerării rasei și transformând-o într-o temă principală a discursului medical. Sunt convins că în lipsa dezbaterilor asupra articolului 7 din constituție, tema degenerării rasei nu ar fi căpătat atât de repede o atât de mare importanță. Pe de altă parte, chiar dacă problema evreiască declanșează ca un ferment dezbaterile demografice și implicit teama de degenerare, să ne reamintim că ingredientele acestor temeri erau prezente în discursul medical cu mult înainte de 1878 și vor rămâne și după 1880. Este drept însă că odată cu rezolvarea problemei evreiești în sensul dorit de elita autohtonă, însemnând neemanciparea, componenta demografică a temei degenerării intră într-o fază staționară, dar devine tot mai importantă în cadrul temei pericolelor igienice ce afectează lumea rurală.

Dacă încercăm să sintetizăm întreaga problematică a temei degenerării rasei în România, nu putem să nu remarcăm că ea conține două componente principale. Prima este demografică și îmbracă mai multe forme, dictate evident de contextul social și politic al momentului – pe vremea în care problema evreiască este pe buzele tuturor, statistica demografică demonstrează pericolul supranatalității evreilor și al supramortalității românilor; după 1880, când „chestia"

1. Carol Iancu, *op. cit.*, pp. 160–190.

țărănească succedă „chestiei“ evreiești, mortalitatea, în general, și mortalitatea rurală, în special, provocată mai ales de unele boli, cum ar fi pelagra, sunt capul de afiș al statisticii demografice; la începutul secolului al XX-lea irumpe, modern, și problema mortalității infantile. Astfel, temerile de natură demografică se succedă și se transformă destul de rapid în funcție de conjunctura socio-politică. Toate aceste temeri demografice trebuie privite nu ca și cum s-ar afla într-o succesiune strictă, ci așa cum sunt, coexistente, întrepătrunse și suprapuse; ceea ce se schimbă într-un moment sau altul este importanța ce li se acordă în discursul public într-un anumit context. Supranatalitatea evreilor, supramortalitatea românilor din orașe, supramortalitatea țăranilor din cauza condițiilor de trai cele mai neigienice posibil, mortalitatea infantilă sunt toate prezente în discursul medical de la 1870 până la 1914, dar luminile istoriei se opresc pe rând asupra lor, când momentul o cere. O a doua componentă este strict asociată cu „chestia“ rurală și are în vedere condițiile de viață ale populației țărănești. Dacă pentru alte componente ale elitei intelectuale problema rurală este strâns asociată cu problema proprietății, mediile medicale pun accentul pe ceea ce ei numesc „condițiile igienice de trai“ ale țăranilor sau, altfel spus, un alt mod de a sublinia neagra mizerie în care trăiește populația rurală. Corpul medical atrage astfel atenția clasei politice asupra pericolelor naționale ce derivă dintr-o asemenea situație. Unul dintre acestea este chiar degenerarea rasei.

Georges Vigarello remarca, referindu-se la Franța, că emergența temerilor de degenerare a rasei de după 1850 nu face decât să însoțească intervenția masivă și hotărâtoare a statului în domeniul igienei publice. „Statul igienist și regenerator“ se impune tuturor spiritelor[1]. Din acest punct de vedere,

---

1. Georges Vigarello, *Histoire des pratiques de la santé. Le sain et le malsain depuis le Moyen Age*, Éditions du Seuil, Paris, 1999, p. 217.

România este poate un caz particular, deoarece statul începe să intervină în domeniul igienei publice devreme, chiar din epoca apariției temei degenerării rasei, dar la început strict din punct de vedere normativ; doar după ce tema este pe deplin lansată în spațiul public și mai ales în primul deceniu al secolului al XX-lea, statul începe să se implice, destul de modest, de altfel, în sfera igienei publice urbane. Cât despre igiena publică rurală, ea este doar un concept teoretic și ne putem întreba și putem și răspunde alături de doctorul V. Sion: „după 30 de ani de acțiune sanitară rurală, destul de costisitoare, câte din cele aproape 3 000 de comune rurale sunt alimentate cu apă de băut? În câte din ele s-a stabilit și se aplică vreun regim igienic și sanitar al cursurilor de apă, al șanțurilor și canalelor, al drumurilor, curților, locuințelor, al îndepărtării murdăriilor etc. etc.? Câte din ele au un aparat ori o instalațiune de dezinfecțiune, măcar cât de rudimentară? Nici una, desigur“ (Sion, 1904, p. 246). Dar până și în Franța, modelul atât de drag românilor, igiena publică în domeniul atât de important al instalării rețelelor de apă și al celor de canalizare în mediul rural este, în mare, o achiziție a primei jumătăți a secolului al XX-lea[1].

Pe de altă parte, când aruncăm o privire, chiar și sumară, asupra istoriei sociale românești din ultimele două secole, nu putem să nu remarcăm că din 1859 și până în 2013 nu este perioadă în care fricile demografice să nu se manifeste într-o formă sau alta. După Primul Război Mondial, România Mare este bântuită de spectrul minorităților naționale neasimilabile și de scăderea demografică a populației românești; vezi cazul Banatului. Să nu uităm aspectele calitative ale eugenismului românesc. Perioada comunistă a devenit celebră prin politicile sale pronataliste. După 1989, România

1. Jean-Pierre Goubert, *Une histoire de l'hygiène. Eau et salubrité dans la France contemporaine*, Hachette, Paris, 2008, pp. 214–217.

cunoaște o adevărată cădere demografică prin spor natural negativ și prin emigrație cu motivație economică. La data scrierii acestor rânduri se dau publicității rezultatele definitive ale recensământului populației din 2011 și se constată o scădere a populației cu aproximativ 1,5 milioane de persoane față de recensământul anterior din 2002. Într-un interviu, Vasile Ghețău, directorul Centrului de Cercetări Demografice din cadrul Academiei Române, este foarte îngrijorat de evoluția demografică a României în ultimii 24 de ani. Dar, ca și la sfârșitul secolului al XIX-lea, nu neapărat prezentul îngrijorează, ci viitorul, care din punct de vedere demografic pare sumbru: „am făcut calcule pe baza datelor de la recensământ, cu ipoteza menținerii fertilității la 1,3 copii la o femeie. Iată cifrele: în 2050 – 15 miloane, în 2060 – sub 14 milioane, iar în 2100 – 8 milioane. Și fără a lua în considerare migrația externă"[1]. De altfel ultima carte a lui Vasile Ghețău se intitulează: *Drama noastră demografică. Populația României la recensământul din octombrie 2011*. Ce aș putea să mai spun?

1. Ovidiu Șimonca, *„Copilul nu mai este o prioritate în cuplurile românești". Interviu cu Vasile Ghețău*, în http://www.observatorcultural.ro/index.html/Copilul-nu-mai-este-o-..., p. 2, consultat pe 19.07.2013 la 13.33.

PARTEA A TREIA

Cultură medicală versus *cultură țărănească*

1
Puterea culturii medicale: legi noi la oameni vechi

Pentru sănătatea poporului: legi, regulamente, norme...

La începutul lunii aprilie 1893, în Senatul României începea dezbaterea modificării legii sanitare, dezbatere care de o vreme agita spiritele în corpul medical, dar și în cel politic. Raportorul legii, dr. N. Garoflid, exprimă mai bine decât oricine mizele ideologice ale legislației sanitare și rolul serviciului sanitar în statul modern: „pe organizarea cu pricepere a serviciului sanitar repausă toate celelalte interese ale populațiunii, deoarece înainte de toate este sănătatea, viața: igiena satelor și orașelor, măsurile pentru însănătoșirea locuințelor, institutele unde se crește și se aglomerează frageda vlăstare a neamului să nu devie focare de boli; însănătoșirea localităților, studierea și combaterea bolilor localizate, a endemiilor, împiedicarea și lupta contra epidemiilor, vaccinațiunea, îngrijirea spre a se da ajutorul medical și căutarea celor săraci la domiciliu, în spitale bine organizate, asistența și ajutorarea la dificultățile partarițiunii (nașterii), nu sunt acestea toate datorii de primă ordine ale unui guvern ce-și înțelege misiunea și vrea s-o îndeplinească? Fără îndoială"[1]. Avem aici enumerate principalele atribuții ale unui sistem sanitar modern, pe care le regăsim repetate

1. *Dezbaterile Senatului*, 7 aprilie 1893, Sesiunea ordinară prelungită 1892–1893, ședința de la 5 aprilie 1893, p. 656.

la nesfârșit într-o multitudine de documente, de la textul însuși al legii sanitare până la circulara inaugurală pe care doctorul Iacob Felix o adresează corpului medical în iulie 1892, când este numit în fruntea Direcției Generale a Serviciului Sanitar: „De astăzi înainte, Domnule Doctor, avem să lucrăm împreună, avem să stăruim cu toții pentru îmbunătățirea sănătății publice, pentru înlăturarea pericolelor care o amenință, pentru micșorarea mortalității populațiunii; avem să alinăm suferințele nenorociților care cer ajutorul științei și artei medicale, să împrietenim cu binefacerile medicinei pe acei dintre pătimașii care încă nu le cunosc; avem să conducem împreună educația fizică a tinerimii și vom fi responsabili înaintea națiunii, dacă în locul unor generațiuni viguroase, capabile a garanta progresul moral și material al țării, vom lăsa ca sub ochii noștri să se crească o tinerime șubredă, incapabilă a-și îndeplini toate datoriile către patrie" (Felix, 1892 a, pp. 193–194). În ambele texte se amestecă mai vechea concepție caritabilă a medicinei cu noile imperative ideologice ale medicinei moderne. Dar ambele subliniază scopul ultim al unui sistem sanitar modern, fie că îl numim, alături de doctorul Garoflid, „viața" sau, împreună cu doctorul Iacob Felix, „micșorarea mortalității populațiunii".

Miza ideologică este aceeași: în cele din urmă, scopul eforturilor pe care statul le face pentru organizarea unui sistem sanitar este de natură populaționistă și demonstrează o obsesivă preocupare pentru creșterea numărului populației. Totul se cuantifică prin magicul indice al mortalității, aflat în legătură de directă proporționalitate cu cel al morbidității și, în mod ideal, într-o relație de inversă proporționalitate cu indicele natalității[1].

Instituirea unui sistem sanitar modern este de neconceput în afara unui cadru normativ și tocmai despre acest

1. Evident, relație de inversă proporționalitate doar pentru dubletul mortalitate scăzută–natalitate crescută. Nu și invers.

cadru normativ ne vom ocupa în capitolul de față. Chiar și o sumară trecere în revistă a legislației sanitare relevă imensul efort de organizare și reglementare pe care statul modern îl conduce în materie sanitară în ultimele trei decenii ale secolului al XIX-lea și în primul deceniu al secolului al XX-lea. Dar ce ne spun de fapt toate aceste texte? Ne prezintă o situație ideală, un „așa cum ar trebui să fie". Alături de ideala societate românească de *Belle Époque* zugrăvită prin intermediul rețelei normative a legislației sanitare, există o alta, mult diferită, se pare, de proiectul normativ. Ne propunem aici să le aducem față în față și să analizăm întrepătrunderea lor. Pentru că, de fapt, nu ne interesează legislația în sine, ea este un proiect social; ceea ce ne interesează este modul în care ea își propune și chiar reușește să transforme realitatea socială. Astfel intrăm pe terenul dificil al aplicării legislației, care a fost și rămâne până astăzi o problemă majoră a legislatorului.

Mai întâi, să definim termenii. Vorbind de legislația sanitară avem în vedere în primul rând legile sanitare. Prima lege sanitară modernă este votată de parlament în 1872[1], dar este sancționată, publicată și intră deci în vigoare din iunie 1874. Este vestita lege sanitară din 1874 care va suferi numeroase modificări – 1877, 1881, 1885, 1893 și 1898 – care îi vor schimba fața în așa fel încât ultima sa variantă, cea din 1898, nu mai amintește prea mult de textul original din 1874. Principiile sanitare și igienice de bază rămân însă neschimbate. O lege sanitară nouă va fi discutată de corpurile legiuitoare în 1910 și va deveni funcțională la sfârșitul aceluiași an. Tot în marele concept al legislației sanitare încadrăm și ceea ce s-ar putea numi legislația cu caracter sanitar, alta decât legile sanitare. Alte texte care ne apropie de obiectivele acestei cercetări sunt regulamentele, care

1. *Dezbaterile Senatului*, 7 aprilie 1893, Sesiunea ordinară prelungită 1892–1893, ședința de la 5 aprilie 1893, p. 656.

constituie norme de aplicare a legislației[1]; ele detaliază unele aspecte ale legislației sanitare și sunt o sursă importantă de informație, deoarece se apropie mai mult de realitățile sociale și depășesc gradul de generalizare specific legilor. Deși am putea crede că regulamentele ne aduc mai aproape de realitatea socială, ele au tot caracter normativ, ca și legile sanitare, și nimic nu ne garantează *a priori* că sunt aplicate mai bine decât alte norme juridice. Ele ne aduc mai aproape de realitatea socială la același nivel, ideal, la care operează și legile. Regulamentele sunt, conform articolului 93 din Constituția din 1866, o prerogativă a Domnului[2] și de aceea toate aceste texte trebuie sancționate prin decret regal. Având în vedere emitentul, dar și destinatarul, am împărțit regulamentele în două mari categorii, cele pe care le utilizează și doctorul I. Felix la începutul secolului la XX-lea (Felix, 1901, p. 59): regulamente sanitare generale, emise de autoritățile sanitare centrale și valabile în întreaga țară, și regulamente sanitare locale, emise de autoritățile locale și aplicabile pe teritoriul unei unități administrative anume. Regulamentele sanitare locale se dovedesc la rândul lor extrem de instructive. Pentru exemplificare, enumerăm regulamentele sanitare adoptate de comuna urbană Târgoviște până în 1891: *Regulament pentru construcțiuni și alinieri (1889)*; *Regulament pentru salubritatea construcțiunilor și locuințelor (1890)*; *Regulament pentru menținerea curățeniei în piețele și stradele orașului (1889)*; *Regulament pentru*

1. Chiar dacă doar arareori apare în titulatură sintagma menționată. Vezi de exemplu *Regulament de aplicațiune al legii pentru înființarea de spitale rurale* sau *Regulament al legii asupra alienaților*. Regulamentele care completează legea sanitară poartă de obicei în titulatură acel aspect al legii pe care îl detaliază.

2. „El face regulamentele necesarii pentru executarea legilor fără să poată vreodată modifica sau suspenda legile". După *Constituțiunea și legea electorală*, Imprimeria Statului, București, 1867, p. 24.

stârpirea porcilor de pe stradele orașului (1890); *Regulament pentru fabricarea și vânzarea de gaz, spirt, chibrituri și alte materii explozibile (1890)*; *Regulament pentru fabricarea de pâine și jimblă (1890)*; *Regulament pentru privegherea prostituțiunii (1890)* (Felix, 1892 b, p. 87). Doctorul Iacob Felix observă, cu umorul său caracteristic, că nu regulamentele îi lipsesc orașului Târgoviște, „ci aplicarea și executarea lor" (Felix, 1892 b, p. 87).

Legile sanitare, legile cu caracter sanitar, regulamentele sanitare generale și regulamentele sanitare locale alcătuiesc sistemul normativ al statului modern în materie de igienă și politică sanitară pe care noi, în mod convențional, îl vom numi aici „legislație sanitară".

Nu vom insista în cercetarea de față pe apariția și evoluția legislației sanitare în Principatele Unite și apoi în Regat. Totuși, unele lămuriri sumare trebuie făcute. Cum am mai spus, prima lege sanitară modernă devine funcțională în 1874 și rămâne în vigoare până în 1910. Principiile sale sunt moderne: serviciul sanitar este serviciu de stat, organizat sub forma unei direcții în cadrul Ministerului de Interne. Medicina preventivă nu este neglijată: legea are un capitol special privitor la igiena publică, cu titluri separate, pentru igiena industrială, igiena „stabilimentelor publice", igiena locuințelor, igiena alimentară, măsurile împotriva epidemiilor etc. Punerea în practică a unui serviciu sanitar de stat revine, conform legii, unor „administrațiuni sanitare" generale, locale și speciale (Ministerul de Interne, prefecturile și comitetele permanente ale districtelor; subprefecturile și primăriile comunelor), care conlucrează cu „organele sanitare" generale, locale și speciale (Consiliul Medical Superior, medicul primar și consiliul de igienă publică al districtului, medicul și veterinarul plasei, medicii și veterinarii aflați în serviciul comunelor). Așadar, serviciul sanitar funcționa pe baza colaborării corpului medical cu autoritățile centrale și locale.

Legea instituie un serviciu sanitar rural care avea ca bază instituţia medicului de plasă[1] şi care după 1881 va fi completat cu o nouă instituţie, cea a spitalelor rurale. Sistemul sanitar creat prin legea de la 1874 era constituit ierarhic, având ca bază unităţile administrative: comuna, plasa şi judeţul. La centru se instituie un Consiliu Medical Superior, cu rol consultativ.

Textul legii din 1874 prevede elaborarea în viitor a nu mai puţin de 17 regulamente. Unele vor fi gata după mai bine de un deceniu, cum este cazul *Regulamentului pentru alinierea satelor şi construcţia locuinţelor ţărăneşti*, care apare în 1888; altele chiar mai târziu, cum este *Regulamentul asupra privegherii sanitare a fabricaţiunii alimentelor şi băuturilor şi a comerţului cu alimente şi băuturi (art. 154, 155, 156 şi 157 din legea sanitară)*, amintit în art. 123 al legii de la 1874, care apare abia în... 1895[2]. Există însă şi situaţia în care, chiar dacă legea nu precizează, Consiliul Medical Superior redactează şi aprobă la numai un an după publicarea legii un *Regulament pentru vaccinaţie şi revaccinaţie*. Vedem, aşadar, că procesul de elaborare a regulamentelor sanitare generale este complex şi de lungă durată. Următoarea lege sanitară, cea din 1910, prevedea publicarea a 35 de regulamente care să o completeze.

Dintr-o simplă lectură a legislaţiei sanitare cititorul poate rămâne cu impresia, falsă, de altfel, că România, la sfârşitul secolului al XIX-lea, dispune de un sistem sanitar şi igienic modern, funcţional şi că ceea ce numeam mai sus *modernizarea igienică şi sanitară*[3] este pe cale să se înfăptuiască.

---

1. Instituţia în sine, opera doctorului Carol Davila, este mai veche, primii medici de plasă apărând în 1862.

2. Referinţa din titlu la articolele legii pe care le dezvoltă, se referă la legea din 1893.

3. Vezi Constantin Bărbulescu, Vlad Popovici, *Modernizarea lumii rurale în România în a doua jumătate a secolului al XIX-lea şi la*

La începutul secolului al XX-lea, medicii sunt de acord că legea sanitară în vigoare este „o lege excelentă“ (Felix, 1901, p. 61) și aducându-i-se „mici modificări, ar fi perfectă“ (Rigani, 1905, p. 80), dacă... ar putea fi aplicată în spiritul și litera ei.

Și imposibila lor aplicare

Să vedem în ce măsură moderna legislație sanitară românească este și pusă în aplicare. O regăsim pe teren? În igiena publică și, cum ar spune un medic din secolul al XIX-lea, în casa săteanului? Pentru a obține un răspuns, va trebui să dăm din nou cuvântul medicilor, care, într-o categorie specială de documente, se ocupă tocmai de modul în care funcționează serviciul sanitar. Este vorba de rapoartele sanitare, asupra cărora nu vom reveni. Unul dintre scopurile principale ale rapoartelor sanitare este de a surprinde dacă și în ce măsură este respectată legislația sanitară și deci pusă în practică. În primul rând, să începem cu o imagine de ansamblu, apocaliptică: încetul cu încetul, starea igienică și sanitară a populației se îmbunătățește, crede doctorul Iacob Felix, dar „aceste progrese foarte slabe sunt o consecință directă a propășirii naturale a civilizațiunii noastre, ele nu sunt datorite administrațiunii și a serviciului sanitar“ (Felix, 1892 b, p. 18). Altfel spus, statul s-ar putea dispensa de serviciul sanitar, care, în mod practic, nu aduce nici un folos cetățeanului. Am putea crede că o asemenea poziție extremă este o excepție, că doctorul Felix poate exagerează. Nu, și alți colegi ai săi, din înaltul for sanitar, în urma „terenului“, fac afirmații asemănătoare: doctorul Fotino, vorbind despre serviciul sanitar rural în 1886, îl consideră „o ficțiune“ (Fotino, 1887, p. 1137). Exemplele de acest fel ar

---

începutul secolului al XX-lea. Contribuții, Editura Accent, Cluj-Napoca, 2005, pp. 7–104.

putea fi cu ușurință înmulțite. Imaginea de ansamblu este catastrofală. Vom schița și noi una, urmărind cu conștiinciozitate aplicarea câtorva capitole din legea sanitară și din regulamentele aferente.

În ceea ce privește igiena școlară, sunt multe de făcut. Igiena școlilor rurale, ca și a celor urbane, este dezastruoasă. Sintetizând, doctorul Iacob Felix nu se sfiește să afirme: „Igiena școlară există numai în titlul XX al legii sanitare, care n-a fost niciodată aplicat. Un număr însemnat de școli sunt instalate în locale cu totul insalubre și adeseori școlile devin mediul de transmisiune a bolilor infecțioase, izvor de epidemii, din cauză că institutorii și învățătorii nu sunt povățuiți asupra măsurilor ce trebuie să ia în cazul când se ivesc în comune boli contagioase. Se greșește în contra regulilor celor mai elementare ale salubrității școlilor și aceasta nu din cauză de economie, nici din ignoranță, ci din nepăsare, ca să dau un singur exemplu, menționez așezarea vițioasă a băncilor, care le-am găsit într-o mulțime de școli rurale și urbane astfel puse că lumina, în loc să vie din stânga școlarilor, vine din dreapta sau de la spate" (Felix, 1892 b, p. 20). Dar medicii nu întâlnesc numai școli neigienice; în orașele mari, cum ar fi Brăila, unele școli, cum e, de pildă „școala particulară de fete zisă «Romașcanu»", au un local ireproșabil „din punct de vedere igienic", scrie doctorul Fotino (Fotino, 1892, p. 341). Asemenea aprecieri sunt cu totul excepționale. Tonul general este extrem de negativ: doctorul N. Măldărescu nu poate scrie despre școlile din județele Gorj, Dolj, Mehedinți și Vâlcea nimic altceva decât că din „observațiunile ce am făcut peste tot, în toate comunele ce am vizitat, m-am încredințat că localurile școlare sunt de o neîngrijire, necurățenie revoltătoare. Interiorul lor nu se spoiește niciodată, iar păianjenii întind în libertate pânzele lor deasupra capetelor copiilor și învățătorului; pardoselele murdare au straturi de mai multe centimetre de murdărie uscate; ferestrele stricate, mai totdeauna fără geamuri; foarte puține din aceste localuri au sobe, dar mai totdeuna când există sunt stricate; mobilierul defectuos..." (Măldărescu, 1892, 168). Și așa mai departe, și așa mai departe, la nesfârșit...

Să sperăm că igiena publică se prezintă mai bine în alte locuri. Să luăm, de exemplu, problema industriilor insalubre, careia i se acordă un loc important în legislație și care beneficiază și de un regulament general încă din 1875. Conform normelor, stabilimentele industriale se împart în trei clase, în funcție de ceea ce astăzi am numi gradul de poluare pe care o produc, încercându-se de fapt scoaterea industriilor celor mai poluante în afara orașelor. Ca o constatare generală, igiena industriilor insalubre „este neglijată" (Felix, 1892 b, p. 21). Doctorul Iacob Felix constată într-unul dintre orașele mari ale țării, Ploieștiul, că, „în contra prescripțiunilor Regulamentului industriilor insalubre, s-au instalat în centrul orașului aproximativ 20 tăbăcării, cu permisiunea Primăriei; unii dintre ei au făcut chiar instalațiuni întinse și ocupă până la 30 lucrători. Astăzi nu se mai poate impune acestor așezăminte industriale ca să se strămute la marginea orașului, dar li se poate prescrie oarecare reguli de salubritate, care, fără a vătăma interesele industriei, vor apăra suburbiile vecine în contra emanațiunilor volatile și a scurgerilor necurate ale tăbăcăriilor" (Felix, 1892 b, p. 117). La Brăila, doctorul Fotino găsește lumânării, săpunării și cârnățării instalate chiar pe Strada Regală, adică în plin centrul orașului (Fotino, 1892, p. 338). Peste tot aceleași probleme: în județul Vâlcea, în 1891, „Regulamentul industriilor insalubre nu se aplică în nici o comună. Bălți de topit cânepa se găsesc în mijlocul comunelor. Povernele pentru fabricarea țuicii se aranjază prin curțile locuitorilor, iar boasca de prune rămâne tot acolo pentru a fi mâncată de porci. Cuptoarele pentru cărămidă și gropile de var sunt așezate fără nici un control" (Măldărescu, 1892, p. 220).

Să vedem totuși cum se aplică principiile legii și ale regulamentelor în atât de importantul domeniu al prevenirii bolilor infecțioase. Principiile esențiale ce trebuie aplicate în acest domeniu sunt obligativitatea declarării bolilor și obligativitatea izolării bolnavilor. Lucrurile nu sunt însă niciodată pe cât de simple par; aceste principii, mai ales în mediul rural, sunt aproape imposibil de aplicat. În 1898, o simplă epidemie de scarlatină declanșată în două comune rurale din județul Prahova îi creează coșmaruri doctorului Mihail Cruceanu, însărcinat cu combaterea sa: „Timp de aproape șase luni, nu s-a făcut decât a se înregistra cazuri vechi tăinuite. Cei mai mulți n-au fost descoperiți decât când erau deja în stare de cachexie, cu diferite și grave complicațiuni proprii acestei maladii infecțioase. Mulți au fost găsiți când erau deja aproape în agonie și alții n-au fost descoperiți decât după moarte. Cazurile descoperite chiar la timp n-au servit la mare lucru, decât doar pentru statistică, căci nici bolnavul n-a folosit din cauză că sătenii n-au dat nici o atențiune tratamentului și povețelor medicale și nici împiedicarea lățirii epidemiei nu s-a putut obține prin mijloace comune" (Cruceanu, 1899, p. 240). Epidemia nu poate fi stăpânită, din cauza lipsei de cooperare a sătenilor, care nu respectă prescripțiile medicale. Disperat, doctorul Cruceanu apelează la forța armată[1]; să îl lăsăm chiar pe el să ne prezinte rezultatele: „Deși ni s-a pus la dispoziție un mic detașament militar în ultimul timp, totuși izolarea caselor infectate lasă de dorit. Acuma, ca și mai înainte, când erau păzite de gardiști săteni, locuitorii găseau mijloace să comunice cu casele infectate, fie de-a dreptul, fie că săreau gardurile grădinilor, sau prin alte dosuri, de unde nu puteau fi supravegheați, parcurgând distanțe mari până izbuteau să intre în casele

1. Idee recurentă în discursul medical ca mijloc de izolare a caselor contaminate.

infectate. Așa am găsit pe femeia lui Gh. Tichigiu, în casa căruia sucombase doi copii de scarlatină complicată cu difterie și alți doi erau bolnavi, am găsit-o, zic, împărțind covrigi și alte ale mâncării, ca pomană, pe la copiii de prin sat și a fost surprinsă când făcea aceeași pomană în casa unui sătean care avea trei copii bolnavi tot de scarlatină; cu toate aceste ambele case erau păzite de câte un soldat" (Cruceanu, 1899, p. 241). Lumea din care vine doctorul Mihail Cruceanu e îndreptată către viață; lumea femeii lui Gh. Tichigiu a îmblânzit moartea, cum ar spune Philippe Ariès. Dar cât de antimodernă, și în cele din urmă tragică, este această îmblânzire! Coșmarul doctorului Cruceanu ia sfârșit când, la inițiativa directorului general al serviciului sanitar, izolarea bolnavilor se va face în corturi. Experiența trăită este însă traumatizantă: medicul este marcat și revoltat de „modul cum își ascundeau copiii bolnavi", dar mai ales de „cazul cârciumarului Tanasă Vișoiu din Măgureni, care nega chiar existența copilei sale Lina, de 4 ani, și pe care am descoperit-o după 3 zile de căutare în a 15-a zi a bolii, în plin anasarc și cu o enormă adenită cervicală. Această copilă este pe deplin însănătoșită. Acest caz este foarte instructiv; acest cârciumar își nega existența copilei cu un cinism uimitor față cu vreo 15 săteni care erau în cârciuma sa și chiar față cu primarul comunei, care ne întovărășea, și toate acestea pentru singurul scop de a nu i se izola casa" (Cruceanu, 1899, p. 240). Fără nici o îndoială, doctorul Cruceanu nu poate să înțeleagă această lume țărănească; iar noi, privind de la o distanță atât de mare, putem înțelege, dar nu putem accepta.

Nu vom insista asupra aplicării altor capitole ale legislației sanitare, ci ne vom opri la final, doar asupra impresiei de ansamblu pe care medicii o au despre igiena comunelor urbane și rurale. Cum e de așteptat, nu sunt multe lucruri pozitive de spus despre igiena publică urbană din Regat. La

Giurgiu, doctorul Iacob Felix remarca în 1891 că „în stradele mărginașe se mai găsesc numeroase bordeie și case țărănești construite din cărămidă crudă și nuiele tencuite cu pământ; în curțile locuitorilor mărginași sau se găsesc munți de băligare, sau se usucă băligar spre a se putea servi ca combustibil. Stradele din centru sunt în mare parte drepte, având lărgimea suficientă, dar orașul nu posedă nici un singur canal de scurgere pentru apele meteorice și pentru lături, ceea ce produce stagnarea de lichide murdare în multe curți și în rigolele stradelor. Multe strade sunt pavate și au trotuare bune, altele au șosele, dar piatra de pavaj este calcară și foarte friabilă, astfel că atât stradele pavate, precum și cele șoseluite sunt acoperite în timpul verii cu multă pulbere, în timpul primăverii, toamnei și iernii cu noroi. Mulțime de care cu boi și bivoli care fac transporturi între magaziile din oraș și între port lasă în oraș cantități mari de necurățenii; cu toate acestea serviciul de curățire a stradelor, compus din 10 măturători și 10 cotige, ar putea să fie aproape suficient, dacă ar rămâne însărcinat numai cu această lucrare și dacă cotigele n-ar fi întrebuințate și pentru transportul materialului de pavaj. Răul cel mai mare constă în lipsa depărtării regulate a necurățeniilor din case și curți, și trebuie să se dea primăriei consiliul ca să se organizeze un serviciu regulat de căruțe cu abonamente pentru scoaterea acestor necurățenii din oraș“ (Felix, 1892 b, p. 54).

În orașele mai mici starea igienică este mult mai rea. Drăgășaniul, devenit de curând oraș, este pur și simplu decăzut din statutul de urbe de către doctorul N. Măldărescu, care constată că nu are cimitir, înmormântările făcându-se „pe la bisericile din oraș“, că nu are apă pentru „trebuințele locuitorilor și acelea ale salubrității orașului“, că nu are medic și nici vaccinări nu s-au făcut. În sfârșit, că nu are abator, „iar tăierea vitelor mari și mici se face prin curțile locuitorilor“ (Măldărescu, 1892, pp. 289–290). Dezolant. Peste tot, mai ales piețele sunt focare de infecție. Piața centrală din Târgu-Jiu nu face excepție: „Tot comerțul se face pe pământ. Câteva mici bărăcuțe ale măcelarilor sunt de o infecție revoltătoare, ei n-au nici loc suficient pentru expunerea și păstrarea cărnurilor. Zarzavaturile sunt așezate de-a dreptul pe pământ, precum și celelalte substanțe de consumație. Toate rămășițele, oase, zarzavaturi stricate, gunoaie și alte necurățenii care provin din aglomerația oamenilor în târg, se aruncă într-un mic șanț sau pe o mică livadă de la spatele târgului“ (Măldărescu, 1892, pp. 215–216).

Cât despre igiena rurală, doctorul N. Măldărescu ne oferă o imagine de ansamblu, de altfel repetată cvasiobsesiv de întreg corpul medical: „Necurățenia cea mai revoltătoare există în stradele comunelor și prin curțile locuitorilor. Coceni de porumb în stare de putreziciune, băligare, gunoaie de tot felul sunt risipite prin toate locurile în interiorul comunelor. În curțile unor locuitori, grămezile de murdării formează adevărate coline la nivel cu învelitoarea caselor, iar când timpul este rău, ploios, vitele înoată în acele mocirle până la piept. Hanurile și cârciumile sunt cuiburile cele mai infecte din comunele rurale, iar privatele acelor localuri, mai totdeauna debordate, sunt imposibil de descris. Nici o autoritate nu cercetează acele localuri din punctul de vedere igienic, dar nici din punctul de vedere al diferitelor ticăloșii ce debitează publicului sătean, ca consumațiune“ (Măldărescu, 1892, p. 167). Satul este un mediu sănătos de trai doar în scrierile romanticilor; medicii sunt de cu totul altă părere.

În concluzie, din rapoartele sanitare reiese că legislația nu se aplică decât parțial și defectuos. Sau pur și simplu este ignorată cu desăvârșire, situație care pare cea mai răspândită. Cum ar spune doctorul Gheorghe Rigani, ea a rămas „slovă neagră pe hârtie albă“ (Rigani, 1905, p. 102). Chiar așa să fie? Răspunsul este evident negativ. Chiar dacă multe dintre prevederile legislației sanitare nu se aplică peste tot, sistemul sanitar există, funcționează și, în mod evident, după 1900 se adaptează tot mai bine la nevoile cetățenilor; cu alte cuvinte, mai eficient. Doctorul Iacob Felix, cu un an înainte de a fi numit în fruntea Direcției Generale a Serviciului Sanitar al Regatului, observă că principala problemă a serviciului sanitar de stat este accentul pus pe medicina curativă; din acest motiv, medicina preventivă (Felix, 1892 b, pp. 18–19), la care ne-am referit cel mai adesea, este neglijată. În orașe, spitalele se înmulțesc; după 1881, populația rurală va beneficia de propriile spitale – spitalele rurale –, care cunosc o dezvoltare constantă; numărul medicilor crește și putem afirma, fără a ne teme că greșim prea mult, că înainte de 1900 asistența sanitară și igiena publică, în general, în Regat, au făcut progrese importante față de anul de grație 1874. De unde însă această imagine a lipsei de progres? E greu de explicat, dar se cade să lansăm câteva ipoteze de lucru: o cauză ar fi specificul surselor – există o capcană a rapoartelor sanitare –, care pun în mod natural accentul pe deficiențe, pe disfuncționalități și doar arareori prezintă și lucrurile pozitive.

Doctorii Iacob Felix, N. Măldărescu și Fotino, când merg pe teren în inspecții, raportează mai ales ceea ce ministrul de interne trebuie să știe pentru a lua măsuri de îndreptare, cum se spune în limbajul epocii. Principiul este: ceea ce funcționează este minunat că funcționează, ceea ce nu funcționează trebuie raportat spre a se lua măsuri. Dar imaginea imobilismului la punctul zero al igienei publice vine și din experiența personală, pe măsură ce au loc inspecțiile anuale. Exasperarea doctorului Măldărescu este pe deplin justificată: „Îmi permit, Domnule Ministru, a atrage atențiunea Domniei-Voastre, chiar de la început, că asemenea raporturi, făcute de noi, membrii consiliului sanitar superior, se prezintă Onor. Minister în fiecare an; că aceste raporturi sunt publicate în *Monitorul Oficial* și comunicate, pentru partea ce le privește, fiecăreia dintre autoritățile județene și comunale; cu toate acestea, la inspecțiunile următoare, suntem nevoiți să constatăm că nici unul, absolut nici unul, din neajunsurile ce am constatat, din măsurile ce am propus a se lua de urgență, în interesul sănătății publice, al igienei localurilor, al concursului ce autoritățile comunale trebuie să dea personalului sanitar și alte multe îndreptări, ce am propus, nu se execută. Ne întâlnim din nou, la inspecția următoare cu aceleași lucruri și fapte, care se ridică și mai amenințătoare ca în trecut, aceleași obiecțiuni ni se fac, și, ceea ce este mai trist de constatat, aceeași nepăsare și câteodată, chiar rea-voință" (Măldărescu, 1892, p. 156). Doctorul N. Măldărescu are dreptate: de la an la an nu pare a se schimba ceva, dar istoricii au marele avantaj de a putea vedea lucrurile nu doar cum se petrec în ritmul vieții – an după an –, ci și pe durate mai lungi. Dacă luăm ca etalon deceniul, dar mai ales generația – 20-25 ani –, transformările devin dintr-odată vizibile. Bineînțeles că nu acesta este ritmul progresului pe care și-l doresc medicii români de la sfârșitul secolului al XIX-lea.

Dar legislația sanitară, chiar din momentul elaborării ei, a avut pretenția de a fi aplicată integral acum și aici? Să aruncăm o privire. În 1891, *Regulamentul pentru prevenirea bolilor infecțioase* prevede metodele de dezinfectare sistematică a locuințelor contaminate, dar „regulile prescrise în acest regulament se vor observa cu strictețe totdeauna, când executarea lor este posibilă. În cazurile când ele nu se pot observa toate, din cauza sărăciei prea mare a persoanei bolnave și a comunei, se vor aplica, după putință, parte din ele". Dacă însă legislatorul are dubii în privința posibilității aplicării prescripției, apare expresia magică: „după putință". Când comuna urbană nu beneficiază de „dezinfectori speciali", „comisarii sanitari și subchirurgii" pot fi „după putință" însărcinați cu dezinfecția caselor contaminate[1]; pentru asistarea

1. Vezi Alina Ioana Șuta, Oana Mihaela Tămaș, Alin Ciupală, Constantin Bărbulescu, Vlad Popovici, *Legislația sanitară în România modernă (1874–1910)*, Presa Universitară Clujeană, Cluj-Napoca, 2009, *Regulament pentru prevențiunea bolilor infecțioase (molipsitoare) dezvoltător art. 9, 12, 13, 128, 129 și 130 din legea sanitară*, art. 40, p. 358.

gratuită a nașterilor în mediul rural, consiliile județene vor plăti, „după putință, un număr de moașe“[1]. Dar legislatorul își poate îngădui să aibă îndoieli, iar prescripțiile regulamentelor devin, uneori, de-a dreptul aberante. Cel mai bun exemplu în acest sens este singurul regulament general destinat a se aplica exclusiv în mediul rural: *Regulamentul pentru alinierea satelor și construcția locuințelor țărănești.*

În 1888, legiuitorul crede că poate impune printr-o simplă măsură adminstrativă ca de atunci înainte locuințele țărănești din câmpie să folosească drept material de construcție doar „cărămidă și gard tencuit cu var“, că învelitorile caselor vor fi doar din „fier, olane, șiță sau trestie“; că, în sfârșit, coșurile vor fi bine lipite și vor ieși peste coama acoperișului cu cel puțin 30 de centimetri[2]. Eu, în 2013, locuiesc într-un sat în care multe acoperișuri fumegă, coșul urcând, după metoda țărănească, doar până în pod. În sfârșit, regulamentul din 1888 nu a fost aplicat deloc.

Alteori, legislatorul enunță normele folosind modul „conjunctiv“ cu valoare de imperativ, cum este cazul, în 1890, cu *Regulamentul asupra măsurilor de luat pentru prevenirea și combaterea conjunctivitei granuloase*. Măsurile de prevenire în armată sunt deosebit de instructive: „Art. 10. Să se clădească cazărmi sistematice suficiente în raport cu trupele destinate pentru diferitele garnizoane; Art. 11. Să se desființeze paturile suprapuse din cazărmi [...]. Art. 13. Să nu se mai conserve în dormitoarele soldaților nici un fel de munițiune.“[3] Prevederile acestor articole ar fi trebuit să fie aplicate cândva, într-un viitor nedefinit, cândva „după putință“, viitor care nu sosise încă în 1989 în garnizoana Timișoara, unde, ca tânăr recrut, „îmi serveam țara“ și unde,

1. *Ibidem*, *Legea sanitară* din 1874, art. 61, p. 56.

2. *Ibidem*, *Regulament pentru alinierea satelor și pentru construirea locuințelor țărănești. Igiena și salubritatea lor*, art. 4 și art. 5, p. 295.

3. *Ibidem*, *Regulament asupra măsurilor de luat pentru prevenirea și combaterea conjunctivitei granuloase*, art. 10, art. 11, art. 13, p. 318.

în contra regulamentului din 1890, dormitorul avea paturi suprapuse, iar de-a lungul peretelui erau aliniate rastelurile cu armament.

Să nu exagerăm: majoritatea prevederilor din legislația sanitară ar fi trebuit aplicate imediat.

Mai trebuie spus că aplicarea legislației sanitare nu este unitară în teritoriu. Cu cât ne îndepărtăm de centrul Regatului și de orașele mari, cu atât legislația e mai puțin aplicată. Chiar în același oraș, periferia ignoră legislația aplicată în centru. Centrul reprezintă modernitatea, periferia – arhaismul. Și, corelativ, modernitatea e asociată cu elita, arhaismul cu populația săracă. Rapoarte tot mai dese, mai ales acelea privitoare la combaterea și prevenirea epidemiilor, surprind această situație de fapt. În 1899, doctorul V. Sion, asistent la Institutul de Patologie și de Bacteriologie din București, este însărcinat cu studierea cauzelor epidemiei de febră tifoidă din acel an, de la Galați. Ipoteza principală a agentului de răspândire a bolii – apa de băut – este repede abandonată. O analiză cartografică a cazurilor relevă că „toți tifticii pe care i-am vizitat locuiesc în părțile – aș putea zice – dezmoștenite din Galați“ (Sion, 1899, p. 283), iar în această situație cauza ar trebui căutată în „condițiunea igienică a stradei, a curții, a casei, în care locuiesc bolnavii atinși, în latrinele de care se servesc acești locuitori“ (Sion, 1899, p. 283). Vizitele făcute bolnavilor nu fac decât să întărească credința doctorului Sion în originea bolii: „În curțile vizitate de mine, în genere mici, am găsit două-trei locuințe cu câte 1-2 camere ocupate de mai multe familii, fiecare cu mai mulți copii; iar curțile semănate cu tot felul de murdării, dintre care fecalele de animale și de om nu lipseau“ (Sion, 1899, p. 284). Cu alte cuvinte, imaginea mizeriei crunte, dezvăluită magistral în descrierea latrinei locuinței din Strada Spitalului nr. 62: „Latrina e la vreo 25 metri de la puț; dar între amândouă, și în continuare directă cu latrina, se înșiră un grajd de animale, nepodit; iar în locul podelei de scânduri un strat gros de resturi vegetale răspândind un miros puțin plăcut de urină; de la extremitatea grajdului până la puț mai rămâne un pas și jumătate. În casă era un tiftic în delir și acoperit de atâtea muște, câte nu-mi aduc aminte să mai fi văzut vreodată grămadă la un loc; iar de la ușe până la pat a trebuit să calc în vârful picioarelor ca să nu-mi murdăresc ghetele“ (Sion, 1899, p. 284)[1]. Imagini terifiante, mai ales astăzi, care îl determină și pe doctorul Sion să mediteze asupra contrastului condițiilor de viață din România modernă: „Domnule Director General, strada în care e situat hotelul în care locuiesc, în ce privește curățenia, mișcarea animația – dacă nu întrece, apoi nu rămâne mai prejos decât Calea Victoriei din București. Deie-se celor din mahalale condițiunea de a se folosi de binefacerile curățeniei și ale vieții, tot va rămâne pentru a satisface egoismul celor din centru animația și mișcarea“ (Sion, 1899, p. 285).

Peste trei ani, în 1902, medicul-șef al Capitalei nu ajunge la concluzii mult diferite de cele ale doctorului Sion în ceea ce privește cauzele febrei tifoide și ale difteriei în București. Febra tifoidă „atinge mai mult populațiunea săracă și în special pe muncitori, care n-au nici domiciliu stabil“ (Georgescu, 1902, p. 298), iar difteria nu poate fi eradicată și devine endemică. Corpul medical tranșează problema: propagarea acestor boli „se datorește în prima linie ignoranței populațiunii sărace, superstițiilor și relelor condițiuni de trai și locuințe, cu toate încercările noastre de a-i instrui prin povețe și broșuri speciale, pentru fiecare boală în parte, prin ordonanțe și prin măsurile de dezinfectare și injecțiuni preventive“ (Georgescu, 1902, p. 299). Tot arsenalul serviciului sanitar pare să fi fost pus în mișcare, dar rezultatele se anunță modeste.

În mahalalele orașelor și în sate se retrag la sfârșitul secolului al XIX-lea sărăcia, lipsa de igienă, boala și implicit

1. *Loc. cit.*

ignorarea legislației sanitare. Cu alte cuvinte, în aceste zone modernitatea nu există. Modernizarea României pare să fi fost concepută după modelul petei de ulei: din punctul central sau din puncte multiple, reprezentate de zonele urbane, ea trebuia, în timp, să se extindă și să acopere întreg teritoriul național, deziderat care nici astăzi nu este îndeplinit.

În concluzie, prin standardele ei înalte, perfect europeană și modernă, legislația sanitară pare mai degrabă un proiect pentru România modernă decât o normă a cărei aplicare ar fi posibilă în momentul legiferării. Aspectele privitoare la organizarea serviciului sanitar pot fi puse mai ușor în aplicare, existând totuși, pentru întrega perioadă studiată, un deficit cronic de personal medical și personal sanitar inferior. În ceea ce privește aspectele privitoare la igiena publică, lucrurile se complică și intrăm în zona idealului, uneori chiar a utopiei.

Legislația sanitară este o grilă de lectură a unei realități viitoare, ea construiește la nivel imaginar societatea românească așa cum o dorește legiuitorul. Și, din acest punct de vedere, este o ficțiune. Dar *o ficțiune pe cale să devină realitate*.

2
Cultură medicală și cultură țărănească la mijlocul secolului al XIX-lea în Principate: cazurile Marin Vărzaru și Stoian Buruiană

Empirici, șarlatani și ignoranți

În noaptea de 5 spre 6 ianuarie 1860, în cătunul Găureni, satul Babele, din districtul Vlașca, are loc un eveniment destul de frecvent în epocă: un lup turbat intră în sat și atacă oameni și animale... Dar mai bine să îl lăsăm pe subadministratorul de Neajlov C.I. Arion să ne povestească: „și luând un grăsun din coșarul unui locuitor anume Oprea Radu, a sărit soția sa să scape grăsunu', și îndată ce s-a arătat, lupul a lăsat grăsunu', și a năvălit asupră-i mușcând-o de mână și la șezut; că din țipătul acelei femei sărind locuitorii au și omorât pe lup; că îndată au orânduit pe un locuitor din satul Roata-Cătun, anume Marin Vărzaru Catană, om cu cunoștință de a vindeca asemenea boală, a căuta atât pe acea femeie, cât și alți cinci locuitori, și mai multe vite ce turbaseră, și că după stăruința depusă de numitul, acei locuitori și vite s-au întremat“ (Arhivele Naționale Istorice Centrale, București; Fondul Ministerului de Interne, Direcția Generală a Serviciului Sanitar, dosar 8/1860, f. 2r – în continuare se va cita ANIC). Până aici nimic neobișnuit pentru mijlocul secolului al XIX-lea: iată un lup turbat care face ravagii într-un sat și un țăran care vindecă turbarea. Ceea ce este nou e interesul autorităților pentru un asemenea caz, manifestat printr-o anchetă a Administrației Sanitare și printr-o oarecare popularizare în presă, pentru că ispravile vindecătorului ajung, alături de jafuri și accidente, la rubrica de „fapte diverse" din *Monitorul Oficial* al epocii![1]

Tot în prima jumătate a anului 1860, autoritățile sanitare anchetează cazul altui vindecător țăran, Stoian Popa Ion Buruiană din satul Reda, districtul Romanați, care ar vindeca nebunia. Este descoperit întâmplător, „cu ocazia recensiunii în comuna Reda", unde vindecătorul se bucură deja de o oarecare celebritate: „Acest om, după asigurarea ce ni s-a dat de mai întreaga Comună, între care preoți și oameni de considerație a dat într-un timp îndelungat dovezi palpabile, de sublima sa cunoștință, care o eredită de la părinții săi; spun sătenii că au venit la dânsul nenorociți legați în lanțuri [...], chiar și de prin Turcia, și s-au întors sănătoși. Aplicațiunea medicamentelor sale consistă în niște ierburi mistice, al căror efect salutariu nu întârzie să se manifeste; pentru cei mai greu atacați se zice că a fost de ajuns 20-30 de zile" (ANIC, f. 13r.).

Aceste cazuri ne interesează doar pentru a ilustra raporturile dintre cultura medicală dominantă promovată de statul modern și cultura medicală țărănească a epocii. Pentru că în documentele anchetelor administrației sanitare se pot citi în filigran raporturile de putere ce se țes între cele două culturi. Pe baza anchetelor administrative și sanitare întreprinse în cazul unor vindecători țărani, încercăm de fapt să privim dincolo de trama evenimentelor, pentru că ele nu sunt altceva decât un simptom al transformărilor din societatea românească a epocii pe care în general le asociem cu fenomenul de „modernizare"; când avem de-a face cu modernizare sanitară, vorbim de „medicalizare". Ce înțelegem însă prin medicalizare? Termenul este întâlnit pretutindeni și aproape niciodată nu este definit: este unul dintre conceptele magice

1. *Monitorul. Ziar Oficial al Țării Românești*, 19 martie 1860, nr. 67, p. 272.

din științele umane al cărui succes este asigurat în bună parte tocmai de ambiguitatea sa. Până acum, la noi, doar Lidia Trăușan-Matu a simțit nevoia să îl definească: „*a medicaliza* [...] acoperă ansamblul mecanismului prin care statul asigură condițiile de menținere a sănătății populației“[1], incluzând aici atât medicina curativă, cât și pe cea preventivă (igiena). După cum vedem în definiția de mai sus, medicalizarea ar fi rezultatul intervenției statului. Deși medicalizarea are loc cel mai adesea prin grija și intervenția statului, ea se poate produce chiar și în absența lui. Dar, dacă pare dificil să definim *ce este* medicalizarea, poate mai simplu și mai eficient ar fi să aflăm *ce nu este* medicalizarea. Un exemplu tipic de societate în care medicalizarea nu a pătruns ar fi tocmai societățile țărănești europene preindustriale care nu cunosc nici medicul și nici medicina de tip modern. Bineînțeles că nu trebuie să ne închipuim că vorbim despre societăți țărănești complet nemedicalizate, cel puțin în Europa: peste tot, practicile de vindecare țărănești sunt mai mult sau mai puțin contaminate de cele culte: societatea țărănească nu este izolată de ansamblul din care face parte. O societate perfect medicalizată ar fi o viitoare și o utopică societate în care toți membrii ei apelează de-a lungul procesului boală–vindecare doar la medic și la medicina de tip modern. Or, câtă vreme medicina nu va descoperi secretul „tinereții fără bătrânețe și al vieții fără de moarte“, această societate va continua să fie utopică.

Medicalizarea nu poate fi înțeleasă decât prin grila opoziției dintre cultura dominantă și cultura subalternă, iar odată cu nașterea modernității cultura țărănească devine și rămâne până astăzi subalternă. Eu am conceput modernizarea societății, și deci și medicalizarea, care este parte a ei,

1. Lidia Trăușan-Matu, *De la leac la rețetă. Medicalizarea societății românești în veacul al XIX-lea (1831–1869)*, Editura Universității din București, București, 2011, p. 356.

personaj iese din categoria empiricilor și intră
anilor": el nu posedă nici un titlu academic și
e metode pe care știința medicală le va fi va-
el. Într-o ierahie a vindecătorilor realizată din
torităților sanitare, empiricii se află la vârful
i sunt șarlatanii, iar specialiștii medicinei ma-
ătoarele, preoții, călugării, vrăjitoarele – nici
t amintiți; ei nu există în calitate de vindecători.

lui Carol Davila

rii din a doua categorie, cei care aparțin culturii
sunt medicii, creatorii, la mijlocul secolului, ai
sanitar al Principatelor. Activitatea și statutul
ează prin studii universitare de specialitate și
ea diplomelor și a titlurilor aferente[1]. De la Regu-
Organice încoace, în mod oficial, pe teritoriul
or, și apoi al Regatului României, doar ei au drep-
actica medicina și, prin urmare, dețin, teoretic,
l artei vindecării. Spun teoretic, pentru că în ulti-
nii ale secolului al XIX-lea bătălia lor cu celelalte
e vindecători nu este câștigată, de fapt, lupta abia
iar evoluțiile din secolul următor vor dovedi rezis-
turii medicale țărănești și a personajelor care o
este suficient să aruncăm o privire asupra imensei
i etnografice privitoare la medicina magică sau la
i mai recente, care dovedesc cu prisosință că descân-
, preotul, vrăjitoarea sau empiricii sunt personaje
ticipă, separat sau împreună cu medicii, la procesul

ntru statutul medicului în prima jumătate a secolului al XIX-lea
ipate vezi Lidia Trăușan-Matu, „The Doctor and the patient. An
of the Medical profession in the Romanian Society of the 19th
(1831–1869)", în *Transylvanian Review*, vol. XX, supplement
ol. 2, 2011, pp. 465–474.

ca fenomen de aculturație prin care se realizează omogenizarea culturală atât de mult visată de statele moderne. Medicalizarea ar fi deci procesul de aculturație internă prin care, în statele moderne, cultura medicală oficială și practicile sociale care derivă din ea se propagă în întregul corp social. Aici distingem o componentă instituțională, subliniată adesea în istoriile medicinei, care pune accentul pe crearea și pe dezvoltarea instituțiilor medicale moderne: spitalul, instituțiile de învățământ medical etc., și o componentă comportamentală, pentru că nimic nu îl va obliga pe țăranul secolului al XIX-lea, de exemplu, să apeleze la instituțiile și personajele care alcătuiesc sistemul medical modern. De la Norbert Elias încoace știm că în „procesul civilizării" normele de comportament impuse ajung în timp să fie încorporate și asumate la nivel individual[1], iar disciplinarea socială specifică societăților moderne se transformă în autodisciplinare. Din acest punct de vedere, în Principate, în vremea lui Marin Vărzaru și a lui Stoian Buruiană, norma tocmai este pe cale de a fi impusă.

La mijlocul secolului al XIX-lea, în Principatele Române boala și vindecarea sunt apanajul a două categorii de personaje: pe de o parte, vindecătorii țărani, empirici, cum îi numesc autoritățile medicale, pe de alta, doctorii în medicină, personajele-cheie ale noului sistem sanitar organizat de stat. Asupra raporturilor dintre aceste două mari categorii de vindecători ne vom apleca în rândurile care urmează.

Vindecătorii țărani au existat dintotdeauna în societățile țărănești preindustriale, iar satele românești nu fac excepție. Societatea țărănească și-a reglat prin mijloace proprii raporturile boală–vindecare–moarte. Înaintea apariției medicilor și a medicinei moderne, ceea ce pentru lumea rurală din Principate nu coboară *grosso modo* mai jos de 1862, comunitățile

1. Norbert Elias, *Procesul civilizării. Cercetări sociogenetice și psihogenetice*, 2 vol., Editura Polirom, Iași, 2002.

ţărăneşti rezolvă problema bolii şi a vindecării apelând la personaje specializate în anumite afecţiuni, evident definite de o aşa-zisă nosologie, proprie culturii medicale ţărăneşti.[1] Naşterea este asistată de mult hulitele (în cultura medicală a epocii) moaşe empirice. Mai există şi „specialiştii ortopezi", oculişti ţărani şi, în sfârşit, o mulţime de vindecători specializaţi în diverse afecţiuni, precum Marin Catană, care vindecă turbarea, sau Stoian Buruiană, care vindecă nebunia. Alături de ei, o mare masă de descântătoare şi alţi specialişti ai remediilor împotriva agresiunilor magice: preoţi, călugări şi vrăjitori. Pentru că boala, conform reprezentărilor ţărăneşti premoderne, nu este o dereglare a mecanismului corporal (umoral sau fiziologic), ci întotdeauna este fie o pedeapsă divină, fie rezultatul acţiunii unor agenţi magici[2]. În lumea ţărănească, aceşti vindecători erau atotputernici, de fapt singurii disponibili.

Credinţa în forţa acestor personaje vindecătoare se dovedeşte de o extremă vitalitate, deoarece, spre surprinderea mea, chiar astăzi se pot culege de pe teren, prin anchetă orală, mărturii despre activitatea lor[3]. Sau măcar a unora dintre ei.

---

1. Definim cultura medicală ţărănească ca totalitatea cunoştinţelor şi practicilor ţărăneşti privitoare la boală şi vindecare.

2. Elena Bărbulescu, *„At the Edge of Modernity: Physicians, Priest and Healers (1940–1990)"*, în *Philobiblon. Transylvanian Journal of Multidisciplinary research in Humanities*, vol. XVI, no. 2, 2011, pp. 550–551.

3. A se vedea în acest sens studiul Elenei Bărbulescu, *op. cit.*, pp. 549–561, precum şi culegerile de material de teren: Elena Bărbulescu (coord.), Constantin Bărbulescu, Mihai Croitor, Ciprian Pavel Moldovan, Alexandru Onojescu, Alina Ioana Şuta, *Ţărani, boli şi vindecători în perioada comunistă. Mărturii orale*, vol. I, Editura Mega, Cluj-Napoca, 2010; Constantin Bărbulescu (coord.), Elena Bărbulescu, Mihai Croitor, Ciprian Pavel Moldovan, Alexandru Onojescu, *Ţărani, boli şi vindecători în perioada comunistă. Mărturii orale*, vol. II, Editura Mega, Cluj-Napoca, 2011.

boală–vindecare a locuitorilor din lumea rurală chiar și în a doua jumătate a secolului al XX-lea. Nu cred că greșesc prea mult când spun că și astăzi cultura medicală țărănească, ca entitate separată de cea medicală modernă, este extrem de activă, în ciuda unui secol și jumătate de medicalizare a societății românești.

La sfârșitul secolului al XIX-lea, chiar în orașe, empiricii își găsesc locul alături de medici: doctorul C.D. Severeanu are ocazia să se întâlnească în Capitală, la o familie „bună", familia Fălcoianu, cu Mățăreasa, care o trata pe bătrâna Fălcoianu de o fractură a osului radius (Severeanu, 1929, pp. 107–108); la Caracal este chemat la domnul Stamatopulo, „un mare exportator de cereale", pentru a trata o fractură deschisă a gambei după ce doi medici și doi empirici țărani dăduseră greș: „Doi medici locali, unul grec și altul italian, chemaseră pe doi țărani meșteri. Pentru consolidarea oaselor ei au turnat între căpătâiele oaselor, praf de oase de cap de câine (ziceau ei), amestecat cu untdelemn; au făcut o legătură strânsă; gangrena a început și țăranii s-au speriat și au fugit. Când am ajuns la Caracal, gangrena cuprinsese gamba până aproape de genunchi" (Severeanu, 1930, pp. 12–13). Până la urmă domnul Stamatopulo este salvat, dar își pierde gamba.

De partea cealaltă a barierei culturale, care de fapt în epocă nu era așa de greu de trecut, întâlnim între clienții lui Stoian Buruiană din satul Reda, districtul Romanați, care vindeca nebunia, nu numai țărani, ci și pe „sora domnului Costache Prejbeanu din orașul Caracal" și chiar pe „Cadâna lui Pașa agi-ali de la Rahova" (ANIC, f. 31v.). Cam în aceeași perioadă, mama Casandra, erborista celebră a halelor Iașiului, „în fiecare duminică era vizitată de cele mai distinse Doamne din societatea ieșeană", care cumpărau ierburi pentru băi, *năvalnic* și „alte buruieni care înviorează virilitatea. La mama Casandra se găseau de toate" (Leon, 1927, 32). Nu pot să nu-mi reamintesc în acest context de vrăjitoarea din satul meu natal –

Corlățel din județul Mehedinți –, despre care se spunea în anii '80 ai secolului trecut că are clientelă și din Serbia și care efectua adevărate turnee la Severin și la Craiova.

La începutul anilor '60 ai secolului al XIX-lea, Carol Davila, reorganizează sistemul sanitar al Principatelor Unite și una dintre primele sale inițiative este tocmai stabilirea persoanelor care intră în categoria vindecătorilor recunoscuți de stat. Înainte de 1860 nu exista la Administrația Serviciului Sanitar nici o listă a medicilor posesori de diplome care practicau în Principate; după spusele lui Davila, între 1842 și 1854 nu exista nici o informație despre medicii stabiliți în țară[1]. Pe 8 iulie 1860 se face despărțirea apelor, publicându-se în *Monitorul Oficial* primul „Tablou cu tot personalul medical: doctori în medicină, magiștri și patroni în hirurgie, veterinari, dentiști și moașe care se cunosc că au dobândit dreptul de la Guvern de a exersa arta lor în acest Principat“[2]. Într-un cuvânt: vindecătorii oficiali, singurii vindecători. Cred că acesta este actul de naștere a profesiunii medicale în Principate. Să fie oare o întâmplare că tocmai din perioada 1860–1862 provin cele mai multe documente ale anchetelor Administrației Sanitare privitoare la practica unor empirici? Nu cred. La acea dată practicau în Țara Românească 96 de doctori în medicină, 11 magiștri în chirurgie, 18 patroni în chirurgie, 7 veterinari, 5 dentiști, 13 moașe cu diplome din străinătate și 61 de moașe care „au studiat la Institutul de naștere din București“[3]. În octombrie 1861 se publică în același ziar oficial o nouă listă,

---

1. *Supliment la Monitorul Oficial*, 8 iulie 1860, nr. 160, p. 751. Este drept că asemenea liste ale medicilor din Principate există încă din deceniul patru al secolului al XIX-lea. Sunt cunoscuți astfel practicienii din Țara Românească la 1833, 1834, 1836, 1837 și 1838: V. Gomoiu, *Din istoria medicinei și a învățământului medical în România (înainte de 1870)*, Tipografia „Cultura“, București, 1923, pp. 253–255, 263, 285–287, 301–302.

2. *Ibidem*, pp. 752–753.

3. *Ibidem*.

mai lungă; numărul doctorilor în medicină crescuse la 98, dar creșterea cea mai mare o remarcăm la moașele cu diplome obținute în țară: 78[1]; peste câteva luni, după unirea deplină a celor două Principate, avem lista finală a doctorilor în medicină cu drept de practică în „statul României“[2].

Cum înainte de 1875 nu există doctori în medicină cu studii făcute în țară, autoritățile sanitare autohtone aveau de stabilit criteriile după care un medic român sau străin putea să obțină dreptul de liberă practică în Principate. Prima condiție era obținerea unei diplome de doctor în medicină a unei universități străine. Se pare că cel puțin în Moldova, până în 1836, prezentarea acestei diplome în fața Comitetului Sănătății era suficientă pentru obținerea dreptului de liberă practică. Însă din 1836, din cauza unor nereguli constatate, Comitetul Sănătății cere dreptul de a-i examina pe candidați[3]. Nu știm dacă i-a fost conferit acest drept. În principiu, în prima jumătate a secolului al XIX-lea, posesia unei diplome de doctor în medicină asigură dreptul de liberă practică. De-a lungul ultimelor decenii ale secolului, dreptul de liberă practică este uneori condiționat de trecerea unui examen susținut în fața unei comisii medicale în țară. Astfel, în 1862, când în fruntea Consiliului Medical era doctorul Carol Davila, se hotărăște că „doctorii doritori de a practica medicina în acest Principat“ trebuie să susțină un examen public în fața unei comisii compuse din cinci membri ai corpului didactic ai Școlii Naționale de Medicină și Farmacie[4]. Peste numai doisprezece ani, legea sanitară din 1874 renunță la examen și prevede în art. 69: „Dreptul de a exercita

---

1. *Monitorul. Ziar Oficial al Țării Românești*, 4 octombrie 1861, nr. 218, pp. 871–872.

2. *Monitorul. Jurnal Oficial*, 3 februarie 1863, nr. 25, p. 103.

3. Vezi V. Gomoiu, *op. cit.*, pp. 283–284.

4. *Monitorul. Ziar Oficial al Țării Românești*, 18 mai 1860, nr. 115, p. 480.

medicina, farmacia, veterinăria și moșitul se dobândește în virtutea titlurilor academice eliberate de către facultatea de medicină română, care titluri vor fi vizate de ministrul instrucțiunii publice, precum și în virtutea diplomelor date de către universitățile străine și verificate de către facultatea de medicină din țară."[1] Dar legea este modificată în 1885 și... din nou este introdus examenul, de data aceasta doar pentru medicii care și-au obținut titlurile la universități din străinătate[2]. În 1893, când se modifică din nou legea sanitară, examenul este menținut, dar se precizează compoziția comisiilor de examinare[3].

Să revenim la anul 1860, când se reglementează toate ramurile științelor medicale. Rând pe rând este reglementată admiterea la libera practică prin examen pentru subchirurgi[4], pentru medicii cu studii în străinătate, dar fără diplomă de doctor în medicină, cărora li se oferă posibilitatea de a deveni ofițeri de sănătate[5], pentru asistenții în farmacie[6], pentru moașe și dentiști[7] și, în sfârșit, pentru diferitele categorii de veterinari[8]. La sfârșitul anului 1860 existau reglementări clare în baza cărora tot personalul medical din Principatele Unite, atât cel superior, cât și cel inferior, este

---

1. Alina Ioana Șuta, Oana Mihaela Tămaș, Alin Ciupală, Constantin Bărbulescu, Vlad Popovici, *Legislația sanitară în România medernă (1874–1910)*, Presa Universitară Clujeană, Cluj-Napoca, 2009, p. 57.
2. *Ibidem*, pp. 75, 81 (art. 22 și art. 70).
3. *Ibidem*, p. 111 (art. 105).
4. *Monitorul. Ziar Oficial al Țării Românești*, 18 martie 1860, nr. 66, p. 268.
5. *Monitorul. Ziar Oficial al Țării Românești*, 26 mai 1860, nr. 122, p. 508.
6. *Monitorul. Ziar Oficial al Țării Românești*, 10 iunie 1860, nr. 135, pp. 559–560.
7. *Supliment la Monitorul Oficial*, 8 iulie 1860, nr. 160, p. 751.
8. *Monitorul. Ziar Oficial al Țării Românești*, 14 iunie 1860, nr. 139, p. 575.

acceptat la libera practică[1]. Așadar, acesta este momentul în care cultura medicală dominantă face distincția dintre *adevărații* și *falșii* vindecători.

Personajele sunt importante, dar trebuie avute în vedere și atribuțiile lor; medicii sunt deținătorii științei de a vindeca, dar și ai științei remediilor administrate spre vindecare: ei examinează bolnavul, stabilesc un diagnostic și prescriu un tratament care constă adeseori în administrarea de medicamente. Acestea din urmă însă sunt vândute de farmaciști, iar în epocă și de băcani. Administrația sanitară, sub conducerea energică a lui Carol Davila, va reglementa și vânzarea medicamentelor, instituind în fapt un monopol al farmaciștilor și deci interzicând vânzarea medicamentelor de către „alți particulari"[2]. Astfel, profesioniștii vindecării vor deține și monopolul preparării și al eliberării remediilor. Cercul este astfel închis. În afara cercului rămân Marin Vărzaru, Stoian Buruiană și toți confrații lor în ale vindecării. Ei vin dintr-o altă lume, cu alte boli, cu alte remedii și cu alte criterii de a valida statutul personajelor vindecătoare. Autoritățile sanitare nu vor fi niciodată binevoitoare cu ei, în cel mai bun caz îi vor tolera, așteptând dispariția lor pe cale naturală, încet, dar sigur.

Empiricii și remediile lor

Trebuie să aflăm în ce constau remediile utilizate, care este rezultatul practicii celor doi vindecători țărani pe care i-am luat drept exemplu și, în final, care este atitudinea

1. Reglementări ce vor fi codificate în 1866 într-un *Regulament pentru examinarea titlurilor și capacității medicilor, farmaciștilor, veterinarilor și moașelor din străinătate, care cer dreptul de a exercita în România*, în *Monitorul medical*, anul V, 1866, no. 21, pp. 171–174.

2. *Monitorul. Ziar Oficial al Țării Românești*, 13 februarie 1860, nr. 35, p. 140.

autorităților sanitare față de fiecare dintre ei, pentru că nu au fost aleși întâmplător.

În primul rând, trebuie să remarcăm că ambele anchete pornesc nu din mediul medical, ci din cel administrativ, iar atitudinea primilor raportori este extrem de binevoitoare față de faptele narate: subadministratorul de Neajlov, care pare să fi descoperit cazul Vărzaru, în primul rând cere recompensarea vindecătorului (ANIC, f. 2r.-v.), iar ministrul de interne Ion Ghica crede de cuviință să-i trimită Inspectorului General al Serviciului Sanitar, adică doctorului Carol Davila, o copie a raportului subadministratorului de Neajlov, tocmai în vederea popularizării faimosului remediu: „având în vedere că metodul vindecării turbării, după toate încercările făcute până astăzi, este încă necunoscut medicinei, am crezut de a mea datorie a vă pune în vedere un asemenea caz, atât de important, ca să binevoiți mijlocul propagării lui“ (ANIC, f. 1r.). În 1860, ministrul de interne al Principatelor Unite chiar crede că țăranul Marin Vărzaru a vindecat turbarea. Criteriul său de evaluare, ca al majorității contemporanilor săi nemedici, este *eficacitatea* actului vindecător. Altfel spus, dacă vindecarea are loc, în mod automat remediul utilizat este cel corect. Nimic altceva nu este luat în calcul: puțin contează statutul vindecătorului, mediul social din care face parte sau gradul său de cultură. Ion Ghica încă nu separă cele două culturi medicale, cea dominantă și cea țărănească, amintite la începutul cercetării noastre.

Cazul Buruiană este descoperit de doi recenzori, care, nereușind să smulgă secretul remediilor utilizate de vindecător pentru tratarea nebuniei, raportează superiorilor în speranța generoasă a „avantagiul[ui] real ce s-ar aduce medicinei cu o asemenea salutarie descoperire, care de mult timp zace ascunsă în unghiul unui sat, să informați pe guvern, ca prin ale sale părintești măsuri să chibzuiască modul cum s-ar putea smulge asemenea mister“ (ANIC, f. 13r.). Și ancheta are loc.

Urmează ancheta la fața locului realizată de medicii de district, iar întâlnirea vindecătorilor țărani cu confrații lor medici dă la iveală tehnicile terapeutice ale celor dintâi, dar și incompatibilitatea celor două categorii. Medicii nu sunt la fel de entuziasmați ca membrii administrației, aflând care sunt „doftoriile“ folosite de Marin Vărzaru pentru a vindeca turbarea: se pare că el folosește plante și insecte – „cea dintâi se numește otrava pământului (*Rubis Gratiola*), lumânărică (*Verbatium*), gândăcei (*Chantarides*) pisat și cu rachiu, și făcea scarificație subt limbă“ (ANIC, f. 21r.)[1]. Tratamentul corespunde cu ceea ce știm despre remediile țărănești împotriva turbării: se pare că gândacii de turbă erau un remediu general răspândit împotriva turbării – pisați, fierți și amestecați cu apă sau cu vin, ei constituie baza medicației oamenilor și a vitelor mușcate de câini turbați (Leon, 1903, 262–264; Grigoriu-Rigo, 1907, 22–23). Utilizarea gândacilor de turbă sau de frasin în remediile împotriva turbării s-a păstrat până astăzi și am putut să o întâlnim pe teren în anul 2010 într-o localitate din județul Cluj: pentru a împiedica turbarea în urma unei mușcături suspecte, localnicii luau cinci-șase „pepti[2] de frasân“, îi zdrobeau, îi amestecau cu zahăr și îi consumau ca atare, câte o linguriță, două pe zi[3]. O altă metodă terapeutică țărănească larg răspândită și practicată și de Stoian Buruiană consta în „tăierea vinelor de sub limbă“ pentru a împiedica apariția „cățeilor“ (Severeanu, 1930, 179) , numiți și „căței de turbare“ (Felix, 1901, p. 319).

Deoarece ancheta medicului districtului Romanați este extrem de amănunțită, mai știm că Stoian Buruiană a

1. Transcrierea acestui document a fost realizată de domnul Nicu Mihai.

2. Termen local pentru „gândaci“.

3. Constantin Bărbulescu (coord.), Elena Bărbulescu, Mihai Croitor, Ciprian Pavel Moldovan, Alexandru Onojescu, *Țărani, boli și vindecători în perioada comunistă. Mărturii orale*, vol. II, Editura Mega, Cluj-Napoca, 2011, p. 150.

moștenit „meseria“ de la tatăl său, „care se zice că tot tămăduia pătimași de acea boală“ (ANIC, f. 39r.); specializarea lui este extremă – mărturisește că el vindecă „numai pătimași de nebunie cu furie, acei ce fac rău și rupe tot [de] pe dânșii“, iar pe cei ce au „zburături, adică: se scoală noaptea din somn, îi trimite la Moșu Mihail de la Negrești, cel ce cunoaște buruienile pentru zburătoare“ (ANIC, f. 31r.)[1].

Terapeutica utilizată este complexă și constă în administrarea unui decoct, în fumigații și în regim alimentar draconic. Iată cum descrie medicul de district metodele sale terapeutice: „le dă trei zile pe rând și de trei ori pe zi câte 50 dramuri de un decoct făcut din niște buruieni fierte în vin; după care îi vine vărsătura de bale și urdinare foarte tare; a treia zi i se luminează mintea, apoi cade într-un profund repaos până la o săptămână, după care se ridică sănătos cu desăvârșire. Pe bolnavi îi păzește foarte mult de apă și mâncare, care o sloboade numai după trei zile cu bună pază și măsuri, căci apa mai cu seamă face mult rău. La fiecare dat de doctorii, adică de trei ori pă zi, afumă pe pătimași cu alte buruieni acoperindu-i cu un cearceaf“ (ANIC, f. 31r.).

Despre plantele pe care le folosește, medicul de district, ca și antecesorii săi recenzori, nu află prea multe: decoctul este preparat din rădăcini de „trei specii“, iar pentru fumigații folosește o singură plantă „și nu le știe numele, decât [că] se fac pe la păduri și le cunoaște după niște foi uscate ce rămân din iarnă și le sapă exclusiv în luna martie“. Evident, medicul nu le poate vedea, pentru că vindecătorul „nu le are acum“. Se observă cu ușurință că țăranul nu are încredere în personajul din fața sa: nu îi dă nici măcar denumirile populare ale plantelor, care ar fi permis identificarea lor, și pe 20 aprilie, ziua în care are loc ancheta, nu are la îndemână plantele pe care totuși le culege cu numai o lună înainte. E greu de crezut. Se pare că neîncrederea este

1. De menționat că Negreștiul este în județul Dolj.

reciprocă: pentru Stoian Buruiană, apariția medicului de district la poarta sa nu este un semn de bun augur! Totuși, el se declară încrezător în arta sa și este dispus să meargă „în orice minută“ la București, la Administrația Sanitară, „să dea dovezi netăgăduite de știința sa“ (ANIC, 31v.).

Ancheta își urmează cursul. Autoritățile locale sunt puse în mișcare în vederea verificării faptelor: rând pe rând, la Administrația Sanitară sosesc rapoartele subprefecților, care se deplasaseră în satele din care proveneau bolnavii vindecați de Stoian Buruiană. În plus, medicul primar de district realizează propriile cercetări. În total, în întreaga documentație apar treisprezece bolnavi, dintre care unul nu poate fi identificat, unul neagă că ar fi apelat la serviciile vindecătorului și unul (cadâna Pașei din Rahova) nu va fi anchetat. Rămân deci zece cazuri verificate. Dintre acestea, opt se încheiaseră prin vindecarea pacientului și doar două pot fi considerate eșecuri terapeutice. Trebuie să mărturisim că rata vindecărilor este impresionantă! Dar pentru a înțelege și a analiza fenomenul trebuie să coborâm la un alt nivel și să aflăm cum se desfășoară întregul proces terapeutic și care sunt părțile implicate. Din capul locului trebuie observat că majoritatea clientelei vindecătorului este alcătuită din țărani ca și el și doar într-un caz bolnavul provine din mediul urban – sora domnului Costache Prejbeanu din Caracal, care însă neagă că îl cunoaște pe vindecător și că a apelat la serviciile sale (ANIC, f. 36v.). Totuși, printre pacienții lui Buruiană descoperim un preot și pe „soția domnului Nicolae Provejanu“ din satul Giorocelu, districtul Dolj. În acest din urmă caz, datorită statutului social al familiei bolnavului, vindecătorul este adus la patul bolnavului: „au trimis de l-au adus“ (ANIC, f. 33v.). În majoritatea cazurilor, în funcție de starea bolnavului și de cât e de mers până la domiciliul vindecătorului, în fața lui Buruiană nu apar pacienții, ci rudele lor: din cei zece pacienți anchetați doar doi par să-l fi întâlnit față în față pe vindecător. Soţul, tatăl sau pur şi simplu „oamenii" aduc leacurile bolnavului, cu instrucţiunile de rigoare, şi tratamentul poate să înceapă. Toţi pacienţii mărturisesc că au folosit acelaşi tratament, administrat tuturor în acelaşi mod, cel descris de vindecător în faţa medicului primar de district: un decoct de ierburi fierte în vin cu un puternic efect vomitiv şi diuretic şi fumigaţii cu ierburi uscate. Ar mai fi de remarcat că majoritatea clientelei lui Buruiană este feminină: din cei treisprezece bolnavi atestaţi, doar trei sunt bărbaţi.

În ceea ce priveşte simptomatologia afecţiunilor tratate, ele par, potrivit descrierilor rapoartelor administraţiei, destul de diverse şi nu toate pot fi încadrabile, chiar raportându-ne la stadiul cunoştinţelor medicale din epocă, în categoria afecţiunilor mintale. De exemplu, preotul Ion din satul Măceşu, districtul Dolj, îşi descrie astfel suferinţa: „iară boală i-au fost numai în cap, precum durere şi ameţeală cu nevedere de ochi" (ANIC, f. 33r.), iar medicul districtului, anchetând mai multe cazuri printre consătenii lui Buruiană, diagnostichează un caz de „leziune traumatică a măduvei spinării", un altul de *„coup de soleil"* (insolaţie), un altul de *„urticaria"* şi, în sfârşit, un caz de *„febris lactea"* (ANIC, f. 36r.-v.): nici urmă de afecţiuni mintale!

În raportul medicului primar de judeţ apar doar remediile empirice ale lui Stoian Buruiană, conform culturii medicale a raportorului; toate celelalte aspecte ale terapeuticii sunt trecute cu vederea, deoarece, bănuim, erau considerate lipsite de orice importanţă reală în procesul vindecării. Din rapoartele subprefecţilor, care nu puteau fi tot atât de ataşaţi pe cât erau colegii lor medici de cultura medicală dominantă, aflăm despre o practică terapeutică de factură magică recomandată de Stoian: când începe tratamentul empiric, bolnavul trebuie să îngroape hainele cu care a fost îmbrăcat în momentul îmbolnăvirii (ANIC, f. 33r.-v.). Iar dacă, prin intermediul raportului sfatului satului Reda, coborâm şi mai mult în ambianța culturii țărănești în care trăiește și practică Stoian Buruiană, vom descoperi alte practici în care sacrul, prin medierea preotului, intervine în procesul terapeutic. Astfel, în această ultimă versiune țărănească, tratamentul constă în administrarea de „buruieni de trei ori pă zi, adecă dimineața, la amiaz și seara la scăpătatul soarelui, iar seara împreună cu preotu' care citește moliftele Sf. Vasile și la fiecare dat câte 50 dramuri care sunt fierte cu vin și la tot datu' să și afumă cu alte buruieni. Urmează cu aceste buruieni două zile tot așa și a doua zi seara pune un preot de mai citește paraclisu' unde i-au dat buruienile și moliftele Sf. Vasile; și vasu' în care fierbe buruienile în el le zice de-l dă pă apă curgătoare și atunce a treia zi cade la odihnă și îi [dă] de mănâncă pâne nesărată și apă puțină până la săptămână" (ANIC, f. 40r.-v.).

Așadar, procesul terapeutic nu poate fi reconstituit decât prin punerea laolaltă a descrierilor personajelor aparținând diverselor paliere culturale și sociale care alcătuiau ceea ce istoricii numesc „România modernă": în vârful ierarhiei, impregnați de cultura medicală dominantă, se află medicii, care, am văzut, trec complet cu vederea aspectele sacre și magice ale procesului terapeutic; la un nivel intermediar, reprezentanții administrației locale, dar și centrale, sunt încadrabili într-o cultură de tip urban care însă nu pare a fi perfect medicalizată și care la nivelul său inferior interferează activ cu cultura țărănească; iar jos, la nivelul comunei rurale, întâlnim o cultură medicală țărănească puternică, autonomă, în care procesul vindecării are atât componente empirice, cât și componente sacre/magice.

Odată descrise personajele și faptele, trebuie consemnată și reacția administrației sanitare. E previzibilă. Personajul principal care efectuează ancheta la fața locului este medicul de district. El se întâlnește cu ambele părți implicate – vindecătorii și bolnavii – și își expune opinia într-un raport adresat Inspectorului General al Serviciului Sanitar. Din acest moment, începe judecata: medicul districtului Romanați, care anchetează cazul Stoian Buruiană, este nemilos: „Din cele arătate mai sus, m-am asigurat că citat[ul] individ n-are nici o știință de a tămădui boala alienanția mintală, decât i-au rămas aceasta ca o succesie după moartea tatu-său care se zice că tămăduia pătimași de acea boală“ (ANIC f. 39r.). Consiliul Medical discută cazul lui Stoian Buruiană în decembrie 1860, își însușește pe deplin concluziile anchetei medicului de district și, în jurnalul încheiat la acea dată, ajunge la concluzia „că numitul Stoian Popa Ion Buruiană nu numai că nu posedă nici un fel de știință pentru vindecarea celor izbiți de alienațiune mentală, dar încă confundă alte maladii fizice cu alienațiunea mentală, care este o maladie psihică, și dintr-aceasta se dovedește o desăvârșită ignoranță din parte-i sau un șarlatanism și spre acest sfârșit Consiliul decide ca Administrația Sanitară să comunice onor Ministerului din Întru pentru poprirea numitului pe viitor dintr-o aseminea întreprindere abuzivă, iar în caz de nesupunere să se aplice penalitatea ce ar merita după toată asprimea legilor în vigoare, atât spre înfrânare-i, cât și spre pilduirea altora“ (ANIC, f. 37r.). Iată o decizie dură: în ciuda succesului terapeutic dovedit în urma anchetei, vindecătorului i se va interzice practicarea „meseriei“, pentru că nu folosește conceptele și taxonomia bolilor specifică medicinei moderne a epocii. În concluzie, va fi pedepsit pentru că este un „ignorant“ sau, mai grav, poate pentru că este un „șarlatan“. Interesant este că nu i se reproșează că nu posedă o diplomă de doctor în medicină și că nu are drept de liberă practică în Principate, cum pățește, cu două decenii mai devreme, un alt vindecător popular, Manolake ot Rușii de Vede, căruia i se va interzice practicarea „meșteșugului doctoricesc“ pe motiv că „nu are cunoștință de medicină nici împărtășit cu diploma doctoricească, pe temeiul căreia numai poate să întrebuințeze acest meșteșug". Pe de altă parte, este drept că pacientul lui Manolake decedase în timpul tratamentului, iar victima era soția „sărdarului Gheorghe Turnavitul din sud Teleorman", care va și depune plângere la Comitetul Carantinelor[1].

Ceea ce i se reproșează de fapt lui Stoian Buruiană este „ignoranța" în ale medicinei moderne, culpă care nu ar fi putut fi invocată în cazul în care ar fi posedat o diplomă de doctor în medicină: diploma este un însemn al „științei pentru vindecare" care nu se poate dobândi decât în facultățile de medicină ale unor universități europene. Or, Buruiană nu este printre cei aleși!

Nu știm dacă vindecătorul Stoian Buruiană a renunțat la „meseria" sa. Foarte probabil că nu.

Celălalt caz, al faimosului Marin Vărzaru, care vindeca turbarea, pare unul mai fericit. Ne aducem aminte că subadministratorul de Neajlov descoperă cazul și cere o recompensă bănească pentru vindecător. În acest caz, poate și datorită entuziasmului inițial al ministrului de interne, administrația se mișcă mai repede decât cei care întreprind ancheta medicală, astfel încât la mijlocul lunii februarie 1860 se hotărâse deja recompensa de „lei cinci sute ce s-a găsit de cuviință a se da acelui Marin Vărzaru Catană" (ANIC, f. 9r.), o sumă considerabilă la vremea aceea pentru un țăran[2]. Între timp, pe 9 februarie 1860, Consiliul Medical se reunește și ia în discuție cazul Vărzaru. Neavând toate datele

1. V. Gomoiu, *op. cit.*, pp. 305–306.

2. Pentru exemplificare, în 1862, când se înființează medicii de arondisment, plata lunară a unui medic (salariu plus diurna) ajunge la 500 lei. Vezi *Monitorul. Jurnal Oficial al Principatelor Unite*, 31 martie 1862, nr. 73, p. 304. Raportându-ne la etaloane de valoare mult mai apropiate de lumea țărănească, am afla că Marin Vărzaru ar fi putut cumpăra cu 500 lei din „târgul oborului Capitalei" la 2 ianuarie 1862 cinci vaci, fiecare cu vițelul său – zece animale în total! După *Monitorul. Jurnal Oficial*, 22 ianuarie 1862, nr. 17, p. 72.

problemei și nici rezultatul unei anchete la fața locului, consiliul nu face altceva decât să își exprime neîncrederea în capacitățile vindecătorului din Roata-Cătunu. În primul rând, „spre a putea recunoaște o asemenea născocire săteanului meșter ar trebui o dovadă pipăită, că lupul în chestie din satul Cătunu-Găureni a fost într-adevăr turbat“ (ANIC, f. 4r.), pentru că se știa că perioada de incubație în cazul turbării poate să ajungă la trei luni, iar Consiliul se reunește la ceva mai mult de o lună de la evenimente. În plus, ca să se poată pronunța asupra cazului, ar fi „de neapărată trebuință ca numitul meșter al hydrofobiei să vie să arate atât metodul său curativ, cât și materia sa medicală“ (ANIC, f. 4v.). În final, Consiliul Medical își exprimă neîncrederea că lupul a fost turbat și că mușcăturile sale ar fi putut constitui un pericol, ceea ce în mod sigur era cazul. Problema era că lupul fusese ucis în timpul evenimentelor, iar la administrație, care recompensa cu 6 lei uciderea unei „fiare sălbatice“, nu ajunseseră nici măcar „urechile și labele“ din cauză că „lupul a fost turbat“ (ANIC, f. 2v.). Iată un cerc vicios: recompensa fusese acordată înainte de dovedirea faptelor. Tot ce se mai poate face este o anchetă pe teren prin intermediul medicului de district și obținerea unei „dovezi“ formale din partea comunei Babele cum că lupul a fost turbat, iar Marin Vărzaru i-ar fi vindecat pe cei mușcați. Dovada din partea comunei este eliberată fără probleme. Medicul de district înclină să creadă, ca și confrații săi din Consiliul Medical, că de fapt lupul nu a fost turbat: „Subt iscălitul crede dar că lupul n-au fost turbat fiindcă este cunoscut că un lup turbat nu umblă prin coșare ale vreunui sat ca să [ia] dobitoace; doftoriile urmate însă este cunoscut și încercate destul de mult de medici“ (ANIC, f. 21v.); evident, fără rezultat. Și aveau dreptate. Cert este că Marin Vărzaru rămâne cu banii și, cum nu am găsit un nou jurnal al Consiliului Medical care să îi interzică în mod formal practicarea „meseriei“, bănuim că a continuat să vindece turbarea. Dacă Marin Vărzaru își continuă practica, care în mod formal nu îi este interzisă, aceasta pare acum mai degrabă o situație excepțională. În 1861 lucrurile s-au schimbat față de începutul secolului (1803), când un alt țăran – Ion Turbatu din satul Rotunda, județul Romanați – nu numai că pretinde că vindecă turbarea, dar și reușește să obțină din partea domniei o carte domnească de scutire de bir (Samarian, 1938, 313).

Dacă privim deodată cele două cazuri analizate mai sus, nu putem să nu fim surprinși de stranietatea situației: lui Stoian Buruiană, care vindecă nebunia, cu toate că ancheta administrativă dovedește că opt din zece pacienți se declară vindecați, i se interzice practicarea „meseriei", pe când lui Marin Vărzaru, care vindecă turbarea, nu numai că nu i se va interzice practica, dar va fi și recompensat cu o sumă considerabilă. Se pare că în 1860 Administrația Sanitară de sub conducerea lui Carol Davila nu este încă stăpână pe situație, iar ordinea pe care încearcă să o instituie în domeniul medical este încă negociabilă. De altfel, publicarea în 1860 a primelor liste de medici cu drept de practică în Principate nu este însoțită de interdicția formală pentru toate celelalte categorii de vindecători de a-și practica „meșteșugul". Abia în 1862 Administrația Sanitară intervine cu duritate și declară că „potrivit legiuirilor în vigoare nimenea nu este volnic de a trata bolnavii și de a prescri medicamente al cărui nume nu va figura în publicata listă și nici un farmacist nu este volnic de a expedia ordonanțe[le] unor asemenea persoane"[1]. În acest scop se ia inițiativa multiplicării listei de medici cu drept de practică și a afișării ei în farmacii.

Documentele dintre 1860 și 1862 mărturisesc un continuu proces de negociere între Administrația Sanitară și diferitele categorii de vindecători care nu pot fi înscriși pe lista magică

1. *Monitorul. Jurnal Oficial*, 3 februarie 1862, nr. 25, p. 102.

a doctorilor în medicină și care, înainte de venirea lui Carol Davila la conducerea Administrației Sanitare, își practicaseră nestingheriți „meseria“, cum afirmă ei. Iată-i astfel pe doi frați care cer Administrației Sanitare dreptul de a exersa în calitate de „doctori practici, speciali, pentru turbare, drept care l-am avut și până acum, constatat de autoritățile Guvernelor trecute, de la domnitorul Caragea până la cel actual, după cum ne pot argumenta Hrisoavele Domnești și alte acte guvernamentale ce posedăm în număr mare, [pre]cum și testimoniile din partea autorităților pe unde am vindecat pe pătimași“ (ANIC, f. 18r.). Pentru a li se recunoaște drepturile anterioare, ei cer un examen care ar consta în vindecarea unui bolnav. Dacă s-a dat sau nu curs cererii lor, nu știm. Sau iată cazul lui Stoica Bălănescu din mahalaua Broștenilor, culoarea de albastru (București), care, în iunie 1860, cere să i se recunoască de către autoritățile sanitare dreptul de a vindeca epilepsia după o metodă proprie pe care o folosea din 1851 „până azi“ (ANIC, f. 42r.). Consiliul Medical, neîncrezător ca de obicei, îi va cere să-și dovedească știința prin vindecarea a trei bolnavi de la Institutul Mărcuța, evident totul sub supraveghere medicală (ANIC, f. 44r.). De aici lucrurile se complică pentru Stoica Bălănescu, care încearcă să tragă de timp și să găsească noi aliați: bolnavii sunt aduși de la Mărcuța la Spitalul Colțea, însă vindecătorul nu catadicsește să apară și cere ca bolnavii să fie mutați la Spitalul Brâncovenesc, pe motiv că: „am apucat mai dinainte a mă angaja de a căuta acolo pe bolnavi“ (ANIC, f. 59r.). Dar la Spitalul Brâncovenesc bolnavii de epilepsie nu sunt primiți, iar din acest moment Stoica Bălănescu nu-și mai cere drepturile singur, ci împreună cu un anume N. Apoloni, care și el vindecă tot epilepsia. În mai 1861, Consiliul Medical ia în discuție din nou cazul Bălănescu & Asociații, care de data aceasta cereau să fie supravegheați în practica lor, dar nu într-un spital, ci la domiciliul bolnavilor, ceea ce Consiliul consideră imposibil de realizat din cauza specificului bolii. Petițiile însă continuă să curgă și din nou, în octombrie 1861, Consiliul Medical se vede nevoit să revină asupra cazului și să repete că cererile lui Stoica Bălănescu nu pot fi satisfăcute, iar „domnii petiționari nesupunându-se la aceste condițiuni și urmând a trata boala epilepsiei să se considere ca amăgitori în privința sănătății publice“ (ANIC, f. 88v.).

Am putea crede că astfel se încheie saga petițiilor lui Stoica Bălănescu. Dar în 1865 îl regăsim, alături de un alt empiric – Panait Stoenescu, care vindeca turbarea –, cerând din nou, la nesfârșit, să i se recunoască dreptul de practică. De data aceasta, Consiliul Medical, în ianuarie 1866, tranșează în sfârșit problema, decretând: „cererea domnilor Bălănescu și Stoenescu este respinsă ca neîntemeiată și [...] d-lor, ca niște persoane fără drept de a exersa arta medicală, pe de o parte să se proprească pe viitor de un asemenea abuz, iar de alta să se dea în judecată criminală pentru trecut, despăgubind pe toți acei a căror credulitate a fost exploatată de către domnii Bălănescu și Stoenescu“[1]. Tactica bucureșteanului Stoian Bălănescu este diferită de cea a vindecătorilor rurali Marin Vărzaru și Stoian Buruiană. Cu toții sunt empirici, specializați pe un set bine definit de afecțiuni, dar în vreme ce vindecătorii rurali sunt descoperiți de autorități, Bălănescu pare să li se adreseze din proprie inițiativă. E un personaj combativ, care încearcă toate strategiile posibile în vederea recunoașterii sale oficiale ca vindecător. Este clar că în noile condiții de reglementare a practicării medicinei în Principate, Stoian Bălănescu încearcă să se adapteze și pornește un adevărat război petiționar cu Autoritățile Sanitare, pe care însă îl pierde. Pe de altă parte, este drept că procesul durează nu mai puțin de șase ani, timp în care practica sa nu este interzisă în mod formal de Consiliul

1. *Monitorul Medical*, anul V, 1866, nr. 6, p. 44.

Medical; nu ar fi fost mai profitabil pentru el să practice în tăcere, ca majoritatea empiricilor din Bucureștiul anilor 1860?

Este clar că o metodă de validare a artei vindecării, chiar în absența studiilor medicale, poate fi dovedirea unei metode terapeutice eficiente. Știința medicală a epocii se considera ea însăși o artă. Să nu uităm că, înainte de medicina experimentală – cu aproximație înainte de 1870 –, multitudinea doctrinelor medicale, concurențiale și adesea contradictorii – atât de bine studiate de Lidia Trăușan-Matu în recenta sa carte[1] –, îl dezarmează pe practician, care trebuie să domine incoerența nosologică și să concilieze diversele catehisme terapeutice și care este silit, astfel, să acorde o mare importanță flerului, ceea ce îl transformă într-un fel de ghicitor de geniu[2]. De ce nu ar fi posibil ca și alții, din afara corpului medical, să descopere noi remedii? Medicina oficială încă nu neagă această posibilitate, dar se arată tot mai circumspectă în astfel de cazuri. Nu am descoperit încă vreun caz de vindecător care să fi reușit să dovedească, în fața doctorului Carol Davila și a confraților săi din Consiliul Medical, că a născocit o nouă metodă de vindecare.

Așadar, după 1860, Administrația Sanitară începe o ofensivă împotriva tuturor categoriilor de vindecători nemedici. Abia acum se încearcă în mod real și concret obținerea monopolului artei vindecării de către grupul extrem de restrâns al doctorilor în medicină. Toți ceilalți vindecători, fie rurali sau urbani, fie empirici, șarlatani, ortopezi sau oculiști empirici, se văd puși în afara sistemului și se transformă aproape peste noapte din persoane onorabile în proscriși. Uneori, asemenea personaje fuseseră integrate în sistemul

1. Lidia Trăușan-Matu, *De la leac la rețetă. Medicalizarea societății românești în veacul al XIX-lea (1831–1869)*, Editura Universității din București, București, 2011, pp. 119-216.

2. Jacques Léonard, *La France médicale. Médecins et malades au XIXe siècle*, Gallimard, Paris, 1978, pp. 122–125.

sanitar, precum un anume Christea Ianotul din satul Aleșii Ciocănești din districtul Ilfov, care până în 1859 fusese „impiegat pe lângă fostul Comitet Sanitar în calitate de oculist“[1] și care se pare că și-a continuat practica și după această dată. Despre el, datorită istoricului medicinei Pompei Samarian, știm mai multe. Se pare că își începe cariera pe la 1830, când, dintr-un act prin care cere Vistieriei să fie scutit de dare, aflăm că „parte negustorească“ fiind, mai este și „dohtor de ochi“ și că în această din urmă calitate a vindecat mai mult de o sută de pacienți! Cererea sa va fi trimisă Comisiei doctoricești, care, spre norocul său, îl desemnează pe compatriotul său, doctorul grec Estioti, să îi examineze știința. Referatul acestuia din urmă este foarte elogios și recomandă să i se acorde drept de liberă practică. Ceea ce se și întâmplă. Cariera lui Christea Ianotul este în plină ascensiune: se mută la București, unde practică nestingherit și unde va ocupa și o funcție remunerată la Comitetul Carantinelor până în 1845 (Samarian, 1938, pp. 316–319). În cele din urmă, la bătrânețe apucă vremuri stranii: practica de peste treizeci de ani pur și simplu nu mai este tolerată. Va fi reclamat la Administrația Sanitară de către doctorul Fiala (medic secundar la Spitalul Colțea, oculist) pe motiv că „este lipsit de orice idee despre anatomia și boalele ochilor, din care pricină și prin manevra sa ofensatorie ar fi produs și destrucții ochilor“[2] și în consecință i se interzice practica. Dar, interesant, în argumentarea interdicției este introdusă și noțiunea de utilitate publică a empiricilor. Altfel spus, Administrația Sanitară recunoaște ca utilă practica empiricilor atâta vreme cât nu există personal medical specializat. În concluzie, chiar și un empiric este mai bun decât nimic. Odată cu apariția medicilor, concurenții lor empirici ar trebui însă să se retragă în liniște.

---

1. *Supliment la Monitorul Oficial*, 14 iulie 1860, no. 166, p. 778.
2. *Supliment la Monitorul Oficial*, 14 iulie 1860, no. 166, p. 778.

Ar fi de remarcat că Administrația Sanitară se arată interesată doar de cazurile în care empiricii pretind că au găsit remedii pentru boli incurabile în epocă: turbarea, epilepsia, nebunia etc. Cei care pretind că vindecă boli considerate curabile de medicina epocii au șanse încă și mai mici de a dobândi câștig de cauză. Este și cazul Tudorei, soția lui Nedelcu Slobozeanu din Călărași, districtul Ialomița, care pretinde că știe să vindece „dalacul sau buba oii". Spre ghinionul ei, Consiliul Medical consideră la rândul său că „arta medicală posedă mijloace medicale și operatorii de a combate boala dalacului (Anthrax) și că în acel district fiind impiegați doi medici, adică medicul distr[ictului] și medicul orașului, publicul suferind poate să se adreseze la un ajutor mai competent fără să fie anevoit a alerga la un ajutor empiric și îndoinicios" (ANIC, f. 78r.). Medicii au conștiința monopolului pe care îl dețin și nu tolerează nici un fel de concurență. Este vremea marii vânători de empirici și în acest sens sunt ilustrative atribuțiile mai noilor medici de arondisment și mai vechilor medici de districte, în viziunea autorităților sanitare centrale. Medicii de arondisment, creație a doctorului Carol Davila la 1862, au printre atribuții pe aceea de „a lua măsuri în contra întinderii șarlataniei medicale de prin raionul său, și aflând asemenea abateri le va comunica medicului primar al districtului"[1]; medicii de district trebuie să vegheze și ei ca „nimeni să nu exerseze arta medicală ori farmaceutică cu toate ramurile ei [...] fără autorizația Direcției Generale"[2]. În legea sanitară din 1874 aceste atribuții dispar: să se fi încheiat oare între timp un armistițiu?

Dacă medicii dețin monopolul vindecării, farmaciștii încearcă să instituie propriul monopol în privința preparării

1. *Monitorul. Jurnal Oficial al Principatelor-Unite*, 2 aprilie 1862, nr. 74, p. 309.

2. *Monitorul. Jurnal Oficial al Principatelor-Unite*, 9 noiembrie 1862, nr. 248, p. 1030.

și eliberării de medicamente. Concurenții lor sunt erboriștii, droghiștii și băcanii. Iar aliații lor sunt medicii. În cazul farmaciștilor, alianța cu medicii este fragilizată de rațiunile financiare: farmaciștii nu se sfiesc să elibereze rețete semnate și de nemedici, practică împotriva căreia se va ridica în 1862 Administrația Sanitară[1]. De altfel, problema preparării și a eliberării de medicamente nu putea să nu fie la ordinea zilei în epoca în care se pun bazele sistemului sanitar modern. Administrația centrală, prin glasul ministrului de interne Dimitrie Ghica, intervine și recomandă calea de mijloc: să nu fie respinși de Consiliul Medical „la modul absolut“ cei care propun remedii care uneori se pot dovedi eficiente, dar „din nenorocire s-a constatat că cu toate recomandațiunile făcute tot se mai aflu individe care, fără să se gândească că compromite viața oamenilor care se încred într-însele, administrează medicamente fără ca să aibă pentru aceasta cea mai mică cunoștință speciale“[2]. Aceștia din urmă nu vor mai fi tolerați.

Asupra tuturor personajelor care practică ilegal medicina încep să curgă amenințările Administrației Sanitare și ale administrației centrale. În ce măsură se vor fi concretizat aceste amenințări în amenzi sau zile de închisoare încă nu știm. În prima lege sanitară modernă (1874), articolul 77 prevede că „oricine va exercita medicina, farmacia și veterinăria, în contra prescripțiunilor de mai sus, se va pedepsi cu amendă de la 100 până la 1 000 lei, sau cu închisoare corecțională de la 17 zile până la 6 luni“[3]. Încet dar sigur, eforturile Administrației Sanitare dau roade: an după an, numărul medicilor crește, iar cel al empiricilor scade, unele specializări dispărând cu totul încă de la sfârșitul secolului al XIX-lea,

---

1. *Monitorul. Jurnal Oficial*, 3 februarie 1862, nr. 25, p. 102.
2. *Monitorul. Jurnal Oficial al Țării Românești*, 2 octombrie 1860, nr. 216, p. 853.
3. *Monitorul Oficial al României*, 16 (28 iunie) 1874, nr. 131, p. 836.

cum este cazul oculiștilor empirici (Felix, 1902 b, p. 54). Sau cel puțin așa crede doctorul Iacob Felix, la sfârșitul carierei.

În concluzie, medicalizarea societății românești la mijlocul secolului al XIX-lea este doar la începuturile sale: cu adevărat medicalizată este... doar elita medicală. Cu cât coborâm mai jos în ierahia socială, cu atât medicalizarea se diluează, chiar de la vârful păturii superioare a clasei medii. Și mai jos, în partea inferioară a clasei medii, medicalizarea nici măcar nu se manifestă. Iar pentru lumea țărănească medicul este doar un personaj exotic, un concurent neloial al vindecătorilor rurali. Primul modernism medical românesc pe care îl definește Lidia Trăușan-Matu[1] încă nu se manifestă și la acest nivel.

1. Lidia Trăușan-Matu, *De la leac la rețetă. Medicalizarea societății românești în veacul al XIX-lea (1831–1869)*, Editura Universității din București, București, 2011, pp. 395–398.

Încheiere

La final, se cade să răspundem sau măcar să încercăm să răspundem la câteva întrebări născute din lectura paginilor de până aici. La câteva dintre ele am schițat deja soluții parțiale, dar acum ne vom strădui să revenim asupra lor mai amplu și mai coerent.

Una dintre primele întrebări la care trebuie să răspundă cercetătorul de astăzi este următoarea: ce raport există între imaginea țăranului și cea a lumii rurale, așa cum sunt descrise de medicii de la sfârșitul de secol al XIX-lea, și realitatea socială pe care pretind că o descriu? Întrebarea se naște natural din sentimentul de alteritate pe care istoricul îl încearcă la lectura textelor din care s-a constituit urzeala lucrării de față. Pentru că, am văzut, imaginea lumii țărănești, așa cum se oglindește ea în ochii medicilor, este una extrem de negativă. Ingredientele acesteia sunt mizeria fizică, sărăcia, incultura, boala și moartea. Dar astăzi, în cultura ambiantă a celui care scrie aceste rânduri, țăranul este văzut din cu totul altă perspectivă: țăranul a încetat să fie sălbaticul din propria societate, ba, mai mult, s-a metamorfozat în bunul român. Metamorfoza începuse de fapt din acea epocă, dar nu cucerise încă toate spiritele. Astăzi, repet, nu se mai poate scrie despre țăran în modul în care, în 1880, unii dintre medici își permiteau încă să o facă: ar stârni indignarea. Ce s-a întâmplat deci între timp? Aceasta este o altă întrebare. Să ne oprim însă aici cu întrebările.

Încă de la primele contacte cu literatura igienistă, am bănuit-o de nesinceritate; sau mai degrabă de generalizarea într-o lumină negativă a unei realități de fapt multiforme și complexe. Dar, pe de altă parte, a descrie un țăran generic, așa cum fac medicii, nu trebuie să presupună un proces de generalizare a unei situații medii? Problema este că medicii parcă îl aleg din multitudinea de țărani ce li se perindă prin fața ochilor pe cel mai sărac pentru a-l pune în paginile scrierilor lor. În literatura medicală a sfârșitului de secol XIX lumea țărănească se identifică până la suprapunere cu mizeria socială. Or, tocmai acest aspect îl incriminăm noi. Pentru că de fapt privirea medicală nu descrie pur și simplu ceea ce i se înfățișează, ci se fixează doar pe unele chipuri pe care le scoate din penumbră, în vreme ce altele plutesc în forme cețoase alături de discurs. Astăzi știm însă că nici o privire nu este inocentă: a descrie realitatea socială, oricât de obiectivi am încerca să fim, implică și o transformare a ei, iar medicii nu fac excepție.

Discursul medical despre țăran și despre lumea rurală însoțește întreaga noastră modernitate. L-am descoperit prin intermediul ultimei cărți a Constanței Vintilă-Ghițulescu[1] multiform și generos și în prima jumătate a secolului al XIX-lea, atât de asemănător cu cel de după 1860. Dar discursul evoluează. Să ne reamintim că toate temele pe care le-am analizat în capitolele părții a doua sunt tratate diferit în 1880 și în 1900. Este drept că, pe de altă parte, concluziile rămân identice, semn că, deși forma discursului s-a modificat, rațiunile sale rămân aceleași. Cu toate acestea, cel puțin în unele situații, cunoașterea statistică a realității apropie ochiul medicului de realitatea socială și o pune în lumină într-un spectru mai larg. Să ne gândim de pildă la descrierea

1. Constanța Vintilă-Ghițulescu, *Evgheniți, ciocoi, mojici. Despre obrazele primei modernități românești (1750–1860)*, Editura Humanitas, București, 2013, pp. 297–327.

locuințelor țărănești, care până la începutul secolului al XX-lea este pur impresionistă și centrată oarecum pe „relele igienice" ale bordeiului, care totuși nu este peste tot o simplă „groapă" în pământ, un „mormânt" omenesc, și nici o „vizuină" adaptată la nevoile țărănești. Bordeiul este un tip specific de habitat, iar medicii de la începutul secolului al XX-lea încep să realizeze acest lucru, ceea ce nu îi va împiedica să continue lupta împotriva lui. Iar recensământul din 1912 ne oferă caleidoscopul complet al locuinței rurale. Măcar acum devine evident ceea ce medicii trebuiau deja să știe din contactul cu terenul: că locuința țărănească este multiformă ca structură, tehnici și materiale de construcție.

Ca și în cazul bordeiului cu plan extins, care trebuie să fi existat, dar pe care medicii îl ignoră pentru simplul motiv că le tulbură imaginea bordeiului-mormânt, medicii trec pe lângă alte aspecte ale igienei rurale, ajungând să susțină lucruri de necrezut cu privire la igiena corporală a conaționalilor lor țărani: țăranii nu își spală corpul niciodată, cum nu își spală nici hainele. Dacă nu folosesc săpunul, ci leșia preparată din cenușă, aceasta nu înseamnă că nu își spală hainele. Să nu fi văzut medicii noștri țărănci spălând hainele la râu sau rufe întinse la uscat pe garduri? Greu de crezut. Discursul însă are regulile sale de la care nu se abate și care nu pot fi contradictorii: o lume țărănească a suferinței, a mizeriei și a morții nu se potrivește cu locuințe igienice, cu țărani curați și îmbrăcați în frumoase haine de sărbătoare. Pentru această din urmă lume țărănească a fost creat un discurs separat, care compune o imagine atât de diferită de cea schițată de medicii noștri. În acest discurs, obiceiurile calendaristice și cele numite din „ciclul vieții" sunt mărturii ale originii noastre latine, hainele mizere ale țăranului se transformă în superbe costume de sărbătoare pe care doamnele din elită nu se sfiesc să le poarte, iar locuința țărănească, cea mizeră, devine un adevărat muzeu în care estetica stâlpilor sculptați ai cerdacului se adaugă și mai esteticelor țesături de pe rudă. Țăranul primitiv se transformă în țăranul autohton. Paradigma privirii se schimbă și, odată cu ea, și imaginea țăranului[1].

La sfârșitul secolului al XIX-lea și la începutul secolului al XX-lea, în spiritul public din România cele două imagini coexistă, sunt concurențiale. Pentru lectorul de astăzi pare atât de ciudat să întâlnească în aceeași epocă imagini atât de contrastante ale aceluiași obiect. Cultura dominantă manipulează cu patimă imaginea țăranului, iar această stare de fapt este o doar altă fațetă a „chestiei rurale", care bântuia la propriu societatea românească în a doua jumătate a secolului al XIX-lea.

Să revenim însă la discursul medical, care, am văzut, lasă în umbră părți de realitate care, dacă nu l-ar infirma, cel puțin l-ar nuanța. Întotdeauna m-am întrebat de ce imaginea despre lumea țărănească este atât de negativă. Oare chipul țăranului este acela pe care îl descrie medicul? Bănuielile mele au fost destul de repede confirmate: discursul medical generează o imagine despre o lume țărănească conform unui algoritm propriu și care are doar ca bază de plecare realitatea socială țărănească. Nimic mai mult. Cât despre rațiunile imaginii negative, prima mea ipoteză avea în vedere raporturile dintre emițător și receptor. Altfel spus, am crezut că medicii creează o imagine cu un scop precis, una pentru uzul elitei politice; că ei atrag atenția asupra marilor probleme sociale, transformate în probleme igienice și sanitare, din lumea țărănească, pentru a sensibiliza clasa politică față de nevoile acestei imense și copleșitoare mase rurale care alcătuia ceea ce noi obișnuim să numim România modernă. În parte aveam dreptate. Dar, dacă acesta era unicul scop, tonul discursului nu se justifică, și nici disprețul implicit față de țăran afișat de multe dintre scrierile medicale. Pentru că medicii nu doar compătimesc această masă umană mi-

1. Vintilă Mihăilescu, *Antropologie. Cinci introduceri*, Editura Polirom, Iași, 2007, pp. 263–330.

zeră, ci o ironizează adesea și, de fapt, se pare că o disprețuiesc profund. Medicul nu empatizează cu țăranul, nu încearcă să îi înțeleagă comportamentul decât foarte rar. Medicul, ca și o bună parte a elitei de altfel, îi consideră pe țărani o specie inferioară de ființe inculte, îndărătnice, leneșe, răuvoitoare, care, din păcate, constituie 80 % din populația României și care trebuie deci transformată, modernizată, în cele din urmă civilizată. Că elita nu manifestă interes și înțelegere pentru modul de viață țărănesc o dovedesc o mulțime de fapte, din care voi alege doar două, de natură normativă: astăzi știm că, pentru țăran, vitele intră în categoria animalelor de lucru, fiind așadar necomestibile, și că doar treptat și cu greu carnea de vită, dar mai ales cea de vițel, au pătruns în alimentația țărănească. Ei bine, în spitalele rurale, conform regulamentelor de funcționare[1], carnea de vacă nu lipsește! Mă întreb câtă oroare putea să resimtă un țăran al vremii care afla *post-factum* că tocmai a mâncat carne de vită! Și cât contribuie acest fapt la „apropierea“, mult clamată și dorită de corpul medical, dintre țăran și serviciul sanitar modern. Sau mă gândesc, de asemenea, la modelul locuinței țărănești pe care administrația sanitară încearcă să îl impună prin regulament în 1888 și care prevede o separare a spațiului de gătit de cel de odihnă[2], ceea ce țăranii nu fac de obicei în locuințele proprii. Dar cui îi pasă de aceste barbare habitudini țărănești? Evident, nu elitei care încearcă să le impună. Și care nu prea reușește. Țăranul trebuie modernizat, trebuie transformat în cetățean. Dar procesul de modernizare a lumii rurale se lovește de opoziția, pasivă adeseori, a imensei mase țărănești care nu o dorește. Țărănimea a fost dintotdeauna și este și în continuare un corp social profund antimodern. Și pe bună

1. Alina Ioana Șuta, Oana Mihaela Tămaș, Alin Ciupală, Constantin Bărbulescu, Vlad Popovici, *Legislația sanitară în România modernă (1874–1910)*, Editura Presa Universitară Clujeană, Cluj-Napoca, 2009, pp. 285–288.

2. *Ibidem*, p. 296.

dreptate. Dar ce înseamnă de fapt modernizarea pentru lumea rurală? Înseamnă dislocarea completă a propriului mod de viață; modernizarea înseamnă pur și simplu o transformare profundă, în fapt sinonimă cu dispariția, a vieții țărănești de dinainte de modernizare. Ce tip de comunitate nu se opune unei transformări atât de radicale? Și care ar fi pentru lumea țărănească beneficiile modernizării? Veți spune că împroprietărirea, transformarea țăranului, de la Cuza încoace, din serv în proprietar. Un bun argument, dar neconvingător, pentru că această transformare a implicat o prea mică parte a corpului social țărănesc.

G.D. Creangă, cel mai avizat cunoscător al proprietății rurale din România la începutul secolului al XX-lea, susține că, în ciuda succesivelor împroprietăriri dintre 1864 și 1905, statul eșuează în a-i transforma pe țăranii împroprietăriți în „țărani bine situați, buni cetățeni, vrednici soldați și buni contribuabili“ (Creangă, 1907, p. XXXVIII). Dar poate că domnul Creangă, fiind conservator, nu făcea altceva decât să discrediteze opera socială a liberalilor. Poate, dar datele statistice dovedeau altceva; dovedeau că 291 771 de capi de familie țărani sau „31,68 % din totalul țăranilor, care au o întindere mică de 2 hectare, adică o treime din țărani posedă o întindere de pământ care în împrejurările actuale nu e suficientă a procura unei familii țărănești *strictul necesar în nutrimentul uscat: pâine și mămăligă*, fără a mai vorbi de carne, legume, îmbrăcăminte, impozite și alte trebuințe“ (Creangă, 1907, p. LI). Pâine? În sfârșit, același autor consideră că doar țăranii ce posedă între 7 și 10 ha de pământ „sunt relativ mai bine situați și mai independenți de proprietari și arendași“, or, această categorie de proprietari reprezintă doar 4,24 % din populația rurală (Creangă, 1907, pp. LV–LVI).

În concluzie, privită din punctul de vedere al proprietății asupra pământului, situația țărănimii în 1905 pare dezastruoasă. O treime dintre țărani sunt la limita foametei, iar atunci descrierile medicilor despre o lume țărănească a mizeriei, bolilor și morții par mai aproape de adevăr decât am vrut să credem. Sărăcia este atât de prezentă, încât eclipsează mica pătură țărănească independentă economic și relativ prosperă. Medicii nu vorbesc despre acești țărani, ei par să nici nu îi vadă. Observăm, așadar, că marea masă țărănească beneficiază prea puțin de succesivele distribuiri de pământuri din ultimele decenii ale secolului al XIX-lea; pentru ea, modernizarea nu a însemnat decât o continuă sărăcire. La începutul secolului al XX-lea o spun țăranii înșiși. Ion Năbărogu, de 90 ani, din Poroschia, Teleorman, are o viziune proprie asupra secolului al XIX-lea; pentru el procesul de sărăcire începe de la 1848: „Înainte vreme aveam vaci cu lapte, o sută, două dă oi, vr'o două zeci dă stupi, cai cât vrei; da' acu' n'am nici cu ce orbi un șoarece; dă lapte, dă miere nu mai e pomeneală, și asta numai din libărtate [din 48] s'a făcut rău, da rău dă tot, și are să fie și mai rău dacă n'o băga dă samă comându ala din București" (Candrea, Densusianu, Sperantia, 1906, 142). Dar poate Ion Năbărogu e doar un bătrân ce privește cu nostalgie perioada tinereții pierdute pentru totdeauna. Însă Dandu Dina Duță din Mofleni, Dolj, are doar 52 de ani și nici el nu vede cu ochi buni ultimele patru decenii ale secolului al XIX-lea: „Mai bine era pe vremea Turcului, făceam 12 zile pe an și dam dijmă la porumb; încolo nimic. Durmiam cu boii pă livez până'n Sfântu Ghiorghe și până să făcea la loc și nimini nu mă 'ntreba. Mă apuca nămiazu pă câmp și nu mă 'ntreba nimini de unde viu și unde mă duc. Aduceam lemne cu targa și așa că nu mă 'ntreba nimini. Aveam de cosam fân ș'aram pe unde vream. Ne-a cuprins statu de peste tot, n'avem nici o mișcare. Turcu o fost credințos: iel o fost, siriacu, bun; cum da îndreptări așa le ținea" (Candrea, Densusianu , Sperantia, 1906, p. 49). Și astfel de mărturii I.A. Candrea și Ovid Densusianu culeg la nesfârșit în primii ani de după 1900; din fericire pentru noi, le și publică.

Dacă revenim la rațiunile imaginii negative, nu putem să nu constatăm că ea nu este doar un produs creat pentru uzul clasei politice, ci poartă și o puternică amprentă a emitentului: este negativă pentru că pur și simplu medicii percepeau lumea țărănească într-un mod atât de negativ, chiar dacă pentru noi, astăzi, acest lucru a devenit șocant.

În România sfârșitului de secol XIX trăiesc două „popoare", cum le numește doctorul V. Sion, unul rural și unul urban (Sion, 1904, p. 240), ce se află în relații cât se poate de antagonice: unul produce „sacul cu grâu" ce stă la baza civilizației române moderne[1], iar celălalt consumă; unul guvernează, iar celălalt este guvernat; unul este civilizat, iar celălalt este primitiv. Se pare că reciproce sunt doar ura, neîncrederea și disprețul. La 1900, România este o țară unde o puternică fractură socială separă două lumi: masiva masă rurală pe care statul modern, din lipsă de mijloace, dar și de voință politică, nu reușește să o modernizeze, și subțirea pătură urbană care, vorba lui Caragiale, de la 1848 încoace, a creat și apoi a modelat fața europeană a României. Aceasta din urmă a creat după chipul și asemănarea ei România modernă, dar nu a reușit să o impună și celei mai mari părți a corpului național; de aici fragilitatea corpului social în România modernă, dovedită atât de tragic în primăvara lui 1907. Eu cred că, pentru a înțelege România celei de-a doua jumătăți a secolului al XIX-lea, istoricul de astăzi ar trebui să traverseze prăpastia ce separă cele două Românii, să trecă dincolo, în lumea țărănească, să o privească empatic, și să-i înțeleagă resorturile de viață. Și atunci, de pe cealaltă parte a baricadei, țăranul primitiv al medicilor se va transforma într-un om în carne și oase, cu rațiunile lui, cu habitudinile lui, cu iubirile și urile lui, un om ca toți ceilalți, un om ca și noi.

---

1. Ștefan Zeletin, *Burghezia română. Originea și rolul ei istoric*, ediția a II-a, Editura Humanitas, București, 1991, p. 107.

Colecția Octavian Buda

Constantin Dimitrescu
Severeanu (1840–1930)

Colecția Octavian Buda

Grigore Romniceanu
(1845–1915)

Colecția Octavian Buda

Iacob Felix
(1832–1905)

Colecția Octavian Buda

Mina Minovici
(1858–1933)

Colecția Octavian Buda

Thoma Ionescu
(1860–1926)

Victor Babeș
(1854–1926)

C.I. Istrati
(1850–1918)

Carol Davila
(1828–1884)

Gheorghe Crăiniceanu
(1853–1926)

Vasile Sion
(1861–1921)

Ștefan Possa
(1857–?)

Bibliografie

Surse citate direct în text

Agappi, V.I. (1876), *Cercetări demografice asupra populațiunii României și în special a districtului și orașului Iași,* Tipografia Laboratorilor Romani, București.

Alesandrini, N.A. (1895), *Statistica României, de la Unirea Principatelor până în prezent*, vol. I–II, Tipo-Litografia H. Goldner, Iași.

Antonescu, V. (1909), „Din raportul unui medic de circumscripție“, în *Buletinul Direcțiunei Generale a Serviciului Sanitar*, anul XXI, no. 14, pp. 381–385.

Antoniu, [I.] (1881), *Cercetări asupra stărei țăranului român*, Tipografia George Cațafany, Bârlad.

Antoniu, I. (1887), *Traité de la pellagre*, Sotchek et C-ie Libraires-Éditeurs, Bucarest.

Apostoleanu, I. (1902), „Mortalitatea copiilor în România“, în *Buletinul Medical. Organ al Asociațiunei Generale a Medicilor din Țară*, anul V, no. 25, pp. 5–7, no. 26, pp. 3–4.

Augustin, I. (1887), „Raport general asupra serviciului sanitar din județul Gorj, pe anul 1886, adresat direcțiunei serviciului sanitar“, în *Monitorul Oficial*, 10 octombrie, pp. 3602–3606.

Aurelian, P.S. (1880), *Terra nostra. Schițe economice asupra României*, ed. a II-a, Tipografia Academiei Române, București.

Babeș, A.; Bușilă, V. (1915), „Cercetări originale despre pelagra în România“, în *Publicațiunile Fondului Vasile Adamachi*, Tomul VI, no. XXXIX, 1915, Librăriile Socec & Comp., C. Sfetea, Pavel Suru, București.

Babeș, V. (1901), *Regenerarea poporului român*, Stabilimentul grafic I.V. Socec, București.

Babeș, Victor (1906), „Raport asupra alimentațiunei României cu apă de băut“, în *România medicală întrunită cu Presa medicală română*, anul XI, 1906, no. 15–16, pp. 337–361.

Babeș, V. (1911), *Studii asupra pelagrei*, Librăria Socec & Comp., București.

Babeș, V. (s.a.), *Pelagra*, Editura „Cartea Românească“ S.A., București.

Baer, C. (1897), *Considerațiuni generale asupra locuințelor rurale în România*, Tipografia Națională, Iași.

Bejan, V. (1886), „Raport asupra activității secțiunei a IV-a de ambulanță militară-rurală Botoșani-Dorohoi. De la 1 iunie până la 1 septembrie 1886“, în *Spitalul*, anul VI, nr. 11, pp. 427–438; nr. 12, pp. 480–490.

Bianu, V. (1882), „Serviciul sanitar al Plasei Bistrița de Sus jud. Bacău de la 1 ianuarie până la 1 octombrie 1882“, în *Spitalul*, anul II, nr. XI, pp. 333–338; nr. XII, pp. 365–369.

Bianu, V. (1889), „Spitalul rural Horezu. Raport sciințific pe anul 1888“, în *Buletinul Direcțiunei Generale a Serviciului Sanitar*, 1889, nr. 17, pp. 275–282, nr. 18, pp. 289–297, nr. 21, pp. 343–347.

Bianu, Vasile (1910), *Doctorul de casă sau dicționarul sănătății*, Imprimeria Al. Georgescu, Buzău.

Bianu, Vasile (1926), *Însemnări din războiul României Mari*, tomul I: „De la mobilizare până la pacea de la București“, Institutul de Arte Grafice „Ardealul“, Cluj.

B[ibicescu] (1874), „Mișcarea poporațiunii Capitalei în 1873“, în *Românul*, anul XVIII, 23–24 decembrie, p. 1128; 25–26–27 decembrie, p. 1132.

Bibicescu, Ioan G. (1880), „Mișcarea poporațiunii în România de la 1870 până la 1878“, Tipografia „Românul“, București.

Bordea, I. (1924), *Serviciul sanitar al României și igiena publică între anii 1905-1922*, Tipografia „Cultura“, București.

Bordea, I. (1938), *Zile trăite. Din amintirile unui fost medic rural*, Institutul de Arte Grafice „Eminescu“ S.A., București.

Burghele, N. (1913), *Amintiri din timpul războiului român-bulgar din 1913*, Noua Tipografie Profesională, Dimitrie C. Ionescu, București.

Bușilă, Vladimir (1909), „Epidemia de febră tifoidă din Iași. Raport prezintat D-lui Ministru de Interne“, în *Buletinul Direcțiunei Generale a Serviciului Sanitar*, anul XXI, nr. 15, pp. 409–415.

Candrea, I.-A.; Densusianu, Ov.; Sperantia, Th.D., *Graiul nostru. Texte din toate părțile locuite de români*, vol. I: „România“, Atelierele Grafice Socec & Co., București, 1906.

Carp, I. (1902), „Dare de seamă asupra stărei sanitare în Regimentul 1 Mehedinți, nr. 17 pe anul 1900–1901“, în *Revista Sanitară Militară*, anul V, 1902, nr. 6–7, pp. 375–385.

Cazacu, P. (1906), „Locuințele sătenilor“, în *Viața românească*, anul I, vol. III, compactat, pp. 540–551.

Călinescu, M.D. (1907), „Propunere de a se prevedea băi pe lângă toate noile clădiri școlare rurale“, în *Spitalul*, anul XXVII, 1907, compactat, pp. 205–207.

Cealic (1910), „Nicolae Manolescu“, în *Spitalul*, anul XXX, 1910, compactat, pp. 451–453.

Chernbah, Radu (1905), „Alimentația bolnavilor în spitale“, în *Spitalul*, anul XXV, compactat, pp. 401–404, 431–435.

Chernbach, Radu (1910), „Câteva scurte observații practice asupra serviciului de spital comun general de provincie cu un singur serviciu“, în *Spitalul*, anul XXX, compactat, pp. 621–629.

Chintescu (1888), „Raport general asupra serviciului sanitar din județul Dolj pe anul 1887, adresat direcțiunei generale a serviciului sanitar“, în *Monitorul Oficial*, 2 august, pp. 2404–2405.

Ciobanoff, Christu R. (1874), *Despre pellagra*, Tipografia „Svoboda“, București.

Clement, E. (1886), „Raport științific asupra cazurilor constatate și tratate precum și despre modul funcționării ambulanței rurale Ilfov-Ialomița“, în *Spitalul*, anul VI, 1886, nr. 8, pp. 281–294.

Coridaly (1863), „Studii phisice asupra districtului Ismail“, în *Monitorul Medical*, anul II, nr. 23, pp. 182–183; nr. 24, p. 186.

Colesco, Leonida (1912), „Le mouvement de la population de la Roumanie en 1911“, în *Buletinul Statistic al României*, seria III, nr. 26–27, pp. 646–667.

Colesco, L. (1915), *La population de religion mosaïque en Roumanie. Etude statistique*, Imprimeries „Independența“, Bucarest.

Colescu, L. (1920), *Statistica clădirilor și locuințelor din România întocmită pe baza recensământului general al populațiunii din 19 decembrie 1912 / 1 ianuarie 1913*, Cartea Românească, București.

Constantinescu, C. (1887), *Contribuțiune la studiul pellagrei*, Tipo-Litografia Eduard Wiegard, București.

Crăiniceanu, Gheorghe (1895), *Igiena țăranului român. Locuința, încălțămintea și îmbrăcămintea. Alimentațiunea în diferite regiuni al țării și în diferite timpuri ale anului*, Lito-tipografia Carol Göbl, București.

Crăiniceanu (1899), „Dare de seamă asupra stărei sanitare a Regimentului Constanța, nr. 34 pe anul 1897/8“, în *Revista Sanitară Militară*, anul III, nr. 6, pp. 358–364.

Crăiniceanu (1905), „Raport General asupra stărei sanitare a Regimentului Prahova nr. 7 de la 1 oct. 1901 – 1 octombre 1902 și a serviciului medical al garnizoanei Ploești“, în *Revista Sanitară Militară*, anul VII, nr. 1, pp. 45–50; nr. 2, pp. 101–106.

Crăinician, Gheorghe (1907), *Literatura medicală românească. Biografii și bibliografie*, Institutul de Arte Grafice „Progresul“, București.
Creangă, G.D. (1907), *Proprietatea rurală în România*, Instit. de Arte Grafice „Carol Göbl“, București.
Cruceanu, [Mihail] (1899), „Dare de seamă asupra epidemiei de scarlatină care a bântuit în comunele Măgureni și Călinești, din județul Prahova“, în *Buletinul Direcțiunei Generale a Serviciului Sanitar*, anul XI, nr. 15 și 16, pp. 240–243.
Cuza, A.C. (1895), *Monopolul alcoolului*, Imprimeria Statului, București.
Cuza, A.C. (1899), *Victimele alcoolului. Documente sociale*, Tipografia Națională, Iași, 1899.
Dănescu, Ioan (1886), *Încercări de demografie și geografie medicală*, Tipografia Curții Regale, București.
Demostene (1903), „Câteva cuvinte asupra apei cea de toate zilele“, în *Spitalul*, anul XXIII, compactat, pp. 667–671.
Drăgescu, I. C. (1886), *Igiena poporană*, Tipografia Romana D. Nicolaescu, Constanța.
Drăgescu (1900), „Raportul D-lui medic primar al județului Dolj nr. 1719 din 9 septembrie 1900, relativ la răspândirea culturii legumelor și fabricarea pânei la sate“, în *Buletinul Direcțiunei Generale a Serviciului Sanitar*, anul XII, nr. 9, pp. 259–260.
Drăgoșescu, B. (1908), „Băile populare“, în *Revista Științelor Medicale*, anul IV, volumul I, nr. 4, pp. 397–404.
Drăgoșescu, B. (1909), „Puțuri igienice“, în *Buletinul Direcțiunei Generale a Serviciului Sanitar*, anul XXI, nr. 12, pp. 317–323.
Felix (1862), „Despre nutrimentul țăranilor“, în *Monitorul. Jurnal oficial al Principatelor-Unite*, nr. 88, 21 aprilie, pp. 365–366.
Felix, [I.] (1862 a), „Observațiuni asupra pellagri în județul Mușcel“, în *Monitorul Medical al României*, anul I, nr. 2, p. 16; nr. 3, pp. 22–24.
Felix, I. (1870), *Servițiul sanitar al comunei Bucuresci. Raport general pe anul 1869*, Tipografia Ion Weiss, București.
Felix, I. (1870 a), *Tractat de hygiena publică și poliția sanitară*, partea I, Tipografia Ión Weiss, București.
Felix, I. (1876), *Raport general pe anul 1875*, Typographia Curții (Lucrătorii Asociați), București.
Felix, I. (1877), *Raport general pe anul 1876*, Typographia Curții (Lucrătorii Asociați) F. Göbl, București.
Felix, I. (1878), „Mortalitatea în Capitală“, în *Revista Sciintifica*, anul IX, nr. 15, pp. 225–227.
Felix, J. (1882), *Sur la prophylaxie de la pellagre. Rapport*, Imprimerie de la „Tribune“, Genève.

Felix, I. (1883), *Prophylaxia pelagrei*, Tipografia Academiei Române (Laboratorii Români), București.

Felix, I. (1887), „Raportul D-lui I. Felix, membrul Consiliului Sanitar Superior, asupra inspecțiunei serviciului sanitar din circumscripția I a județelor Suceava, Dorohoi, Botoșani și Iași, în anul 1886, către D. Ministru de Interne“, în *Monitorul Oficial*, 28 mai, pp. 964–976.

Felix, I. (1889), *Tractat de Igiena publică și poliția sanitară*, partea a II-a: „Boalele și Bolnavii“, Tipografia Academiei Române (Laboratorii Români), București

Felix, I. (1892), *Raport general asupra igienei publice și asupra serviciului sanitar al Capitalei pe anul 1891*, București.

Felix, I. (1892 a), „Ordinul circular sub nr. 10850 din 4 iulie 1892 către domnii medici primari de județe, de orașe și de spitale rurale“, în *Buletinul Direcțiunei Generale a Serviciului Sanitar*, anul IV, nr. 13, p. 193–194.

Felix, I. (1892 b), „Raportul domnului doctor Felix, membru consiliului sanitar superior, asupra rezultatului inspecțiunii sanitare, făcute de d-nia sa în județele Argeș, Dâmbovița, Prahova și Vlașca“, în *Buletinul Direcțiunei Generale a Serviciului Sanitar*, anul IV, 2 și 3, pp. 17–25; nr. 4, pp. 41–57; nr. 5, pp. 65–77; nr. 6, pp. 82-93; nr. 7, pp. 97–105; nr. 8, pp. 113–121.

Felix, I. (1893), *Raport general despre igiena publică și despre serviciul sanitar ale Regatului României pe anul 1892*, Imprimeria Statului, București.

Felix, Iacob (1897), *Raport general asupra igienei publice și asupra serviciului sanitar al Regatului României pe anul 1895*, Imprimeria Statului, București.

Felix, I. (1899), *Raport general asupra igienei publice și asupra serviciului sanitar al Regatului României pe anii 1896 și 1897*, Imprimeria Statului, București.

Felix, I. (1901), *Istoria igienei în România în secolul al XIX-lea și starea ei la începutul secolului al XX-lea*, partea I, Institutul de Arte Grafice Carol Göbl, București.

Felix, I. (1902), „Alcoolismul poporațiunei rurale în comparațiune cu alcoolismul poporațiunei urbane“, în *Antialcoolul*, anul III, nr. 1, pp. 1–6.

Felix, I. (1902 a), „Pelagra în România“, în *Buletinul Medical. Organ al Asociațiunei Generale a Medicilor din Țară*, anul V, 1902, nr. 30, pp. 2–4; nr. 31, pp. 2–4; nr. 32, pp. 2–3; nr. 33, pp. 3–4.

Felix, I. (1902 b), *Istoria igienei în România*, partea a II-a, extras din Analele *Academiei Române*, Memoriile Secțiunii Științifice, seria II, tomul XXIV, Institutul de Arte Grafice „Carol Göbl“, București.

Fialla, Ludovic (1892), *Reminiscențe din resbelul româno-ruso-turc al anului 1877 și rolul Societății „Crucea-Roșie" în timp de pace și de resbel*, Tipografia Joan Weiss, București.

Fialla, Ludovic (1906), *Reminiscențe din resbelul româno-ruso-turc anul 1877 și rolul Societății „Crucea Roșie" în timp de pace și de resbel*, Imprimeria și librăria școalelor „C. Sfetea", București

Flaișlen, G. (1876), *Consiliul de higienă și salubritate publică din orașul Iași. Raportul general pe anul 1875*, Tipografia Națională, Iași.

Flor, P. (1897), „Azilul de pelagroși «Păucești-Dragomirești» din județul Roman", în *Spitalul*, anul XVII, 1897, compactat, pp. 350–355, 405–407.

Flor, P. (1900), „Spitalul de pelagroși Păncești-Dragomirești. Dare de seamă de la 1896 mai până la 1899 mai, însoțită de câteva cercetări asupra etiologiei pelagrei", în *Spitalul*, anul XX, 1900, compactat, pp. 92–101, 115–119, 136–139.

Fotino (1887), „Raportul D-lui dr. Fotino, membrul consiliului sanitar superior, asupra inspecțiunii serviciului sanitar din județele Buzău, Ilfov și orașul București, în anul 1886, către D. ministru de interne", în *Monitorul Oficial*, 4 iunie, pp. 1126–1139.

Fotino (1892), „Raportul d-lui dr. Fotino, membru în consiliul sanitar superior, către d. Ministru de interne, asupra rezultatului inspecțiunei sanitare făcute de d-sa în anul 1891, în județele Brăila, Tulcea, Constanța și Ilfov", în *Buletinul Direcțiunei Generale a Serviciului Sanitar*, anul IV, nr. 21, pp. 336–343.

Galian, D. (1910), „În cestiunea descreșterii populațiunei orașului Botoșani", în *Spitalul*, anul XXX, compactat, pp. 473–481.

Georgescu, N. (1902), „Raportul d-lui medic-șef al Capitalei nr. 2836 din 27 septembrie 1902, către direcțiunea generală a serviciului sanitar, relativ la cauzele febrei tifoide și difteriei în Capitală", în *Buletinul Direcțiunei Generale a Serviciului Sanitar*, anul XIV, nr. 10, pp. 298–300.

Gerota, Dimitrie (1913), *Impresiuni și aprecieri din timpul acțiunei militare în Bulgaria. 22 iunie – 20 august 1913*, Editura Socec, București.

Grigoriu-Rigo, Gr. (1907), *Medicina poporului, Memoriul II: Boalele vitelor*, extras din *Analele Academiei Române*, Memoriile Secțiunii Literare, seria II, tom XXX, Institutul de Arte Grafice „Carol Göbl", București.

Gugea, Th. (1888), *Contribuțiune la studiul taliei soldatului român*, Tipo-Litografia Eduard Wiegand, București.

Haret, M.C. (1895), *Impozitul și beuturile alcoolice în România,* Lito-Tipografia Carol Göbl, București.

Hârsu, M. (1899), „Fragmente din raportul unui medic de plasă. Notițe asupra igienei și demografiei circumscripției V, Muntele, din județul Suceava“, în *Buletinul Asociațiunii Generale a Medicilor din Țară*, anul II, nr. 7, pp. 213–216; nr. 8, pp. 249–252; nr. 9, pp. 278–283; nr. 10, pp. 315–317.

Hintz (1865), „Raport statistic de serviciul sanitar din Districtul Vlașca pe anul 1864“, în *Monitorul Medical*, anul IV, nr. 15, p. 115.

Iacobovici, Iacob Melcon (1902), „Cauzele mortalității primei copilării în România și mijloacele de a le combate“, în *Spitalul*, anul XXII, supliment.

Ionescu, Ion (1868), *Agricultura română din județul Mehedinți*, Imprimeria Statului, București

Ionescu, N.T. (1906), „Pelagra în România în 1905“, în *Buletinul Direcțiunei Generale a Serviciului Sanitar*, anul XVIII, nr. 23–24, pp. 439–443.

Ionescu, N.T. (1906 a), *Medicii noștri. Portrete și biografii*, seria I, Institutul de Arte Grafice „Carol Göbl“, București.

Ionescu, N.T. (1908), „Pelagra în România în 1906“, în *Buletinul Direcțiunei Generale a Serviciului Sanitar*, anul XX, nr. 5, pp. 110–117.

Ionescu-Trifan, I. (1894), „Dare de seamă asupra unui arondisment medical“, în *Spitalul*, anul XIV, compactat, pp. 553–560.

Istrati (1879), „Expunere asupra băilor ieftine“, în *Jurnalul Societății Științelor Medicale din București*, anul I, nr. 7, pp. 106–116.

Istrati (1879 a), „Despre locuința țeranului“, în *Jurnalul Societății Științelor Medicale din București*, anul I, nr. 19, pp. 293–301.

Istrati (1879 b), „Despre locuința țăranului“, în *Românul*, anul XXIII, 4 noiembrie, pp. 1016–1017; 6 noiembrie, pp. 1020–1021.

Istrati, C. I. (1879 c), „Postul la români“, în *Jurnalul Societății Științelor Medicale din București*, anul I, nr. 20, pp. 309–318.

Istrati, C.I. (1880), *O pagină din istoria contimpurană a României din punctul de videre medical, economic și național*, Typografia Alesandru A. Grecescu, București.

Kopețki (1865), „Raport general al serviciului sanitar al județului Tecuci în anul 1864“, în *Monitorul Medical*, anul IV, nr. 13, pp. 99-101, nr. 14, pp. 107–108.

Kretzulescu, Nicolae (1895), *Amintiri istorice*, Tipografia și fonderia de litere Thoma Basilescu, București.

Lapteș, N. (1906), „Mortalitatea copiilor la săteni. Comunicare făcută Congresului de Științe Sociale“, în *Revista științelor medicale*, anul II, nr. 11–12, pp. 431–440.

Lapteș, N. (1914), *Din nevoile satelor (note de igienă socială)*, Atelierele Grafice „Flacăra“, București, 1914.

Laugier, [Ch.] (1905), „Intoxicație alimentară“, în *Buletinul Direcțiunii Generale a Serviciului Sanitar*, anul XVII, nr. 1, pp. 26–28.

Leon, N. (1903), *Istoria naturală medicală a poporului Român*, extras din *Analele Academiei Române*, Memoriile Secțiunii Științifice, seria II, tomul XXV, Institutul de Arte Grafice „Carol Göbl“, București.

Leon, N. (1927), *Amintiri*, partea a III-a, Viața Românească S.A., Iași.

Lupu, Nicolae (1906), „Alimentația țăranului“, în *Viața românească*, anul I, vol. I, nr. 2, pp. 217–240.

Măldărescu, N. (1892), „Raportul d-lui doctor N. Măldărescu, membru consiliului sanitar superior, asupra rezultatului inspecțiunii sanitare, făcute de d-nia sa, în anul 1891, în județele Dolj, Gorj, Mehedinți și Vâlcea“, în *Buletinul Direcțiunii Generale a Serviciului Sanitar*, anul IV, nr. 10, pp. 156–157; nr. 11, pp. 164–169; nr. 12, pp. 179–186; nr. 13, pp. 197–207; nr. 14, pp. 212–221; nr. 18, pp. 286–293.

Manicatide, Elena (1900), *Contribuțiuni la studiul etiologiei pelagrei*, Tipografia și Fonderia de litere Thoma Basilescu, București.

Manicea, G.V. (1880), *Considerațiuni asupra mortalității generale în România*, Tipografia Alesandru A. Grecescu, București.

Manolescu, N. (1879), „Aparatul de încălzit camerele țărănești în plaiul Buzău (distr. Buzău); cauze de boală“, în *Românul*, anul XXIII, 11–12 iunie, pp. 552–553; 15 iunie, pp. 564–565.

Manolescu, Nicolae (1895), *Igiena țăranului. Locuința, iluminatul și încălzitul ei. Îmbrăcămintea, încălțămintea, alimentațiunea țăranului în deosebitele epoce ale anului și în deosebitele regiuni ale țării*, Litotipografia Carol Göbl, București.

Manolescu, N. (1897), „Neputința organizațiunei actuale sanitare în apărarea populațiunei rurale contra boalelor“, în *Buletinul Asociațiunei Generale a Medicilor din Țară*, anul I, 1897, nr. 4, pp. 99–105.

Manolescu, N. (1904), *Apărătorul sănătăței cuprinzător de cunoștințe de igienă și de medicină populară*, Editura Institutului de Arte Grafice Carol Göbl, București

Marțian, D. P. (1860), „Recensiunea din 1860“, în *Annalele Statistice pentru cunoscința părții Muntene din România*, anul I, nr. 3 și 4, pp. 128–133.

Mendelssohn, S. (1881), *Câteva considerațiuni asupra mișcării populațiunii României,* Tipografia Academiei Române, București.

Mendonini, I.S. (1892), *Contribuțiuni la demografia României*, Imprimeria Statului, București

Michelstaedter (1866), „Raportul D-lui Michelstaedter, medicul primar al districtului Brăila asupra stărei sanitare a districtului Brăila în anul 1865, înaintat Direcției Sanitare a Serviciului Sanitar", în *Monitorul Medical*, anul V, nr. 5, pp. 35–37, nr. 6, pp. 44–45.

Mileticiu, George (1895), *Studii psihiatrice*, Tipo-Litografia Naționale Ralian și Ignat Samitca, Craiova.

Mingareli (1888), „Raport general asupra serviciului sanitar din județul Mehedinți, pe anul 1887, adresat direcțiunei generale a serviciului sanitar", în *Monitorul Oficial*, 9 august , pp. 2521–2523.

Neagoe, I. (1889), *Raportul d-rului I. Neagoe asupra misiunei sale în străinătate pentru a studia mijloacele de combatere a pelagrei din numitele țări*, Imprimeria Statului, București.

Neagoe, I. (1899), *Pelagra în România*, Tipografia „Dreptatea", București.

Neagoe, Ioan (1900), „Studiu asupra pelagrei", în *Publicațiunile Fondului Vasilie Adamachi*, tomul I, 1898-1900, Institutul de Arte Grafice Carol Göbl, București.

Neagoe, I. (1906), *Pelagra și administrația noastră*, Tipografia „Munca", București.

Negrescu, Valerian George (1886), *Contribuțiune la studiul pelagrei*, Tipografia Modernă, București.

Nicolăescu-Plopșor, C.S. (1922), „Bordeiul în Oltenia. Schiță antropogeografică", în *Buletinul Societății Regale Române de Geografie*, anul XLI, pp. 119–132.

Niculescu, D.D. (1895), *Alcoolismul în România*, Editura Librăriei Socec & Comp., București.

Niculescu, Ion (1864), „Memoriu asupra stărei arondismentului Fundu din județul Roman", în *Monitorul Medical*, anul III, nr. 43, pp. 381–384.

Obédénare, Georgiade (1871), *Fièvres des marais (fièvres intermittentes). Petit guide a l'usage des gens du monde pour les localités où il n'y a pas de medecin*, Imprimerie de la Cour (Ouvriers Associés), Bucarest.

Obedenaru, Georgiade (1873), *Despre friguri. Mic tractat potrivit pe înțelegerea poporului român pentru a servi în localitățile unde nu sunt medici*, Imprimeria Statului, București.

Obedenaru, Georgiade (1883), *Despre friguri. Mic tractat potrivit pe înțelegerea poporului român pentru a servi în localitățile unde nu sunt medici*, Tipografia Statului, București.

Obregia, Al. (1906), „Circulara nr. 7.283 din 19 aprilie 1906, către D-nii medici ai spitalelor: Săveni, Târnăuca și Darabani (Dorohoi); Sușița, Burdujeni și Ștefănești (Botoșani); Pășcani (Suceava); Rosnov

(Neamț); Parincea și Moinești (Bacău); Dămienești și Bâra (Roman); Răducăneni și Mălăești (Fălciu); Florești (Tutova); Bujor și pechea (Covurlui); Nifon și Pătârlage (Buzău); Urlați și Văleni (Prahova); Cocoic și Poenari (Ilfov); Mozăceni (Argeș); Lădești (Vâlcea) și Vânju-Mare (Mehedinți), relativă la instituirea unui serviciu de hrănire a bolnavilor de pelagră", în *Buletinul Direcțiunei Generale a Serviciului Sanitar*, anul XVIII, nr. 8, pp. 142–143.

Obregia, Al. (1907), *Raport general asupra igienei publice și asupra serviciului sanitar al Regatului României pe anii 1898–1904 inclusiv*, partea I, „Minerva" Institut de Arte Grafice și Editură, București.

Orleanu, C. Gh. (1907), *Raport general asupra igienei, stărei anitare precum și asupra serviciului sanitar al Capitalei pe 1906*, „Minerva" Institut de Arte Grafice și Editură, București.

Pârvulescu, George (1883), *Culegere de legile, regulamentele, instrucțiele, decretele și ver-ce alte dispozițiuni sanitare civile și militare*, Tipografia Alex. A. Grecescu, București.

Petrescu, Z. (1880), *O încercare de statistica medico-militară a României*, Imprimeria Statului, București

Petrescu, G.Z. (1905), „Tocirea dinților la om", în *Revista Științelor Medicale*, anul I, volumul I, nr. 2, pp. 87–91.

Petrini (de Galatz) (1876), *Despre ameliorațiunea rasei umane*, Tipografia D.A. Laurian, București.

Pitișteanu (1900), „Raport general pe anul 1899. Starea sanitară a Plășei Snagov", în *Buletinul Asociațiunii Generale a Medicilor din Țară*, anul III, nr. 10-11, pp. 204–210

Poenaru-Căplescu (1904), *Alcool și Alcoolism*, Institutul de Arte Grafice „Eminescu", București, 1904.

Polyzu (1889), „Circulara D-lui Ministru de Interne nr. 15.035 din 2 septembrie 1889, către d-nii prefecți și medici primari de județe, relativă la alimentațiunea locuitorilor rurali la muncile agricole", în *Buletinul Direcțiunei Generale a Serviciului Sanitar*, anul I, nr. 19, pp. 305–306.

Popescu, Constantin (1896), *Contribuțiune la studiul stării higienice și sanitare a populațiunii rurale*, „Tipografia Nouă", București.

Popescu, Nicolae (1891), *Pellagra. Observații în Vlașca și în special Neajlov-Glavacioc*, Tipografia „Voința Națională", București.

Possa, St. (1886), „Ambulanța rurală Roman-Iași. Ochire generală asupra foloaselor ambulanțelor rurale", în *Spitalul*, anul VI, 1886, nr. 10, pp. 384–390.

Possa, St. (1900), „Alcoolismul“, în *Buletinul Asociațiunei Generale a Medicilor din Țară*, anul IV, nr. 1–2, pp. 4–24; nr. 3–4, pp. 49-61; nr. 5, pp. 79–91.

Possa, St. (1900–1901), „Alcoolismul înaintea Congresului Asociației Medicilor“, în *Antialcoolul*, anul I, nr. 6, pp. 81–87; nr. 8, pp. 113–121; nr. 9, pp. 134–138; nr. 10, pp. 150–153; nr. 11, pp. 170–175; nr. 12, pp. 190–192; anul II, nr. 1, pp. 11–15; nr. 2 și 3, pp. 28–34; nr. 7, pp. 103–108; nr. 8, pp. 120–124; nr. 12, pp. 189–192.

Possa, St. (1902), „Mortalitatea copiilor“, în *Buletinul Medical. Organ al Asociațiunei Generale a Medicilor din Țară*, anul V, nr. 24, pp. 6–7.

Proca, G. (1903), „Cercetări asupra pelagrei“, în *Spitalul*, anul XXIII, compactat, pp. 671–682.

Proca, G.; Kirileanu, Gh. T. (1938), „Cercetări asupra hranei țăranului. Înainte de Război“, în *Revista științelor medicale*, anul XXVII, nr. 7–8, pp. 607–623.

Raicevich, S.I. (1822), *Voyage en Valachie et en Moldavie*, Masson et Fils, Paris.

Rigani, [Gheorghe] (1907), „Mersul serviciului sanitar al județului Muscel în 1905“, în *Buletinul Direcțiunei Generale a Serviciului Sanitar*, anul XIX, nr. 3, pp. 78–84; nr. 4, pp. 97–113; nr. 6, pp. 153–164.

Rizu, E. (1891), *Schiță de igienă și medicină populară pentru școalele primare rurale*, Tip. Petru C. Popovici, Iași.

Romniceanu, [Grigore] (1870), „Despre beuturi“, în *Gazetta medico-chirurgicală*, anul I, nr. 4, pp. 62–64; nr. 5, pp. 71–73; nr. 6, pp. 90–92; nr. 7, pp. 105–107; nr. 8, pp. 119–121.

Romniceanu, [Grigore] (1871), „Despre băi“, în *Gazetta medico-chirurgicală a spitalelor*, anul II, nr. 12, pp. 189–191

Romniceanu, [Grigore] (1873), „Igiena săteanului“, în *Revista contimporană. Litere – Arte – Științe*, anul I, nr. 1, pp. 51–55; nr. 2, pp. 153–157.

Rosetti, C.A. (1878), „Adresa sub nr. 14.757, a D-lui Ministru de interne, către D. director general al Serviciului sanitar, în privința mortalității din București“, în *Monitorul Oficial al României*, 31 august, nr. 192, pp. 5024–5025.

Roth, M. (1880), *Memoriu asupra cauzelor mortalității populației româno-creștine în raport cu cea de rit mosaic cu un proiect pentru ameliorarea relelor existente. Un studiu de hygienă comparată*, Tipografia Thiel & Weiss, București.

Sabin, [Gh.] (1888), „Raport general asupra serviciului sanitar al județului Vâlcea pe anul 1887, adresat Direcțiunei Generale a Serviciului Sanitar", în *Monitorul Oficial*, 31 august, pp. 2878–2887.

Sabin, Gh. (1912), *Amintiri din războiul Independenței*, „Minerva", Institut de Arte Grafice și Editură, București.

Samarian, Pompei P. (1937), *O veche monografie sanitară a Munteniei „Topografia Țării Românești" de dr. Constantin Caracaș (1800–1828)*, Institutul de Arte Grafice „Bucovina", I. E. Toruțiu, București.

Samarian, Pompei Gh. (1938), *Medicina și farmacia în trecutul românesc*, vol. II: 1775–1834, Tipografia Cultura, București.

Scraba, G.D. (1907), *Starea socială a săteanului după ancheta privitoare anului 1905, îndeplinită cu ocaziunea Expozițiunii generale române din 1906 de către Secțiunea de economie socială*, Institutul de Arte Grafice „Carol Göbl", București.

Sergiu (1887), „Raportul D-lui dr. Sergiu, membru Consiliului Sanitar Superior asupra inspecțiunei serviciului sanitar din circumscripția V a județelor Brăila, Ialomița, Dâmbovița și Ploesci, în anul 1886, către D. Ministru de Interne", în *Monitorul Oficial*, 11 iunie, pp. 1304–1319.

Sergiu, (1887 a), „Pelagra. Lecțiune clinică a d-lui prof Sergiu culeasă de P. Adam, internul serviciului", în *Spitalul*, anul VII, nr. 5, pp. 178–186; nr. 6, pp. 216–222.

Sergiu, (1888), *Raport general asupra Pelagrei presintat domnului Ministru de interne*, Imprimeria Statului, București.

Severeanu, C.D. (1929), *Din amintirile mele (1853–1928)*, vol. I, Tipografia „Bucovina", I. E. Torouțiu, București.

Severeanu, C. D. (1930), *Din amintirile mele (1853–1929)*, vol. II, Tipografia „Voința", București.

Sion, [V.] (1899), „Referatul d-lui dr Sion, asistent la institutul de patologie și de bacteriologie din București, despre cercetările făcute de d-sa asupra originii febrei tifoide la Galați", în *Buletinul Direcțiunei Generale a Serviciului Sanitar*, anul XI, nr. 17 și 18, pp. 282–285.

Sion, V. (1904), „Asistența medicală în România rurală", în *Revistă de drept, sociologie și economie politică*, anul VI, 1904, nr. 4, pp. 126–209; nr. 5, pp. 239–256.

Soiu, Nicolae (1889), *Valoarea perimetriei toracice în examenul recrutărei*, Tipografia „Românul", București.

Spiroiu, Al. (1885), „Ambulanța militară rurală din județul Mehedinți", în *Spitalul*, anul V, 1885, nr. 6, pp. 193–198; nr. 7, pp. 236–241

Sufrin, S. (1899), *Câteva reflexiuni asupra etilogiei pelagrei*, Tipografia „Dreptatea", București.

Sutzu, A. (1872), „Băuturile alcoolice și alcoolismul", în *Gazetta medico-chirurgicală*, anul III, nr. 11, pp. 172–176.

Sutzu, A. (1877), *Alienatul în fața societății și a șciinței*, Noua Typographie a Laboratorilor Români, București.

Ștefănescu, I. V. (1887), „Raport asupra mișcării bolnavilor în Spitalul rural Horezu în cursul anului 1886", în *Analele Medicale Române*, anul VI, nr. 9, pp. 360–364; nr. 10, pp. 376–388.

Ștefănescu, I. (1896), „Vindecarea beției ca remediu contra alcoolismului", în *Spitalul*, anul XVI, 1896, compactat, pp. 341–347, 375–382, 405–410, 424–430, 451–457, 468–478.

Takeanu, N. (1888), „Raport general asupra serviciului sanitar din județul Covurlui, pe anul 1887, adresat direcțiunei generale a serviciului sanitar", în *Monitorul Oficial*, 2 august, pp. 2400–2403.

Teodori, I. (1888), „Raportul presintat D-lui Ministru de interne de către D. Dr. Iul. Teodori, membrul consiliului sanitar superior, asupra inspecțiunei făcută serviciului sanitar din circumscripțiunea II-a sanitară", în *Monitorul Oficial*, 3 iulie, pp. 1801–1821.

Thomescu, N.C. (1902), „Asupra cauzelor mortalității în prima copilărie în țară și mijloacele de a le combate", în *Buletinul Medical. Organ al Asociațiunei generale a medicilor din Țară*, anul V, 1902, nr. 18, pp. 4–6; nr. 19, pp. 1–3; nr. 20, pp. 1–3; nr. 21, pp. 1–4; nr. 22, pp. 3–7; nr. 23, pp. 2–4; nr. 24, pp. 1–5; nr. 25, pp. 3–5; nr. 26, pp. 4–6; nr. 28, pp. 2–5; nr. 29, pp. 2–4.

Urbeanu, A. (1900), *Țuica și basamacul. Studiu critic*, Stabilimentul Grafic Albert Baer, București.

Urbeanu, A. (1901), *Îmbunătățirea alimentației țăranului român*, Tipografia „Speranța", București.

Urbeanu, A. (1906), *Hrana săteanului în cei din urmă 40 de ani și îmbunătățirile de adus*, Imprimeria Statului, București.

Urechia (1902), „Cercetări asupra alcoolizmului în România", în *Spitalul*, anul XXII, 1902, compactat, pp. 189–197.

Urechia (1902 a), „Cercetări asupra alcoolismului în România", în *Buletinul Medical. Organ al Asociațiunei Generale a Medicilor din Țară*, anul V, nr. 17, pp. 1–4.

Vasiliu, A. (1906), „Mesele pelagroșilor", în *Buletinul Direcțiunei Generale a Serviciului Sanitar*, anul XVIII, nr. 17–18, pp. 335–336.

Vernav, Constantino Nob. De (1836), *Rudimentum physiographiae Moldaviae*, Typis Regiae Scient. Universitatis Hungaricae, Budae.

Zorileanu (1903), „Dare de seamă de rezultatul obținut cu tratarea bolnavilor de pelagră la stațiunea balneară Govora, în vara anului 1903", în *Buletinul Direcțiunei Generale a Serviciului Sanitar*, anul XV, nr. 9, pp. 226–229.

Zosin, Panaite (1935), *Calea unei vieți. Copilăria și adolescența – tinerețea, virilitatea – maturitatea și bătrânețea. Mărturisiri, constatări, interpretări, aprecieri, învățături, povețe și îndemnuri pentru un copil de suflet, privind multiplele contingențe ale unei vieți*, Editura autorului, Iași, 1935.

Weissberg, Iosef (1898), „Alcoolismul în Ialomița. Din cele raportate de un medic de plasă", în *Buletinul Asociațiunei Generale a Medicilor din Țară*, anul I, nr. 11, pp. 347–349.

Lucrări

Albulescu, Gheorghe N., Brătescu, Gheorghe, *Însemnările unui medic din Războiul pentru Independență. Jurnalul de campanie al lui Zaharia Petrescu*, Editura Medicală, București, 1977.

Atanasiu, Ion, *Activitatea științifică și socială a lui Dimitrie Gerota*, în G. Brătescu (sub redacția...), *Trecut și viitor în medicină. Studii și note*, Editura Medicală, București, 1981, pp. 415–424.

Bacalbașa, Constantin, *Bucurescii de altădată*, 5 vol., Editura Albatros Corporation, București, 2007.

Băluță, Ionela, *La burgeoise respectable. Réflexion sur la construction d'une nouvelle identité féminine dans la seconde moitié du XIXe siècle roumain*, Editura Universității din București, București, 2008.

Bărbulescu, Constantin, *Imaginarul corpului uman. Între cultura țărănească și cultura savantă (secolele XIX–XX)*, Editura Paideia, București, 2005.

Bărbulescu, Constantin, Ciupală, Alin (ed.), *Medicine, Hygiene and Society from the Eighteenth to the Twentieth Centuries*, Editura Mega, Cluj-Napoca, 2011.

Bărbulescu, Constantin, Popovici, Vlad, *Modernizarea lumii rurale din România în a doua jumătate a secolului al XIX-lea și la începutul secolului al XX-lea. Contribuții*, Editura Accent, Cluj-Napoca, 2005.

Bărbulescu, Elena, „At the edge of Modernity: Physicians, Priest and Healers (1940 – 1990)", în *Philobiblon. Transylvanian Journal of Multidisciplinary research in Humanities*, vol. XVI, nr. 2, 2011, pp. 549–561.

Bărbulescu, Elena (coord.), Bărbulescu, Constantin, Croitor, Mihai, Moldovan, Ciprian Pavel, Onojescu, Alexandru, Șuta, Alina Ioana, *Țărani, boli și vindecători în perioada comunistă. Mărturii orale*, vol. I, Editura Mega, Cluj-Napoca, 2010.

Bărbulescu, Constantin (coord.), Bărbulescu, Elena, Croitor, Mihai, Moldovan, Ciprian Pavel, Onojescu, Alexandru, *Țărani, boli și vindecători în perioada comunistă. Mărturii orale*, vol. II, Editura Mega, Cluj-Napoca, 2011.

Brătescu, G., *Doctorul Iacob Felix. Savantul și înfăptuitorul*, Editura Viața Medicală Românească, București, 2004.

Bucur, Maria, *Eugenie și modernizare în România interbelică*, Editura Polirom, Iași, 2005.

Buda, Octavian (coord.), *Despre regenerarea și... degenerarea unei națiuni. Discursurile inaugurale medicale în vremea lui Carol I, 1872–1912*, Ed. Tritonic, București, 2009.

Bulei, Ion, *Viața în vremea lui Carol I*, Editura Tritonic, București, 2005.

Cernovodeanu, Paul (redactor responsabil), *Călători străini despre Țările Române în secolul al XIX-lea*, serie nouă, vol. I (1801–1821), Editura Academiei Române, București, 2004.

Claudian, Ion, Gruia Ionescu, N., *Pelagra. Patologie. Sociologie*, Spitalul de boli interne, Ploiești, 1944.

Corbin, Alain, *Le miasme et la jonquille. L'odorat et l'imaginaire social, XVIIIe -XIXe siècles,* Flammarion, Paris, 1986.

Elias, Norbert, *Procesul civilizării. Cercetări sociogenetice și psihogenetice*, 2 vol., Polirom, Iași, 2002.

Faure, Olivier, *Les Français et leur médecine au XIXe siècle*, Belin, Paris, 1993.

Focșa, Gheorghe, *Elemente decorative la bordeiele din sudul regiunii Craiova*, Editura Muzeului Satului, București, 1957.

Gheorghiu, Emil, *„Memoria de taină" a lui Șt. V. Episcopescu*, în G. Brătescu (sub redacția...), *Trecut și viitor în medicină. Studii și note*, Editura Medicală, București, 1981, pp. 303–320.

Golescu, Dinicu, *Însemnare a călătoriei mele Constantin Radovici din Golești făcută în anul 1824, 1825 și 1826*, ediție îngrijită de Mircea Iorgulescu, Editura Minerva, București, 1977.

Gomoiu, V., *Istoria presei medicale în România*, Tipografia „Furnica", București, 1936.

Gomoiu, V., Gomoiu, Gh., Gomoiu, Maria V., *Repertor de medici, farmaciști, veterinari (personalul sanitar) din ținuturile românești*, vol. I (înainte de 1870), Tipografia „Presa", Brăila, 1938.

Gomoiu, Victor, *Viața mea (memorii)*, coordonator principal – Șcheau Mihail, 6 vol., Editura Sitech, Craiova, 2006.

Goubert, Jean-Pierre, *La conquête de l'eau. L'avènement de la santé à l'âge industriel*, Éditions Robert Lafont, Paris, 1986.

Goubert, Jean-Pierre, *Une histoire de l'hygiène. Eau et salubrité dans la France contemporaine*, Hachette, Paris, 2008.

Gudin, Cristina, Tămaș, Oana Mihaela, Mehedinți, Mihaela, Ciupală, Alin, Bărbulescu, Constantin, Popovici, Vlad, *Rapoarte sanitare în România modernă (1864–1906)*, Editura Mega, Cluj-Napoca, 2010.

Gusti, Dimitrie (și colaboratorii), *Cornova 1931*, ediție îngrijită de Marin Diaconu, Zoltán Rostás, Vasile Șoimaru, Editura Quant, Chișinău, 2011.

Iancu, Carol, *Evreii din România (1866–1919). De la excludere la emancipare*, Editura Hasefer, București, 2006.

Jianu, I., Vasiliu, G., *Dr. C.I. Istrati*, Editura Științifică, București, 1966.

Jianu, Iancu, Bercuș, C.I., *Constantin Severeanu. Epoca și opera*, Editura „Scrisul Românesc", Craiova, 1976.

Jorland, Gérard, *Une société à soigner. Hygiène et salubrité publiques en France au XIXe siècle*, Gallimard, Paris, 2010.

Lejeune, Philippe, *Pactul autobiografic*, Editura Univers, București, 2000.

Léonard, Jacques, *La France médicale. Médecins et malades au XIXe siècle*, Gallimard, Paris, 1978.

Lévi-Strauss, Claude, „Rasă și istorie", în *Rasismul în fața științei*, Editura Politică, București, 1982, pp. 3–47.

Livadă-Cadeschi, Ligia-Mihaela, *Discursul medico-social al igieniștilor români. Abordarea specificităților locale din perspectiva experiențelor occidentale europene, secolele XIX–XX*, Editura Muzeului Național al Literaturii Române, București, 2013.

Lungu, Traian P., *Viața politică în România la sfârșitul secolului al XIX-lea (1888–1899)*, Editura Științifică, București, 1967.

Lupescu, Mihai, *Din bucătăria țăranului*, Ed. Paideia, București, 2000.

Mihăilescu, Vintilă, *Antropologie. Cinci introduceri*, Polirom, Iași, 2007.

Mihăilescu, Vintilă (coordonator...), *Etnografii urbane. Cotidianul văzut de aproape*, Ed. Polirom, Iași, 2009.

Mitu, Sorin, *Transilvania mea. Istorii, mentalități, identități*, Ed. Polirom, Iași, 2006.

Niculiță-Voronca, Elena, *Datinele și credințele poporului român adunate și așezate în ordine mitologică*, vol. I, Editura Polirom, Iași, 1998.

Oișteanu, Andrei, *Imaginea evreului în cultura română. Studii de imagologie în context Est-Central european*, ed. a II-a, Editura Humanitas, București, 2004.

Ornea, Z., *Poporanismul,* Editura Minerva, București, 1972.

Ornea, Z., *Sămănătorismul*, ed. a III-a revăzută, Editura Fundației Culturale Române, București, 1998.

Pick, Daniel, *Faces of Degeneration. A European Disorder, c. 1848–1918*, Cambridge University Press, 1989.

Platon, Alexandru-Florin, *Geneza burgheziei în Principatele Române (a doua jumătate a secolului al XVIII-lea – prima jumătate a secolului al XIX-lea). Preliminariile unei istorii*, Editura Universității „Alexandru Ioan Cuza“, Iași, 1997.

Pop, Iulia, *Memorie și suferință. Considerații asupra literaturii memorialistice a universului concentraționar comunist*, Editura Argonaut, Cluj-Napoca, 2010.

Popovici, Vlad, „Istoriografia medicală românească (1813-2008)“, în *Hermeneutica Bibliothecaria – Antologie Philobiblon*, vol. V, Editura Argonaut, Cluj-Napoca, pp. 463–480.

Săvulescu, Traian (redactor principal), *Porumbul. Studiu monografic*, Editura Academiei Republicii Populare Române, București, 1957.

Selejan, Ana, *Adevăr și mistificare în jurnale și memorii apărute după 1989*, Editura Cartea Românească, București, 2011.

Sora, Andrei Florin, *Servir l'État Roumain. Le corps préfectoral, 1866–1940*, Editura Universității din București, București, 2011.

Șuta, Alina Ioana, Tămaș, Oana Mihaela, Ciupală, Alin, Bărbulescu, Constantin, Popovici, Vlad, *Legislația sanitară în România modernă (1874–1910)*, Presa Universitară Clujeană, Cluj-Napoca, 2009.

Trăușan-Matu, Lidia, *De la leac la rețetă. Medicalizarea societății românești în veacul al XIX-lea (1831–1869)*, Editura Universității din București, București, 2011.

Trăușan-Matu, Lidia, „The Doctor and the patient. An Analysis of the Medical profession in the Romanian Society of the 19 th Century (1831–1869), în *Transylvanian Review*, vol. XX, supplement nr. 2, vol. 2, 2011, pp. 465–474.

Tubiana, Maurice, *Histoire de la pensée médicale. Les chemins d'Esculape,* Flammarion, Paris, 1995.

Turda, Marius, *Eugenism și antropologie rasială în România. 1874–1944*, Editura Cuvântul, București, 2008.

Vigarello, Georges, *Histoire des pratiques de la santé. Le sain et le malsain depuis le Moyen Age*, Éditions du Seuil, Paris, 1999.

Vigarello, Georges (coord.), *Istoria corpului*, vol. II: „De la Revoluția Franceză la Primul Război Mondial“, Editura Art, București, 2008.

Vintilă-Ghițulescu, Constanța, *Evgheniți, ciocoi, mojici: despre obrazele primei modernități românești (1750–1860)*, Editura Humanitas, București, 2013.

Vintilă-Ghițulescu, Constanța, „«Primeneli și sulimanuri»: despre igienă și modernitate", în Laura Grünberg (coord.), *Introducere în sociologia corpului. Teme, perspective și experiențe întrupate*, Editura Polirom, Iași, 2010, pp. 199–223.

Zeletin, Ștefan, *Burghezia română. Originea și rolul ei istoric*, ediția a II-a, Editura Humanitas, București, 1991.

Weber, Eugen, *La fin des terroirs. La modernisation de la France rurale (1870–1914)*, Le grand livre du mois, Paris, 1998.